Meg Meeker

STARKE MÜTTER STARKE SÖHNE

Bibliografische Information der Deutschen Nationalbibliothek:
Die Deutsche Nationalbibliothek verzeichnet diese Publikation in der Deutschen Nationalbibliografie. Detaillierte bibliografische Daten sind im Internet über http://dnb.d-nb.de abrufbar.

Für Fragen und Anregungen:
info@mvg-verlag.de

Wichtiger Hinweis
Ausschließlich zum Zweck der besseren Lesbarkeit wurde auf eine genderspezifische Schreibweise sowie eine Mehrfachbezeichnung verzichtet. Alle personenbezogenen Bezeichnungen sind somit geschlechtsneutral zu verstehen.

1. Neuausgabe 2023

Türkenstraße 89
80799 München
Tel.: 089 651285-0
Fax: 089 652096

Die amerikanische Originalausgabe erschien 2014 unter dem Titel *Strong Mothers, Strong Sons* bei Ballantine Books (US), einem Imprint von Random House LLC, einem Penguin Random House Unternehmen, New York.

Übersetzung: Elisabeth Liebl
Redaktion: Petra Holzmann
Umschlaggestaltung: Sonja Vallant
Umschlagabbildung: shutterstock.com/Stock-Studio
Satz: inpunkt[w]o
Druck: GGP Media GmbH, Pößneck
Printed in Germany

ISBN Print 978-3-7474-0465-2
ISBN E-Book (PDF) 978-3-96121-854-7
ISBN E-Book (EPUB, Mobi) 978-3-96121-855-4

Wir produzieren nachhaltig
www.m-vg.de

Weitere Informationen zum Verlag finden Sie unter

www.mvg-verlag.de

Beachten Sie auch unsere weiteren Verlage unter www.m-vg.de

Meg Meeker

STARKE MÜTTER STARKE SÖHNE

Wie Mütter ihre Söhne zu außergewöhnlichen Männern erziehen

mvgverlag

Dieses Buch ist den sechs starken und geliebten Frauen in meinem Leben gewidmet:

Beth,
Großmutter,
Mary,
Charlotte,
Laura
und Ainsley Grace

Inhalt

Einführung

Für ihre Umwelt war Janie schlicht die perfekte Mutter. Da ich zur Sorte der nicht ganz so perfekten Mütter gehöre, beneidete ich sie um ihre ruhige Art, ihre unerschütterliche Persönlichkeit und ihr Aufgehen in der Sorge für ihre beiden Kinder. Sie war die Art Mutter, die für ihre Jungs Schoko-Zucchini-Kuchen buk, der auch Anklang fand, weil sie ihnen beigebracht hatte, gesundes Essen zu mögen. Sie gab ihnen jeden Tag ein biologisch-gesundes Pausenbrot in die Schule mit. Ihre Teilzeitstelle in einer Buchhandlung hinderte sie nie daran, pünktlich vor Schulschluss zu Hause zu sein, sodass sie ihre Söhne, den dreizehnjährigen Jason und den elfjährigen Drew, an der Tür begrüßen konnte. Zusätzlich machte sie noch freiwillige Pausenaufsicht auf dem Schulhof, half beim Aufräumen der Klassenzimmer und legte ihre eigenen Pickles ein. Kurz, sie war genau der Typ Mutter, den alle anderen Mütter so leidenschaftlich hassen.

Nie werde ich den gequälten Ausdruck auf Janies Gesicht vergessen, als sie eines Morgens im Januar 2005 in meinem Büro saß. Sie war allein gekommen, um mit mir über Jason zu reden, und das, obwohl draußen meterhoch Schnee lag. Autofahren im Januar ist im Norden Michigans eine echte Herausforderung. Doch Janie war wirklich verzweifelt.

Als ich die Tür zum Prüfungsraum öffnete, wo wir uns unterhalten wollten, war ich über ihr aschfahles Gesicht zutiefst erschrocken. Sie sah vollkommen erschöpft aus. Es war nicht die »Ich hatte eine echt üble Nacht«-Erschöpfung, sondern ein Ausgebranntsein, das sich über Monate hinweg aufgebaut haben musste. Offensichtlich war zu Hause etwas nicht in Ordnung.

»Was ist denn los?«, fragte ich sofort.

»Es geht um Jason«, sagte sie entschuldigend. »Er ist vollkommen außer Rand und Band. Jim kann mit ihm nicht umgehen, und ich langsam auch nicht mehr. Ich weiß einfach nicht mehr, was ich tun soll.«

Jason war damals dreizehn. Ich kannte ihn seit seinem zweiten Lebensjahr. Er war immer schon ein anstrengender kleiner Kerl gewesen – lebhaft, neugierig und unberechenbar. Janie und Jim hatten ihn von seiner Teenie-Mama adoptiert. Er wusste das und kannte seine leibliche Mutter auch. Das Ehepaar hatte sich sogar noch während der ersten drei Monate nach Jasons Geburt aufopfernd um das Mädchen gekümmert. Schon als Kleinkind schien Jason ein wenig anders gewickelt zu sein als andere Kinder. Er war süß, niedlich und liebevoll, aber auch launenhaft. Wutausbrüche waren nicht selten. Als er acht Jahre alt war, diagnostizierte ein

Psychiater und Erziehungsberater bei ihm ADS, eine Aufmerksamkeitsdefizitstörung. Ich stimmte damals widerwillig der Behandlung mit einer geringen Dosis eines stimulierenden Medikaments zu, war aber nicht ganz überzeugt, dass ADS der Grund für seine Verhaltensprobleme war. Andererseits konnte ein Versuch mit Stimulanzien nicht schaden. Er nahm sein Medikament, und es schien zu helfen – zumindest ein paar Jahre lang.

»Ich verstehe einfach sein Verhalten nicht«, meinte Janie. »In einer Minute albert er mit uns beim Abendessen herum, in der nächsten bekommt er einen Wutausbruch! Er springt vom Tisch auf und schreit mich oder seinen Vater aus unerfindlichen Gründen plötzlich an. Wir haben es mit Hausarrest versucht. Wir haben ihm die ein oder andere Vergünstigung gestrichen, aber nichts scheint zu helfen. Vor zwei Tagen schlich er sich mitten in der Nacht aus dem Haus und wurde von der Polizei aufgegriffen. Er hatte mit ein paar älteren Jungs Bier auf dem Parkplatz bei Walmart getrunken.«

Janie brach in Tränen aus. Ihr geliebter Sohn – der Augapfel seiner Eltern – war plötzlich ein »Problemkind« wie die zornigen Teenager mit den finsteren Gesichtern, die man auf Anti-Drogen-Plakaten immer sieht. Rein äußerlich jedoch glich Jason ihnen ganz und gar nicht. Er war ein durch und durch bürgerliches Kind, immer adrett angezogen (keine Tattoos, keine Piercings) und höflich zu den Freunden seiner Eltern. Im Hockey war er überdurchschnittlich gut. Er ging regelmäßig zur Kirche, kam zur Jugendgruppe und fuhr nach dem Hurrikan Katrina mit seiner Kirchengemeinde nach New Orleans, um den Katastrophenopfern zu helfen. Seine Eltern liebten ihn, verbrachten viel Zeit mit ihm und schienen ihm alles zu geben, was er brauchte.

»Was habe ich nur falsch gemacht?«, jammerte Janie. »Sagen Sie es mir, und ich bringe es in Ordnung. Bitte sagen Sie es mir. Ich muss es wissen, so kann ich jedenfalls nicht mehr weitermachen. Wie kann dieser kleine Junge, dem ich dreizehn Jahre lang mein ganzes Herzblut geschenkt habe, seinen Vater und mich plötzlich so sehr hassen? Ich habe alles versucht, aber ich weiß nicht mehr weiter. Und das Schlimmste ist: Ich habe manchmal Angst vor ihm. Wenn sein Vater nicht da ist und er ausrastet, dann wird das ganz schnell körperlich. Einmal hat er mich sogar in der Küche gegen die Wand gedrängt! Ich glaube ja, dass er das eigentlich nicht wollte, aber wer weiß. Ich war jedenfalls wirklich geschockt. Er ist ja doppelt so groß wie ich.«

Wir saßen lange beieinander. Ich fragte mich, um wen Janie mehr weinte: um Jason, um sich selbst oder um den Verlust des wunderbaren dreizehnjährigen Jungen, den sie in ihrem Sohn immer gesehen hatte und der wie ausgewechselt schien.

An jenem Tag versuchte ich, ihr einen Weg durch das Dickicht ihrer beider Emotionen zu zeigen, damit sie, auch wenn sie es noch nicht völlig verstand, mit meiner Hilfe eine Strategie entwickeln konnte. Und sie brauchte eine Strategie, wollte sie in dieser verfahrenen Situation nicht stecken bleiben. Sie musste diesem Wirrwarr zum Trotz einen Hoffnungsschimmer finden, denn im Moment hatte sie das Gefühl, dass ihr Leben auseinanderbrach. Und ich glaube, ich konnte Janie neue Hoffnung geben. Denn wenn ich ihr beistand, dann half ich damit auch meinem Patienten – ihrem Sohn.

Janie würde Ihnen vermutlich sagen, dass jener Januartag ein Wendepunkt in ihrem Leben war. An jenem Tag wurde ihr klar, dass Jason nicht wirklich so war, wie sie ihn sich wünschte. Aber auch, dass sie nicht die Mutter war, die sie sein wollte. An jenem Tag begann für sie die Freiheit. Es war der Tag, an dem Janie begriff, dass sie nicht nur in der Außenwelt Schwierigkeiten hatte – was auch immer das Verhalten ihres Sohnes ausgelöst haben mochte. Sie sah auch ein, dass sie selbst ebenfalls Probleme hatte, Dämonen, die dreizehn Jahre lang in ihrem Inneren auf der Lauer gelegen hatten, ja, die in ihr schon angelegt waren, als sie ihren Collegeabschluss machte. Womit aber sollte sie anfangen? Mit seinem Schmerz oder mit ihrem? Ihre neue Freiheit fühlte sich berauschend an, aber ein klein bisschen überfordert war sie damit doch. Daher war mein Rat: Wenn sie ihren Sohn verstehen wollte, musste sie zuerst sich selbst verstehen. Und wie sich herausstellen sollte, hatte sie eine Menge emotionalen Ballast in ihre Mutterrolle mit eingebracht.

Bald nach unserem Gespräch suchte sie einen Psychologen auf, mit dem sie an ihrem unterdrückten Zorn auf Männer arbeitete, einer Wut, die sie jahrelang im Verborgenen mit sich herumgetragen hatte. In ihren Jugendjahren war sie von einem Nachbarn vergewaltigt worden, was sie keinem Menschen je gesagt hatte – weder ihren Eltern noch ihrem Mann, ja nicht einmal ihrer besten Freundin. Sie hasste den Mann für das, was er getan hatte, doch aus mehreren Gründen gab sie sich selbst die Schuld daran. Als Jason in die Pubertät kam, weckte irgendetwas an ihm ihren aufgestauten Zorn, und unbewusst ließ sie diesen an dem Jungen aus. In der Rückschau erkannte sie, dass sich ihr Verhalten ihm gegenüber verändert hatte. Sie verhielt sich ihm gegenüber sarkastisch und herablassend, weil sie sich von ihrem Sohn in gewissem Sinne abgestoßen fühlte. Das spürte sie auch, doch sie konnte dieses Gefühl an sich nicht akzeptieren, sodass sie es zu ignorieren und verdrängen suchte. Was natürlich nichts an dem Gefühl änderte.

Jason spürte den inneren Kampf, den seine Mutter mit sich selbst führte. Er kannte zwar den Grund nicht, doch er merkte, dass das Ganze etwas mit ihm zu tun hatte. Er fühlte, dass sie wütend auf ihn war, manchmal hatte er auch den Eindruck, dass sie sich für ihn schämte. Dies veranlasste ihn zu immer heftigeren verbalen Attacken. Er wollte seiner Mutter beweisen, dass er sie nicht brauchte und dass er ihr das Leben genauso zur Hölle machen konnte wie sie ihm. Bis Janie anfing, dem Ganzen auf den Grund zu gehen, schraubte sich diese Spirale immer weiter in die Höhe. Am Ende hatte sie Angst vor ihrem eigenen Sohn.

Sowohl Jason als auch Janie erhielten therapeutische Unterstützung, sodass sie wieder eine gesunde Basis für ihre Beziehung schaffen konnten. Erst als die beiden ihre Gefühle erkannten und Einsicht in die Dynamik ihres wechselseitigen Verhaltens gewannen, konnten die beiden sich ändern. Dieser Prozess nahm viel Zeit in Anspruch. Vor allem Janie war fest entschlossen, ihre Beziehung zu Jason zu reparieren, da sie nicht eine Sekunde lang wankend wurde in ihrer Liebe und Bewunderung für ihn.

Sie lernte, anders mit ihm umzugehen. Sie achtete auf ihre Worte, ihre Stimme, ja sogar auf ihre Körpersprache. Da sie diese Verhaltensweisen kontinuierlich umsetzte, änderten sich schließlich auch ihre Gefühle. Ihr Hass auf ihren früheren Nachbarn richtete sich nicht länger auf ihren Sohn, und allmählich löste sich der Würgegriff, in dem dieses Erlebnis die Beziehung zu dem Jungen gehalten hatte. Bald waren Mutter und Sohn einander wieder nahe. Und Jason kam plötzlich auch mit seinem jüngeren Bruder sehr viel besser zurecht.

Vor Kurzem hat Jason an einem sehr guten College seinen Abschluss gemacht und war einer der Besten seines Jahrgangs. Längst streitet er nicht mehr mit seiner Mutter und seinem Vater herum. Bald nachdem Janie mich das erste Mal konsultiert und über Jasons Probleme gesprochen hatte, meldeten seine Eltern ihn auf einer Schule für verhaltensauffällige Kinder an. Er besuchte sie achtzehn Monate und lernte dort, mit den hohen Anforderungen eines prall gefüllten Stundenplans fertigzuwerden. Er und seine Eltern verbrachten zahllose Stunden beim Schulpsychologen, bis Jason gelernt hatte, sich selbst, seine Emotionen und deren Macht zu verstehen. Noch wichtiger aber war, dass er auch lernte, für seine Gefühle und sein Verhalten Verantwortung zu übernehmen. Janie wiederum erkannte, dass sie ihre lang unterdrückte Wut auf ihren Zorn projizierte. Und sie lernte, wie sie die Wut auf ihren Vergewaltiger aus der Beziehung zu ihrem Sohn heraushalten konnte.

Janie und Jason haben Glück gehabt. Doch wie viele andere Mutter-Sohn-Beziehungen gibt es, die bei all den Spannungen, denen sie ausgesetzt sind, nicht genügend Unterstützung bekommen? Aus diesem Grund habe ich dieses Buch geschrieben – für alle Mütter von Jungs, die ihre Söhne lieben, aber nicht so recht wissen, wie sie ihnen eine wirklich gute Mutter sein können. Und für all die Söhne, die unter dem unglaublichen Druck stehen, die größte Hoffnung ihrer Mutter zu verkörpern. Sie können das nicht verstehen und schon gar nicht damit fertigwerden. Das aber zieht sie in einen tiefen Abgrund von Spannungen, die irgendwann explodieren.

Die Mutter-Sohn-Beziehung ist kompliziert, weil Elternteil und Kind verschiedenen Geschlechts sind. Weder die Mutter noch der Sohn können begreifen, wie es ist, auf der anderen Seite der Geschlechterseite zu stehen. Jungen fühlen sich als Männer häufig für das Wohlergehen ihrer Mutter verantwortlich. Das allein kann schon zu Spannungen in der Beziehung führen. Häufig verlässt sich die Mutter auch unbewusst auf ihren Sohn und sucht bei ihm die Unterstützung, die sie sonst von erwachsenen Partnern erhält. Außerdem haben Jungs in unserer Kultur so manche Herausforderung zu bestehen, der sie mitunter nicht mehr gewachsen sind. Und die Mütter stehen unter einem enormen Leistungs- und Erfolgsdruck, der auch nicht leichter zu stemmen ist. All dies zusammengenommen kann sehr schnell zur Katastrophe führen.

Doch keine Panik, es gibt auch gute Nachrichten: Die Katastrophe ist nicht unausweichlich. Ja, junge Männer erleben heute etwas, was professionelle Helfer wie ich als »Jungs-Krise« bezeichnen. Der Psychologe James Dobson schreibt in *Bringing Up Boys*: »Verglichen mit Mädchen leiden Jungs sechsmal häufiger an Lernstörungen, entwickeln dreimal häufiger Drogenprobleme und werden viermal häufiger als ›emotional gestört‹ eingestuft. Sie haben ein höheres Risiko (…), alle möglichen Formen von asozialem und kriminellem Verhalten zu entwickeln. Mit zwölfmal höherer Wahrscheinlichkeit werden sie zum Mörder. Außerdem kommen sie mit 50 Prozent höherer Wahrscheinlichkeit bei einem Autounfall ums Leben. 77 Prozent der vor Gericht verhandelten Verbrechen werden von Männern begangen.«[1]

Dobson bespricht Michael Gurians Buch *The Wonder of Boys* und beschreibt, auf welche Schwierigkeiten in der Schule Jungs häufig stoßen. So bekommen Jungen von der Grundschule bis zur Highschool meist schlechtere Noten als Mädchen. Jungen in der achten Klasse müssen zu 50 Prozent öfter nachsitzen als Mädchen. Zwei Drittel der Schüler in Highschool-Förderklassen sind Jungen. Außerdem leiden Jungs zehnmal häufiger an »Hyperaktivität« als Mädchen. 71 Prozent der Schulverweise treffen Jungs.[2]

Es gibt sicher noch mehr beunruhigende Zahlen, was die Probleme von Jungs in den westlichen Industrieländern angeht, aber Tatsache ist, dass Mütter die Mittel haben, um diese Krise zu lösen. Wir sind es, die diese »Trends« für unsere Söhne umkehren können. Und ich glaube darüber hinaus, dass wir Spaß daran haben können, unsere Söhne zu erziehen und ihnen zu helfen, unter all dem Druck, dem sie unterworfen sind, zu wertvollen Männern heranzureifen. Genauer gesagt, glaube ich das nicht, sondern weiß es. Ich habe in meiner 25-jährigen Praxis als Kinderärztin gesehen, wie großartige Mütter ihre Söhne durch alle möglichen Schwierigkeiten geleitet haben. Ich habe gesehen, wie alleinerziehende Mütter ihre Konflikte mit den Söhnen ausfochten und danach ein engeres Verhältnis zu ihnen hatten als vorher. Ich habe verheiratete Mütter mit einem stabilen familiären Hintergrund kennengelernt, die ihre Söhne aus Drogen- und Alkoholsucht herausgeholt und in ein gesundes Erwachsenendasein geleitet haben. Mit ein wenig Hilfe und Ermutigung finden Mütter und Söhne einen Weg zur wechselseitigen Entfaltung.

Wenn wir die einzigartige Dynamik dieser ganz besonderen Beziehung unter die Lupe nehmen, erkennen wir schnell, dass auch Mütter unter Druck stehen, und zwar anders als die Söhne. Es ist ganz entscheidend, dass wir beide Seiten verstehen: die Jungs mit ihrem ganz eigenen Belastungsspektrum und die Mütter mit dem ihren. Die beiden vermischen sich gelegentlich, häufig aber auch nicht. Daher möchte ich im Folgenden die spezifischen Eigenheiten der beiden Rollen näher betrachten. Zunächst einmal werde ich mich mit der Situation der Mutter beschäftigen, denn die Forschung zeigt, dass man einem Jungen am besten hilft, wenn man jene Person unterstützt, die auf ihn den größten Einfluss hat. Und für Millionen Jungs ist das ihre Mutter.

Welchen spezifischen Belastungen sind Mütter nun ausgesetzt? Da ist zunächst einmal die allgemeine Dreifaltigkeit negativer Gefühle, mit der jede moderne Mutter zu kämpfen hat: Schuldgefühle, Angst und Wut. Mütter in unserer postfeministischen Kultur wollen alles sein – für alle. Tatsächlich habe ich noch keine Mutter kennengelernt, die findet, dass sie ihren Job gut macht. Arbeiten die Mütter, stehen sie unter dem Druck, ihren Beruf genauso gut im Griff zu haben wie die Sorge für Heim, Partner und Kinder. Sie wollen ihren Jungs mit Rat und Tat zur Seite stehen, kochen, die Studiengebühren beiseitelegen und ihrem Sohn Gelegenheit geben, seine Freunde einzuladen. Bei all dem sollten sie natürlich auch stets ruhig und gelassen bleiben. Sie wollen ihren Söhnen gegenüber einfühlsam sein, für sie sorgen und doch genug Härte zeigen, dass sie im Notfall auch den Vater ersetzen können. Manche Mütter haben Partner, die viel zu beschäftigt sind, um sich mit ihren Söhnen abzugeben. Andere Mütter sind geschieden, der Vater ihrer Söhne hat mit den Kindern nichts am Hut oder kann die Vaterrolle einfach nicht ausfüllen. Allein in den USA gibt es 14 Millionen alleinerziehende Mütter.[3] Sie versuchen, für ihre Kinder Vater und Mutter zu sein, da der leibliche Vater nicht greifbar ist.

Mütter brauchen Hilfe, so viel ist klar. Keine Mutter kann den Erwartungen gerecht werden, die sie selbst (und andere Menschen in ihrer Umgebung) an sie stellt. Jede Mutter hat ein geistiges Bild davon abgespeichert, wie sie aussehen und sich zu verhalten hat, will sie ihrem Sohn (oder ihrer Tochter) eine perfekte Mutter sein. Tag für Tag stehen wir morgens auf und versuchen verzweifelt, dieser perfekten Vision immer ähnlicher zu werden. Natürlich schaffen wir das nie. Dieses Buch soll jeder Mutter helfen, zu erkennen und zu akzeptieren, *wer sie ist und wer nicht*. Wenn wir Mütter an diesen Punkt gelangen können, sind wir frei. So frei, dass wir endlich akzeptieren können: So wie wir sind, sind wir gut genug für unsere Söhne.

Aber auch die Jungs stehen unter einem gewaltigen Druck, der sie im Einzelfall zerstören kann. So ist es zurzeit kaum klar auszumachen, wohin sich die Männerrolle in dieser sich rapide wandelnden Welt entwickeln wird. Denn kaum haben sie gelernt, was von ihnen als Mann erwartet wird, so stehen sie geänderten Anforderungen gegenüber. Sehen Sie sich nur mal die Trends im Bildungssektor an, der bei der Mannwerdung eine gewichtige Rolle spielt. So erwerben weniger Jungen als Mädchen einen Highschool- oder Collegeabschluss.[4] Dr. William Pollack von der Harvard Medical School schreibt: Eine wissenschaftliche Studie »kam zu der Erkenntnis, dass sich [in schulischer Hinsicht] eine neue geschlechtsspezifische Kluft auftut und der Großteil der Jungen an das Ende des Leistungsspektrums zurückfiel«.[5] Seiner Ansicht nach rührt dies von der Tatsache her, dass es Jungs mittlerweile an Selbstvertrauen mangelt. Und dies beeinflusse ihre Leistungsbereitschaft negativ.[6] Hier etabliert sich ein Teufelskreis: Viele Jungs schaffen den Highschool- bzw. Collegeabschluss nicht, was sich negativ auf ihr Selbstbewusstsein und ihre Produktivität auswirkt.[7] Damit verlieren sie aber auch das Gefühl, ein starker Mann zu sein, und sind immer weniger motiviert, sich in irgendeiner Weise hervorzutun.[8] – Das ist tatsächlich ein beunruhigender Trend.

Wir brauchen also neue Ansätze zur Erziehung unserer Söhne. Forschungsarbeiten zeigen, dass Mütter in jedem Haushalt immer noch den Löwenanteil der täglichen Erziehungs- und Hausarbeit leisten. An einem durchschnittlichen Tag erledigen etwa 20 Prozent der Männer Hausarbeit, Abspülen zum Beispiel oder Wäschewaschen. Bei den Frauen sind es 48 Prozent. 39 Prozent der Männer kochen oder putzen, im Gegensatz zu 65 Prozent bei den Frauen.[9]

Alleinerziehende Frauen sind bei der Hausarbeit sowieso ganz auf sich selbst gestellt. Meist sind sie auch noch die Alleinverdiener. Ein Bericht des Meinungsforschungsinstituts Pew Research Center zeigt, dass 63 Prozent der alleinverdienenden Mütter auch alleinerziehend sind.[10] 24 Prozent der amerikanischen Kinder wachsen heute bei alleinerziehenden Müttern auf. Wir sehen also, dass die Arbeitsbelastung für die amerikanischen Frauen enorm ist.[11]

Die Last, die Mütter heutzutage zu schultern haben, ist enorm. Viele Frauen empfinden den Druck vor allem dann, wenn es um die Erziehung ihrer Söhne geht. Vielfach herrscht die Ansicht, Mädchen seien einfacher zu erziehen. Zunächst einmal versteht die Mutter sie eher – schließlich war jede Mutter selbst einmal ein junges Mädchen. Doch wie schwer es auch sein mag: Keine Mutter gibt auf, wenn es um ihren Sohn geht.

Dieses Buch will sozusagen ein Wegweiser sein. Es soll Ihnen zeigen, wie Sie es schaffen, »gut genug« zu werden für die Erziehung außergewöhnlicher Jungs. Es soll Sie ermutigen, Ihnen aber auch praktischen Rat geben. Zum Beispiel, dass Sie als Mutter Mumm brauchen, um Ihren Söhnen auch mal mit Härte entgegenzutreten. Es will Ihnen zeigen, wie Sie Ihren Jungs auf gesunde Weise Ihre Liebe zeigen können, damit diese lernen, Frauen besser zu akzeptieren, wenn sie erwachsen werden. Und einsehen, dass harte Arbeit, Hingabe und ein gut entwickeltes Seelenleben wichtig sind. Die Themenbereiche, die ich im Folgenden behandeln werde, haben sich in meiner langjährigen Praxis als Knackpunkte im Verhältnis von Müttern und Söhnen herausgestellt. Bei den Themen handelt es sich keineswegs um Banalitäten, wie es auf den ersten Blick scheinen mag. Denn die eingehende Beschäftigung mit den Brennpunkten der Mutter-Sohn-Beziehung wird Ihnen helfen, Ihren Sohn zu stärken. Ich werde in diesem Buch auch auf die ganz speziellen Bedürfnisse von Jungs eingehen. Sobald Sie als Mutter gelernt haben, Ihren Sohn besser zu verstehen, können Sie ihm helfen, diese

Bedürfnisse zu befriedigen. Damit füllen Sie Ihre Elternrolle effektiv aus, und es kehrt wieder Friede ein in Ihr Heim.

Dies ist ein Überlebens-Handbuch für Mütter, die ihre Söhne lieben. Gute Mütter wie Janie, die die Erfahrung machen, dass ihre Bemühungen nie an ihre eigenen Erwartungen heranreichen. Und es ist ein kluges Werkzeug für Mütter, die begreifen wollen, wie sie für ihre Söhne sein müssen. Und wie nicht. Ich wünsche mir, dass dieses Buch für Sie zum Tor in eine neue Welt wird: eine Welt, in der Sie die Mutter sind, die Sie immer sein wollten – gesünder, realitätsbewusster, weniger gestresst. Damit Sie einen Sohn erziehen, auf den Sie stolz sein können.

Kapitel 1

Seine erste Liebe sind Sie – aber sagen Sie Ihrem Sohn das nie

Sobald dieser rosafarbene, schreiende Winzling zum ersten Mal in unseren Armen liegt, werden wir von tiefer Liebe ergriffen. Sie erfüllt nicht nur unser Herz, sondern jede Faser unseres Körpers. Da ist er nun! Unser Sohn. Er wird uns die männliche Liebe in ihrer reinsten Form lehren. Er wird uns zugetan sein wie kein anderer Mann, und wir werden für ihn wichtiger sein als jede andere Frau in seinem Leben.

In meiner Tätigkeit als Ärztin habe ich immer wieder diesen außergewöhnlichen, ja beinahe spirituellen Ausdruck in den Augen junger Mütter wahrgenommen, wenn sie zum ersten Mal ihre Söhne im Arm halten. Es ist, als wüssten wir Mütter, dass wir sie ganz fest halten müssen, solange wir nur irgend können. Denn in unserem Innersten ist uns klar, dass wir sie irgendwann loslassen müssen. Sie wachsen heran, sie verlieben sich, und eine andere Frau tritt an unsere Stelle. Dann ist die Zeit gekommen für unsere Söhne, ihre Mutter zu verlassen. Für uns ist kein Platz in ihrer Zweierbeziehung. Bei unseren Töchtern liegen die Dinge anders. Zu ihnen halten wir eine enge Beziehung aufrecht, auch wenn sie längst erwachsen sind, sich verliebt haben und aus dem Haus gegangen sind. Zwar verbindet uns mit unseren Söhnen dieselbe tiefe Liebe wie mit unseren Töchtern, aber die Mutter-Sohn-Beziehung ist andersgeartet. An dem Tag, an dem er sich verliebt, wird sich die Art seiner Verbindung zu uns verändern: Wir sind nicht mehr seine erste Liebe. Und das ist es, was unsere Intuition uns schon bei seiner Geburt sagt.

Im Säuglingsalter verkörpern Sie als Mutter für Ihren Sohn Nahrung und Sicherheit. Sie sind für ihn die Quelle der Freude, Nahrung, Vertrautheit, Liebe – und aller anderen guten Dinge. Von dem Moment an, da er Ihre Stimme hört und Ihre Haut riecht, kann er sicher sein, dass sich jemand um ihn kümmert. Intuitiv vertraut er darauf, dass Sie ihn nicht verlassen, sondern immer für ihn da sein werden.

Kommt er ins Kleinkindalter, schaut er in Ihr Gesicht, um festzustellen, was Sie fühlen. Er sieht Sie nicht etwa an, weil er neugierig ist, wer Sie sind. Vielmehr möchte er wissen, wie Sie zu ihm stehen. Wenn er an Ihrem Gesichtsausdruck abliest, dass Sie mit ihm zufrieden sind, ist das Leben für ihn in Ordnung. Er braucht Ihre Aufmerksamkeit, er muss wissen, wo Sie sind und was Sie tun. Ist er schlecht gelaunt oder hat Angst, kann es sein, dass er auf Sie wütend ist. Sie sind schließlich die Person, die ihn vor diesen negativen Gefühlen bewahren soll. Haben Sie das versäumt, erwartet er von Ihnen, dass Sie alles wieder in Ordnung bringen. Sie sind seine ganze Welt.

Väter sind wichtig für die gesunde emotionale, körperliche und geistige Entwicklung von Jungen, aber sie haben eine andere Rolle inne, vor allem, wenn die Söhne noch klein sind. Im Allgemeinen verfügen Mütter über die besseren Antennen für Kinder als Väter. Schließlich lernt ein Kind seinen emotionalen und psychischen Wortschatz von der Mama, sie ist es, die für körperliche und emotionale Nahrung sorgt.

Von Geburt an weiß Ihr Sohn, dass Sie anders sind als er. Und zwar nicht nur, weil Sie erwachsen, sondern auch, weil Sie weiblichen Geschlechts sind. Schon als Baby erkennt er irgendwie, dass Sie ihn mit der weiblichen Liebe vertraut machen. Wenn Sie liebevoll mit ihm umgehen, lernt er schon als Kleinkind, Frauen mit Freundlichkeit zu assoziieren. Trösten Sie ihn, wenn er Angst hat, wird er Frauen als vertrauenswürdig einstufen. Ganz konkret legen Sie den Grundstein für seine künftige Beziehung zu Frauen. Sie schaffen das Muster, das sein Verhalten von frühester Kindheit bis ins Erwachsenenalter prägen wird.

In den ersten Jahren seines Lebens sind Sie für Ihren Sohn die ganze Welt. Und Sie verkörpern das Objektiv, durch das er später alle Frauen wahrnehmen wird. Erweisen Sie sich als vertrauenswürdig, wird er seiner Schwester, seiner Großmutter, seiner Lehrerin und ja, auch seiner Frau vertrauen. Ihre Liebe lässt ihn begreifen, wie gut es sich anfühlt, von einer Frau geliebt zu werden. Das wird ihn dazu befähigen, später andere Frauen wahrhaft zu lieben und von ihnen geliebt zu werden.

Sollte er hingegen die Erfahrung machen, dass er sich auf Ihre Liebe nicht verlassen kann, wird er schon früh lernen, sich selbst zu schützen. Er begreift, dass er sich den Frauen nicht schutzlos ausliefern darf, und wird sich weigern, ihnen sein Herz zu öffnen – aus Angst, erneut verletzt zu werden. Hat er von Ihnen Zurückweisung erfahren, wird er davon überzeugt sein, dass auch andere Frauen ihn ablehnen werden. Je tiefer die Kränkung geht, desto wahrscheinlicher ist es, dass er sich als Mann sein Leben lang nicht auf Frauen wird einlassen können. Wir alle kennen Männer, die Frauen kein Vertrauen entgegenbringen, weil sie von einer geliebten Frau verletzt wurden. Häufig war es ausgerechnet ihre erste Liebe (die Mutter, Großmutter oder eine andere weibliche Person, welche sich im Säuglings-

und Kleinkindalter um sie gekümmert hat), die sie emotional im Stich ließ. Einen Jungen mit der weiblichen Liebe vertraut zu machen ist daher eine große Verantwortung.

Zeigen Sie ihm, wie stark Frauen sein können

Als John zehn war, starb sein Vater an Bauchspeicheldrüsenkrebs. Als ältestes von drei Kindern übernahm er sofort die Rolle des »Mannes im Haus«. Wie er sich später erinnerte, war es nicht seine Mutter, die ihn dazu drängte. Er glaubte ganz einfach, sein Vater hätte das so gewollt. John erzählte, dass er und seine Geschwister das Gefühl hatten, in ein tiefes, schwarzes Loch gestoßen worden zu sein. Sein Vater hinterließ die Familie völlig mittellos. Er hatte Spielschulden gehabt und keine Lebensversicherung. Solange sein Vater noch am Leben war, hatte seine Mutter als Haushälterin bei verschiedenen Familien gearbeitet – allerdings nur in Teilzeit. So konnte sie für die Kinder da sein, wenn sie von der Schule nach Hause kamen. Nach dem Tod des Vaters wurde alles anders. Johns Mutter musste nun ganztags als Haushälterin arbeiten. Darüber hinaus nahm sie einen Abendjob als Bedienung in einem örtlichen Restaurant an, um alle Rechnungen bezahlen zu können und wenigstens einen Teil der Schulden abzuarbeiten.

Diese Jahre bezeichnete John mir gegenüber als »Hölle auf Erden«. Die ersten Stürme der Pubertät zusammen mit dem alles verzehrenden Schmerz über den Verlust seines Vaters lösten bei dem damals Zehnjährigen ein wahres Gefühlschaos aus. Er konnte nicht mehr lernen, und seine Noten verschlechterten sich rapide. Der Junge hatte Schuldgefühle, weil er seine Mutter auf keinen Fall enttäuschen wollte. Also strengte er sich an und hörte auf, Sport zu treiben, weil er unbedingt bessere Noten haben wollte. Aber am Abend konnte er nicht lernen, weil er sich als Ältester um seine jüngeren Geschwister kümmern musste, während seine Mutter im Restaurant arbeitete. Er half ihnen bei den Hausaufgaben und sorgte für das Abendessen. Zusätzlich zu den Alltagspflichten übernahm er auch noch die weit wichtigere Rolle des Beschützers. Er achtete zum Beispiel darauf, dass die Türen nachts verschlossen waren. Aber da er selbst noch ein Kind war, hatte auch er Angst. Seine jüngeren Geschwister behüten zu müssen machte ihm Angst, vor allem weil er sich in seiner Rolle als Beschützer unsicher fühlte. »Ich weiß nicht genau, wieso«, meinte er, »aber ich hatte dauernd Angst um sie. Angst, dass ihnen auch etwas Schlimmes zustoßen würde und dass ich dann verantwortlich wäre. Ich erinnere mich noch gut an all diese Nächte, in denen ich allein und verängstigt dasaß und mich völlig überfordert fühlte.«

Als John mir vor einem Jahr seine Geschichte erzählte, war er bereits ein erwachsener Mann mit einer eigenen Familie. Doch bei der Erinnerung an die Nächte, in denen er seine jüngeren Geschwister zu beschützen versuchte, sah ich förmlich, wie die Angst, die er als Kind verspürt hatte, wieder in ihm aufstieg. Plötzlich saß mir anstelle des Erwachsenen ein verängstigter kleiner Junge gegenüber. Am liebsten wäre ich zu ihm hinübergegangen, um ihn zu umarmen. Der Schmerz dieser schlimmen Zeit war immer noch präsent und lebendig. Ich konnte ihn deutlich spüren.

»Es kam mir fast so vor, als dauerte meine Teenagerzeit zwanzig Jahre. Ich vermisste meine Mutter so sehr. Auch meinen Vater, dabei weiß ich noch, dass ich meistens auf ihn wütend war. Einerseits weil er gestorben war, aber auch, weil meine Wut Schuldgefühle in mir auslöste. Und ich war zornig, weil er so viel Unheil angerichtet hatte. Mein Vater war ein Spieler, und seine Schulden waren der Grund dafür, dass meine Mutter uns alleinlassen musste, um arbeiten zu gehen. Außerdem trank er zu viel, und dafür habe ich ihn immer gehasst. Eigentlich hat er uns schon vor seinem Tod im Stich gelassen. Er war ja so oft betrunken. Ich machte mir schon Sorgen um meine Mutter, bevor er starb.«

Während John redete, fragte ich mich, wie er es geschafft hatte, seinen Zorn und seinen Kummer so gut zu verarbeiten. Im Alter von achtunddreißig Jahren war er durchaus in der Lage, offen über seinen Schmerz sprechen. Ich erkundigte mich, ob er als Kind von einem Trauerbegleiter betreut worden war. »Nein«, antwortete er. »Das wäre bestimmt gut gewesen, aber es war leider unmöglich. Ich konnte nicht Auto fahren, und ich musste mich nach der Schule um meine Geschwister kümmern. Sie waren alles, was ich hatte.«

»Wie haben Sie das bloß geschafft?«, fragte ich. »Sie haben Ihre Mutter fast nie gesehen, und auch sonst war niemand zum Reden da. Wie konnten Sie da Ihre Trauer überwinden und zurück ins Leben finden?«

»Es war echt hart. Aber meine Mutter hat mich letztlich gerettet. Ich verbrachte zwar nicht viel Zeit mit ihr, aber in den wenigen Momenten ließ ich sie nicht aus den Augen. Ich saugte jedes ihrer Worte auf, jede noch so winzige Bewegung.«

An diesem Punkt unterbrach ich ihn. Ich konnte mir einfach nicht vorstellen, dass er sich nicht vernachlässigt gefühlt hatte. Deshalb hakte ich nach: »Haben Sie sich denn von Ihrer Mutter nicht vernachlässigt gefühlt? Sie verbrachte doch so viel Zeit außer Haus, um zu arbeiten.«

Er schaute mich belustigt an. »Nie. Ich wusste einfach, dass sie ihr Bestes tat. Ihr war auch klar, dass der Tod meines Vaters für uns eine furchtbare Belastung war. Sie fragte uns ständig, wie es uns ging. Am Wochenende ging sie mit uns manchmal in den Park oder irgendwohin, wo wir Spaß hatten. Sie sagte, es sei wichtig für uns, auch einmal einfach Kind zu sein. Damit signalisierte sie uns, dass unser Wunsch, wie normale Kinder mit Vater und Mutter zu leben, berechtigt war. Und Mutter brachte uns bei, als Team zusammenzuarbeiten. Jeder von uns hatte seine Pflichten, und wir erledigten sie gemeinsam, weil mein Vater nicht da war. Sie war eine außergewöhnliche Frau und ging uns mit gutem Beispiel voran. Sie arbeitete härter, als ich es je bei einem anderen Menschen gesehen habe. Ihre Weigerung aufzugeben spornte uns alle an. Mir war klar, was sie alles auf sich nahm, um für ihre Kinder zu sorgen. Und dabei war sie immer glücklich – so schien es mir jedenfalls. Wenn ich merkte, wie sehr sie mich liebte und wie hart sie für mich, meine Schwester und meinen Bruder arbeitete, liebte ich sie nur umso mehr. Ich habe mich von meiner Mutter immer geliebt gefühlt, auch wenn sie nicht ständig anwesend war. Sie hat mir gezeigt, was es heißt, ein starker, guter Erwachsener zu sein.«

Jede Mutter wünscht sich, dass ihre Kinder glücklich sind. Wenn unsere Babys schreien, eilen wir Mütter sofort herbei, um sie zu beruhigen. Wir möchten nicht, dass sie sich unwohl fühlen oder traurig sind. Wenn unsere Kinder zum Sport oder zur Schule gehen, achten wir darauf, wie ihre Altersgenossen sie behandeln. Falls sie ausgeschlossen oder schikaniert werden, helfen wir ihnen sofort. Manchmal verwöhnen wir sie mit Spielzeug und Süßigkeiten. Nur allzu leicht geben wir all ihren Launen nach, nur um nicht Nein sagen zu müssen. Wir wollen, dass unsere Söhne glücklich sind. Deshalb versuchen wir, sie nicht zu enttäuschen, und vermeiden es gerne, ihnen etwas zu verbieten oder zu verweigern, was sie sich sehnlichst wünschen. Mütter wollen es immer allen recht machen. Sie sind stets bereit, ihre eigenen Wünsche hintanzustellen, um die Bedürfnisse ihrer Kinder zu befriedigen. Und das ist gut so, aber manchmal gehen sie dabei zu weit und schaffen so die Wurzel für Probleme, mit denen sich ihre Söhne später herumschlagen müssen. Das ist eine Falle, in die liebende Mütter gerne tappen. Doch es gibt Möglichkeiten, diese Gefahr zu vermeiden. Lernen wir Mütter doch lieber, uns so zu verhalten, dass unsere Söhne dauerhaft glücklich werden können.

Lieben Sie ihn auch dann, wenn es schwierig wird

Wir Mütter wissen, wie wichtig es für unsere Söhne ist, unsere Liebe zu spüren. Geliebt zu werden schenkt ihnen eine tiefe Befriedigung und ein Gefühl der Sicherheit, die sie bis ins Erwachsenenalter begleiten. Liebevoll betrachten wir unsere Neugeborenen und wundern uns, welch tiefe Liebe wir für ein menschliches Wesen empfinden können. Wenn unsere Jungs dann aber größer werden, kommt der Alltag dieser vollkommenen Liebe in die Quere. Wir ärgern uns über unsere Söhne, sind enttäuscht von ihnen. Ab und zu haben wir das Gefühl, sie wüssten uns nicht zu schätzen. Die Stelle des kleinen Kerlchens, für das wir die Welt bedeuteten, nimmt plötzlich ein motziger Knirps ein. Unser Sprössling gibt uns mit einem Mal zu verstehen, dass wir ja nicht wüssten, wovon wir reden, weil wir nur »die Mama« sind. Mit unseren Töchtern zu reden ist einfacher. Tauchen Probleme auf, dringen wir leichter zum emotionalen Kern der Sache vor. Mädchen sind kommunikativ – Jungs meist nicht. Auch wenn die genauen statistischen Angaben in wissenschaftlichen Studien variieren, wissen wir, dass Frauen pro Tag ungefähr 13.000 Wörter mehr benutzen als Männer.[12] Jungen haben eine andere Sichtweise als wir, und oft ist es nicht einfach, sich miteinander zu verständigen. Wenn wir etwas wieder in Ordnung bringen wollen, indem wir unseren Söhnen unsere Gefühle auseinandersetzen, stoßen wir häufig auf Ablehnung. Jungs haben keine Lust, immer alles zu besprechen. Dann ziehen wir uns verletzt zurück. So entsteht eine unnötige Distanz zwischen Mutter und Sohn, und das Problem bleibt ungelöst.

Wir sollten immer daran denken, dass kein Sohn richtig glücklich sein kann ohne die grundlegende Überzeugung, dass seine Mutter ihn liebt. Wie ich bereits erwähnt habe, steht die Mutter für Sicherheit im Leben ihres Jungen. Die Liebe einer Mutter zu ihren Kindern muss bedingungslos und verlässlich sein. Manchmal sieht es so aus, als ob unsere Sprösslinge unsere Liebe für selbstverständlich hielten. Ja, das tun sie tatsächlich! Denn wir sind für sie die emotionale Konstante in ihrem Leben. Wir werden sie nicht verlassen, nicht weggehen und ihnen unsere Liebe nicht entziehen. Dieses Gefühl jedenfalls wollen unsere Kinder haben. Was also müssen wir tun, wenn Schwierigkeiten auftauchen und unsere üblichen Kommunikationsstrategien – reden, analysieren, Gefühle sondieren – mit unseren Söhnen nicht funktionieren?

Aristoteles sagt, dass der Mensch erst dann vollkommene Glückseligkeit erlangt, wenn es im Leben nichts mehr gibt, was er begehrt.[13] Und damit meint er keineswegs nur materielle Dinge. Er spricht vielmehr von der tiefen inneren Zufriedenheit dessen, der das Gefühl hat, dass es ihm an nichts mangelt. Gemeint ist letztlich die Zufriedenheit der Seele.

Augustinus hat diese Auffassung vom Glück ins Theologische gewendet. Er lehrte, dass nur die unsterbliche Seele vollends glücklich ist, die ganz und gar in der beseligenden Schau Gottes ruht. Nur in der Gottesschau ist die Seele durch Erkenntnis und Liebe mit dem unendlich Guten vereinigt. In der Herrlichkeit Gottes werden alle natürlichen Wünsche der menschlichen Seele befriedigt – die Suche des Verstandes nach Wahrheit und das Streben des Willens nach dem Guten.[14]

Wenn wir glauben, was Aristoteles und Augustinus schreiben, haben wir als Mütter die Aufgabe, unseren Söhnen bei der Suche nach Erkenntnis und Wahrheit zu helfen. Nur diese beiden können die Seele zu vollkommener Zufriedenheit führen. Wollen wir unseren Nachkommen ernstlich dabei helfen, das Glück zu finden, müssen wir sie lehren, das Gute vom Bösen und das Richtige vom Falschen zu unterscheiden. Wir sollten sie ermutigen, moralische und ethische Entscheidungen zu treffen. Wenn Aristoteles recht hat (was ich glaube), können unsere Söhne nicht glücklich sein, ohne zu lernen, gewisse Tugenden zu entwickeln. Denn dem großen Philosophen zufolge sind es diese Tugenden, die dem Menschen dabei helfen, die richtigen Entscheidungen zu treffen. Und welche Tugenden sind dies? Es sind insbesondere Mut, Mäßigung, Gerechtigkeit, Besonnenheit, Weisheit und Keuschheit. Welche Mutter würde sich nicht erhoffen, dass ihr Sohn wenigstens ein paar davon besitzt? Das wünschen wir uns doch letztlich alle. Und dass nach Aristoteles die wichtigste Voraussetzung für unser Glück die Entwicklung bestimmter Tugenden ist, sollte uns zusätzlicher Ansporn sein, sie unseren Söhnen zu vermitteln.

Manche Mütter sind sich nicht sicher, ob sie ihren Kindern tatsächlich Tugenden wie die genannten vermitteln sollen. Viele betrachten das als überholt, ja überflüssig in unserer heutigen hoch entwickelten und komplexen Gesellschaft. Aber überlegen Sie mal kurz: Mut gibt uns die Kraft, das zu tun, was wir für richtig halten, ohne uns von den Meinungen anderer davon abhalten zu lassen. Mäßigung heißt, über die nötige Willenskraft zu verfügen, um alle Freuden mit Maß zu genießen. Dazu muss man lernen, seine körperlichen und sinnlichen Gelüste unter Kontrolle zu bringen. Gerechtigkeit heißt, Fehler wiedergutzumachen und andere fair zu behandeln. Besonnenheit bringt uns dazu, gemäß »praktischer Weisheit« zu leben und Vorsicht walten zu lassen. Weisheit ermöglicht logischerweise, bei Bedarf kluge Entscheidungen zu fällen. Keuschheit schließlich erfordert, dass man sein sexuelles Begehren kontrollieren kann.

Ist es unser Ziel, unseren Söhnen zu wahrem Glück zu verhelfen, müssen wir sie von Kindesbeinen mit diesen sechs Tugenden vertraut machen.

Unsere nächste große Aufgabe ist, sie in der Liebe zu unterweisen. Sie müssen Liebe geben und empfangen können. Und weil wir die erste Liebe unserer Söhne sind, tragen wir die Verantwortung dafür, sie mit der Liebe vertraut zu machen. Das gilt auch für die Zeit, wenn sie langsam erwachsen werden und sich unsere Beziehung zu ihnen schwieriger gestaltet. Häufig sind wir allerdings auf ganz andere Weise im Einsatz für unsere Kinder. Wir kutschieren sie durch die Gegend und kommen für ihre Freizeitaktivitäten auf, statt ihnen zu zeigen, dass sie geliebt werden. Natürlich sind wir der Meinung, dass wir ihnen unsere Zuneigung beweisen, indem wir sie zum Fußballtraining fahren, ihnen die erforderliche Ausrüstung kaufen und an ihrer Schule ehrenamtlich tätig sind. In den Augen unserer Söhne kommen diese Aufgaben aber nicht unbedingt einem Liebesbeweis gleich. Das ist ein äußerst wichtiger Punkt. Denn um unsere Söhne glücklich zu machen, müssen wir ganz genau wissen, was ihnen das Gefühl gibt, geliebt zu werden, und was nicht. Denken wir an Johns Beispiel zurück: Seine Mutter zeigte ihren Kindern ihre Liebe, indem sie hart arbeitete, um das Essen auf den Tisch zu bringen und die Heizkosten zu bezahlen. Sie wusste aber auch, dass sie ihre Liebe *in Worte fassen* musste, damit sie sich geliebt fühlten.

Im Lauf der Jahre haben mir viele Söhne berichtet, dass sie allein durch sportliche Leistungen die Aufmerksamkeit ihrer Mutter erringen konnten. Die Mütter schauen sich die Spiele ihrer Jungs an, klatschen, feuern sie an und hüpfen herum. Viele Jungs haben das Gefühl, Sport treiben zu müssen, um beachtet zu werden. Mütter sollten ihre Kinder davor bewahren. Jungen, die überzeugt sind, dass sie rennen, Tore schießen oder die Ansprüche ihrer Trainer erfüllen müssen, um von ihrer Mutter beachtet zu werden, fühlen sich bald als Marionetten, nicht als Söhne. Sie haben das Gefühl, ein Vorzeigestück zu sein und keine normalen Jungs, die für das geliebt werden, was sie sind.

Wie aber zeigen wir ihnen unsere Liebe? Indem wir Zeit mit ihnen verbringen. Und zwar nicht nur dann, wenn sie etwas leisten. Gemeint ist eine Zeit, die wir ganz ihnen widmen. Also nicht die Zeit, in der wir sie zu einer Veranstaltung fahren, sie auf dem Spielfeld anfeuern oder sie zum Einkaufen mitnehmen. Es geht vielmehr um jene Stunden, in denen wir Spaß haben mit unseren Söhnen. Karten spielen, uns gemeinsam einen Film anschauen, Ball spielen oder mit dem Fahrrad durchs Viertel gondeln. Zeit, in der wir nicht in erster Linie dem, was sie tun, Aufmerksamkeit schenken, sondern dem, was sie sind.

Und das gilt nicht nur für unsere Söhne. Man hat uns Müttern ja ganz allgemein eingeredet, dass wir »Leistung zeigen« müssen. Wir möchten unseren Jungen das Richtige kaufen, wir wollen sicherstellen, dass sie die richtige Schule besuchen, wir geben uns Mühe, für sie das richtige Essen zu kochen und die geeignete Sportart herauszufinden. Diese Liste ließe sich noch beliebig verlängern. Über all dem haben wir vergessen, dass unsere Söhne einfach mit uns zusammen sein wollen. Das ist alles. Unsere Sprösslinge wollen nicht, dass wir mehr für sie tun. Sie wünschen sich, dass wir Zeit für sie haben, dass wir ihnen zeigen, wie gern wir mit ihnen zusammen sind. Wenn wir weniger im Leistungsmodus agieren, werden sie es uns gleichtun. Und das ist gut für beide Parteien. Denn wenn unsere Söhne und auch wir selbst ständig Leistung zeigen müssen, ist am Ende keine Seite wirklich zufrieden und fühlt sich angemessen geliebt.

Am Anfang, wenn unsere Söhne klein und putzig sind, lieben wir sie ohne Wenn und Aber. Wir knuddeln sie, spielen mit ihnen und überhäufen sie mit Küssen. Wir überschütten sie mit Liebe. In der zweiten Phase ihres Lebens, wenn sie in die Mittelstufe kommen, halten wir uns damit zurück, weil wir fürchten, ihre Bedürfnisse als Jungs nicht befriedigen zu können, oder weil wir selbst eine mögliche Zurückweisung scheuen. Deshalb versäumen wir es, ihnen unsere Liebe deutlich genug zu zeigen, und das darf auf keinen Fall geschehen. Wir müssen unseren achtzehnjährigen Sohn genauso intensiv lieben wie damals, als er acht Tage alt war. Wir lieben unsere Jungs am Anfang, und wir hören auch später nicht damit auf. Wir sagen und zeigen ihnen das, indem wir sie auf sinnvolle Weise fordern.

Lara lernte dies, als ihr Sohn Elijah zwölf war. Sie war verheiratet und hatte drei Kinder; Elijah war der Zweitgeborene. Lara sagte mir, sie beide hätten sich immer sehr nahegestanden und Elijah sei ihr sensibelstes Kind. Als Kleinkind war Elijah schneller gekränkt als seine Schwestern. Wenn er beim Eishockey schlecht spielte, erklärte er ihr hinterher, er fühle sich schlecht, weil er seinen Trainer im Stich gelassen habe.

Als Elijah in die sechste Klasse kam, wechselte er auch das Schulgebäude, weil die Junior High School woanders untergebracht war. Lara zufolge war das besonders hart für ihn, weil an der neuen Schule die Klassen viel größer waren. Saßen in der Mittelstufe noch zweiunddreißig Schüler in der fünften Klasse, so zählte die sechste Klasse an der Junior High sage und schreibe zweihundertfünfzehn Schüler. Elijah berichtete seiner Mutter, er habe sich beim Wechsel an die neue Schule gefühlt, als sei er in ein ganz neues Universum eingetreten.

In den ersten drei Monaten schien es ihm noch gut zu gehen. Meistens kam er gut gelaunt nach Hause und seine Noten blieben auf einem konstanten Niveau. Doch im Verlauf des ersten Halbjahrs bemerkte Lara, dass sich Elijah langsam veränderte. Seine normalerweise fröhliche Stimmung verschwand, manchmal schrie er sie sogar an. Sie schrieb seine Übellaunigkeit den verrückt spielenden Hormonen zu und schenkte dem weiter keine Beachtung. Aber nach einigen Monaten fing Elijah an, sich in sich selbst zurückzuziehen. Er schien auch häufig seine Freunde zu wechseln und brachte selten einen von ihnen mit nach Hause.

In dieser Phase kam Lara zu mir. »Wir streiten uns die ganze Zeit«, erzählte sie, »ich verstehe das einfach nicht. Er war früher so liebenswert und wir hatten so viel Spaß zusammen. Jetzt halte ich es, ehrlich gesagt, fast nicht mehr aus, mit ihm im selben Raum zu sein.«

Ich fragte sie, wie sie mit seinen Wutausbrüchen umginge. »Ich schäme mich, das zuzugeben, aber ich schreie zurück und schicke ihn in sein Zimmer«, antwortete sie. »Ich weiß einfach nicht, was ich sonst tun soll. Natürlich macht das alles nur noch schlimmer. Er brüllt dann noch lauter, rennt in sein Zimmer und schmeißt mit Sachen um sich. Ich weiß mir einfach keinen Rat.«

Ich erkundigte mich, inwieweit Lara über Elijahs derzeitiges Leben Bescheid wusste. Sie war sich nicht sicher, wie es in der Schule gerade lief. Elijah hatte ihr erklärt, er sei nun alt genug, um selbst mit seinen Hausarbeiten und seinen Lehrern zurechtzukommen. Weil es nicht so aussah, als hätte er Schwierigkeiten, respektierte Lara seine Gefühle. Sie versuchte, sich nicht einzumischen, und hakte nicht weiter nach. Ich wollte wissen, ob er Probleme mit Freunden hätte. Lara schien das nicht der Fall zu sein, auch wenn er offenbar mit niemandem enger befreundet war. Und was war mit dem Familienleben, gab es da vielleicht Veränderungen, Todesfälle, vielleicht der Tod eines Haustiers? »Nö«, lautete die Antwort schlicht.

Wir unterhielten uns eine Weile und ich gab Lara den Tipp, ihrem Sohn vorzuschlagen, doch an den Wochenenden etwas gemeinsam zu unternehmen. Etwas, was ihm Spaß machte. Ich riet ihr, mehr zuzuhören als zu reden. Auch sollte sie versuchen, seine Ausbrüche nicht persönlich zu nehmen. Auf diese Weise würde sie weniger schnell in Auseinandersetzungen hineingezogen. Sie versprach mir, es zu versuchen.

Ein paar Monate später traf ich Lara zufällig beim Einkaufen.

»Wie geht es mit Elijah?«, erkundigte ich mich.

»Sehr gut«, antwortete sie zu meiner großen Erleichterung. »Wir kommen jetzt um einiges besser zurecht.«

»Was hat sich verändert?«, wollte ich wissen.

»Nach unserem Gespräch fing ich an, mehr Zeit mit Elijah zu verbringen. Ich war vorher so sauer auf ihn gewesen, dass ich angefangen hatte, ihm aus dem Weg zu gehen. Ich erkannte, dass das ein Fehler war. Je mehr ich mich von ihm fernhielt, desto mehr mied er mich. Wenn ich versuchte, an ihn heranzukommen, indem ich einen gemeinsamen Besuch im Kino oder Schwimmbad vorschlug, lehnte er zunächst ab. Aber nach einer Weile fing er an, auf meine Angebote einzugehen. Waren wir zusammen, gab ich mir Mühe, nur hie und da eine Frage zu stellen und ihm dann einfach zuzuhören, ohne ihn zu unterbrechen. Mit der Zeit begann er, sich zu öffnen. Nach ein paar Wochen fand ich heraus, dass er zufällig gehört hatte, wie sich ein paar Jungen in seiner Klasse über seine Größe lustig machten. Er war sich immer bewusst gewesen, dass er kleiner war als die meisten seiner Freunde. Aber ich denke, sein Selbstvertrauen litt erst darunter, als er in die Junior Highschool kam, wo alle Jungen so viel größer waren als er.«

»Und was haben Sie dann gemacht?«, forschte ich nach.

»Tja, ich habe seinen Vater um Hilfe gebeten. Ich dachte, dass er Elijah vermutlich am besten verstehen würde, weil er selbst auch nicht so groß ist. Ich bat ihn, mehr Zeit mit Elijah zu verbringen und mit ihm zu reden. Er war einverstanden. Seither unternehmen die beiden mehr zusammen. Ich glaube, das funktioniert ganz gut. Elijah hat jetzt das Gefühl, dass da jemand ist, der begreift, wie hart es in der Junior High School sein kann.«

Als ich zum ersten Mal mit Lara sprach, hatte sie mir von ihrer Angst erzählt, Elijah könnte Drogen nehmen, trinken oder gemobbt werden. Die plötzliche Veränderung an ihrem sensiblen Sohn schien ihr ein Anzeichen dafür zu sein, dass etwas Schlimmes vor sich ging. Aber als sie erst einmal emotional die Ärmel hochgekrempelt und sich dafür entschieden hatte, auf ihn zuzugehen, statt sich von ihm zu entfernen, veränderte sich ihre Sicht der Dinge. War sie ihm vorher aus dem Weg gegangen, näherte sie sich jetzt behutsam ihrem Sohn und den Problemen, die ihn belasteten. So gab sie ihm das Gefühl, mehr geliebt zu werden als vorher. Er hatte gespürt, dass sie sich distanzierte, und sich noch stärker abgelehnt gefühlt. Darunter litt sein ohnehin bereits angeschlagenes Selbstbewusstsein. Als sie sich ihm wieder zuwandte, wurde Lara klar, dass seine Probleme längst nicht so groß waren, wie sie befürchtet hatte. Zusammen mit Elijahs Vater war sie in der Lage, ihrem Sohn aus dem Tief herauszuhelfen.

Unsere Söhne zu lieben heißt oftmals, dass wir unsere eigenen Gefühle beiseiteschieben müssen. Auch wenn sie nichts von uns wissen wollen und wir uns ihretwegen Sorgen machen, ist es an uns, den ersten Schritt zu tun.

Sie sinnvoll zu lieben bedeutet, auch einmal unbequeme Wege zu beschreiten, uns die Mühe machen, ihnen einfach zuzuhören, auch wenn solche Gespräche für uns nervig sein können. Wir sollten unseren Söhnen anbieten, mehr Zeit mit uns zu verbringen. Am besten schlagen wir ihnen etwas vor, was der Erholung oder dem Vergnügen dient, eine Radtour zum Beispiel oder einen Kinobesuch. Vergessen Sie nicht, dass es an uns Erwachsenen liegt, unseren Söhnen unsere Liebe zu zeigen. Das Schöne für uns Mütter aber ist, dass wir reich belohnt werden, wenn wir diese schwierigen Dinge für unsere Söhne in Angriff nehmen.

Haben Sie keine Angst, ihn zu lieben

Wenn unsere Söhne zur Welt kommen, werden wir Frauen zu fürsorglichen und meist besitzergreifenden Müttern. Das ist normal, denn wir wollen auf keinen Fall, dass unserem Jungen etwas Schlimmes passiert. Ein Teil von uns würde ihn am liebsten in einen sicheren Kokon betten und für immer an uns binden. Niemand soll uns je trennen können. Doch auf diese Weise verwehren wir dem Jungen eine gesunde Entwicklung. Wir hindern ihn so daran, die Fähigkeit zu entwickeln, als Mann eine liebevolle, auf Gegenseitigkeit beruhende Beziehung zu einer erwachsenen Person einzugehen.

Die Liebe zu unserem Sohn muss sich den Veränderungen, welche die Zukunft unweigerlich mit sich bringt, anpassen. Nur so können wir die Bindung zu ihm aufrechterhalten. Dies gilt vor allem für die körperliche Zuneigung. Wenn unsere Jungs noch klein sind, können wir sie umarmen, ohne dass sie erröten oder sich abwenden. Es ist wunderbar, ihnen unsere Liebe so offen zeigen zu dürfen. Ein ebenso schönes Gefühl ist mitzuerleben, wie sie im Vorschulalter größer und unabhängiger werden. Vielleicht verweigern sie körperliche Liebesbezeugungen in der Öffentlichkeit, genießen sie aber umso mehr, wenn die Schlafenszeit kommt. Sind unsere Söhne dann richtige Jungs geworden, müssen wir neue Wege finden, um unsere körperliche Zuneigung auf einfühlsame Weise auszudrücken. Denn nun fühlen sie sich unbehaglich in ihren heranreifenden Körpern. Das erkennen wir schon daran, wie sie sich uns und ihren Freunden gegenüber verhalten. Viele Jungen fragen sich auch tatsächlich, ob sie gut aussehen. Kommen sie in den Stimmbruch, macht sie das unsicher. Die Jungen, die noch nicht in der Pubertät sind, fühlen sich aber genauso unwohl. Jungen sind wettbewerbsorientiert und beobachten ganz genau, wie sich ihre gleichaltrigen Bekannten entwickeln. Wenn ein Junge sieht, dass sich sein Freund im Gegensatz zu ihm schon rasiert, fühlt er sich unreif. Rasiert er sich hingegen schon und sein Freund noch nicht, hat er auch Hemmungen diesem gegenüber. Egal, in welcher Phase der Pubertät sie sich befinden, Jungen fühlen sich meist unwohl in ihrer Haut. Für dieses Unbehagen müssen wir Verständnis haben.

Wir können unseren Söhnen helfen, mit ihrem Körper unbefangener umzugehen. Das ist sogar eines der nützlichsten Geschenke, die wir ihnen machen können. Gleichzeitig ist es für uns eine echte Herausforderung, denn wie wir oben gesehen haben, sind den meisten pubertierenden Jungs die Zärtlichkeiten ihrer Mutter unangenehm. Trotzdem sollten Sie sich klarmachen, dass Söhne auch in diesem Alter noch die Zuneigung ihrer Mutter brauchen. Wir müssen ihnen durch ihre schwierigen Phasen helfen, weil wir für die Liebe in ihrem Leben stehen. Wenn wir ihnen unsere Zuneigung vorenthalten, werden sie sich irgendwo im Innersten fragen, ob sie nicht mehr so liebenswert sind wie früher. Und genau das wollen wir verhindern. Trotz ihrer abwehrenden Körpersprache müssen wir Wege finden, ihnen auf respektvolle Art unsere Liebe zu zeigen. Viele Jungs haben mir gesagt, ihrer Ansicht nach sei die Schlafenszeit der einzig richtige Zeitpunkt für mütterliche Zärtlichkeiten. Eine rasche Umarmung, ein Küsschen auf die Wange und ein »Ich liebe dich« vor dem Zubettgehen gefällt den meisten. Jungs mögen es nicht, wenn die Mutter ihnen vor ihren Freunden ihre Liebe zeigt. Das dürfen wir nicht vergessen. Erkennen Sie die Momente, in denen Ihrem Sohn ein wenig Zweisamkeit behagt. Dann ist es ihm auch nicht peinlich.

Emily gelang das mit ihrem Sohn Timmy ganz hervorragend. Sie erzählte mir von dem Spiel, das sie beide jeden Abend machten, seit er ungefähr fünf Jahre alt war. Wenn er sich zur Schlafenszeit fürs Bett fertig machen sollte, gab einer von ihnen das Startzeichen. Dann flitzten die beiden von dem Ort im Haus, an dem sie sich gerade aufhielten, zur Treppe und rannten zu Timmys Schlafzimmer. Wer es schaffte, als Erster auf die Tür zu klopfen, hatte gewonnen. Diesen Wettkampf trugen sie jahrelang aus. Vergaß Emily ihn einmal, war Timmy tief beleidigt. Sogar als er im zarten Alter von zwölf schon über 1,80 Meter groß war, veranstalteten die beiden noch das Wettrennen zur Schlafzimmertür.

Als Timmy schon am College studierte, fragte ich ihn nach diesem Ritual. Sobald ich es erwähnte, erschien ein versonnenes Lächeln auf seinem Gesicht. Es war klar, dass er das Spiel vermisste. »Meine Mutter fehlt mir«, sagte er. »Ich vermisse die Blicke, die wir manchmal tauschten, und ihre Stimme. Vor allem, wenn es am College gerade schwierig ist. Einmal in der Woche rufe ich sie an, und wir erzählen uns gegenseitig, was gerade los ist. Sie interessiert sich für alles, was ich tue.«

Ich war neugierig, was der kleine Wettlauf für ihn bedeutete. Als ich ihn danach fragte, schwieg er ein paar Sekunden lang und antwortete dann: »Ich weiß, das klingt sentimental, aber es hat mir immer das Gefühl gegeben, dass die Welt in Ordnung ist. Wenn wir abends unseren Spaß hatten, wusste ich, dass ich auf sicherem Boden stand. Es ist schwer, das zu beschreiben. Ich fühlte mich von meiner Mutter geliebt. Dieser Moment gehörte uns beiden ganz allein. Niemand sonst war dabei. Meine Mutter war sehr liebevoll, und sogar in meiner Teenagerzeit haben wir nicht auf unser Ritual verzichtet. Es gab mir die Sicherheit, wirklich geliebt zu werden. Sie wusste, dass ich mich manchmal unbehaglich fühlte, wenn sie mich umarmte, aber durch dieses Spiel ließ sie mich wissen, dass sie mich genauso gern hatte wie früher. Das bedeutete mir viel.«

Man kann Zuneigung auf viele Arten ausdrücken. Und auch wenn wir uns unsicher fühlen im Umgang mit unseren heranwachsenden Jungen, dürfen wir eines doch nie vergessen: Durch unsere Zuneigung machen wir unseren Söhnen klar, dass sie selbst sich zwar verändern, aber nicht unsere Liebe. Diese muss allerdings neue Ausdrucksformen finden, obwohl sie im Kern unverändert bleibt. Nur so können wir die Bedürfnisse unserer Teenagerjungs befriedigen und gleichzeitig sicher sein, dass unsere Liebe sie stark macht, ohne sie zu ersticken.

Haben wir erst verstanden, wie viele verwirrende Veränderungen die Pubertät für unsere Söhne mit sich bringt, kommt erst gar keine Panik auf, wenn sie uns mal anbrüllen. Das heißt nicht, dass sie uns nicht mehr lieben oder brauchen. Das Gegenteil stimmt. Sie brauchen uns mehr denn je in dieser Zeit des Wandels. Sie brauchen die Bestätigung, dass sie stark, begabt und liebenswert sind. Ihnen diese Bestätigung zu geben ist Aufgabe ihrer Mütter.

Wenn Jungs durch Beziehungen, Schule, Sport oder andere Dinge unter Druck stehen, ziehen sie sich oft emotional zurück. Das führt dazu, dass sie ihre Mütter anfahren oder ihnen abfällige Bemerkungen an den Kopf werfen. Es ist schwierig, sich durch solche Äußerungen nicht gekränkt zu fühlen, aber hier brauchen wir ein dickes Fell, damit wir unsere fünf Sinne beisammenhalten können. Wenn wir uns fragen, wie wir unsere Zuneigung zeigen können, dürfen wir nicht vergessen: Jungen schaffen Bindungen nicht wie Mädchen durch verbale Kommunikation, sondern durch gemeinsame Unternehmungen. Wenn wir die Nähe zu ihnen suchen, müssen wir mit ihnen spielen, Rad fahren, spazieren gehen oder ein Fußballspiel ansehen. Mit unseren Söhnen zu spielen gibt uns Gelegenheit, ihnen körperlich unsere Zuneigung zu zeigen. Wir brauchen gar nicht viel zu reden, denn wir können ihnen auf die Schulter klopfen, ihnen übers Haar streichen und sie umarmen. Ohne Angst, zurückgewiesen zu werden.

Haben Sie keine Furcht, ihn loszulassen

Auf keinen Fall dürfen wir zulassen, dass uns in der Pubertät unserer Söhne die Angst beherrscht, sie zu verlieren. Sonst laufen wir Gefahr, sie tatsächlich zu verlieren. Manchmal spüren wir, dass sie sich von uns entfernen, und werden immer besitzergreifender. Wir drängen uns in ihr Leben, indem wir ihnen zur falschen Zeit unsere Zuneigung aufnötigen. Ich habe Mütter kennengelernt, die auf die erste Freundin ihres Sohns eifersüchtig waren. Daher bemühten sie sich unbewusst, diese Beziehung zu sabotieren. Sie riefen ihre Söhne an, wenn diese mit einem Mädchen im Kino waren. Oder sie ließen Sätze fallen wie diesen: »All die Jahre habe ich dafür gesorgt, dass du es gut hast im Leben, und das ist der Dank? Du gehst einfach deiner Wege?«

Im Kindergarten finden Jungs neue Freunde. Darüber sind die meisten Mütter froh. Sie wollen, dass die Welt ihres Sohns sich erweitert. Dafür sorgen unter anderem neue Beziehungen in seinem Leben. Wenn er dann in die Grundschule und später in die Mittelstufe kommt, wird uns Müttern bewusst, dass wir immer weniger Zeit mit ihm verbringen. Zu Beginn der Pubertät erfolgt ein weiterer Schritt Richtung Unabhängigkeit. Plötzlich verspüren Jungen den Drang, Abstand zu ihrer Mutter zu halten. Für viele von uns Müttern ist dies ein schmerzlicher Augenblick. Doch diese Ablösung ist extrem wichtig für die gesunde Entwicklung unserer Söhne.

Der Ablösungsprozess vom Elternhaus vollzieht sich vor allem dadurch, dass die erwachsen werdenden Söhne neue Beziehungen knüpfen zu Freunden, Lehrern, Sporttrainern und Freundinnen. Für Mütter, die ihre Söhne emotional brauchen, kann das hart sein. Alleinerziehende, Mütter von Einzelkindern oder solche, die keine anderen Verwandten oder nur wenige Freunde haben, nehmen es ihren Söhnen manchmal übel, wenn sie neue Beziehungen eingehen. Ich habe beobachtet, wie höchst sanftmütige Mütter plötzlich anfingen, ihre Söhne zu manipulieren, als sie spürten, dass Freunde oder Freundinnen an ihre Stelle traten. In anderen Fällen fühlen sich die Mütter einfach verunsichert in der Beziehung zu ihren Söhnen. Und das löst Eifersucht aus.

Egal, ob wir Singles oder verheiratet sind, ob wir acht Kinder oder nur eines haben – zuzusehen, wie unsere Kinder heranwachsen und sich von uns entfernen, ist nicht leicht. Aber wir müssen lernen, unsere Söhne behutsam und auf vernünftige Weise loszulassen, wenn sie heranreifen. Verfolgen wir diesen Prozess doch mit offenen Augen mit! So können wir viel achtsamer damit umgehen und dazu beitragen, dass er ohne dramatische Komplikationen abläuft. Doch damit das funktioniert, gilt es, einige Punkte zu beachten.

Erstens brauchen wir keine Angst zu haben. Die Liebe zwischen uns und unseren Söhnen hat nicht ihresgleichen. Darauf müssen wir vertrauen. Niemand kann unseren Platz einnehmen im Leben unseres Sohnes. Haben wir dies erst einmal begriffen, werden wir weniger Angst haben, ihn zu verlieren.

Zweitens führt Eifersucht nie zu positiven Resultaten. Sind wir eifersüchtig auf seine Freunde, seinen Vater, seine Freundin oder Frau, gibt es keine Gewinner. Ganz im Gegenteil. Wenn wir unserer Eifersucht nachgeben, riskieren wir viel. Andererseits können wir eifersüchtige Reaktionen nur vermeiden, wenn wir uns ihrer bewusst sind. Sich über die eigene Eifersucht im Klaren zu sein ist also von entscheidender Bedeutung.

Drittens müssen wir anerkennen, dass es unsere Pflicht ist, unsere Söhne erwachsen werden zu lassen. Wenn sie älter werden, sollten sie emotional und körperlich nicht mehr übermäßig an uns hängen. Gute Mütter wollen, dass ihre Söhne unabhängig werden. Wir können unsere Kids loslassen. Wir können Stärke beweisen, indem wir die Veränderungen in ihrem Leben annehmen – im Vertrauen darauf, dass wir nicht weniger wichtig für sie sind als zuvor. Oft kommen wir unseren Söhnen sogar näher, wenn sie größer werden. Fragen Sie eine Mutter, deren Sohn im Ausland Militärdienst leistet, ob sie ihm nahesteht. Sie wird Ihnen erklären, dass sie in vielerlei Hinsicht eine stärkere Verbindung zu ihm spürt als damals, als er drei war. Schwierige Umstände und körperliche Distanz stellen durchaus Herausforderungen dar, doch wenn es uns gelingt, gut damit umzugehen, wächst unsere Beziehung daran. Nehmen wir jede Phase, jede Veränderung, die Freundschaften und die sich anbahnenden Romanzen unserer Söhne ohne Angst an, wird unsere Verbindung dadurch tragfähiger. Und wir legen den Grundstock für eine Langzeitliebe.

Lehren Sie, ihn zu lieben

Wie ich bereits erwähnte, sind es wir Mütter, die den Söhnen beibringen müssen zu lieben. Wir zeigen ihnen, dass die Liebe zu anderen ein kostbares Gut ist, welches das Leben bereichert. So machen wir die Liebe für unsere Söhne zu sicherem Terrain. Je besser uns das gelingt, desto mehr Erfüllung werden sie im Leben finden. Dulden wir hingegen aus Eifersucht nicht, dass andere Menschen unseren kostbaren Jungs nahekommen, vermitteln wir ihnen, dass sie niemandem außer uns vertrauen können. Das ist ein fataler Fehler, den Mütter aber häufig begehen. Denn wenn wir unseren Jungs vermitteln, dass sie nur bei uns Geborgenheit und Liebe finden, überschreiten wir eine gefährliche Grenze. Denn dann mutieren wir von der Erziehungsberechtigten zur besitzergreifenden Glucke.

Anderen Frauen und Männern Zugang zum Leben unserer Söhne zu gestatten bringt allerlei Vorteile mit sich und fördert ihre emotionale Entwicklung. Liebende Mütter beziehen gerne Großeltern, Tanten, Onkel, Lehrer und andere vertrauenswürdige Erwachsene ins Dasein ihrer Söhne ein. Wie Ed mir erzählte, war es genau diese Einstellung seiner Mutter, die ihn prägte.

Ed gestand mir, dass er auch mit fünfundvierzig noch ein selbst ernanntes Muttersöhnchen war. »Ich habe eine fabelhafte Frau und vier Kinder, aber ich bete meine Mutter immer noch an. Niemand wird sie in meinem Leben je ersetzen können, und das weiß sie. Ich rufe sie mehrmals pro Woche an.«

Ich wollte wissen, wie es kam, dass Ed seiner Mutter so zugetan war. Er erzählte mir, wie er aufgewachsen war. »Ich glaube, entscheidend war, wie sehr meine Mutter andere Menschen liebte.«

Überrascht fragte ich, ob ihn das nicht eifersüchtig gemacht habe.

»Nein«, antwortete er. »Es erweiterte meinen Horizont. Meine Mutter liebte so viele Menschen, und zwar hingebungsvoll. Sie fühlte sich wohl dabei, es bereicherte ihr und mein Leben. Sie zeigte nie Angst, verletzt oder abgewiesen zu werden. Meine Mutter war Lehrerin. Wir lebten auf einer bescheidenen Farm, und viele unserer Nachbarn waren ebenfalls junge Lehrer. Sie lud sie ständig zum Abendessen ein. Ich könnte wetten, dass wir an vier Tagen pro Woche Gäste hatten.«

Meine nächste Frage schien mir naheliegend: »Haben Sie sich nie übergangen oder links liegen gelassen gefühlt von Ihrer Mutter?«

»Ganz im Gegenteil«, war seine Antwort. »Wenn wir Besuch hatten, schickte mich meine Mutter nie weg. Sie ließ mich teilhaben an den Gesprächen der Erwachsenen. Sie erklärte mir deren Geschichte. Wenn jemand gerade eine harte Zeit durchlebte, sagte sie mir das und bat mich, nett zu ihm oder ihr zu sein. Ich machte schon früh die Erfahrung, wie schön es ist, Menschen um sich zu haben, weil ich sah, dass die Leute gerne mit meiner Mutter zusammen waren. Sie kochte meist für sie. Und sie half ihren Kollegen im Umgang mit ihren Schülern. Ich war immer dabei. Tatsächlich war ich mit der Zeit lieber mit Erwachsenen zusammen als mit Gleichaltrigen. Sie hatten mir so viel zu geben. Ich war immer sehr aufmerksam und erhielt über die Jahre hinweg viele gute Ratschläge von ihnen. In vielerlei Hinsicht hatte ich ein Haus voller Mentoren, die sich für mich interessierten. Das gab mir das Gefühl, eine wichtige Person zu sein.«

Während Ed erzählte, überlegte ich mir, in welchem Maße ich selbst meine heranwachsenden Kinder mit den anderen Menschen in meinem Leben in Kontakt gebracht hatte. Eigentlich nicht so häufig, von Tanten, Onkeln und Großeltern einmal abgesehen. Ich fragte mich nach dem Grund. Ich musste mir eingestehen, dass das für mich bedeutet hätte, einen Teil meiner Zeit mit den Kindern anderen Erwachsenen zu überlassen. Meine Kinder hätten damals vielleicht die Liebe und Unterstützung der anderen Erwachsenen bekommen. Doch damals wollte ich das nicht. Nun erkannte ich, wie hilfreich das hätte sein können, und wünschte mir, ich hätte es getan.

Damit unsere Söhne lernen, zu lieben und geliebt zu werden, ist unser Vorbild wichtiger als das, was wir ihnen erzählen. Eds Mutter zeigte ihm nicht nur, wie man wirklich liebt. Sie ließ auch zu, dass die jungen Lehrer, die so oft zu ihnen nach Hause kamen, ihn liebten. Deren Worte und Interesse machten ihn zu dem, der er heute ist. »Ich lernte, das Zusammensein mit Erwachsenen zu genießen. Ich fühlte mich wichtig und gewann neues Selbstvertrauen.«

Am Ende unseres Gesprächs wollte Ed mir unbedingt noch eine Geschichte über seine Mutter erzählen. Er wurde einfach nicht müde, über sie zu sprechen. »Eines Tages erlebte ich die Überraschung meines Lebens. Ich kam von der Schule nach Hause, und meine Mutter meinte, ich solle mich setzen. Sie wolle mir etwas sagen. Ich war der einzige Junge in der Familie. Sie erzählte, dass sie einen Gaststudenten aus Thailand kennengelernt hätte. Er sprach nicht gut Englisch und brauchte eine Unterkunft. Sie eröffnete mir, er würde bei uns einziehen. Oder genauer gesagt, bei mir. Er sollte in meinem Zimmer schlafen. Sie war der Überzeugung, dass wir ihn bei uns aufnehmen sollten, auch wenn mein Zimmer nicht besonders groß war. Wir würden eben zusammenrücken müssen. Manchmal fühlte ich mich, als würde ich auf einem Rummelplatz leben, so viel Betriebsamkeit herrschte bei uns.«

Hatte er sich darüber aufgeregt, dass er ein Jahr lang sein Zimmer mit einem anderen Jungen teilen sollte, ohne zuvor auch nur gefragt worden zu sein? Ich war neugierig. Jedenfalls hätte ich nie gewagt, eine solche Entscheidung zu treffen, ohne vorher die Meinung meines Sohnes einzuholen, schon gar nicht, als er zur Highschool ging. War das Zimmer des Jungen denn nicht sein eigener, ganz persönlicher Raum?

»Eigentlich nicht«, meinte Ed. »Es machte mir nichts aus, weil ich inzwischen gerne andere Leute um mich herum hatte. Meine Mutter war so großzügig und liebevoll, dass immer alles gut zu gehen schien. Er zog ein und ist auch jetzt, nach dreißig Jahren, noch Teil unserer Familie. Er wurde für mich fast zu einem Bruder. Ich mag ihn wirklich.«

Zu meiner Schande muss ich zugeben, dass ich auch jetzt noch nicht ganz überzeugt war. War es nicht unfair von seiner Mutter, ihn so aus seinem gewohnten Leben herauszureißen? Wie konnte sie so etwas tun, ohne ihn vorher zu fragen?

»Ich bin sehr dankbar dafür, dass meine Mutter mir gezeigt hat, wie man andere Menschen liebt. Sie machte mir deutlich, wie gut es ist, wenn man sich anderen gegenüber öffnen kann. Ob ich wütend war auf sie deswegen? Anfangs vielleicht schon. Aber nicht für lange, denn unser Gast wurde schnell ein Teil unserer Familie. Ich glaube, das hat so gut funktioniert, weil meine Mutter nie von mir verlangte, ich müsse ihn mögen. Sie bürdete mir nie etwas auf, sie übernahm all das selbst. Und sie schenkte mir genug Aufmerksamkeit, sodass ich mich nie gekränkt fühlte. Ich hätte unsere Großfamilie für nichts in der Welt tauschen mögen.«

Unseren Söhnen beizubringen, wirklich zu lieben, kann unseren mütterlichen Instinkten mitunter zuwiderlaufen. Oft haben wir das Gefühl, unsere Söhne ganz eng an uns binden und für uns allein behalten zu müssen. Doch zuweilen ist das Beste, was wir für sie tun können, anderen Zugang zu unserer Privatsphäre zu gewähren und sie gleichfalls zu lieben. Das ist vor allem dann wichtig, wenn wir unseren Söhnen vermitteln möchten, was im Leben wirklich zählt. Starke Mütter ermöglichen so ihren Sprösslingen, Strategien zu entwickeln, wie sie bereichernde Beziehungen zu anderen eingehen können. Wir geben ihnen gleichsam den Schlüssel zu innigen Bindungen in die Hand. Unser Verhalten lehrt sie, sich mit menschlicher Nähe entweder wohl oder unwohl zu fühlen. Auch Väter bringen ihren Söhnen viel bei. Den meisten Jungen aber lebt die Mutter vor, wie erfüllend es sein kann, Beziehungen zu anderen Menschen aufzubauen, die auf Liebe, Zuneigung, Bewunderung und Respekt beruhen.

Es ist niemals zu spät

Viele Mütter, die zu ihren Söhnen keinen engen Kontakt mehr haben, fürchten, die Beziehung nie mehr kitten zu können. In Wirklichkeit aber ist es nie zu spät, um eine Mutter-Sohn-Beziehung wieder in Ordnung zu bringen. Es gibt keinen Mann, der sich das nicht wünscht. Entweder sehnt er sich nach mehr schönen Erinnerungen oder er möchte die Wunden der Vergangenheit heilen lassen. Denn es gibt nur einen Menschen, der diesen ganz speziellen Platz in seinem Herzen einnehmen kann. Natürlich kann auch eine Stiefmutter, Tante oder Großmutter an die Stelle der Mutter treten. (Doch nur, wenn sie in Abwesenheit der leiblichen Mutter schon in seiner frühen Kindheit eine enge Bindung zu dem Jungen aufgebaut hat.) Die Dynamik der Liebe zwischen Mutter und Sohn ist so intensiv, weil sie ein Grundbedürfnis darstellt. Während sich ihre Intensität über die Jahre hinweg verändern kann, bleiben ihre Bedeutung und ihr Einfluss immer gleich. Auch wenn die Beziehung zur Mutter nicht mehr die wichtigste Bindung zu einer Frau bleibt, muss ein Junge stets wissen, dass er von seiner Mutter geliebt und akzeptiert wird. Genauso braucht er Anerkennung und Unterstützung vonseiten seines Vaters. Wenn ein Kind das Gefühl hat, die Liebe seiner Mutter habe sich verändert oder nachgelassen, so bringt das – selbst wenn es schon älter oder erwachsen ist – den Boden unter seinen Füßen ins Schwanken.

Viele alleinerziehende Mütter versuchen, ihren Söhnen Mutter und Vater zugleich zu sein. Irgendwann aber geben sie unweigerlich auf, weil sich ihre emotionale Energie erschöpft hat. Niemand kann Mutter und Vater zugleich sein. Eine Frau kann nur Mutter sein, und glauben Sie mir, das ist genug. So viele Single-Frauen reiben sich auf im Versuch, etwas zu sein, was sie nicht sein können. Natürlich braucht ein Junge männliche Vorbilder in seinem Leben. Mein Rat wäre, sich männlichen Beistand zu verschaffen, statt selbst Ersatzvater zu spielen. Fragen Sie einen Onkel, Großvater, den Pfarrer oder den Trainer, ob er ein bisschen Zeit mit Ihrem Sohn verbringen würde. Andere Männer können einen tiefen Einfluss haben auf Jungs. Genau deshalb ist es so wichtig, sich einzugestehen, dass man nicht alles allein machen kann. Lernen Sie, um Hilfe zu bitten.

Claire, eine Freundin von mir, verlor ihren Mann durch Schilddrüsenkrebs, als ihre drei Kinder fünf, zehn und zwölf Jahre alt waren. Sie verlor ihren ganzen Lebensmut und fühlte sich völlig überfordert von der Aufgabe, drei Kinder allein großzuziehen. In den ersten paar Jahren versuchte sie, ihren Kindern den Vater zu ersetzen. Sie nahm eine Arbeit außer

Haus an, war weiterhin ehrenamtliche Helferin in der Klasse ihres mittleren Sohns, fuhr die Kinder zum Sport und kochte Tag für Tag wunderbare Abendessen. Als ihr ältester Sohn Sean in die Pubertät kam, sprach sie mit ihm über die Veränderungen in seinem Leben. Sie überlegte sich, wie ihr Mann das wohl gemacht hätte, und versuchte, es genau auf diese Art zu tun.

Nach zwei Jahren war Claire ausgebrannt. Seans Benehmen veränderte sich zusehends. Seine Noten wurden schlechter, er begann zu trinken. Als Claire ihn damit konfrontierte und wissen wollte, was los sei, weigerte er sich, mit ihr zu reden. Sie glaubte, der Grund für sein verändertes Benehmen sei seine Trauer über den Verlust des Vaters, aber sie wusste nicht mehr weiter. Dann hatte sie eine Idee. Sie ging zum Pastor ihrer Kirche und erzählte ihm von den Problemen mit ihrem Sohn. Es entwickelte sich eine Freundschaft zwischen den beiden. Sie fragte den Pastor, ob es bei ihm zu Hause nicht irgendwelche Arbeiten zu erledigen gäbe. Daraufhin bat dieser Claires Sohn, ihm doch bei der Gartenarbeit zu helfen. In den nächsten Monaten wurden der Pastor und ihr Sohn Freunde. Claire freundete sich auch mit der Frau des Pastors an.

Als der Pfarrer für eine Woche mit seiner Frau und seinen Kindern wandern ging, fragte er Claire, ob ihre drei Kinder nicht Lust hätten mitzukommen. Claire freute sich riesig über den Vorschlag. Auch die Kinder waren ganz aus dem Häuschen.

Als Sean von dieser Reise zurückkam, hatte er seine Freude wiedergefunden. Claire vernahm sie in seiner Stimme und las sie von seinem Gesicht ab. Er hörte auch sofort auf zu trinken. Später fand Claire heraus, dass der Pastor Sean bereits zu einem früheren Zeitpunkt darauf angesprochen hatte. Und sogar seine Schulnoten besserten sich auch allmählich wieder.

Claire meinte meinte mir gegenüber, sie wünschte, sie hätte gleich nach dem Tod ihres Mannes Hilfe gesucht, statt zwei Jahre damit zu warten. Ich gab ihr zu bedenken, dass sie ihr Bestes getan hatte. Vielleicht wäre sie zu jener Zeit auch noch nicht bereit gewesen, Hilfe anzunehmen. Zugleich Mutter und Vater zu sein war vielleicht ihre Art, mit der Trauer fertigzuwerden – zu Beginn ihres Lebens als alleinerziehende Mutter. Einmal fragte ich sie, was sie anderen Müttern raten würde. »Das ist ganz einfach«, antwortete sie. »Single-Mütter müssen sich über zwei Dinge im Klaren sein: Erstens gibt es Hilfe in der Umgebung, und zweitens brauchen Jungs Männer. Es ist nicht einfach, sich das einzugestehen, aber wir alleinerziehenden Mütter können für unsere Söhne nicht alles sein, selbst wenn wir das möchten. Also müssen wir über unseren Schatten springen und einen anständigen Mann in unserem Leben um Hilfe bitten. Es genügt schon, wenn er nur ein, zwei Stunden pro Woche mit unserem Sohn verbringt. Seans Leben jedenfalls hat das verändert, und ich bin mir sicher, dass es auch anderen Jungen helfen wird.«

Sollten Sie also eine besonders schwere Zeit durchmachen mit Ihrem Sohn, vor allem während der Pubertät und der Teenagerjahre, dann denken Sie an das, was wir gerade erörtert haben. Erstens muss Ihr Sohn wissen, dass Sie ihn lieben, auch wenn es im Moment so aussieht, als ob er Sie hasste, und Sie gerade schreckliche Kämpfe mit ihm ausfechten. Zweitens, geben Sie nicht auf. Strecken Sie die Waffen nicht. Gehen Sie den schwierigen Weg mit Ihrem Sohn und tun Sie weiterhin, was gut und richtig ist. Er wird es schaffen. Ich kannte Mütter, deren Söhne von zu Hause wegliefen und auf der Straße lebten. Ich habe Mütter erlebt, die Jahr für Jahr auf Knien für ihre verlorenen Söhne beteten. Die Mütter, deren Söhne zurückkamen, waren immer für sie da, sogar wenn sie obdachlos waren. Manchmal nur, um ihnen zu sagen: »Ich liebe dich.« So schwierig es sein mag, das Wichtigste ist, dass Sie nie aufhören, Ihrem Sohn Ihre Liebe zu zeigen, egal auf welche Art. Tun Sie dies auch unter schwierigsten Umständen. Denken Sie daran, dass in den Augen eines Sohnes seine Mutter die einzige Person ist, die ihn auch dann noch lieben wird, wenn der Rest der Welt ihn aufgegeben hat. Söhne hören nie auf, sich nach der Liebe der Mutter zu sehnen. Ich glaube, der Grund dafür liegt darin, dass ihre frühe Bindung an die Mutter auf einem Bedürfnis beruht, das immer bestehen bleibt. Es verändert sich, aber es verschwindet nie. Meiner Ansicht nach ist es genau diese Verknüpfung zwischen Liebe und Bedürfnis, die unsere Kinder in extremen Situationen immer zu uns zurückkehren lässt.

Tess musste zwar nicht die schmerzvolle Erfahrung machen, dass ihr Sohn von zu Hause weglief, aber sie und Alex durchlebten turbulente Jahre. Als Kind verbrachte Alex viel Zeit mit seinem Vater. Als Alex ins Teenageralter kam, nahm sein Vater einen Job als Lastwagenfahrer an und war fortan wochenlang von zu Hause weg. Alex rebellierte. Der Grund für sein extremes Verhalten war seine Angst, sein Vater liebe ihn nicht mehr so wie zuvor. Er dachte, sein Vater verbringe so viel Zeit fern von zu Hause, weil er, Alex, etwas falsch machte. Seiner Überzeugung nach hatte der Vater den Job angenommen, um nicht in seiner Nähe sein zu müssen. Er dachte, sein Vater würde die neue Arbeit aufgeben und zurückkommen, wenn er sich anders verhielte. Zunächst einmal reagierte Alex seine Wut und seine Angst an seiner Mutter ab. Sie war die verlässliche Größe in seinem Leben. Unterbewusst war ihm klar, dass sie nicht weggehen würde. Deshalb glaubte er, mit ihr jederzeit Streit anfangen zu können, sie kritisieren und attackieren zu können, wie es ihm passte. Natürlich hatte Tess nicht die leiseste Ahnung, was die Ursache für sein Verhalten war. Sie merkte nur, dass ihr Sohn sie zu hassen schien. Er gab ihr das Gefühl, alles, was sie tat und sagte, sei falsch. Und sie wusste nicht, was sie tun sollte. Also brachte sie seine Teenagerjahre hinter sich, so gut sie konnte, bis er schließlich eine Arbeit außer Haus annahm und nach Abschluss der Highschool eine Zeit lang allein lebte.

Jetzt ist Alex sechsundzwanzig. Er und Tess haben mittlerweile eine wundervolle Beziehung. Aus Studien wissen wir, dass Jungen erst in den frühen Zwanzigern geistig völlig ausgereift sind. In Alex' Fall wirkte das Verstreichen der Zeit buchstäblich Wunder. Die Zeit, die er ohne Kontakt zu seiner Mutter verbrachte, half ihm, eine neue Perspektive zu entwickeln.

Als ich letzthin mit Tess über Alex sprach, erzählte sie mir eine erstaunliche Geschichte. Da ich über die schwierigen Jahre, die sie mit ihrem Sohn durchlebt hatte, Bescheid wusste, hätte ich nie geglaubt, dass eine solche Vertrautheit zwischen ihnen herrschen könnte. Zwei Wochen vor unserem Gespräch war sie mit Alex auswärts auf einer Familienhochzeit. Tess war zu jener Zeit sehr niedergeschlagen, weil ihre Tochter wegen einer neuen Arbeitsstelle ans andere Ende des Kontinents ziehen musste, und ihr Mann immer noch viel unterwegs war. Die Distanz und zeitweilige Trennung gaben dem Paar viel Anlass zu Streitereien, und es fiel ihnen zunehmend schwerer, die Differenzen beizulegen, bevor der Mann zum Arbeiten wieder wegging. Das Geld war knapp, und beide hatten Gehaltskürzungen hinnehmen müssen, was zu noch mehr Auseinandersetzungen führte. Tess hatte mit Alex nie über ihre Probleme gesprochen. Sie hielt es für unangebracht und dachte, sie würde damit eine Grenze zwischen Mutter und Sohn überschreiten, die besser nicht überschritten werden sollte. Ich pflichtete ihr bei.

Tess erzählte, dass sie nach der Hochzeit allein mit dem Wagen nach Hause fahren wollte – eine Autofahrt von fünf Stunden. Alex, mittlerweile Berufspilot, war mit dem Flugzeug gekommen und hatte einen Freund mitgebracht. Weil er aber wusste, dass seine Mutter so traurig war, bat er seinen Freund, ihren Wagen nach Hause zu fahren, sodass sie mit ihm zurückfliegen konnte. Sein Freund war einverstanden, und Tess fuhr mit ihrem Sohn zum Flughafen.

»Es war eine schöne Nacht«, erzählte sie. »Der dunkle Himmel war sternenklar. Alex' Flugzeug hatte ein offenes Cockpit, deshalb konnten wir nicht sehr hoch fliegen. Die Luft war unglaublich warm. Wir trugen beide einen Gehörschutz. Ich war sehr froh darüber, denn ich weinte während des ganzen Flugs und wollte nicht, dass Alex es merkte. Ich war so unglücklich, weil ich wusste, dass ich meine Tochter für lange Zeit zum letzten Mal gesehen hatte. Zuerst versuchte ich, meine Tränen zurückzuhalten, aber bald brachen alle Dämme. Ich weinte über die Streitereien mit meinem Mann und über meine Geldsorgen. Es fühlte sich an, als würde ich all die Tränen vergießen, die sich über die Jahre angesammelt hatten.

Nach der Landung ließ Alex das Flugzeug bis zu seinem Wagen rollen. Ich hatte aufgehört zu weinen, und er sagte kein Wort. Er fuhr mich heim und begleitete mich ins Haus. Ich bot ihm etwas zu trinken an, doch er lehnte ab. Dann sagte er: ›Mama, setz dich mal einen Moment hin. Etwas läuft gerade schrecklich schief zwischen dir und Papa, stimmt's?‹ Ich war völlig platt. Wie konnte er das wissen? Unsicher, ob ich Ja oder Nein sagen sollte, fing ich wieder zu weinen an. Schließlich gab ich zu, dass wir gerade eine schwierige Zeit hatten. Das hätte er sich schon gedacht, meinte er. Dann sagte er etwas Bemerkenswertes. Ohne Fragen zu stellen oder mich zu drängen, erklärte er mir: ›Mama, Vater ist ein gebrochener Mann. Das muss dir klar sein. Auch wenn es für dich selber im Moment sehr schwer ist, vergiss nicht, dass er mit Problemen fertigwerden muss, die du als Frau nicht verstehen kannst.‹«

Alex war während seiner Teenagerjahre ganz schön ins Schlingern gekommen. Aber jetzt als erwachsener Mann konnte er seiner Mutter eine Perspektive aufzeigen, die nur ein Mann einer Frau eröffnen kann und nur ein Sohn seiner Mutter. Er liebte seinen Vater, und ebenso liebte er seine Mutter. Eben deshalb war er in der Lage, Licht ins Dunkel zu bringen. Er zeigte seiner Mutter einen Blickwinkel auf, den sie allein nie gefunden hätte.

»Er ist ein wunderbarer junger Mann, und ich bewundere ihn sehr. Er machte mir klar, dass ich mehr Mitleid, Geduld und Verständnis aufbringen müsse für meinen Mann. Und das Erstaunlichste dabei ist, dass ich durch seine Hilfe zu der Einsicht kam, dass ich in dem Moment einfach nur durchhalten musste.«

Alle Söhne gehen irgendwann aus dem Haus. Sie werden zu Männern, die zurückkommen können, um uns Müttern auf eine Weise zu helfen, wie es kein anderer Mensch vermag. Sie können uns Wege zeigen, unser Leben besser zu leben. Wenn wir genügend Geduld haben und ihnen nie unsere Liebe versagen, kommen sie zu uns zurück.

Kapitel 2

Lehren Sie Ihren Sohn die Sprache der Gefühle

Im Laufe meines Berufslebens bin ich zu der Überzeugung gelangt, dass Jungen weit sensibler sind als Mädchen. Ich konnte mit eigenen Augen beobachten, wie Jungen im Teenageralter völlig am Ende waren, wenn die Beziehung mit ihrer Freundin auseinanderging. Ich habe miterlebt, wie für siebenjährige Jungen die Welt zusammenbrach, als ihr Haustier starb. Und ich habe die Erfahrung gemacht, dass manche erwachsene Männer nicht über den Tod eines Elternteils hinwegkommen. Meiner Meinung nach ist der Grund dafür, dass heute so viele junge Männer arbeitslos sind oder im Gefängnis landen, nicht ihre möglicherweise kriminelle Veranlagung, sondern vielmehr die Tatsache, dass diese Männer nicht gelernt haben, mit seelischem Schmerz umzugehen. Denken Sie an die Hunderte von Halbwüchsigen, welche die Schule abbrechen, anfangen, mit Drogen zu dealen, oder sich einer Jugendbande anschließen. Statistiken zufolge sitzen 14-mal mehr Männer in den Gefängnissen als Frauen. Die meisten dieser Häftlinge sind jung (um die zwanzig).[15] Andere junge Männer zeugen Kinder, nur um sie dann zu verlassen. Viele von ihnen sterben frühzeitig. Sicher, sie haben Verbrechen begangen, waren keine guten Väter, wurden Opfer von Gewalt und übten ihrerseits wieder Gewalt aus. Doch das ist nicht der springende Punkt. Entscheidend ist, dass diese jungen Erwachsenen unheimlich viel Schmerz und Angst mit sich herumtragen. Deshalb greifen sie auf die grundlegendsten aller menschlichen Überlebensstrategien zurück, die da heißen: »Lass dir nichts gefallen. Schlag als Erster zu, wenn dir jemand zu nahe kommt, denn du weißt nicht, ob er dir nicht vielleicht eine reinhaut. Öffne dich nicht, um Liebe zu geben oder zu empfangen, weil du letztlich doch enttäuscht wirst.« Sie haben so viel Zurückweisung und Verlust erfahren, dass unterdrückter, unverarbeiteter Schmerz ihr Leben bestimmt und sie die Fähigkeit, sich gut zu integrieren (oder zu leben), verloren haben.

Viele kleine Jungen und Teenager empfinden ihr Leben als erdrückend. Wenn ein Junge seine Großmutter verliert, trauert er monatelang. Nennt jemand einen Viertklässler fett und faul, schlägt das Wunden, die nie mehr heilen. Ist ein Teenager gezwungen zu entscheiden, bei welchem Elternteil er leben möchte, wird er sich möglicherweise nie mehr von dieser seelischen Belastung erholen. Meist hilft diesen Jungs niemand, mit ihren Gefühlen zurechtzukommen. Sensibilität ist eine wunderbare, inspirierende und erfüllende Eigenschaft. Doch vielen Heranwachsenden erscheint sie als Fluch. Es sei denn, sie haben eine Mutter, die weiß, was zu tun ist.

Jeder Junge sollte lernen, sich mithilfe seiner Mutter einen »Gefühlswortschatz« zuzulegen, um seine Emotionen besser erkennen und ausdrücken zu können. Sehr viele Jungen leben nach den Regeln, die Dr. William Pollack in seinem Buch *Jungen – Was sie vermissen, was sie brauchen* als richtiggehenden Verhaltenskodex beschreibt. Dieser Kodex verbietet ihnen, Gefühle zu zeigen, wollen sie nicht als unmännlich gelten. Das ist natürlich extrem ungesund für Kinder. Bringt jedoch eine Mutter ihrem Sohn von Kindesbeinen an bei, seine Gefühle zu erkennen und über sie zu sprechen, wird er sich diesem Kodex widersetzen können. Das fördert seine seelische Gesundheit und ermöglicht ihm im Normalfall ein glücklicheres Leben.

Mütter sind die Ersten, die die Sensibilität ihres Jungen zu spüren bekommen. Sie erleben seine Traurigkeit, seine Wut, seine Frustration oder seine verletzten Gefühle mit. Mütter haben von Natur aus die besten Antennen für die Gefühlswelt ihrer Söhne. Die meisten erwachen sofort, wenn ihr Säugling weint. Was braucht er? Ist er zufrieden oder tut ihm etwas weh? Nur Mütter sehen, wie ihr Sprössling auf dem Fußballfeld die Tränen niederkämpft, wenn er enttäuscht ist. Väter bemerken diese Gefühle vielleicht auch, aber es ist weniger wahrscheinlich, dass sie ihr Kind darauf ansprechen. Aufgrund des zuvor erwähnten Kodex der Jungen sind sie gewöhnlich der Ansicht, ihre Söhne sollten die Traurigkeit tragen wie ein Mann. Mütter hingegen werden versuchen, die Gefühle ihres Sohns von seinem Gesicht abzulesen, wenn er zum ersten Mal seinen neuen Lehrer sieht oder seine neue Freundin ausführt. Wir Frauen sind von Natur aus kommunikativ und nehmen daher Emotionen schneller wahr als Väter.

Über einen Gefühlswortschatz zu verfügen bedeutet mehr, als nur die Namen für die eigenen Emotionen zu kennen. Drei entscheidende Kompetenzen müssen dafür herausgebildet werden: Als Erstes muss ein Junge die Fähigkeit erwerben, seine Gefühle überhaupt zu erkennen. Dann muss er in der Lage sein, diese entweder innerlich zu benennen oder sie zu äußern. Schließlich muss er lernen, mit ihnen umzugehen. Kann ein Junge sich diese drei wichtigen Fähigkeiten aneignen, dann ist er auf dem richtigen Weg zu einem gesunden Gefühlsleben.

Hat ein Vater das Zeug dazu, ihm diese Kompetenzen zu vermitteln? Vielleicht. Aber Mütter befinden sich in einer bedeutend besseren Position, weil sie mit ihren Söhnen anders vernetzt sind. Bei Frauen basiert die Bindung zu geliebten Menschen auf (normalerweise verbaler) Kommunikation, bei Männern auf Taten. Kindern einen Gefühlswortschatz vermitteln zu können setzt aber eben die Fähigkeit zur verbalen Kommunikation voraus. Dazu kommt, dass Söhne ihre Gefühle lieber mit ihren Müttern besprechen als mit ihren Vätern. Wir Mütter sind also prädestiniert für diese Aufgabe. Tatsächlich scheinen unsere Kinder Zuwendung instinktiv bei uns zu suchen: Als Kleinkinder finden sie Trost bei der Mutter. Nicht nur, weil sie wissen, dass diese Mitleid und Verständnis hat, sondern auch, weil sie darauf vertrauen, dass sie ihre Gefühle akzeptieren wird. Jungen schämen sich manchmal, vor ihren Vätern zu weinen. Sie haben Angst, dafür verurteilt oder ausgelacht zu werden. Es liegt bei den Müttern, ihre Söhne wissen zu lassen, dass es ihnen nicht guttut, ihre Gefühle zu unterdrücken. Wenn ein Junge älter wird, geben ihm seine Altersgenossen, Lehrer oder Sporttrainer zu verstehen, dass es nicht akzeptabel ist, Traurigkeit und Kummer zu empfinden. Ohne einen eigenen Gefühlswortschatz wird er anfangen, seine Emotionen hinunterzuschlucken und Wut oder Verzweiflung zu unterdrücken. Ohne Gefühlswortschatz wird er vielleicht nie lernen, Emotionen zu verstehen und darüber zu reden. Das kann negative Auswirkungen auf die Beziehungen zu Freunden, Angehörigen und anderen Kindern haben.

Warum Ihr Sohn einen Gefühlswortschatz braucht

Anfangs reagieren Jungen auf Menschen und Situationen in ihrer Umgebung genauso sensibel wie Mädchen. Aber in den ersten Schuljahren lernen sie, dass man von ihnen ein anderes Verhalten erwartet als von Mädchen. Der Verhaltenskodex schreibt ihnen vor, nicht zu weinen und ja kein Zeichen von Traurigkeit zu zeigen – sogar in Situationen, in denen dies angebracht wäre. Denn sonst heißt es schnell, sie benähmen sich wie Mädchen. Daraus ziehen Jungen nicht etwa nur den Schluss, dass sie ihre Gefühle verbergen müssen. Sie gelangen vielmehr zur Überzeugung, dass sie gar keine Gefühle haben dürfen. Wenn Erwachsene beispielsweise einem Neunjährigen sagen, er solle sich zusammenreißen und kein Theater machen vor seinen Kameraden, dann kommt bei ihm eine ganz andere Botschaft an. Er interpretiert diese Worte vielleicht so, dass er gar nicht traurig sein oder weinen darf, und zwar nicht nur in der Schule, sondern überhaupt. Er lernt, dass es unmännlich ist, bestimmte Gefühle überhaupt zu haben.

Meine Erfahrung ist, dass Jungs von etwa zehn Jahren häufig glauben, sie dürften nie Wut, Trauer, Einsamkeit oder Verzweiflung empfinden. Das ist verwirrend und schmerzlich für sie. Werden sie dennoch einmal von solchen Gefühlen überwältigt, denken sie, etwas sei nicht in Ordnung mit ihnen. Daraus entsteht ein Teufelskreis: Die Jungen empfinden bestimmte Gefühle, zeigen sie aber niemandem und werden dann wütend auf sich selbst, weil sie diese Emotionen überhaupt verspüren. Besteht dieser Teufelskreis über eine längere Zeit, verfallen diese Jungen zwangsläufig in Depression oder Angstzustände.

Es ist deshalb enorm wichtig, dass Mütter ihren Söhnen schon früh beibringen, welche Gefühle legitim und normal sind und wie sie damit umgehen können. Jungen sollten lernen, dass es gut ist, Gefühle zu haben. Gelingt es einer Mutter, dies ihrem Sohn zu vermitteln, ist es unwahrscheinlich, dass er in die oben beschriebene Falle tappt und mit Selbsthass reagiert, weil er sich als schwach empfindet. Zehntausende, wenn nicht Hunderttausende erwachsene Männer haben ihren Schmerz und alle Gefühle des Verletztseins ausgeblendet, was sie entweder zornig oder depressiv macht. Alkoholprobleme, Drogensucht, Sexsucht, Panikattacken und Selbstmordgedanken haben als Ursache häufig eine Form der Depression. Gesunde, angemessene Gefühle als Reaktion auf Lebenssituationen werden unterdrückt und ignoriert. Das Ergebnis sind destruktive Verhaltensmuster.[16] Damit will ich nicht sagen, dass sämtliche psychischen Krankheiten, Depressionen, Angststörungen und jegliches Suchtverhalten auf das Fehlen eines Gefühlswortschatzes zurückgehen. Aber bei einem sehr hohen Prozentsatz dieser Leiden ist dies tatsächlich der Fall.

Genau aus diesem Grund muss jede Mutter schon früh damit beginnen, ihrem Sohn beim Erwerb eines Gefühlswortschatzes zu helfen. Nur so kann er lernen, seine Gefühle angemessen und so unverfälscht wie möglich wahrzunehmen und auszudrücken. Eine Mutter, die ihren Sohn lehrt, seine Gefühle zu formulieren, stellt mehr als jeder andere Mensch auf der Welt die Weichen für seinen Lebensweg. Ich bin davon überzeugt, dass dies nach dem Geschenk des Lebens das größte Geschenk ist, das wir unseren Söhnen machen können. In diesem Kapitel werden wir noch genauer unter die Lupe nehmen, wie Mütter ihren Söhnen dabei helfen können, ihre Gefühle zu erkennen und sie auf sinnvolle Weise zum Ausdruck zu bringen.

Die Epidemie der Vaterlosigkeit

In unserer heutigen Zeit durchleben wir eine Krise, die man mit Fug und Recht als »Vaterlosigkeit« bezeichnen darf. Zu viele Männer zeugen Kinder und stehlen sich dann davon, ohne sich für die Vaterrolle auch nur zu interessieren.[17] Zu viele Männer empfinden ihr Leben als sinnlos. Dies macht es ihnen auch unmöglich, anderen Menschen einen Lebenssinn aufzuzeigen. Männer, denen es an jeglichem Lebensinhalt mangelt, haben anderen nichts zu geben. Nicht einmal ihren Söhnen. Wie aber gelangen Männer heute an diesen Punkt? Und was hat das mit dem Gefühlswortschatz unserer Söhne zu tun?

Viktor E. Frankl schreibt in seinem Buch *Trotzdem Ja zum Leben sagen,* Männer sähen erstens nur dann einen Sinn in ihrem Leben, wenn sie glaubten, etwas zum Leben eines anderen Menschen beitragen zu können. Zweitens müssten sie das Gefühl haben, würdig zu sein, etwas (in erster Linie Liebe) von einem anderen Menschen zu empfangen. Drittens müssten sie davon überzeugt sein, dass ihre Zukunft von ihren eigenen Entscheidungen abhängt. Mit anderen Worten, dass sie es selbst in der Hand haben, ihr Leben zum Besseren zu wenden. Nur dann gäben sie die Hoffnung nicht auf.

Doch die meisten Männer laufen Gefahr, mit ihren Gefühlen völlig falsch umzugehen. Der Grund dafür ist, dass sie ganz widersprüchliche Signale in Bezug auf ihre Gefühle erhalten. Erliegt ein Mann dieser Gefahr, dann kann es dazu kommen, dass sein Gefühlschaos sein Leben vollkommen beherrscht. Und das kann gefährlich werden. Nehmen wir zum Beispiel einen Jungen, dessen Vater ihn und seine Mutter verlässt, als er gerade mal zehn Jahre alt ist. Dass sein Vater geht, löst in ihm tiefe Trauer, Schuldgefühle und Wut aus. Ohne eine angemessene emotionale Unterstützung fängt er an, diese Gefühle tief in seinem Herzen zu vergraben. Danach lebt er weiter, als sei nichts geschehen. Vielleicht will er nicht, dass seine Freunde und seine Mutter erfahren, wie tief verletzt er sich fühlt. Statt also seine Emotionen auf gesunde Weise zu verarbeiten, verdrängt er sie und tut so, als ob ihm die Trennung von seinem Vater völlig egal wäre.

Da er sich nie mit seinen Gefühlen auseinandersetzt, werden sie noch verwickelter. Ich sage Kindern oft, dass Gefühle stärker werden, wenn man sie beiseiteschiebt und sich nicht damit beschäftigt. Lässt man seine Gefühle jedoch heraus, verlieren sie ihre Macht über uns. Der Junge in unserem Beispiel würde über die Jahre spüren, wie seine Wut langsam zunimmt. Denn er tut genau das, was jeder andere zehnjährige oder ältere Junge tun würde: Er gibt sich selbst die Schuld am Weggang seines Vaters. Weil er seine Wut nicht an seinem abwesenden Vater auslassen kann, richtet er sie gegen sich selbst. Er redet sich ein, sein Vater wäre geblieben, wäre er nur ein besserer Sohn gewesen. Und er findet tausend andere Gründe für seine Schuldgefühle. Vielleicht hat er ja seinem Vater zur falschen Zeit etwas Falsches gesagt. Vielleicht war er wegen seiner schlechten Noten böse auf ihn. Oder er hat seinen Vater auf andere Weise enttäuscht. Die Basis all dieser Überlegungen ist jedoch, dass er unfähig war, seinem Vater gegenüber Wut zu empfinden. Und er wird sich über die Jahre hinweg immer schlechter fühlen, weil er diese negativen Gefühle verinnerlicht. Bis er schließlich denkt, dass er die Liebe seines Vaters nicht wert war. Er als Sohn war seinem Vater nicht wichtig genug, um ihn zum Bleiben zu bewegen.

Wenn er dann erwachsen wird, sind die Gefühle, die er als Zehnjähriger hatte, immer noch tief in seinem Herzen verschlossen. Da er bewusst versucht hat, sie zu unterdrücken, statt sie an die Oberfläche zu lassen, beeinflussen sie unbewusst viele Entscheidungen, die er im Privat- oder Berufsleben trifft. So kann es sein, dass er sich seiner Mutter gegenüber überfürsorglich verhält und sich weigert, ein weitab vom Heimatort gelegenes College zu besuchen. Oder er bekommt akute Panikattacken, nur weil sein Vorgesetzter an seinem Arbeitsplatz in dem Alter ist, in dem nun auch sein Vater wäre. Die Entscheidungen, die er trifft, können ganz unterschiedlich ausfallen. Doch die meisten sind von Schmerz und Wut bestimmt. Seine verworrenen Gefühle machen es ihm unmöglich, die richtigen Entschlüsse zu fassen. Nur so aber könnte er glücklich werden. Um Viktor Frankls Definition der Sinnfindung im Leben wieder aufzugreifen: Unser junger Mann fühlt sich unwürdig, weil er überzeugt ist, dass er der Liebe seines Vaters nicht würdig war. Er fühlt sich unwürdig, von jemandem geliebt zu werden – das Weggehen seines Vaters hat das schließlich hinreichend bewiesen. Und ganz sicher weiß er nicht, wie man über einen Schmerz hinwegkommt, den er sich nie wirklich eingestanden hat.

Der vernünftige Umgang mit unseren Gefühlen ist also die Voraussetzung für ein von Sinn erfülltes Leben. Haben wir diesen Zusammenhang erst einmal erkannt, verstehen wir, wie entscheidend es für Jungen ist, über einen reichhaltigen Gefühlswortschatz zu verfügen. Eine gesunde Wertschätzung der eigenen Gefühle ebnet einem Mann den Weg zu einem zufriedenen Leben. So kann er seinen eigenen Wert erkennen, tragfähige Beziehungen zu geliebten Menschen aufbauen und mit der Überzeugung leben, dass er eine Zukunft hat. Und wer begleitet ihn auf dieser Entdeckungsreise ins eigene Innere? Natürlich Sie als seine Mutter.

Hilft eine Mutter ihrem Sohn schon dabei, mit seinen Emotionen richtig umzugehen, so kann sie ihn auch lehren, sie richtig auszudrücken. Denken wir daran: Wenn ein Junge seine Gefühle in sich hineinfrisst, nehmen sie an Intensität zu. Kann er hingegen jemandem sein Herz ausschütten, verlieren sie an Macht, und er begreift, dass er anderen Menschen etwas bedeuten und ihr Leben verändern kann. Seine Mutter nimmt ihm jeglichen Zweifel daran, dass er es wert ist, von seinen Freunden und seiner Familie geliebt zu werden. Und schließlich vermittelt sie ihm, dass er durchaus fähig ist, die Hindernisse auf seinem Weg zu überwinden. Leider verstärkt die Epidemie der Vaterlosigkeit diese Gefühle der Wertlosigkeit, Trauer und Depression, die viele Jungen verspüren. Genau deshalb ist es so wichtig, dass Mütter Jungen, die ohne Vater aufwachsen, helfen, mit ihren Emotionen zurechtzukommen. Wenn ihnen das nicht gelingt, so fürchte ich, können sich diese Kinder emotional nicht weiterentwickeln. Im schlimmsten Fall werden sie sogar seelisch verkrüppelt.

Nancy beispielsweise vermittelte ihrem »vaterlosen« Sohn bereits in frühen Jahren einen Gefühlswortschatz. So sorgte sie dafür, dass sein Leben einen positiven Verlauf nahm. Als Brandon sechs war, fing sein Vater an zu trinken. Nancy versuchte, Brandon vor der Sucht seines Vaters abzuschirmen. Aber als dieser schließlich seinen Job verlor, mussten Brandon und seine kleine Schwester häufig mitansehen, wie ihr Vater zu Hause saß und schon tagsüber betrunken war. Nancy versuchte alles, damit ihr Mann vom Alkohol wegkam. Doch all ihre Mühe war vergeblich. Der Alkohol raubte ihm seine ganze Lebenskraft. Heute lebt Brandons Vater als Obdachloser in einer großen Stadt im Westen, wo er von Obdachlosenasyl zu Obdachlosenasyl zieht.

Nachdem Nancy zunächst jahrelang versucht hatte, ihre Familie vor dem Auseinanderbrechen zu bewahren, erkannte sie schließlich, dass ihr Einfluss in dieser Hinsicht begrenzt war. Als ihr Mann zur Gefahr für die Kinder wurde, verließ sie ihn. Sie zog mit den Kindern aus, und die drei fanden ein neues Zuhause. Brandon war damals zehn. Er war am Boden zerstört. Er fürchtete um das Leben seines Vaters und litt unter Albträumen, in denen sein Vater schreckliche Tode starb. Sein Lehrer bemerkte, dass er sich in der Schule nicht konzentrieren konnte. Ihm fiel auch auf, wie in sich gekehrt Brandon nun war. Der Lehrer rief Nancy an, und die beiden berieten sich, was sie für den Jungen tun konnten.

Mehrere Jahre später erzählte mir Nancy, dass diese Umbruchphase für sie alle fürchterlich gewesen war. »Ich glaube, Brandon traf die Scheidung besonders hart. Er bewunderte seinen Vater, was ich oft nicht verstehen konnte. Ich weiß, dass er ihn schrecklich vermisste. Mit am schlimmsten war, dass sein Vater nie anrief, schrieb oder sich auch nur im Entferntesten an Brandon interessiert zeigte, nachdem wir umgezogen waren. Wie soll man das einem Zehnjährigen erklären?« Obwohl sie über Ereignisse sprach, die Jahre zurücklagen, begann sie zu weinen.

Nancy erzählte mir, dass sie sich keine psychologische Beratung für ihren Sohn leisten konnte. Sie hatte als Lehrerin gearbeitet. Obwohl sie ihr Dasein als Vollzeitmutter aufgeben musste, um wieder arbeiten zu gehen, versuchte sie stets, eine enge Bindung zu ihren Kindern aufrechtzuerhalten. Ich wollte von ihr wissen, wie sie als viel beschäftigte, trauernde Mutter das bewältigte.

»Ich sagte mir, dass der Schmerz meiner Kinder wahrscheinlich mindestens ebenso groß war wie meiner. Und ich wusste, dass ich meinen Kummer am schnellsten überwinden konnte, wenn ich mich direkt damit auseinandersetzte. Deshalb hielt ich es für richtig, den Kindern dabei zu helfen, dasselbe zu tun. Ich beschloss, dass bei unseren Gesprächen über unser neues Leben, den Umzug und den Vater meiner Kinder kein Thema tabu sein sollte. Wir redeten stundenlang. Manchmal saßen wir zusammen und verbrachten den ganzen Abend damit, uns zu unterhalten. Brandon wusste, dass er alles über unser Leben, seinen Vater oder mich sagen durfte, was ihm durch den Kopf ging. Die einzige Regel war, dass er nicht gemein sein durfte zu seiner Schwester oder mir. Manchmal weinte er nur. Andere Male sprachen wir überhaupt nicht über unseren Schmerz. Aber immer, wenn er auf seine Gefühle zu sprechen kam, bat ich ihn, sie genau zu beschreiben. So konnte ich ihn besser verstehen. In der ersten Zeit war das sehr hart für ihn. Ich konnte nicht glauben, wie schwierig es für ihn war, Wut, Trauer und Frustration auseinanderzuhalten. Er sagte einfach nur, er fühle sich schrecklich. Wenn ich ihn aufforderte, genauer in sich hineinzuhorchen, stürmte er anfangs nur wütend aus dem Raum. Doch nach einer Weile begann er, seine Gefühle auf ganz einfache Weise zu schildern.«

Ich war erstaunt darüber, wie Nancy in dieser Situation Haltung und Ruhe bewahren konnte. Zu jener Zeit litt sie schrecklich. Dennoch sah sie von ihren eigenen Gefühlen ab und half ihrem Sohn, ein gefährliches Terrain zu überwinden. Es ist hart für Mütter, ihre Kinder leiden zu sehen. Wenn ein Sohn seinen Kummer äußert, kann man nur zuhören und ihn ermutigen, seine Gefühle auszudrücken. Das ist sehr schwierig, weil man sich als Mutter so hilflos fühlt. Nancy gelang es nicht nur, den Schmerz ihres Sohns auszuhalten, sondern Brandon auch dazu zu bringen, ihn herauszulassen. Das war entscheidend für seine gesunde emotionale Entwicklung.

»Für die nächsten paar Jahre trafen wir eine Vereinbarung: Ich wollte selbst entscheiden, wann er oder seine Schwester über schwierige Themen mit mir redeten. Hatte ich gerade viel zu tun, legten wir einen bestimmten Zeitpunkt für ein Gespräch fest. Ich hatte nie zuvor die Erfahrung gemacht, welch harte Arbeit es ist zuzuhören. Einerseits muss man sich sehr konzentrieren, andererseits ist es schlimm, einen geliebten Menschen leiden zu sehen. Das Allerschwierigste war vielleicht, dass ich Brandons Probleme nicht für ihn lösen konnte. Ich wünschte mir so verzweifelt, sein Vater würde sich bei ihm melden. Es wäre so heilsam gewesen für Brandon, wenn sein Papa ihn angerufen hätte. Einfach nur, um ihn wissen zu lassen, dass er ihn liebte, aber sehr krank war. Ich sagte das Brandon immer wieder, aber das war natürlich nicht dasselbe, wie wenn es ihm sein Vater am Telefon selbst erklärt hätte.«

Brandon ist jetzt in der achten Klasse und ein sehr guter Schüler. Er sitzt längst nicht mehr mit finsterem Gesicht in der Schule, seine Noten haben sich erheblich verbessert, und vor allem hat er keine Probleme mehr. Seine tiefe Trauer ist immer noch da, und er wird in den nächsten Jahren lernen müssen, mit dem Gefühl zu leben, im Stich gelassen worden zu sein. Im Moment ist er aber auf dem richtigen Weg zu einem vernünftigen Leben. Das ist Nancys Verdienst, die in einem kritischen Moment eingegriffen hat. Sie gab ihm die Zeit und den Raum, die er brauchte, um seine Gefühle zu verstehen. Sie stellte die Grundregeln auf und hielt an ihnen fest. So schuf sie in ihm die Grundlage für die fest verwurzelte Überzeugung, dass er für seine Gefühle nie verurteilt oder kritisiert werden würde. Sie brachte ihn auch dazu, sich seine Emotionen genauer anzusehen, und begleitete ihn bei der Entwicklung eines Gefühlswortschatzes. Und schließlich half sie Brandon dabei, sein Vokabular zu gebrauchen, um sich mit seinen tiefen Verletzungen auseinanderzusetzen und selbst zu bestimmen, was er mit seinen Gefühlen anfangen wollte. Mit ihrer Hilfe entschied er sich dafür, nicht zuzulassen, dass seine Emotionen in Zukunft sein Verhalten steuern würden.

Wir sehen, wie wichtig dieser Prozess für Brandon war. Aber er hatte Glück und eine Mutter, die nicht vor seinem Schmerz zurückschreckte. Viele andere Jungen haben das nicht. Nachdem ihre Väter die Familie verlassen haben, lernen sie nicht, sich mit den Gefühlen auseinanderzusetzen, die sie dem Vater und sich selbst gegenüber empfinden. Das kann zu Depressionen und Selbstmordgedanken führen, manchmal dominiert eine unverarbeitete Wut ihr ganzes Leben. Möglicherweise versuchen sie auch, ihren Schmerz und das Gefühl der Wertlosigkeit mit Alkohol oder Drogen zu betäuben. Das wiederum verhindert, dass ihre Verletzungen je heilen.

Die gute Nachricht ist, dass wir unseren Söhnen helfen können. Wir können zwar ihre Väter nicht wieder nach Hause bringen, aber wir können ihnen beibringen, mit dem Trauma des Vaterverlusts umzugehen. Dafür müssen sie früh genug lernen, sich mit ihren Gefühlen vertraut zu machen. Wenn sie sich dann öffnen, ist es wichtig, dass wir uns die Zeit nehmen, ihnen dabei zu helfen, diese Emotionen zu entwirren. Schaffen wir das nicht allein, müssen wir uns an jemand anderen wenden, vielleicht auch professionelle Beratung suchen. Unsere Söhne verdienen jegliche Unterstützung, die wir ihnen geben können.

Warum wir die Richtigen für diese Aufgabe sind

Es ist eine Tatsache, dass sich die meisten Söhne bei ihrer Mutter am sichersten fühlen. Möglicherweise liegt das an unserem Feingefühl oder an unserer Bereitschaft, unsere Empfindsamkeit auch zu zeigen. Söhne sind der Überzeugung, wir könnten besser mit den Gefühlen umgehen, die sie uns erkennen lassen. Jungs schauen zu ihren Vätern auf, sie sehnen sich nach deren Anerkennung, und tun manchmal alles dafür. Spürt ein Sohn, dass sein Vater seine Gefühle nicht zeigen kann, wird er seinerseits seine Emotionen vor ihm verbergen. Dahinter steht die Angst, dass der Vater nicht gutheißen könnte, was er sieht, und die Gefühle seines Sohns für unmännlich hält. Söhne wünschen sich die Anerkennung beider Elternteile, aber sie spüren, dass sie für Mamas Wohlwollen weniger tun müssen. In ihren Augen ist es ganz natürlich, dass ihre Mutter sie so akzeptiert, wie sie sind. Das ist eine ideale Ausgangslage, wenn wir unseren Sprösslingen helfen wollen, ihre emotionalen Fähigkeiten zu entwickeln. Damit ein Junge lernt, mit seiner Identität vertraut zu werden, braucht er eine Art Zufluchtsort, an dem er unbefangen seine innersten Gefühle ergründen kann. Wir Mütter geben ihm diesen Ort.

Obwohl diese schwierige Aufgabe eine große Verantwortung beinhaltet, ist es auch ein Privileg, sie übernehmen zu dürfen, denn sie stellt eine große Bereicherung für uns Mütter dar. Wir dürfen an den innersten Gedanken, Unsicherheiten und Träumen unserer Söhne teilhaben. Wir haben das Glück, mit ihnen zusammen Erkundungen anstellen und staunen zu können. Wir nehmen wahr, wie sich ihr Verhalten verändert, wenn sie heranwachsen, weil wir sie kennen wie sonst niemand. Wenn sie mit unserer Hilfe ihre Gefühle entdecken, erfahren sie auch, wie wir uns fühlen und was uns bewegt. Sie lernen deshalb nicht nur, mit ihren eigenen Emotionen umzugehen, sondern auch mit denen der anderen. Wir Mütter tragen mit unserer Kompetenz auf diesem Gebiet dazu bei, dass unsere Söhne einmal bessere Väter werden.

Aber wir müssen behutsam vorgehen und sie in ihrer Entwicklung zum Mann respektieren. Denn die Teile ihres Herzens, in die sie uns Einblick gewähren, sind zart und zerbrechlich. Wir müssen lernen, sie sanft, aber bestimmt zu behandeln. Denken Sie an den Moment zurück, als Sie Ihr Neugeborenes zum ersten Mal in den Armen hielten: Vielleicht trauten Sie sich kaum, die winzigen Beinchen und zerbrechlichen Ärmchen überhaupt zu berühren. Aber nach einer Weile gewöhnten Sie sich an den Kontakt mit dem kleinen Wurm. Sie fassten Ihr Baby mit sicheren und liebenden Händen an, im Bewusstsein, dass es nicht zerbrechen wird. Auf dieselbe Weise müssen wir mit den Gefühlen unserer Söhne umgehen. Dann werden wir uns mit der Zeit wohler fühlen, wenn wir mit ihnen darüber sprechen.

Und wo fangen wir an?

Vertrauen Sie auf Ihre Fähigkeiten

Was dabei am wichtigsten ist: Sie verfügen bereits über alle Fähigkeiten, die Sie zu einer guten Mutter machen. Auf einem Röntgenbild von Ihnen als Mutter wären Knochen und Gewebe zu sehen, verbunden durch ein kompliziertes Netz von Muskeln und Nerven. Zu jedem Zeitpunkt sind einige dieser Nerven und Muskeln untätig, während andere auf Hochtouren laufen. Jede Mutter ist mit einem vollständigen Satz »Angstneuronen« ausgestattet. Sie werden aktiv, sobald Ihr Sohn in ein fremdes Auto einsteigt. Andere Nervenzellen übernehmen, wenn Sie ihm beim Fußballspielen zuschauen oder wenn er sein Schulzeugnis nach Hause bringt. Diese einzigartigen Drähte verbinden nur Mutter und Sohn. Neben jenen, die ständig in Betrieb sind, gibt es viele, die inaktiv sind. Sie warten darauf, dass Ihr Gehirn ihnen das Signal gibt, auf Hochtouren zu laufen. Tut jemand Ihrem Sohn weh, schießt Strom durch Ihre Schutzleitungen. Lobt hingegen jemand Ihren Sohn, wird Ihr Netz aus Ermutigungskabeln aktiv. Wenn Ihr Sohn in der Schule versagt, zünden Ihre Empathiedrähte. Vertrauen Sie darauf, dass Sie für jede Situation, in der Ihr Sohn Ihre Hilfe braucht, perfekt ausgerüstet sind. Das einzige Problem ist, dass Sie sich dessen nicht immer bewusst sind. Aber Sie können sich darin üben, sich mehr zuzutrauen.

Signalisieren Sie ihm Ihre Bereitschaft

Vertrauen Sie Ihren mütterlichen Instinkten. Es gibt Zeiten, da öffnet sich Ihr Sohn ohne Aufforderung. Umgekehrt wird er auch oft die Augen verdrehen und Sie zum Kuckuck wünschen, wenn Sie mit ihm über seine Gefühle sprechen wollen. Jungs reden auch gerne über ihre Gedanken, aber sie sind nicht jederzeit bereit dazu. Sie kennen Ihren Sohn: Achten Sie auf seine Körpersprache. Wenn Sie ein Thema anschneiden und er nicht bereit ist, darüber zu reden, lassen Sie die Angelegenheit eine Weile ruhen. Warten Sie ein, zwei Tage und versuchen Sie es dann noch einmal. Seien Sie hartnäckig, aber gehen Sie dabei behutsam und geduldig vor. Denken Sie daran, dass Jungen häufig erst nach mehreren Anläufen auf Fragen antworten. Sie möchten zuerst wissen, ob Sie auch wirklich zuhören wollen und ob Sie ihre Gefühle ernst nehmen werden. Je sensibler ein Junge ist, desto eher braucht er eine Mutter, der es nicht peinlich ist, über Gefühle zu reden. Jungen werden viel offener von sich erzählen, wenn sie spüren, dass ihre Mutter dafür offen ist. Wir müssen ihnen deshalb vermitteln, dass sie jederzeit über alles mit uns reden können. Sollte es Ihnen unangenehm sein, mit Ihrem Sohn gewisse Themen zu erörtern (wie etwa Sex), lassen Sie ihn das nicht merken. Zeigen Sie sich selbstsicher und signalisieren Sie ihm Ihre Bereitschaft, zuzuhören. Manchmal bringen Söhne bestimmte Themen aufs Tapet, um zu sondieren, wie ihre Mutter darauf reagiert. Sie wollen testen, ob es »ungefährlich« ist, die Angelegenheit mit ihrer Mutter zu besprechen. Wenn Sie hier gelassen bleiben, wird Ihr Sohn weiterreden. Reagieren Sie hingegen empört oder nervös, wird er einen Rückzieher machen und das Gespräch beenden.

Früh übt sich

Die Forschung zeigt, wie wichtig es ist, eine stabile Beziehung zu unseren Söhnen aufzubauen und die Ausbildung konstruktiver Verhaltensmuster zu fördern, solange sie noch jung sind. Gelingt uns das, wird es sich positiv auf das Verhalten unserer Söhne im Teenageralter auswirken.[18] Ich empfehle Ihnen, damit anzufangen, sobald Ihr Sohn sprechen kann. Setzen Sie auf eine möglichst einfache Sprache, damit Sie Ihren Sohn nicht überfordern. Wenn er als Zweijähriger einen Wutanfall bekommt, fragen Sie ihn nicht, wie er sich fühlt. Sagen Sie es ihm. In diesem Alter ist es für einen Jungen zu schwierig, seine Gefühle zu verstehen. Sie müssen also diese Aufgabe für ihn übernehmen. Nehmen wir an, er brüllt, weil Sie Nein gesagt haben. Erklären Sie ihm, dass Sie seine Wut verstehen, dass er aber trotzdem tun muss, was Sie von ihm verlangen. Diskutieren Sie nicht mit ihm über seine Emotionen, benennen Sie sie einfach. Auf diese Weise weiß er, dass Sie ihn verstehen. So beginnt er, seine Gefühle auch selbst zu durchschauen.

Warten Sie nicht, bis er wütend und traurig ist, um mit ihm seine Emotionen zu besprechen. Ist er zufrieden, sagen Sie ihm, dass Sie froh sind, dass er glücklich ist. Wenn Sie sehen, dass er gerade mit besonders starken Gefühlen zu kämpfen hat, die ihm vielleicht auch selbst wichtig sind, packen Sie die Gelegenheit beim Schopf. Erklären Sie ihm, dass Sie begreifen, wie er sich fühlt. Noch wichtiger ist, zum Ausdruck zu bringen, dass seine Gefühle für Sie in Ordnung sind. Damit ist nicht gemeint, dass Sie Ihrem Sohn Ihre eigenen Gefühle mitteilen. Einige populäre Erziehungsratgeber empfehlen dieses Vorgehen, wenn das Kind etwas tut, was ein Elternteil verletzt. Ich bin jedoch der Meinung, dass ihm das nur Schuldgefühle verursacht. Die meisten Kleinkinder verfügen noch nicht über die kognitive Fähigkeit, sich in jemand anderen einzufühlen. Sie können sich schlicht noch nicht in eine andere Person hineinversetzen. Außerdem sind Jungen wie Mädchen, psychologisch gesehen, von ihrer frühen Kindheit an bis in ihre Teenagerjahre zutiefst egozentrisch.[19] Bis in ihre Zwanzigerjahre hinein sind Jungen und Mädchen davon überzeugt, dass sich die Welt nur um sie dreht. Sie sind weit mehr mit den eigenen Gefühlen beschäftigt als mit denen anderer. Demzufolge wird ein Kind, dem ein Elternteil sein Herz ausschüttet, zwar das Gesagte aufnehmen, gleichzeitig aber auch versuchen herauszufinden, was das mit ihm zu tun haben soll. Mit anderen Worten bezieht es das meiste, was seine Mutter sagt, auf sich selbst. Bei Erwachsenen ist das anders. Wir hören erst einmal zu, was ein geliebter Mensch zu sagen hat. Dann entscheiden wir, ob wir es persönlich nehmen sollen oder nicht. Das ist ein entscheidender Unterschied zwischen uns Müttern und unseren Söhnen, den wir keinesfalls vergessen sollten.

Viele von uns machen den Fehler, mit ihren Kindern ehrlich über ihre eigenen Gefühle zu sprechen. Natürlich mit den besten Absichten. Vor Kurzem habe ich zum Beispiel die Unterhaltung einer Mutter mit ihrem vierjährigen Sohn mit angehört. Sie erklärte ihm, sie sei traurig, weil er sie aus Enttäuschung auf den Arm geschlagen habe. Sie bat ihn, das nicht noch einmal zu tun, weil sie sich nicht gerne traurig fühle. Natürlich schlug der Kleine sie ein paar Minuten später noch einmal. Der Grund dafür war meiner Meinung nach, dass er einfach nicht wusste, was er mit den Gefühlen seiner Mutter anfangen sollte. Seine Gedanken drehten sich nur um das, was er selbst gerade wollte. Vereinzelt können kleine Kinder sich schon in andere Menschen hineinversetzen. Haben sie eine geliebte Person verletzt, empfinden sie Schuldgefühle. Aber nicht einmal diese bringen sie unbedingt dazu, ihr Verhalten zu ändern.

Manchmal verwirren Mütter ihre Kinder regelrecht, wenn sie ihnen ihre eigenen Gefühle beschreiben. Ich habe miterlebt, wie Mütter auf diese Weise unnötig Besorgnis in ihren Teenagern geweckt haben. Zum Beispiel eine alleinerziehende Mutter, die ihren Sohn mehr als Partner denn als Kind behandelte. Sie hatte keine anderen Kinder und sprach mit ihrem Sohn ganz offen über ihre Probleme mit ihren Freundinnen und über die Männer, mit denen sie ausging. Sie ließ ihn wissen, wie mutlos sie sich manchmal fühlte. Sie sagte ihm, sie sei auf seine Hilfe im Haushalt angewiesen, weil ihr Leben so schwierig sei. Mit anderen Worten: Sie benutzte ihre Gefühle, um ihren Sohn dazu zu bringen, Dinge für sie zu erledigen. Dabei manipulierte sie ihn nicht einmal bewusst. Sie vertraute sich ihm einfach an, weil sie nicht genug Freundinnen zum Reden hatte. Das Problem war, dass sich der Sohn die Schwierigkeiten seiner Mutter nicht gerne anhörte. Er verstand ihre Beziehungsprobleme nicht und war der Überzeugung, er könne ihr bei ihren Problemen sowieso nicht helfen. Mit der Zeit verübelte er es seiner Mutter, dass sie so offen davon erzählte. Genau wie der Vierjährige, der seine Mutter auf den Arm schlug, war dieser junge Mann noch in der egozentrischen Entwicklungsphase. Wenn seine Mutter über ihre Angelegenheiten sprach, hatte er das Gefühl, seine eigenen Probleme blieben unbeachtet. Und das machte ihn natürlich wütend.

Normalerweise ist die beste Taktik im Umgang mit Kindern, die Dinge so einfach wie möglich zu halten. Kinder sind nämlich keine kleinen Erwachsenen. Sie können Informationen nicht auf dieselbe Weise verarbeiten wie wir, weil sie kognitiv und emotional völlig anders funktionieren. Um unnötige Verwirrung zu vermeiden, ist es meiner Meinung nach das Beste, wir unterstützen unsere Jungen dabei, sich auf ihre eigenen Probleme zu konzentrieren statt auf unsere. Unsere Aufgabe als gute Mütter ist, unsere Söhne dabei anzuleiten, ihre Emotionen zu erkennen. Jungen kommen in jedem Alter besser mit einfachen als mit komplexen Anweisungen zurecht. Fassen Sie sich deshalb kurz und klar, wenn Sie Ihrem Sohn helfen, seine Gefühle zu benennen. Dann sind Sie auf dem richtigen Weg. Aber denken Sie daran: Es gilt, noch ein paar Hürden zu überwinden. Vor allem, wenn er älter wird.

Lebenslang lernen

Manche Jungen lernen schnell, ihre Emotionen zu verstehen und ihren Müttern mitzuteilen, wenn sie traurig oder wütend sind. Andere sträuben sich dagegen, ihre Gefühle wahrzunehmen, vor allem, wenn sie schon dafür gemaßregelt wurden, Gefühle zu zeigen. Sehr oft tadeln Väter ihre Söhne dafür, dass sie Gefühle haben, obwohl sie eigentlich nur ihren Umgang damit kritisieren wollen. Wird zum Beispiel ein Junge wütend auf seine Schwester, läuft er ihr nach und drischt mit ihrer Barbiepuppe auf sie ein, schreit ihn der Vater natürlich an oder schickt ihn wegen seines schlechten Benehmens aufs Zimmer. Natürlich ist das Verhalten des Jungen nicht in Ordnung. Doch sein Vater sollte warten, bis er sich beruhigt hat, um ihm dann zu erklären, dass er zwar wütend werden kann, aber niemals seine Schwester schlagen darf. Ohne diese Erklärung wird der Junge aus seiner Erfahrung ableiten, dass seine Wut selbst nicht legitim ist. Er wird den Schluss ziehen, dass er keine Emotionen haben darf, wenn er die Anerkennung anderer will.

Für die meisten Jungs ist es schwierig, ihre Gefühle von ihrem Verhalten zu trennen. Viele reagieren (und das nicht nur im Kleinkindalter) völlig unüberlegt, wenn starke Gefühle im Spiel sind. Erzieherinnen in Kindergärten erklären ihren Schützlingen auch, dass sie nicht zuschlagen dürfen, wenn sie wütend sind. Genauso müssen wir Mütter unseren Söhnen beibringen, dass sie zwar starke Gefühle haben dürfen, dass diese aber nicht jedes Verhalten rechtfertigen. Machen Sie Ihrem Sohn klar, dass er die Verantwortung für sein Tun übernehmen muss. Das ist schon für Erwachsene schwierig, geschweige denn für kleine Jungs. Aber es ist entscheidend, dass wir unseren Söhnen diese Zusammenhänge früh vermitteln. Viele von uns haben miterlebt, wie erwachsene Männer und Frauen jede Kontrolle über sich verlieren, weil sie ihren Impulsen nachgeben. Damit unsere Söhne lernen, dergleichen zu vermeiden, müssen wir ihnen als Erstes den Unterschied zwischen Gefühl und Handlung vermitteln.

Jungen nach ihren Gefühlen zu fragen ist erst sinnvoll, wenn sie ungefähr in der ersten oder zweiten Klasse sind. Auch dann sollten Sie sich nicht aufführen wie die Gefühlspolizei. Vermitteln Sie Ihrem Sohn, dass Sie für ihn da sind. Am besten können Sie ihn zum Ausdruck seiner Gefühle bewegen, wenn Sie das ganz natürlich und spontan tun. Erzählt Ihnen Ihr Sohn, dass er Sally dabei beobachtet hat, wie sie während einer Prüfung bei einem anderen Mädchen spickte, fragen Sie ihn nicht sofort danach, was er dabei empfunden hat. Fragen Sie ihn erst einmal, wie er darüber denkt. Zeigt er Interesse an dem Thema, führen Sie das Gespräch fort. Dann können Sie sich erkundigen, wie er sich fühlte oder wie er sich fühlen würde, wenn jemand von ihm abschriebe.

Oder nehmen wir an, er hat gesehen, wie ein Hamster totgetreten wurde und starb. Das ist eines schrecklichen Tages meinem Sohn tatsächlich passiert. Es ist ganz natürlich, zu fragen, wie er sich fühlte, als er Zeuge dieses Unfalls wurde. Bringt es ihn in Verlegenheit, seine Gefühle zu beschreiben? Dann kann es sehr hilfreich sein, ihn zu fragen, wie sich wohl die anderen Kinder fühlten, die dabei waren. Häufig ist es für unsere Jungs einfacher, die Empfindungen anderer zu beschreiben. Letztlich verstehen sie dadurch auch ihre eigenen. Viele kleine Jungen projizieren ihre Gefühle auf andere Kinder, wenn sie sich nicht in der Lage fühlen, sich direkt damit auseinanderzusetzen.

Lernen Sie, gut zuzuhören

Ihre Art zuzuhören ist entscheidend dafür, ob Ihr Sohn das Gespräch fortsetzt oder nicht. Wenn Sie schon früh anfangen, mit Ihrem Sohn über seine Gefühle zu reden, erscheinen ihm solche Unterhaltungen ganz normal, wenn er heranwächst. Was Jungen am häufigsten daran hindert, offen über ihre Empfindungen zu sprechen, ist wahrscheinlich die Befürchtung, nicht den gesellschaftlichen Konventionen zu entsprechen. Gleich an zweiter Stelle kommt die Angst. Wenn Jungen zu Teenagern heranreifen, steigt ihr Testosteronspiegel. Eine mögliche Folge ist, dass ihre Gefühle an Intensität zunehmen. Ihre Wut ist heftiger, ihre Trauer wirkt lähmend, und aus Besorgnis kann akute Angst werden. Oft erschrecken Jungen ob dieser intensiven Emotionen. Da gleichzeitig ihre Körperkraft zunimmt, fürchten sie manchmal, sie könnten etwas ganz Schreckliches tun, wenn sie ihre Gefühle herauslassen. Zum Beispiel kann ein junger Mann Angst bekommen, dass er jemanden körperlich verletzten könnte, wenn er seine Wut zeigt. Auch spüren Jungen, die als Jugendliche ein Trauma erlitten und nie über ihren Schmerz gesprochen haben, wie ihre verborgenen Gefühle im frühen Erwachsenenalter näher an die Oberfläche dringen. Sie versuchen dann noch erbitterter, sie zu verdrängen, weil sie fürchten, dass sie den Schmerz nicht ertragen. Ich habe mich in meiner Praxis schon mit jungen Männern unterhalten, die mir gestanden, sie hätten Angst, die emotionale Aufarbeitung eines Vergangenheitstraumas würde sie umbringen.

Wenn Sie Ihrem Sohn zuhören, fühlt er sich wertvoll, wichtig und geliebt. Überlegen Sie mal, wie Sie sich selbst fühlen, wenn jemand seine Tätigkeit unterbricht und sich Zeit nimmt, um Ihnen aufmerksam zuzuhören. Nur wenige andere Dinge auf der Welt vermitteln uns so sehr das Gefühl, jemandem etwas zu bedeuten. Genauso geht es Ihrem Sohn, wenn Sie für einen Moment innehalten, um ihm Ihr Ohr zu leihen.

In der heutigen Gesellschaft legen wir viel Wert auf Multitasking. Wir üben uns also ständig darin, das genaue Gegenteil von dem zu tun, was mit Zuhören eigentlich gemeint ist. Alles dreht sich um Arbeit und Produktivität. Wir bringen die Mahlzeiten auf den Tisch, fahren die Kinder zu ihren Terminen, quetschen ihnen noch ein bisschen Zeit für Sport oder Spiel ins Programm und erfüllen ganz nebenbei noch unser Arbeitspensum im Büro. Die Mütter von heute sind viel beschäftigt und total erschöpft. Wie um alles in der Welt sollen sie da noch Zeit zum Zuhören finden? Zuhören bedeutet, sich nicht von den eigenen Gedanken ablenken zu lassen, das Telefon nicht zu beachten, für mehr als eine Sekunde Augenkontakt zu halten, interessiert zu wirken und wiederholen zu können, was das Gegenüber gerade erzählt hat. Das bedeutet harte Arbeit.

Zuhören. Dem anderen sein Ohr schenken. Seine Körpersprache und Augen beobachten. Auf diese Weise erfahren Sie Bände über den Alltag Ihres Sohns. Eine gute Mutter zu sein heißt, gewisse Dinge einfach zu bemerken: Hat er sich endlich abgewöhnt, Nägel zu kauen, wenn er sich nicht wohlfühlt in seiner Haut? Schafft er es, Augenkontakt zu halten, wenn er über etwas spricht, was ihm sehr wichtig ist? Um eine gute Mutter zu sein, müssen Sie nicht dafür sorgen, dass er die neuesten Basketballschuhe hat und in sein Traumcollege aufgenommen wird. Es ist auch nicht nötig, dass Sie genug Geld verdienen, um ihm teure Videospiele oder Spielsachen zu kaufen. Das alles ist zwar ganz nett, hat aber keinen Einfluss darauf, welche Art Erwachsener er einmal sein wird. Ein liebevoller Mann wird aus ihm, wenn Sie ihm mehr Zeit für persönliche Gespräche schenken. Wie oft denken wir Mütter, dass unsere Söhne den Kram, den wir ihnen kaufen, mehr brauchen als alles andere. Das ist schlicht und einfach nicht wahr. Sie benötigen und wollen nur eines: mehr Zeit mit uns. Ich sage Müttern oft, dass es unseren Jungs völlig egal ist, ob wir selbst Brownies backen, eine Backmischung verwenden oder die Kekse im Supermarkt kaufen. Was sie sich wünschen, ist einzig, sie am Küchentisch mit uns zusammen zu verputzen.

Und was macht Ihr Sohn? Er wartet erst einmal ab. Er will sicher sein, dass Sie ihm zuhören werden. Zuerst will er sich darüber klar werden, ob Sie glauben, er habe etwas Wichtiges zu sagen. Macht er die Erfahrung, dass Sie zuhören wollen, weiß er, dass er ein helles Bürschchen ist und seine Worte wert sind, gehört zu werden. Dann möchte er noch herausfinden, ob Sie wirklich den Wunsch haben zu hören, was er sagt, oder ob Sie das nur aus mütterlichem Pflichtgefühl tun. Unterbrechen Sie also, was immer Sie gerade tun, und verschieben Sie es auf später. So beweisen Sie ihm, dass Sie ihm gerne Gehör schenken. Haben Sie gerade das Abendessen auf dem Herd, drehen Sie die Hitze herunter. Wollten Sie eben einen Anruf tätigen, legen Sie das Telefon beiseite und schalten Sie es aus. Sehen Sie Ihren Sohn an. All diese kleinen Gesten bringen zum Ausdruck, dass Sie wirklich hören wollen, was er zu sagen hat. Ihr Interesse vermittelt ihm das Gefühl, Ihnen viel zu bedeuten. Erst dann wird er bereit sein, Ihnen seine Empfindungen anzuvertrauen.

Wenn ein Junge heranwächst, tut er alles, um seine Gefühle zu verbergen. Diese machen nämlich einen großen Teil seines Wesens als Mann aus. Gewährt er einem geliebten Menschen Einblick in seine wahren Gefühle, geht er ein Risiko ein. Nimmt diese Person seine Empfindungen nicht freundlich auf, gelangt er zur Überzeugung, dass seine Gefühle nicht wert sind, respektiert zu werden. Daraus wiederum zieht er den Schluss, dass er selbst auch keine Achtung verdient. Aus diesem Grund ist es außerordentlich wichtig, dass Sie hart arbeiten müssen, um eine gute Zuhörerin zu werden. Fangen Sie damit an, wenn er noch klein ist. Es steht so viel auf dem Spiel. Wenn er spricht, artikuliert er schließlich nicht nur irgendwelche Wörter. Er erzählt Ihnen etwas über sich selbst. Was er von sich denkt, was er sich erhofft und wovor er sich fürchtet. Die ganze Palette an Gefühlen ist schon da, versteckt hinter Seufzern und Achselzucken. Wenn Sie nicht richtig zuhören, entgeht Ihnen das alles.

Der Unterschied zwischen Söhnen und Töchtern

Wir wissen, dass Jungs pro Tag weniger Wörter von sich geben als Mädchen.[20] Sie neigen dazu, ihre Gedanken für sich selbst zu behalten, anstatt zu sagen, was ihnen durch den Kopf geht. Sie vertrauen diese höchstens Freunden an, von denen sie wissen, dass sie sich auf sie verlassen können. Löst etwas starke Gefühle aus, wird unser Junge vielleicht eine Zeit lang darüber nachgrübeln, dann teilt er sie einem Freund mit, der sie seiner Überzeugung nach verstehen und ihn nicht auslachen wird.

Mädchen hingegen sind da viel offener. Sie teilen ihre Gedanken eher mit anderen, als Jungen das tun. Mädchen sind von Natur aus kommunikativer. Das liegt, wie schon gesagt, zum Teil daran, dass sie Bindungen zu anderen Menschen über die Sprache eingehen, Jungen hingegen schließen Freundschaften, wenn sie mit anderen etwas unternehmen. Dabei ist es nicht wichtig, ob sie während dieser Aktivitäten reden oder nicht. Es genügt einem Jungen, einen Baseball zu werfen, Rad oder Kanu zu fahren oder mit einem Freund im Sandkasten zu spielen, um sich diesem näher zu fühlen.

Diesen wichtigen Unterschied sollten sich Mütter hinter die Ohren schreiben. Wenn eine Mutter eine Tochter hat und einen jüngeren Sohn, wird sie überrascht sein, wie anders ihre Kinder in den gleichen Situationen reagieren. Es kann sein, dass ihr Sohn weniger redet und in seiner Sprachentwicklung langsamer ist als das Mädchen. Wird er älter, redet er vermutlich nicht so bereitwillig über seine Gefühle wie seine Schwester. Manche Mutter schließt aus dieser Wortkargheit, dass ihr Sohn nicht so gerne mit ihr zusammen ist wie ihre Tochter. Das ist nicht der Fall. Die Emotionen von Jungen verfügen über dieselbe Bandbreite und Tiefe wie die von Mädchen. Nur äußern unsere Söhne diese nicht. Deshalb müssen wir Mütter unsere Jungen mehr beobachten, um die Alarmsignale zu registrieren, wenn sie Probleme haben. Wir müssen ihre Stimmungsschwankungen und ihre Körpersprache beachten. Haben Sie ein Augenmerk darauf, ob die Freundschaften ihres Sohnes dauerhaft und seine Noten konstant sind. Solche Veränderungen sind oft die ersten Anzeichen dafür, dass etwas schiefläuft. Denn Söhne sprechen viel seltener über ihre Probleme als Töchter.

Brodys Mutter Elayne war eine fantastische Zuhörerin. Sie erklärte ihren vielen Freunden immer, das fiele ihr leicht, weil sie eine introvertierte, ruhige Person sei. Sogar als Kind hörte sie lieber zu, als selbst zu reden. Elayne liebte Savannah, ihre Erstgeborene, über alles. Aber als Savannah drei Jahre alt war, wunderte sich Elayne doch, wie viel das kleine Mädchen plauderte. Sie erzählte, wie sie manchmal mit dem Autor völlig zerstreut durch die Straßen fuhr, weil die Kleine sie vom Rücksitz her ununterbrochen mit Geplapper und Fragen bombardierte. Vor Savannahs Geburt sei ihr gar nicht bewusst gewesen, wie viel Kinder reden könnten, meinte sie.

Als Brody geboren wurde, war alles ganz anders. Ehrlich gesagt, denke ich, Elayne war erleichtert, ein Kind zu haben, das ihr in Sachen sprachliche Kommunikation nicht so viel abforderte. Zwar äußerte sie das nie, aber von Beginn an schien ihr Brodys Erziehung leichtzufallen. Als er älter wurde, gab Elayne zu, sie fühle sich Brody näher als Savannah, weil er ihr charakterlich ähnlicher sei. Brody war eine Zeit lang ein glücklicher Junge und ein guter Schüler. Doch in der sechsten Klasse änderte sich das plötzlich. Elayne kam zu mir, weil sie sich Sorgen machte.

Elayne vertraute mir an, dass Brody bis zum Herbst des sechsten Schuljahrs zwar ein stilles, aber zufriedenes Kind war. Er spielte gern Cello und übte freiwillig und ohne jeden Druck. Anscheinend ging er gerne zur Schule, jedenfalls hatte er nie Probleme. Doch im Herbst rief seine Lehrerin Elayne an und bat sie um ein Gespräch. Brody war während einer Matheprüfung beim Spicken erwischt worden. Als die Lehrerin ihn darauf ansprach, stritt er alles ab.

»Als sie mir erzählte, dass sie ihn beim Abschreiben erwischt hatte, war ich zuerst völlig überrascht«, berichtete Elayne. »Er hatte so etwas noch nie getan. Es war mir peinlich, aber vor allem machte ich mir Sorgen. Ich fragte ihn, ob es wahr sei, und wieder stritt er zunächst alles ab. Erst nachdem wir monatelang darüber gesprochen hatten, gab er den Vorfall schließlich zu. Er kann ja so stur sein.«

Ich kannte ihren Sohn nicht besonders gut, deshalb stellte ich ihr ein paar Fragen über seinen Charakter und sein Leben. Offenbar hatte er immer sehr gute Noten gehabt, aber nach der Sache mit dem Schummeln schien eine Welt für ihn zusammenzubrechen. Sein Vater war immer für zwei Monate am Stück im Ausland zum Arbeiten, dann verbrachte er wieder zwei Monate zu Hause. So lief das schon seit vielen Jahren. Ich fragte nach Brodys Freunden. Laut Elayne hatte er mehrere gute Freunde, an diesen Beziehungen hatte sich auch nichts geändert. Er hatte keine traumatischen Erlebnisse gehabt, hatte weder die Schule gewechselt noch war er krank geworden oder in irgendwelche erkennbaren Schwierigkeiten geraten. Elayne war verwirrt und fühlte sich hilflos.

Winter und Frühling gingen vorüber und Brodys Noten wurden im Verlaufe des Jahres immer schlechter. Elayne berichtete, er komme oft von der Schule heim und ginge dann sofort ins Arbeitszimmer, um Cello zu üben oder Videospiele zu machen. Auch die Art dieser Spiele hatte sich gewandelt. Hatte er früher meist Fußball- oder Golfsimulationen gespielt, ließ er nun gewaltbetonte Kriegsspiele laufen. Elayne hasste diese Spiele, aber Brody war es irgendwie gelungen, sie ins Haus zu schmuggeln.

Ich bat sie, mich mit Brody unterhalten zu dürfen. Mein Gespräch mit ihm bestätigte, was Elayne mir anvertraut hatte. Er war ruhig und höflich, machte aber einen tieftraurigen Eindruck auf mich. Als ich behutsam nach möglichen Ursachen forschte – ein Trauma, Drogenkonsum, Probleme mit Freundinnen oder Ähnliches –, kam nichts heraus. Es gab keinen offensichtlichen Grund für seine depressive Verstimmung. Ich erklärte Brody, dass ich Depressionen bei Kindern sehr ernst nähme. Ich wies ihn darauf hin, dass es Hilfe gäbe und dass ich ihn an einen männlichen Berater verweisen würde, den ich empfehlen könne. Für eine Weile ließen sich weder Elayne noch Brody bei mir sehen. Monate später erhielt ich eines Morgens einen Anruf.

»Ich muss unbedingt sofort mit Ihnen reden«, sagte Elayne. Sie klang völlig außer sich. Als sie dann vor mir saß, brach sie in Tränen aus. Nach monatelangem Schweigen hatte Brody ihr etwas anvertraut, was ihr ganzes Leben verändert hatte. Eines Tages (kurz vor dem Wandel in Brodys Verhalten) hatte ein junger Mann Brody auf dem Nachhauseweg von der Schule abgepasst. Anfangs war er sehr freundlich. Brody hatte ihn vorher schon ein paar Mal gesehen und fühlte sich deshalb nicht bedroht. Aber plötzlich stieß ihn der Mann hinter eine Garage und ließ seine Hose herunter. Brody musste ihn berühren. Er wollte den Jungen auch zu Oralsex zwingen. Glücklicherweise war er unbewaffnet, und Brody schaffte es, ihm zu entkommen, bevor es dazu kam.

»Wie haben Sie das herausgefunden?«, wollte ich von Elayne wissen. Sie sah mich an, als ob meine Frage sie überrascht hätte. Ihre Antwort war so einfach und gleichzeitig so bedeutsam, dass sie mir im Gedächtnis geblieben ist.

»Ich habe gewartet. Ich wusste einfach, dass etwas Schlimmes geschehen sein musste. Ich kenne meinen Sohn. Meine Freunde, meine Mutter, ja sogar mein Mann waren davon überzeugt, er hätte nur eine pubertäre Phase und sein Verhalten wäre normal. Alle sagten mir, ich solle mir keine Sorgen machen. Sie meinten, die Phase würde vorbeigehen. Aber ich spürte instinktiv, dass sie unrecht hatten. Und so gab ich meine Versuche nicht auf, Brody zum Reden zu bewegen.«

Und wie genau war es dieser besorgten Mutter nun gelungen, ihren zwölfjährigen Sohn dazu zu bringen, ihr von dieser schrecklichen Erfahrung zu erzählen?

»Jeden Abend ging ich zur Schlafenszeit in sein Zimmer. Ich tat so, als ob ich schmutzige Wäsche aufsammeln oder herumliegende Schulhefte ordnen würde. Jeder Vorwand war mir recht, um im Raum zu bleiben. Dann setzte ich mich zu ihm auf die Bettkante und erkundigte mich nach seinem Tag. Manchmal antwortete er mir, manchmal nicht. Anfangs erklärte er mir, er wolle nicht mit mir reden. Ehrlich gesagt, konnte er dabei ganz schön unfreundlich werden. Trotzdem machte ich weiter, las Kleidungsstücke auf, ging zum Bett hinüber, setzte mich und wartete. Das ging monatelang so. Irgendwann ließ er dann heraus, er ginge nicht mehr gerne zur

Schule. Aber er wisse nicht, warum das so sei. Dann beklagte er sich über seine Freunde und darüber, dass sein Vater so oft weg sei. Er beschwerte sich einfach über alles.«

»Nachdem ich über Monate hinweg auf seiner Bettkante gesessen hatte, ging ich eines Abends wieder in sein Zimmer. Er schien schon zu schlafen. Ich wusste, dass er sich nur schlafend stellte, weil ihm meine Anwesenheit unangenehm war. Als ich mich über ihn beugte, um ihm einen Gutenachtkuss zu geben, fing er zu weinen an.« Als Elayne mir in meinem Büro von dieser Szene berichtete, fing sie selbst zu weinen an.

»Sein Weinen ging schnell in Schluchzen über. Ewig lange sagte ich gar nichts. Ich hielt ihn nur fest und ließ ihn weinen. In dieser Nacht hat er mir sein Herz ausgeschüttet. Er hatte fürchterliche Angst und fühlte sich zutiefst erniedrigt. Für mich war es, als hielte ich einen Dreijährigen in den Armen.«

Ich freue mich, dass es Brody heute gut geht. Meiner Ansicht nach ist das zu einem großen Teil das Verdienst seiner Mutter. Elayne hat diese Situation wunderbar gemeistert. Schauen wir uns an, wie ihr das gelang.

Erstens vertraute sie ihrem Instinkt, als sie das Gefühl hatte, mit ihrem Sohn sei etwas nicht in Ordnung. Sie hörte nicht auf all die wohlmeinenden Freunde und Familienmitglieder, die der Ansicht waren, sie überbewerte ganz normale Pubertätsprobleme. Zweitens war sie fest entschlossen herauszufinden, wo das Problem lag. Und dabei ging sie sehr überlegt vor. Statt Brody mit Fragen zu bedrängen, wie viele von uns es oft tun, ließ sie ihm den nötigen Freiraum und gab ihm das Gefühl, dass sie jederzeit ein offenes Ohr für ihn hatte. Sie begriff, dass er nur reden würde, wenn er dazu bereit wäre. Es dauerte einige Monate, aber schließlich drang sie zu ihm durch. Jedes Mal, wenn sie an seinem Bett saß, gab sie ihm ganz klar zu verstehen: »Ich bin da, um dir zuzuhören. Was immer du auf dem Herzen hast, ich will es wissen.« Manchmal redete sie mit ihm, aber meistens saß sie nur da und hörte zu.

Ich denke an meine Zeit als Mutter zurück und frage mich: Gab es Dinge, über die mein Sohn mit mir hätte sprechen wollen? Tat er es vielleicht nicht, weil er sich nicht sicher war, ob ich zuhören konnte? Oder habe ich ihm gar signalisiert, ich hätte keine Zeit und kein Interesse? Ich überlege, wie viele Stunden ich vor meinem Laptop, vor dem Fernseher oder beim Schwatzen mit Freunden verbracht habe. Ich war so mit Dingen beschäftigt, die ich damals für wichtig hielt, dass mein Sohn überhaupt nicht mit meiner Aufmerksamkeit rechnen konnte. Denken Sie daran: Jungen werden nicht reden, solange sie nicht sicher sind, dass man bereit ist, ihnen zuzuhören.

Wie gut für Brody, dass seine Mutter den Dialog mit ihm so wichtig nahm! Instinktiv spürte sie, dass etwas nicht in Ordnung war. Mit Geduld und Entschlossenheit bemühte sie sich um sein Vertrauen. Und sie hatte Erfolg. Sie verschwendete ihre kompletten Abende nicht mit dem Lesen von E-Mails, mit Telefongesprächen oder mit Arbeit. Hätte sie das getan, wäre Brody vermutlich verloren gewesen. Aber er schaffte es, weil Elayne wartete und zuhörte.

Ich frage mich oft, was ich an Elaynes Stelle getan hätte. Liebend gerne würde ich glauben, dass ich genauso reagiert hätte wie sie. Aber ich habe meine Zweifel daran.

Beim Versuch, unsere Söhne dazu zu bewegen, über ihre Gefühle zu reden, tappen wir immer wieder in die gleichen Fallen. Genau wie ich würden wahrscheinlich auch Sie einen der häufigen Fehler begehen, die ich im Folgenden aufzähle. Wir machen diese Fehler auch bei unseren Töchtern, aber meiner Erfahrung nach weniger oft. Es ist einfach so viel schwieriger, einen Jungen in ein Gespräch zu verwickeln als ein Mädchen.

1. Wir werden ungeduldig

Wir Mütter versuchen in bester Absicht, unsere Söhne aus der Reserve zu locken, indem wir mit ihnen reden. Wir stellen bohrende Fragen und rennen ihnen durchs ganze Haus nach. Wenn das nichts hilft, stellen wir noch mehr Fragen, und unser Tonfall wird drängender. Wir wollen sie wissen lassen, dass wir es ernst meinen und wirklich hören wollen, was sie zu sagen haben. Aber je beharrlicher wir hinter ihnen her sind, desto mehr verschließen sich unsere Jungs. Es kann Monate dauern, bis wir erfahren, was im Kopf oder im Herzen unseres Sohns vorgeht. Wir sollten seine Aufmerksamkeit nicht einfordern. Wir werden sie nur erlangen, wenn wir eine Engelsgeduld an den Tag legen.

2. Wir unterbrechen sie, um sie zu belehren

Meiner Erfahrung nach können Töchter besser als Söhne damit umgehen, wenn sie unterbrochen werden. Wie wir Mütter sind auch unsere Töchter kommunikative Menschen und machen gerne viele Worte. Unterbrechen wir sie, tun sie einfach dasselbe mit uns. Mit Söhnen funktioniert das anders. Unterbricht man sie, sind sie verletzt. Sie glauben, dass man sich dann nicht für das interessiert, was sie zu sagen haben. Also reden sie nicht weiter.

Normalerweise unterbrechen wir unsere Kinder, weil wir etwas sagen wollen zu dem, was sie uns gerade erzählt haben. Dieses »etwas« ist meist eine Zurechtweisung. Wie oft haben Sie Ihren Sohn schon etwas gefragt und sich die Antwort gleich selbst gegeben, bevor er überhaupt den Mund aufmachen konnte? Wir alle tun das. Wir meinen, als Mütter müssten wir unsere Söhne ständig korrigieren oder ihnen Belehrungen erteilen. Aber häufig wollen Jungs gar nicht wissen, was wir sie »lehren« wollen, und schalten einfach auf Durchzug. Unsere Versuche, ihnen zu vermitteln, was wir für wichtig halten, ignorieren sie nicht selten. Bei ihnen kommt nur an, dass wir ihnen etwas beibringen möchten. Dass wir ihnen auch zuhören wollen, entgeht ihnen.

3. Wir schaffen es nicht, das Handy beiseitezulegen

Vielleicht ist Ihr Handy ja nicht Ihr größter Ablenkungsfaktor. Vielleicht ist es bei Ihnen ja der Computer, die Arbeit, die anderen Kinder, der Sport oder das Stricken. Wir alle haben unsere ganz persönlichen Obsessionen, die viel zu viel Platz in unserem Kopf einnehmen, Dinge, von denen wir glauben, einfach nicht auf sie verzichten zu können.

Wichtig ist, dass Sie Ihre Obsession kennen. Mag sein, dass Sie das lieber nicht so nennen. Vielleicht sagen Sie ja »sehr wichtige Arbeit« dazu. Sind Sie sich nicht ganz sicher, welche Definition zutrifft, dann fragen Sie mal Ihren Sohn. Er weiß genau, was ihm Ihre Aufmerksamkeit raubt. Und er wird auf jeden Fall glauben, das sei Ihnen wichtiger als er.

Haben Sie Ihre Obsession geklärt, ist ein bisschen Selbstdisziplin gefragt. Sagen Sie sich los von Ihrem Steckenpferd. Handelt es sich um Ihr Telefon, dann stellen Sie es von 18 bis 20 Uhr ab. Dasselbe gilt für den Computer. Sagen Sie Sitzungen ab, schränken Sie Ihre Arbeitszeit ein. Tun Sie, was immer nötig ist, um Zeit für Ihren Sohn zu haben. Wir Mütter sind überzeugt, dass wir Multitasking beherrschen, aber Zuhören kann man nun mal nicht nebenbei.

Wenn Sie die Beziehung zu Ihrem Sohn verändern wollen, sind die kurzen Momente während des Tages entscheidend. Ein einziges Gespräch mit ihm, und die Stimmung Ihres Sohnes schlägt um. Fünfzehn Minuten Ihrer Aufmerksamkeit können ihn veranlassen, ein Problem in neuem Licht zu sehen. Ferien oder Zeit zu zweit, die wir für unseren Sohn freischaufeln, sind zwar auch wichtig, doch sie beeinflussen das, was aus unserem Sohn einmal wird, weniger, als wir denken. Aber da und dort ein paar ermutigende Worte, Geduld, wenn er sie am nötigsten braucht, ein bisschen Bestätigung, wenn er sich als Versager fühlt – das sind die Dinge, die sein Selbstbewusstsein und sein Lebensgefühl wirklich beeinflussen.

Bleiben Sie am Ball

Um unseren Söhnen einen Gefühlswortschatz zu vermitteln, müssen wir uns als Erstes mit uns selbst beschäftigen. Es ist wichtig, dass wir den Mut aufbringen, unser Verhalten unter die Lupe zu nehmen. Trauen Sie sich, die eben skizzierten Schritte anzupacken, um Ihrem Sohn so früh wie möglich ein vernünftiges emotionales Repertoire zu verschaffen. Es wird ihm gute Dienste leisten, wenn er als Erwachsener von zu Hause weggeht. Sie brauchen dafür weder einen Abschluss in Psychologie noch müssen Sie ein besonders ausgeglichener Mensch sein. Keine Sorge, wenn es Sie anfangs noch nervös macht, Ihren Sohn in ein Gespräch zu verwickeln. Das ist bei den meisten Müttern so. Wenn wir unseren Jungen beim Umgang mit ihren Gefühlen helfen sollen, fühlt sich die Mehrheit von uns schlecht vorbereitet. Wir haben schon Schwierigkeiten, uns mit unseren eigenen Gefühlen auseinanderzusetzen, geschweige denn mit denen anderer. Lassen Sie sich also nicht von Ihren Ängsten abhalten, Sie sind in guter Gesellschaft. Denken Sie immer daran, dass sich Ihr Sohn Ihre Hilfe wünscht. Er will und braucht einen guten emotionalen Wortschatz. Den wird er aber nur bekommen, wenn Sie die Aufgabe der Lehrerin übernehmen.

Um dabei erfolgreich zu sein, gilt es, ein paar grundlegende Prinzipien zu beachten. Sie werden Ihnen die Arbeit erleichtern: Bleiben Sie immer positiv und komplizieren Sie die Dinge nicht unnötig. Sollten Sie sich entmutigt fühlen, weil Sie keine Fortschritte erkennen, machen Sie sich keine Sorgen. Vertagen Sie die Sache für eine Weile und versuchen Sie es dann noch einmal. Am Ball zu bleiben heißt nicht unbedingt, ununterbrochen dasselbe zu tun. Manchmal bedeutet es auch, den Kurs zwar beizubehalten, aber eine Pause einzulegen. Lassen Sie sich durch Elaynes beispielhafte Geduld anregen. Rufen Sie sich ins Gedächtnis, wie sie ihren Sohn dazu brachte, ihr sein schreckliches Erlebnis zu erzählen, obwohl er sich dafür schämte. Wenn Elayne das geschafft hat, dann können Sie Ihren Sohn auch dazu bewegen, Ihnen seine Gefühle gegenüber der Kantinenmitarbeiterin oder einer Exfreundin anzuvertrauen. Vielleicht wird er Ihnen sogar erzählen, wie sehr ihn sein Vater enttäuscht hat.

Setzen Sie sich mutig mit seinen Gefühlen auseinander

Söhne erwarten drei Dinge von ihrem Gesprächspartner: Er darf nicht schockiert sein von dem, was er hört. Er muss sie ernst nehmen. Und er darf sie nicht bemitleiden. Ihr Sohn soll wissen, dass Sie mit dem, was er sagt, umgehen können, egal, was es ist. Jedenfalls solange sein Umgangston respektvoll bleibt. Sie dürfen die Fassung nicht verlieren, müssen ihn reden lassen und dabei ruhig und verständnisvoll bleiben.

Hat er schulische Probleme, wird er sich viel eher mit Ihnen darüber unterhalten, wenn Sie ihn nicht gleich einen Faulpelz schimpfen. Es kann auch sein, dass er in Schwierigkeiten geraten ist, weil er etwas Falsches getan hat. In diesem Fall muss er wissen, dass sein Verhalten Konsequenzen haben wird. Aber das heißt nicht, dass Sie wütend werden müssen.

Ältere Jungen gehen manchmal Gesprächen mit ihrer Mutter aus dem Weg, weil sie fürchten, ihren Respekt zu verlieren. Scham macht Jungs meist mundtot. Ihr Sohn muss sicher sein können, dass Sie ihn nie öffentlich tadeln oder sich für ihn schämen werden, was immer er auch getan hat. Er muss sich darauf verlassen können, dass Sie ihn nicht gleich anbrüllen, wenn Sie sich aufregen. Und er muss wissen, dass Sie sich nicht selbst in den Mittelpunkt stellen werden. Vermeiden Sie Fragen wie: »Was glaubst du eigentlich, wie es mir dabei geht?« Sie müssen offen erscheinen, Einsicht zeigen und so neutral wie möglich reagieren. Das ist sicher schwierig. Und natürlich dürfen Sie sich aufregen. Sie haben auch das Recht, anderer Meinung als er oder enttäuscht zu sein. Doch Ihre erste Reaktion müssen Sie unter Kontrolle haben. Nur so ebnen Sie ihm den Weg, damit er Ihnen sein Herz ausschüttet.

Viele Mütter demütigen ihre Söhne unabsichtlich. Für gewöhnlich passiert das, wenn eine Mutter ihren Sohn als Person kritisiert und nicht nur sein Verhalten. Enttäuscht ein Junge seine Mutter, fühlt sie sich verletzt. Die natürliche Reaktion darauf wäre, ihn zusammenzustauchen. Auch wenn Mütter ihren Söhnen sagen, sie schämten sich für ihr Verhalten, ist das eine Form der Demütigung. Nehmen wir zum Beispiel einen Sechzehnjährigen, der seine Mutter von einer Polizeiwache aus anruft, weil er beim Trinken erwischt wurde. Wenn seine Mutter dann zu ihm sagt: »Wie konntest du mir das antun?«, konzentriert sie sich ganz auf ihren eigenen Schmerz, statt zuerst an ihren Sohn zu denken. Wir alle haben das schon irgendwann einmal getan. Denn natürlich nehmen wir das Verhalten unserer Söhne persönlich. Und fühlen uns dafür verantwortlich.

Scham blockiert den Dialog

Eines der Themen, bei dem Mütter ihre Söhne häufig bloßstellen, ist Sexualität. Insbesondere wenn ihre Jungen im Internet pornografische Seiten angesehen haben. Da sich viele Mütter unwohl fühlen, wenn sie mit ihren Söhnen über Sex reden sollen, reagieren sie zunächst empört und kritisieren sie hart. Wissenschaftliche Studien zeigen, dass Jungen durchschnittlich im Alter von elf Jahren zum ersten Mal mit Pornografie in Kontakt kommen.[21] Noch vor zwanzig Jahren lag dieser Durchschnitt bei vierzehn. In unserer digitalisierten Welt haben Jungs heute viel leichter Zugang zu pornografischen Inhalten.[22] Ich erinnere mich an einen Vorfall, als mein Sohn noch jung war. Er war in meinem Arbeitszimmer und schaute sich die Internetseiten von Musikern an. Plötzlich erschien ein Pop-up-Fenster mit einem pornografischen Foto auf dem Bildschirm. Er war schockiert und gab ein lautes Geräusch von sich, eine Mischung zwischen Stöhnen und Schrei. Ich rannte sofort los. Mein Sohn schloss gleich das Fenster. »Was ist los?«, fragte ich.

Ich konnte ihm vom Gesicht ablesen, dass es nicht nur das Foto war, das ihn verlegen machte. Es ging auch um die Tatsache, dass ich wusste, dass er es gesehen hatte. Ich erkannte, wie verstört er war. Auch ich selbst war sauer. Ich regte mich nicht über ihn auf, sondern über die Tatsache, dass ihn das Bild mehr oder weniger »angesprungen« hatte. Es war nicht das erste Mal, dass ich mich in so einer Lage befand. (Er war mein viertes Kind, und ich hatte früher schon mit meinen Töchtern stundenlang über den Unterschied zwischen normaler und abnormaler Sexualität geredet.) Ich setzte mich also zu ihm.

»Es tut mir leid, dass du das ansehen musstest«, begann ich. »Bestimmt bist du jetzt schockiert.«

»Mama«, sagte er, »das ist eklig!« Ich spürte, dass er weiterreden wollte, dass er aber noch immer Scham empfand. Also beschloss ich, mich kurz zu fassen und gleich auf den Punkt zu kommen.

»Es gibt viel ekelhaftes Zeug im Internet«, erklärte ich ihm. »Leider ist es wahrscheinlich, dass du wieder solchen Bildern begegnen wirst. Du wirst dich vor ihnen ekeln und sie trotzdem anschauen wollen. Das ist normal.

Vermutlich ist es dir auch peinlich. Ich rate dir daher, die Bilder so schnell zu schließen, wie sie sich öffnen. Wenn du sie immer wieder anschaust, kann das schlimme Folgen haben für dich. Es tut mir leid, dass wir in so einer Zeit leben, in der solche Fotos plötzlich vor deiner Nase auftauchen, ohne dass du nach ihnen gesucht hast.«

Unser Tonfall und die Worte, die wir benutzen, sprechen Bände. Unsere Söhne leiten daraus ab, was wir von ihnen denken. Ich spürte, dass es wichtig war, meinem Sohn zu signalisieren, dass er kein böser Junge war, weil er ein pornografisches Bild gesehen hatte. Er sollte verstehen, dass es die Welt um ihn herum war, die schlecht ist. Man macht schnell den Fehler, Kinder für einen Vorfall, für den sie nicht verantwortlich sind, zu schelten. Wir müssen also sorgfältig unterscheiden, wofür sie wirklich die Schuld tragen und wofür nicht. Das ist manchmal nicht einfach.

Gelegentlich demütigen wir Mütter unsere Söhne ungewollt, indem wir sie mit Begriffen belegen, die sie als verletzend empfinden. Vielleicht albern wir nur mit ihnen herum und wollen sie necken. Weil viele Jungen sehr sensibel sind, ist das gewöhnlich keine gute Idee. Auch wenn wir Mütter verärgert sind, sollten wir unseren Zorn nicht die Oberhand gewinnen lassen. Wir erniedrigen unsere Söhne, wenn wir sie als abscheulich, nichtsnutzig oder dumm bezeichnen. Jedes Mal, wenn eine Mutter den Charakter ihres Sohnes kritisiert, wird er sich schämen. Denn tief in seinem Inneren wünscht er sich, dass seine Mutter zufrieden ist mit ihm. Er braucht die Bestätigung, dass sie ihn immer lieben wird, egal, was er tut. Wenn sie seine Person kritisiert, fühlt er sich nicht liebenswert. Mütter sollten also unbedingt das Verhalten ihrer Söhne und deren Charakter auseinanderhalten. Eine Mutter mag aufgebracht sein, weil ihr Junge sie durch sein Verhalten enttäuscht hat. Dann darf sie zwar sein Benehmen kritisieren, nie aber seine Person.

Manchmal empfinden Jungs auch Scham, weil so ein Gefühlschaos in ihnen tobt. Kämpfen sie mit Ängsten, Depressionen oder Wutausbrüchen, bekommen sie leicht das Gefühl, sie seien »geistig« nicht normal. Ich habe schon viele Teenager gesehen, die sich weigerten, einen Psychologen aufzusuchen, weil sie sich nicht wie ein »Bekloppter« oder ein »Psycho« fühlen wollten. Und das bei gut behandelbaren Krankheiten wie beispielsweise Depressionen. Leidet ein Sohn unter seelischen Problemen, braucht er die liebevolle Unterstützung seiner Mutter. Auch wenn es ihr peinlich ist, sie Schuldgefühle hat oder sich dafür schämt, denn diese Reaktionen übertragen sich nur allzu leicht auf ihren Sohn. Deshalb müssen wir Mütter immer wachsam sein. Wir müssen sicherstellen, dass unsere Söhne wissen, dass nichts, was sie tun, unsere Liebe zu ihnen erschüttern kann. Und manchmal müssen wir das auch in Worte fassen. Ich habe Eltern in meiner Praxis schon darum gebeten, sie mögen ihrem Sohn doch erklären, dass sie ihn nicht weniger lieben würden, wenn er für den Rest seiner Tage auf der Straße leben wollte. Solche Aussagen können helfen, einem Jungen die Scham über mögliche Probleme zu nehmen. Und das ist ein wichtiger Punkt, denn er wird viel eher über seine Gefühle und Empfindungen reden, wenn er sich nicht mehr schämt.

Für Mütter ist es eine enorme Belastung, wenn ihr Sohn an Depressionen leidet. Zusehen zu müssen, wie ein Kind sich hilf- und hoffnungslos zugleich fühlt, ist nahezu unerträglich. Eine Mutter hat mir dies einmal so beschrieben: Sie habe das Gefühl, ihr Sohn sei in einem brennenden Autowrack eingeschlossen und sie könne ihn nicht daraus befreien. Sie könne nur zuschauen, hoffen und beten, dass er einen Ausweg aus der Depression finde.

Ein Junge, der unter Depressionen leidet, braucht eine starke Mutter. Was immer er fühlt, was immer er zu sagen hat, sie muss damit fertigwerden. Das ist eine echte Herausforderung. Viel zu oft lassen wir uns aus Mitleid dazu hinreißen, unserem Sohn unsere Besorgnis um ihn mitzuteilen. Damit aber verschlimmern wir die Situation, indem wir unsere Befürchtungen auf ihn übertragen. Es ist ganz normal, um sein Kind Angst zu haben. Aber wir sollten mit Erwachsenen (einem Spezialisten oder dem Partner) über unsere Ängste sprechen, nicht mit unserem Kind. Das Wichtigste für solch einen Jungen ist, dass seine Mutter mit seinem Schmerz umgehen kann. Sie muss ihm immer wieder Mut machen: »Es gibt Hoffnung. Du wirst dich nicht immer so fühlen. Ich liebe dich, was auch immer passiert.« Oft müssen diese Worte viele Male wiederholt werden, bevor eine Besserung der Depression eintritt.

Velma konnte mit den Gefühlen ihres Sohnes gut umgehen. Sie war zwanzig Jahre lang mit einem jähzornigen Mann verheiratet gewesen, der seine Wut nicht unter Kontrolle brachte. Zwar misshandelte er sie nie körperlich, aber er brüllte sie oft an. Sie erzählte mir: »Er pflegte mich ins Schlafzimmer zu stoßen und die Tür zu schließen. Als hätte die Tür seine Stimme leiser werden lassen. Dann schrie er mir durch die Tür Obszönitäten und Vorwürfe entgegen. Er beschuldigte mich, Affären zu haben. Das war natürlich falsch. Er war einfach krankhaft misstrauisch. Gleich darauf redete er mit den Kindern, als ob nichts geschehen wäre. Das muss für sie total verrückt gewesen sein.«

Als ihr Sohn Rod von zu Hause auszog, um aufs College zu gehen, hatte Velma genug. Sie nahm sich eine eigene Wohnung. Als Rod während seines ersten College-Jahrs zu seinem ersten Besuch heimkam, stand er vor vollendeten Tatsachen. Rod war unglaublich wütend auf seine Mutter. Wie konnte sie das seinem Vater nur antun? Er schrie sie an, genau wie es sein Vater immer getan hatte. Mehrere Monate lang weigerte er sich, mit ihr zu sprechen, und stellte sich ganz auf die Seite seines Vaters. Aber in den darauffolgenden zwei Jahren näherte er sich seiner Mutter allmählich wieder an. Schließlich begann er, immer den Sommer mit ihr zu verbringen. Da wachte sie nachts manchmal auf und hörte ihn weinen. Wenn sie ihn danach fragte, behauptete er, er hätte einen Albtraum gehabt.

Sie glaubte zu wissen, was ihn in seinen Träumen heimsuchte. Schließlich war er aufgewachsen mit einem Vater, der seine Mutter vor seinen Augen emotional misshandelt hatte. Aber sie fürchtete sich davor, mit ihm darüber zu reden. Sie wollte ihn nicht gegen seinen eigenen Vater aufbringen. Aber sie wusste auch, dass sie etwas unternehmen musste, damit Rod nicht in die Fußstapfen seines Vaters trat. Schließlich lief er Gefahr, in seinem Verhältnis zu Frauen in dieselben Muster zu verfallen. Velma sah ja schon, wie ihr Sohn das Verhalten ihres Mannes zu übernehmen begann. Sie wollte ihm helfen. Die Wunden, die ihm der Jähzorn seines Vaters zugefügt hatte, mussten heilen. Aber mit Rod ins Gespräch zu kommen erwies sich als schwierig.

Als Rod sein erstes Jahr am College verbrachte, suchte Velma bei mir Rat. Doch eigentlich war das gar nicht nötig. Sie hatte enorm viel Verständnis und Mut und musste nur noch in dem bestärkt werden, was sie für richtig hielt.

»Ich mache mir wahnsinnige Sorgen um Rod«, erklärte sie mir. »Er ist so erregt und gereizt in letzter Zeit, und er will seinen Vater nicht mehr besuchen, wenn er nach Hause kommt. Das war vorher noch nie der Fall. Sie wissen, was ich für seinen Vater empfinde. Trotzdem will ich mein Möglichstes dazu beitragen, dass die beiden eine gute Beziehung aufbauen können. Meine Gefühle sollen nicht zwischen ihnen stehen.«

Während sie noch sprach, wunderte ich mich darüber, in welchem Ausmaß sie über der Sache stand. Sie wollte auf keinen Fall, dass Rod erfuhr, wie sehr sie ihren Exmann verabscheute. Auch wenn ihr das nicht bewusst war, so war das der beste Weg für Rod, seine Gefühle für seinen Vater zu klären. Wenn Mütter ihre Wut auf den Vater ihres Sohns offen zeigen, gehen Jungen sofort in die Defensive. Sie haben das Gefühl, ihren Vater verteidigen zu müssen. Sie verstecken ihre wahren Gefühle automatisch vor ihrer Mutter, weil sie sich innerlich zerrissen fühlen. Nie in Gegenwart des

Jungen über seinen Vater zu schimpfen ist das Beste, was eine Mutter im Fall einer Scheidung für die emotionale Gesundheit ihres Sohns tun kann.

»Ich habe mich sehr bemüht, seinen Vater nicht zu kritisieren. Ich wollte nicht, dass Rod merkt, wie grässlich das Leben mit seinem Vater für mich gewesen war. Ich wollte, dass er eine eigene Beziehung zu seinem Vater aufbauen konnte. Aber jetzt ist noch etwas anderes ins Spiel gekommen. Sein Vater hat eine Freundin, und Rod hat erwähnt, dass er diese Frau genauso anschreit. Das macht Rod Angst. Es muss schrecklich sein für einen Zwanzigjährigen, sich vor dem eigenen Vater zu fürchten.«

Damit hatte sie natürlich recht. Ihre Worte zeigten mir, wie gut sie die Angst ihres Sohns vor seinem Vater nachfühlen konnte. »Ich weiß, dass er seinen Vater nicht mehr besuchen will, weil dann seine Erinnerungen an dessen Ausbrüche wieder hochkommen«, fuhr sie fort. Und damit brachte sie die Sache auf den Punkt. Söhne registrieren manchmal unterbewusst, wie ihre Väter ihre Mütter misshandeln. Wenn ihre Eltern danach so tun, als ob nichts gewesen wäre, wirkt das verwirrend auf sie und löst zwiespältige Gefühle aus. Dies gilt besonders für Jungen im Teenageralter. Denken Sie daran, dass Söhne (und Töchter) als Jugendliche entwicklungsbedingt extrem ichbezogen sind. Sie glauben, es stehe in ihrer Macht, Menschen und Situationen in ihrer Umgebung zu ändern. Rod beispielsweise hatte vielleicht das Gefühl, er hätte seinen Vater daran hindern sollen, so herumzuschreien. Möglicherweise fühlte er sich schuldig, weil er das Verhalten seines Vaters nicht zu ändern vermochte. Das ist eine normale Reaktion bei Jungen dieses Alters, wenn sie mitansehen, wie ihre Mütter misshandelt werden. Sie wollen diesen Übergriffen Einhalt gebieten, und wenn ihnen das nicht gelingt, fühlen sie sich schuldig. Vor allem, weil sie eigentlich Angst haben, sich dem Vater zu widersetzen. Viele Jungen glauben, es stünde ihnen nicht zu, ihrem Vater die Meinung zu sagen. Sie wollen ihn nicht gegen sich aufbringen. Dazu kommt noch die Tatsache, dass Rods Eltern so taten, als hätte es nie irgendwelche Misshandlungen gegeben. Sie können sich die Verwirrung des jungen Mannes vielleicht vorstellen. Da seine Eltern offiziell alles leugneten, hatte Rod immer mehr das Gefühl, irgendwie verrückt zu sein. Außerdem konnten die Misshandlungen nicht so schlimm sein, sonst hätten die Eltern das Problem bestimmt angesprochen – dachte er. Selbstverständlich war er nicht verrückt, und eigentlich wusste er das auch. Er kannte die Wahrheit und wünschte sich, er könnte das Chaos, das sein Vater mit seinem Verhalten verursachte, auflösen. Velma war sich darüber völlig im Klaren. Sie spürte die intensiven Gefühle von Trauer und Wut, die ihren Sohn umtrieben.

»Ich suchte das Gespräch mit Rod, um endlich über alles, was geschehen war, mit ihm zu reden«, erzählte sie mir. »Ich dachte, wir sollten endlich zutage fördern, was ihm so zusetzte. Also begann ich ihn zu fragen, ob und was er an Zwischenfällen zu Hause bei seinem Vater mitbekommen hatte. Zuerst wollte er mir nichts erzählen, deshalb äußerte ich Vermutungen, die auf meinen eigenen Erfahrungen beruhten. Anfangs zog sich Rod zurück, ich aber blieb so ruhig und neutral, wie ich konnte. Dann erklärte ich ihm, dass ich wüsste, was er in all den Jahren mitangehört hatte. Ich sagte ihm, wie leid es mir täte, dass ich damals nichts dagegen unternommen hatte. Ich hätte zu der Zeit mit der ganzen Sache anders umgehen müssen. Aber das konnte ich nicht. Ich sei in jenen Tagen so mit mir selbst und mit dem Verbergen aller Probleme beschäftigt gewesen, dass ich seine Gefühle überhaupt nicht registriert hätte. Jetzt musste ich mich damit auseinandersetzen, was er deshalb hatte durchmachen müssen.«

Sie berichtete weiter: »Ich erzählte ihm ein paar Einzelheiten und fragte ihn, ob er sich beispielsweise noch daran erinnerte, wie mich sein Vater als Hure bezeichnet hatte. Ich sagte ihm, ich wüsste, dass er die ganze Zeit vor der Tür gestanden hätte. Statt ihm zu sagen, wie sehr mich dies verletzt hatte, fragte ich Rod, wie er es empfunden habe, dass sein Vater mich so genannt hatte. Plötzlich sprang Rod vom Sofa auf und schrie mich an. Er sagte, ich sei eine schlechte Mutter, und warf mir an den Kopf, es wäre besser, er wäre nie geboren worden. In den letzten Jahren habe er sich ständig gewünscht, tot zu sein.«

Nur mit Mühe hielt Velma ihre Tränen zurück und redete weiter. »Ich ließ ihn schreien. Er brauchte das. Er war wütend auf mich und auf seinen Vater. Er sagte, er wisse nicht, auf wen er die größere Wut habe. Ich kann es ihm nicht verübeln.«

Rods Wut hatte sich nach diesem Gespräch gelegt. Über Monate hinweg hielt Velma ihn dazu an, mit ihr über seinen Zorn auf sie und seinen Vater zu reden. Dabei versuchte sie nicht, für ihr eigenes oder für das Verhalten seines Vaters Entschuldigungen zu finden. Und sie sprach nie über ihre Gefühle oder machte abwertende Bemerkungen über seinen Vater. Rods Emotionen standen ganz im Mittelpunkt ihrer Gespräche. Für Rod war es ausgesprochen heilsam, dass das Schweigen endlich gebrochen wurde. Mit der Zeit konnte er seine Wut besser einordnen. Er verstand, dass sein Vater ein hochgradig gestörter Mann war. Es ist außergewöhnlich, dass es einem Jungen seines Alters gelingt, einen so objektiven Blickwinkel einzunehmen. Die meisten Söhne nehmen ihre Eltern erst als gebrochene Menschen wahr, wenn sie sehr viel älter sind. Ich glaube, der Grund war Velmas Kraft.

Sie ermöglichte Rod, seine Emotionen auszudrücken. Seine Mutter geriet nie in Panik, hatte nie Schuldgefühle (oder zeigte sie jedenfalls nicht) und übertrug seine Gefühle nie auf sich selbst. Sie hatte den Mumm, einfach dazusitzen, zuzuhören und ihm zu helfen, seine Gefühle zu sortieren.

Gehen wir an den Anfang von Velmas Geschichte zurück. Schauen wir uns an, wie die Dinge hätten laufen können, hätte sie anders reagiert. Als Rod vom College zu Besuch nach Hause kam und sie seine Wut ihr gegenüber bemerkte, hätte sie ihrerseits zornig werden können. Sie hätte ihn als respektlos, undankbar oder verzogen bezeichnen können. Damit hätte sie seinen Charakter angegriffen. Mit anderen Worten, sie hätte ihren eigenen Schmerz an ihm abreagieren können. Viele Mütter hätten genau das getan. Wenn unsere Söhne ausrasten, gehen wir automatisch in die Defensive. Wir schlagen zurück, statt tief durchzuatmen und zu versuchen, den Grund für ihre Wut zu erkennen. Zu bedenken ist aber: Wenn wir gegen unsere Jungen losgehen, verstärken wir die Scham, die sie empfinden. Velma hätte sich von Anfang an über Rod aufregen und sich weigern können, mit ihm zu reden, solange seine Wut nicht verraucht war. Damit aber hätte sie ihn noch mehr unter Druck gesetzt und jede weitere Kommunikation mit ihm unmöglich gemacht. Stattdessen versetzte sie sich in seine Lage und reagierte einfühlsam. Sie versuchte zu verstehen, dass er kein schlechter, sondern nur ein trauriger und wütender Mann bzw. Sohn war.

Jede Mutter verspürt Schuldgefühle wegen der Fehler, die sie bei der Erziehung ihrer Kinder macht. Was unsere Söhne betrifft, fühlen wir uns oft verantwortlich für alle möglichen Probleme. Für ihr schlechtes Benehmen, ihre depressiven Phasen, ihre Wutanfälle oder ihren Drogenkonsum. Und in manchen Fällen tragen wir tatsächlich die Verantwortung. Dann müssen wir unsere Frau stehen und uns mit diesem Problem auseinandersetzen. Doch wir fühlen uns oft zu Unrecht und in übertriebenem Maße verantwortlich für jede falsche Entscheidung, die unser Sohn trifft, auch wenn wir daran gar nicht schuld sind. Wir müssen lernen, falsche von berechtigten Schuldgefühlen zu unterscheiden, um im Leben weitergehen zu können. Unangebrachte Schuldgefühle mit sich herumzuschleppen tut niemandem gut, und am allerwenigsten unseren Söhnen. Velma traf während ihrer Ehe die Entscheidungen, die ihr möglich waren. Später sah sie ein, dass es nicht nur ihr eigenes Verhalten war, das Rod verletzte, sondern vor allem das seines Vaters. Sie verließ den Mann, weil sie sah, dass Rod all diese Erfahrungen verarbeiten würde, sobald er dazu bereit wäre. Als dieser Moment kam, war sie da, um ihm zu helfen.

Helfen Sie ihm, seine Gefühle zu äußern

Wie ich schon gesagt habe, ist es wichtig, unsere Söhne dabei zu unterstützen, ihre Gefühle zu erkennen und zu benennen. Damit sollte möglichst schon im Kindesalter begonnen werden. Aber das ist nur der erste Schritt auf dem Weg zu einem gesunden Gefühlswortschatz. Der schwierigere Teil kommt, wenn sie heranwachsen und ihr Gefühlsleben komplexer wird. Aber lassen Sie sich nicht einschüchtern von der Vielschichtigkeit ihrer Emotionen. Um Ihrem Sohn zu helfen, sie zu identifizieren und damit ins Reine zu kommen, müssen Sie nur ein paar ziemlich einfache Prinzipien beachten.

Hat er gelernt, seine Gefühle zu benennen, müssen Sie ihm zeigen, wie er damit umgehen kann. Viele Jungs (und Männer) wissen ganz genau, was sie fühlen. Sie wissen nur nicht, wie sie diese Empfindungen auf konstruktive oder zumindest ungefährliche Weise ausdrücken sollen. Das Wichtigste ist, dass Sie Ihrem Sohn erklären, dass er seine Emotionen nicht verbergen muss. Ist er frustriert, soll er darüber reden. Ist er angespannt, muss er sich irgendwo abreagieren, ohne es an anderen auszulassen. Dasselbe gilt für Wut. Im Vergleich zu Mädchen haben Jungen ein viel größeres Bedürfnis, Dampf abzulassen. Das ist vor allem in der Pubertät der Fall, wenn der Testosteronspiegel steigt. Stellen Sie sicher, dass er Gelegenheit hat, seine Wut und Frustration körperlich abzureagieren. Überlegen Sie gemeinsam mit ihm Möglichkeiten, wie er seine Wut auf sozial verträgliche Weise abbauen kann, statt seine Schwester zu verhauen, Sie anzubrüllen oder Mitschüler zu verdreschen.

Außerdem sollten Sie dafür sorgen, dass er immer genug Bewegung hat, und zwar völlig unabhängig von seiner Stimmung. Er sollte viel Zeit draußen verbringen und etwas Sinnvolles zu tun haben. Am schlechtesten für das emotionale Wohlbefinden von Jungs ist, stundenlang vor der Playstation, dem Fernseher oder dem Computer zu sitzen und Videogames zu spielen (vor allem gewalttätige). Währenddessen staut sich die Energie von Frustration, Anspannung, Wut und Trauer in den Muskeln an und wartet wie eine Zeitbombe auf die nächste Gelegenheit zur Entladung. Selbst wenn Ihr Sohn eigentlich keine Probleme mit unterdrücktem Ärger hat, wird er sie bekommen, wenn er lange still sitzen muss. Sein Körper ist ganz einfach nicht für Inaktivität gemacht. Er hat buchstäblich ein körperliches Bedürfnis nach Bewegung, um seine geballte Energie und seine angestauten Gefühle loszuwerden.

Macht Ihr Sohn gerade eine schwierige Zeit durch, zeigen Sie ihm Möglichkeiten, wie er sich mit seinen Gefühlen auseinandersetzen und sie abreagieren kann. Machen Sie ihn nicht verrückt, indem Sie ihn ständig fragen, wie er sich fühlt, sondern beobachten Sie ihn genau. Wenn Sie sehen, dass die Wut in ihm brodelt, sprechen Sie es an und fragen Sie ihn, ob Sie ihm helfen können, damit es ihm besser geht. Sie könnten ihn beispielsweise fragen: »Du bist irgendwie nicht du selbst heute, ist alles okay?« Oder: »Mir scheint, du bist wütend. Kann ich etwas tun, um dir zu helfen?« Manchmal genügt es, ihm vorzuschlagen, zusammen Radfahren zu gehen oder einen Fußmarsch zu unternehmen. Das zeigt ihm, dass Sie auch dann gerne mit ihm zusammen sind, wenn er zornig ist. Zudem könnte eine solche Unternehmung den Rahmen abgeben für ein klärendes Gespräch.

Lassen Sie ihn wissen, dass Sie immer für ihn da sind, wenn er mit Ihnen reden möchte. Signalisieren Sie ihm, dass er mit Ihnen über alles sprechen kann, was ihm im Kopf herumschwirrt. Auch dann, wenn er auf Sie wütend ist. Wenn er noch nicht bereit ist für ein Gespräch, geht das auch in Ordnung. Geben Sie ihm Raum. Sie könnten, während er vor der Playstation oder dem Fernseher hockt, ihm lächelnd mitteilen, dass Sie bemerkt haben, dass er mehr Zeit draußen verbringen sollte. Seien Sie einfühlsam und geschickt. Nörgeln Sie nicht ständig an ihm herum. Er muss nicht immer wieder an dieselben Dinge erinnert werden. Ich garantiere Ihnen, dass er auf Sie hören wird, wenn Sie ihm ein- oder zweimal liebevoll etwas mitteilen. Er wird Ihnen zwar keine Rückmeldung geben, dass Ihre Worte bei ihm angekommen sind, aber er wird Ihnen zuhören.

Während intensive Gefühle körperlich abreagiert werden sollten, können weniger starke Emotionen durch Reden verarbeitet werden. Streitet Ihr Sohn mit seiner Schwester, genügt wohl eine einfache Entschuldigung von beiden Seiten. Wenn sich seine Freundin von ihm trennt oder seine Großmutter ihn als faul bezeichnet, mag er wütend sein und sich gekränkt fühlen, aber diese Gefühle können oft im Gespräch geklärt werden. Setzen Sie sich einfach mit ihm hin und reden Sie mit ihm über das, was geschehen ist … Manchmal muss ein Junge nur sich selbst hören, damit er wieder runterkommt.

Menschen sind dazu geschaffen, ihre Gefühle wahrzunehmen und sie nicht im Innersten zu verschließen wie in einem Kerker. Manche Emotionen sind oberflächlich und können leicht beiseitegeschoben werden. Aber es gibt auch tiefer gehende Gefühle, wie der Schmerz, den Rod gegenüber seinem Vater verspürte. Diese müssen dann verarbeitet werden. Der Verarbeitungsprozess besteht im Wesentlichen darin, sich seine Gefühle bewusst zu machen, sie auszudrücken und zu analysieren. Nur so kann man von ihrem destruktiven Einfluss frei werden. Ohne diesen Prozess können, wie wir bereits gesehen haben, verdrängte Gefühle wie Schmerz, Wut, Traurigkeit oder Hoffnungslosigkeit das Verhalten eines Sohns bis weit in sein Erwachsenenleben hinein steuern, ohne dass ihm dies überhaupt bewusst ist.

Helfen Sie ihm, Gefühle von Handlungen zu unterscheiden

Kindergärtner haben naturgemäß mit Kindern zu tun, die es nicht gewohnt sind, ihre Spielsachen zu teilen. Ein Junge reißt einem anderen ein Spielzeug aus der Hand, worauf der Beraubte handgreiflich wird und dem Räuber auf den Kopf haut. Der Erzieher weist natürlich den Beraubten zurecht. Er ermahnt den Jungen, er dürfe andere Kinder nicht schlagen, ganz egal, wie wütend er sei oder wie die genauen Umstände waren. Leider fehlt dann meist ein wichtiger Punkt: Der Erzieher sollte dem Kind auch zeigen, wie es seine Wut konstruktiv loswerden kann. Der Gescholtene soll ja nicht lernen, seine Wut zu unterdrücken. Man kann Kinder, die zu anderen gemein sind, nicht einfach gewähren lassen. Es gilt Wege zu finden, wie ein Junge seine Gefühle zum Ausdruck bringen kann, ohne andere zu verletzen.

Manche Mütter lassen sich leider von übermäßigem Beschützerinstinkt leiten und erklären ihrem Sohn, es sei richtig, wütend zu sein, wenn jemand ihm Unrecht getan habe. Sie schicken ihr Kind regelrecht in die Schlacht gegen das andere Kind und raten ihm gar, diesem die Freundschaft zu kündigen. Sie stacheln es an, sich zu rächen, oder bestärken es sogar in seiner Wut. Statt also unseren Söhnen zu helfen, eine konstruktive Lösung zu finden, heizen wir ihren Zorn nur weiter an. Dieser Zorn lähmt ihr Urteilsvermögen und beherrscht sie bald ganz. So bestimmen nicht mehr sie über ihr Leben, sondern ihre Wut.

Männer werden zu Geschäftsführern großer Unternehmen, zu hervorragenden Physikern oder ausgezeichneten Polizisten, weil sie von Wut getrieben werden. (Natürlich haben sich auch »friedliche« Männer in diesen Berufen hervorgetan.) Der Grund dafür ist, dass Wut Energie freisetzt, was manche Menschen als Antriebskraft nutzen. Glaubt ein Sohn zum Beispiel, sein Vater habe ihn nie respektiert, fühlt er sich wertlos. Er hasst sich selbst, weil er sich als Versager sieht. Als Erwachsener können seine Wut und sein Schmerz ihn dazu bringen, eine brillante Karriere hinzulegen, um seinem Vater und sich selbst zu beweisen, dass er kein Versager ist. Umgekehrt kann ein Junge seelische Narben davontragen, weil seine Mutter ihn immer wieder angeschrien hat. Diese unterdrückte Wut kann ihn ins Unglück stürzen. Er kann depressiv werden, überängstlich oder aggressiv. Manche Männer beispielsweise hassen unterschwellig Frauen, weil sie als Kind von ihrer Mutter oder Großmutter gedemütigt wurden. Kurz gesagt: Trägt ein Kind tiefe, nie verheilte Wunden davon, kann dies seine späteren Beziehungen in Beruf und Privatleben prägen.

Wir Mütter wollen auf keinen Fall, dass unsere Söhne ihr Leben als Sklaven ihrer Gefühle verbringen. Deshalb ist es so wichtig, dass wir ihnen von Kindesbeinen an helfen, sich ihren Emotionen zu stellen und kluge, sinnvolle Entscheidungen zu treffen. Und auch wenn wir darauf vorbereitet sind, uns mit den Gefühlen unseres Sohns auseinanderzusetzen (besonders, wenn es negative Gefühle wie Wut und Schmerz sind), müssen wir herausfinden, was für ihn das Beste ist, und genau das tun.

Eben das hat Sandy bei ihren zwei Söhnen getan. Als ihr Jüngster, Ethan, siebzehn war, war er mit einem Mädchen zusammen, das er sehr liebte. Ethan hatte sich seinem zwei Jahre älteren Bruder Ted von klein auf sehr verbunden gefühlt, in diesem Jahr jedoch verliebte sich Ted in Ethans Freundin. Er wusste, wie sehr sein jüngerer Bruder das Mädchen liebte, doch am Ende trugen seine Gefühle für sie den Sieg über seine Loyalität davon. Und Sie ahnen schon, was dann passierte: Im Jahr darauf erlag sie Teds Charme und ließ Ethan sitzen. Der junge Mann war am Boden zerstört. Er hatte die Frau verloren, die er liebte, und sein älterer Bruder hatte ihn verraten.

In den folgenden Jahren absolvierten die Brüder das College, und die Beziehung zwischen Ted und Ethans Exfreundin ging auseinander. Sandy fragte sich, ob Ted einfach nur seinen Jagdtrieb ausgelebt hatte. Fünf Jahre lang sprachen die Brüder kein Wort miteinander. Als Ted versuchte, Kontakt zu seinem Bruder aufzunehmen, zeigte Ethan ihm die kalte Schulter. Ted war gekränkt, weil Ethan ihn beleidigte, und in kürzester Zeit eskalierte der Streit. Am Ende wusste keiner mehr, was ihn eigentlich aufregte.

Sandy suchte professionelle Hilfe, weil ihr das Zerwürfnis zwischen den beiden das Herz brach. Sie versuchte, mit jedem der Jungen allein zu reden, aber das half nichts. Psychologen empfahlen ihr, die Dinge auf sich beruhen zu lassen. Wenn die beiden sich nicht mochten, dann solle sie das schlicht akzeptieren. Schließlich hatten sie ja das Recht, aufeinander wütend zu sein. Die Fachleute erzählten Sandy allerhand über die Bindung zwischen Brüdern und über ihre Bindung zu ihren Söhnen.

Schließlich heiratete Ethan, und Ted weigerte sich, zur Hochzeit zu kommen. Als Ethans erstes Kind zur Welt kam, sagte man den Eltern, das

Mädchen hätte höchstens zwei Jahre zu leben, weil es an einer unheilbaren Herzkrankheit leide. Selbst da weigerte sich Ted, seinem Bruder die Hand zu reichen.

Die kleine Tochter starb, als sie 18 Monate alt war. Ethan war am Boden zerstört. Es begann zu kriseln in seiner Ehe, und er verfiel zunehmend dem Alkohol. Er vermisste seinen Bruder schrecklich und konnte sich kaum noch erinnern, was eigentlich ursprünglich zum Bruch zwischen ihnen geführt hatte. Was hatten sie einander an den Kopf geworfen? Was immer es war, es spielte jetzt keine Rolle mehr, er brauchte seinen älteren Bruder. Es ging rasch abwärts mit Ethan, und er befürchtete, er könnte neben seiner Tochter und vielleicht seiner Frau auch noch seine Arbeit verlieren. Er spürte, wie sein Leben außer Kontrolle geriet.

Sandy erzählte Ted all dies, aber dieser war noch immer nicht bereit, auf Ethan zuzugehen und sich mit ihm zu versöhnen. Eines Tages besuchte Sandy Ethan, der sich in einer hoffnungslosen Situation befand. Sie fasste ihr Gespräch mit ihm später für mich zusammen. »Ethan, du bist dabei, dich langsam umzubringen. Ich will offen sein zu dir. Ich sage dir, du wirst sterben, wenn du nicht aufhörst, dich in deinem Unglück zu wälzen. Vielleicht nicht im buchstäblichen, aber doch im übertragenen Sinne.«

Ethan wurde wütend. »Mama, dein Verhalten ist unmöglich. Ich habe endgültig die Schnauze voll davon, dass du dich immer einmischst. Hau endlich ab!«, schrie er sie an.

»Gut, das werde ich tun«, sagte Sandy. »Aber nicht, ohne dir gesagt zu haben, dass du dich ganz allein für dieses elende Leben entschieden hast. Das alles ist allein dein Fehler. Du wolltest die Wut auf deinen Bruder nie vergessen können, und jetzt willst du, dass sie dich umbringt.«

»Halt die Klappe und verschwinde!«, war seine Antwort.

»Du musst dich entscheiden. Du kannst deinen Bruder um Verzeihung bitten für all die verletzenden Worte und Kränkungen zwischen euch, oder du überlässt dich weiter deinem Zorn und lässt zu, dass er dich zerstört. Du bist ein Mann. Du hast die Wahl.«

Wochenlang hörte Sandy nichts von Ethan. Auch nicht von Ted. Sie machte sich große Sorgen, aber sie hatte sich ihren eigenen Rat zu Herzen genommen: Sie entschied sich, ihren eigenen Schmerz zu akzeptieren, damit umzugehen, so gut sie eben konnte, und dann loszulassen. Sie wollte nicht länger, dass ihr Kummer über das Zerwürfnis ihrer Söhne ihr Leben bestimmte. Und sie hatte ja auch endlich gesagt, was zu sagen war.

Etwa einen Monat später erfuhr Sandy, dass auch Ethan ihrem Rat gefolgt war. Er suchte seinen Bruder auf und sagte ihm, wie unglücklich er darüber sei, dass sie sich nicht mehr verstünden. Obwohl er der Überzeugung war, sein Bruder trage die Schuld daran, entschuldigte er sich für das, was er getan hatte, und bat Ted um Verzeihung. Dann ging er.

Wie Sandy später hörte, hatte Ethan nach dieser Aussprache seinen Alkoholkonsum eingeschränkt. Auch in seiner Ehe lief es wieder besser. Offensichtlich hatte Ethan nach ihrer Aussprache ein klareres und ehrlicheres Bild von seinen Emotionen und seinem Verhalten. Seine Mutter hatte ihm geholfen, zur Wurzel seiner alten Wunden vorzudringen. Als Sandy ihre Söhne bat, einander zu vergeben, fühlten sich beide wie befreit. Nun kamen die Brüder wieder besser miteinander aus. Laut Sandy sogar besser als vor dem ersten Streit.

Wenn wir unseren Söhnen beibringen wollen, mit ihren Gefühlen zurechtzukommen, können wir nicht auf halbem Weg haltmachen. Wir müssen ihnen verdeutlichen, dass Gefühle nur Gefühle sind und keine Beziehungen oder Menschen. Wir alle haben die Wahl, wie wir auf unsere Gefühle reagieren wollen. Stephen Covey ist Mormone und beschreibt dieses Prinzip in seinem Bestseller *Die sieben Wege zur Effektivität*. Covey betont, wie wichtig es sei, proaktiv und nicht reaktiv zu sein, wenn es um unsere Gefühle geht. Denn oft sind es nicht die realen Gegebenheiten, die uns zu schaffen machen, sondern unsere Bewertung derselben. Covey geht noch weiter und meint, wir sollten uns im Umgang mit Schwierigkeiten eine proaktive Sprache zulegen. Ein Beispiel für reaktive Sprache wäre, wenn wir uns sagen: »Ich kann sowieso nichts dagegen tun.« Oder: »So bin ich halt« und »Er macht mich ja so wütend«. Das ist eine falsche Sicht der Dinge, die in uns das Gefühl weckt, in der Falle zu sitzen. Ändern wir aber unsere Perspektive und formulieren unsere Gedanken auf proaktive Weise um, klingt das so: »Welche Alternativen gibt es?«, »Ich kann das Ganze anders angehen« oder: »Ich kann meine Gefühle kontrollieren«.

Eben das können Mütter für ihre Söhne tun, indem sie ihnen beibringen, dass ihre Gefühle zwar stark sein können, aber trotzdem nicht ihr Verhalten bestimmen müssen. Das heißt, dass wir unsere Söhne davon abhalten, in Emotionen zu versinken, in Trauer, Ungeduld, Enttäuschung oder Schuldgefühlen. Stattdessen stellen wir ihnen fordernde Fragen wie: »Was wirst du mit deinen Gefühlen machen? Wirst du ihnen erlauben, deine Entscheidungen zu beeinflussen, oder nimmst du dein Leben selbst in die Hand?«

In einer Kultur, in der man stolz auf die eigene Selbstdarstellung auch im Gefühlssektor ist, mag dieser Vorschlag ketzerisch erscheinen. Wir haben gelernt, dass unsere Emotionen wichtiger sind als unser Verhalten. Ist das richtig? Nein. Es ist unser Verhalten, das darüber bestimmt, ob wir langfristig glücklich und erfolgreich sind.

Leider regen viele Unterhaltungsmedien wie Fernsehen, Videospiele und Filme Jungen dazu an, sich von ihren Emotionen leiten zu lassen. Videospiele und Filme sind manchmal »hyperrealistisch«. Dann klingen die Geräusche lauter als im richtigen Leben, auch Gewalt kommt sehr viel häufiger vor als in Wirklichkeit. Das nehmen die Jungs zum Anlass, ihre Wut auszuagieren, statt ihr Grenzen zu setzen. Tatsächlich zeigen Studien, dass Jungen, die wiederholt virtuellen Gewaltszenen ausgesetzt sind, sich im Alter von zwanzig Jahren deutlich aggressiver verhalten als Gleichaltrige, bei denen dies nicht der Fall war. Auch bei einem großen Teil der Musik, die Jungen hören, geht es hauptsächlich um negative Gefühle, die Musik versucht, sie in diese Gefühlswelt hineinzuziehen. Anders gesagt ermutigen die meisten Kunstformen Jungs auf irgendeine Art und Weise, ihrer Wut freien Lauf zu lassen. Das mag auf den ersten Blick heilsam wirken, speziell bei Jungen, die starke verdrängte Wutgefühle mit sich herumtragen. Doch genau das Gegenteil ist der Fall. Jungen werden durch diese Medien dazu gebracht, sich auf die Oberfläche ihrer Gefühle zu konzentrieren, statt die Wurzel ihrer Emotionen freizulegen. Wir sollten unsere Söhne dabei unterstützen, Gewaltdarstellungen zu vermeiden und stattdessen ihre reale Wut auf sinnvolle Art zu bewältigen.

Manche Männer lassen ihren Emotionen dergestalt freien Lauf, dass sie das Leben von geliebten Menschen zerstören. Andere unterdrücken ihre Gefühle und richten sich damit selbst zugrunde. Die Ursache für diese destruktiven Verhaltensweisen liegt nicht in den Emotionen selbst oder gar in der männlichen Natur, sondern im falschen Umgang mit Gefühlen. Die Menschen gewähren ihnen nicht den angemessenen Raum im Herzen. Wir sollten dafür sorgen, dass unsere Söhne in einer Umgebung aufwachsen können, in der Gefühle wieder den ihnen angemessenen Stellenwert haben. Gelingt es uns, ihnen dieses Geschenk zu machen, so ist dies ein wichtiger Beitrag zu ihrer seelischen Gesundheit. Und dieses Geschenk hat jeder Sohn verdient.

Kapitel 3

Ihr Sohn hat jetzt Pfeil und Bogen – und die Zielscheibe ist Ihr Rücken

Jeder Sohn zieht irgendwann in seiner Entwicklung gegen seine Mutter zu Felde – darauf können Sie Gift nehmen. Manche tun das schon mit vier, andere erst mit vierzehn. Der eine führt nur einen Krieg, der andere zehn. Doch einerlei, wann oder wie oft Ihr Sohn Ihnen den Fehdehandschuh hinwirft – diese Kämpfe sind immer eine einsame und verwirrende Sache. Sobald die Schlacht anfängt zu toben, hat jede Mutter das Gefühl, sie sei im Begriff, ihren Sohn zu verlieren. Häufig sucht sie die Schuld dafür bei sich selbst. Sollten Sie gerade eine Kriegserklärung erhalten haben oder spüren, dass es nur noch eine Frage der Zeit ist (korrekt beobachtet), halten Sie stand. Es gibt Hoffnung.

Sie müssen ein paar wichtige Regeln beachten, um den Mutter-Sohn-Krieg unbeschadet zu überstehen. Die erste lautet, dass Sie ganz genau verstehen müssen, was sich da auf dem Schlachtfeld abspielt. Zweitens dürfen Sie nie vergessen, dass der Kampf, den Ihr Sohn gegen Sie führt, sich im Grunde nicht gegen Sie als Person richtet, sondern er eine normale Phase in der Entwicklung zum Mann durchläuft. Und schließlich gilt es zu bedenken, dass Sie die Erwachsene sind und er das Kind (ja, auch mit achtzehn noch). Das bedeutet, dass Sie ziemlich schnell das Schlachtenglück auf Ihre Seite ziehen können. Sie müssen nur Ihren Verstand richtig gebrauchen. Und darin sind wir Mütter spitze. Klären wir also, was der Auslöser für die Auseinandersetzung ist und in welchen Etappen sie verläuft. Das macht uns das Überleben um einiges leichter.

Du verstehst mich einfach nicht!

Vor einigen Monaten kam Carrie mit Jaden, einem quirligen, fünfjährigen Blondschopf, dem fast alle Schneidezähne fehlten, für eine Kontrolluntersuchung in meine Praxis. Er ging seit Kurzem in den Kindergarten. Während ich ihn untersuchte, schien Carrie gegen Tränen anzukämpfen. Unvermittelt sagte sie – nur halb im Spaß –, Jaden stehe zum Verkauf, falls ich interessiert wäre. Bei diesen Worten warf ich einen Blick auf ihren Sohn und sah, wie sich ein spitzbübisches Lächeln auf seinem Gesicht ausbreitete. Er schien es zu genießen, dass sich seine Mutter über sein Benehmen aufregte.

Als ich Carrie fragte, was denn da schieflaufe, platzte sie heraus: »Alles! Er tut einfach nicht, was ich ihm sage. Noch vor sechs Monaten war er ein wunderbar liebes Kind. Wir gingen zusammen in den Park, und er spielte mit anderen Kindern aus seiner Gruppe. Er machte keine Probleme, wenn er ins Bett gehen sollte. Wenn ich ihn darum bat, half er mir sogar bei der Hausarbeit. Aber dann wurde er quasi über Nacht zu einem« – sie hielt ihm die Ohren zu und flüsterte – »Monster!«

Während Carrie erzählte, saß Jaden still neben ihr im Untersuchungszimmer und tat so, als ob er eine Zeitschrift lesen würde. In Wirklichkeit lauschte er genau auf das, was seine Mutter sagte. Als sie erst einmal ins Reden gekommen war, konnte Carrie nicht mehr aufhören. Sie schien regelrecht erleichtert, endlich aussprechen zu können, was sie schon seit Monaten beschäftigte.

»Ich habe auch zu meinem Mann gesagt, ich mache mir Sorgen. Vielleicht ist ja etwas nicht in Ordnung. Vielleicht hat er einen H-i-r-n-t-u-m-o-r oder so etwas.« Carrie buchstabierte das Wort, damit Jaden es nicht verstehen konnte. »Ich habe noch nie eine so plötzliche Veränderung der Persönlichkeit bei einem Kind erlebt. Und noch etwas: Früher hat er immer brav mit anderen Jungen aus der Nachbarschaft gespielt, aber jetzt ist er gemein zu ihnen. Ich sehe, wie er sie herumkommandiert. Er schlägt sie nicht, aber viel fehlt da nicht mehr. Wenn ich ihn zur Seite nehme und ihm erkläre, dass sein Benehmen unmöglich ist, grinst er nur. In Gegenwart seines Vaters verhält er sich natürlich nie so. Ich weiß auch nicht, was ich ihm getan habe, aber aus irgendeinem Grund hasst mich mein Sohn plötzlich.«

Was Carrie erzählte, war völlig irrational. Natürlich glaubte sie nicht wirklich, dass ihr Sohn an einem Hirntumor litt. Ich denke, auch Jaden war das klar. Es war hart für einen kleinen Jungen, ihre Worte mitanzuhören, aber Jaden und ich merkten an ihrem fast schon hysterischen Tonfall, dass sie nicht wirklich meinte, was sie sagte. Sie redete einfach unkontrolliert drauflos. Trotzdem hätte Carrie diese Dinge natürlich besser unter vier Augen mit mir besprochen. Bevor sie also ihre Tiraden fortsetzen konnte, wandte ich meine Aufmerksamkeit Jaden zu.

Nein, das kann nicht stimmen, dachte ich, nicht dieser sommersprossige, ruhige Junge, der da vor mir sitzt. Unmöglich, dass er sich so benahm, wie Carrie es beschrieben hatte. Ich beschloss, ihn ins Gespräch einzubeziehen.

»Was sagst du zu dem, was mir deine Mutter gerade über dein Benehmen erzählt hat?«, fragte ich ihn.

Ohne mich anzusehen, zuckte er ein paar Mal mit den Schultern.

»Jaden«, sprach ich ihn noch einmal an. Er schaute nicht auf, deshalb ging ich in die Hocke, um mit ihm auf Augenhöhe zu kommen. Ich versuchte, ihm in die Augen zu blicken. »Deine Mama meint, dass du anders bist als früher. Fühlst du dich anders?«

»Nein, tu ich nicht«, war seine höfliche Antwort.

»Deine Mama hat erzählt, dass du sie anschreist. Stimmt das?«

»Kann schon sein.« Er vermied es immer noch, mich anzusehen.

Ich wartete. Dann fragte ich ihn: »Wie fühlst du dich, wenn du sie anschreist?« Ich dachte, damit würde ich ihn aus der Reserve locken, aber er schwieg.

Ich wartete noch länger, aber es war klar, dass er meine Fragen nicht beantworten wollte.

»In den Kindergarten zu gehen kann ganz schön nervig sein«, bemerkte ich beiläufig. »Man wird müde, die Erzieherin will, dass man aufpasst, und die anderen Kinder kommandieren einen manchmal auch noch herum. Findest du nicht auch?«

Plötzlich fing Jadens Unterlippe an zu zittern. Er drehte den Kopf weg und schaute zu seiner Mutter hinüber. In seinem Blick war zu lesen, dass er von seiner Mutter wollte, dass sie mich wegschicken sollte. Das war das Zeichen für mich, nachzuhaken. »Jaden, das ist wichtig. Es ist wichtig, da deine Mama sich Sorgen macht, weil du nicht mehr so lieb bist wie früher. Gibt es ein Problem im Kindergarten?« Ich wusste, dass dem wahrscheinlich nicht so war. Ich hatte schon so viele Jungen in diesem Alter erlebt, die ähnliche Stimmungsveränderungen durchgemacht hatten, aber ich wollte ihm Zeit zum Durchatmen geben.

»Nein, im Kindergarten ist alles in Ordnung. Ich gehe gerne hin. Es ist nur, dass meine Mama mich nicht machen lässt, was ich will. Sie versteht mich einfach nicht.«

Nachdem ich mich sowohl bei Jaden als auch bei seiner Mutter gründlich über sein Leben in der Schule und zu Hause erkundigt hatte, war ich mir sicher, dass es keine größeren Probleme gab. Jaden war ganz einfach etwas erschöpft, wie es normal ist für ein Kind, das sich gerade im Kindergarten eingewöhnt. Und er machte zudem einen psychischen Entwicklungsschub durch, wenn wir das so nennen wollen. Er fühlte sich stark, unabhängig und ziemlich tüchtig. Wenn seine Mutter ihm zeigte, wie er sich für den Kindergarten anziehen solle, war er nicht einverstanden. Gab sie ihm etwas zum Frühstück, was er eigentlich gern aß, so wollte er trotzdem etwas anderes. Wenn sie ihm sagte, wie er mit den anderen Kindern in seiner Gruppe umgehen solle, fauchte er sie an, das wisse er schon selbst. Ermahnte sie ihn, sich beim Spielen gegenüber Freunden nicht aggressiv zu verhalten, dachte er frustriert: »Mütter kapieren das einfach nicht.« Und damit hat Jaden tatsächlich recht.

Ich erklärte Carrie, dass Jaden in erster Linie mit zwei Dingen zu kämpfen hatte: mit Erschöpfung und mit dem Druck, die Erwartungen an sein Verhalten zu erfüllen. Ich versuchte, Carrie dahin zu bringen, sich in Jadens Lage zu versetzen. Erstens musste Jaden jeden Tag früh aufstehen, auch wenn er noch müde war. Dann ging er in den Kindergarten und musste seine ganze Energie aufbringen, sich zu konzentrieren und sich gut zu benehmen. Er kam jeden Nachmittag erschöpft nach Hause und reagierte alles, was er an Gefühlen im Kindergarten unter Verschluss gehalten hatte, an seiner Mutter ab. Zweitens befand er sich in einer Übergangsphase. Er wollte Unabhängigkeit von seiner Mutter, von der er sich noch abhängig fühlte. Das bedeutete ebenfalls eine große Anstrengung. Mit diesen beiden Problemen gleichzeitig fertigzuwerden war für einen Fünfjährigen einfach zu viel. Deshalb erlitt er, wenn wir so wollen, jeden Tag einen Mini-Nervenzusammenbruch. Ich machte Carrie deutlich, sie müsse ganz einfach viel Geduld haben, und riet ihr, Jaden am Wochenende viel Zeit für Erholung und Spiel zu geben. Er konnte im Moment keine zusätzlichen Verpflichtungen wie Klavierunterricht oder Fußballtraining gebrauchen, bei denen ebenfalls Konzentration und gutes Benehmen verlangt werden. Vielleicht nach ein paar Monaten, wenn er reifer wäre. Aber in diesem Moment brauchte Jaden einfach Zeit, um zu Hause zu sein und zu spielen, ein Nickerchen zu halten und selbst zu entscheiden, was er tun wollte.

Hinsichtlich seines schlechten Benehmens erklärte ich Carrie, dass es sich meiner Meinung nach stark bessern würde, wenn er weniger müde wäre. Trotzdem konnte sie es in der Zwischenzeit natürlich nicht einfach ignorieren. Deshalb erläuterte ich ihr, wie sie klare Regeln aufstellen und ihm diese in einem ruhigen Moment auseinandersetzen konnte. Carrie sagte, da wären so viele Dinge, die ihr an seinem Verhalten nicht gefielen, dass sie überhaupt nicht wüsste, wo sie anfangen sollte. Ich schlug ihr vor, mit den zwei Verhaltensmustern zu beginnen, die sie am meisten störten, und nur daran zu arbeiten.

»Das ist einfach«, meinte sie. »Er schreit mich an, und das verletzt mich sehr.« Dann solle sie damit anfangen, meinte ich. Am besten wäre es, einen Augenblick abzuwarten, in dem er nicht unter Druck stünde. Dann sollte sie sich hinsetzen und ihm klarmachen, dass sie sein Geschrei nicht mehr dulden würde. Täte er es trotzdem, müsse er in sein Zimmer gehen und allein dort bleiben, bis er bereit sei, sich bei ihr zu entschuldigen. Erst dann dürfe er wieder herauskommen. Ich wies sie darauf hin, dass es eine Weile dauern konnte, bis er sein Verhalten änderte. Das Wichtigste war, dass sie das, was sie ankündigte, auch durchsetzte. Hatte sie ihm erklärt, er dürfe sie nicht mehr anschreien, und er tat es trotzdem, müsse dies auch die angedrohten Konsequenzen nach sich ziehen. Zuerst würde er sicher austesten, ob sie es ernst meinte. Er würde sie vielleicht anbrüllen und dann wegrennen und sich verstecken. Ich erklärte ihr, dass Jungen mit einem starken Willen oft absichtlich genau das tun, was sie nicht dürfen. Nur um zu sehen, was passiert. In gewisser Weise bedeutet das eine Kampfansage. Ich machte ihr deutlich, dass es nur einen Weg gab, falls Jaden sich so verhielt: Sie musste so lange fest bleiben, bis sie ihre Forderung durchgesetzt hatte. Richtig eigensinnige Jungen können stundenlang in ihrer Verweigerungshaltung ausharren. Deshalb müssen Mütter wie Carrie bereit sein, die Konsequenzen einzuhalten, auch wenn das einen ganzen Nachmittag, einen ganzen Tag oder sogar eine ganze Woche in Anspruch nimmt. Willensstarke Jungs brauchen Mütter mit einem noch stärkeren Willen.

Jungs sind anders als wir

Jungs merken sehr schnell, dass sie anders sind als wir. Wir sind weiblichen Geschlechts, sie nicht. Sogar im Alter von zwei Jahren scheinen sie schon zu spüren, dass wir anders funktionieren. Nicht nur, weil wir älter sind, sondern auch, weil wir dem anderen Geschlecht angehören. Tatsache ist, dass auch viele von uns Müttern dieses Gefühl haben. Unsere Töchter liegen mit uns auf einer Wellenlänge. Wir verstehen, warum sie plötzlich weinen oder warum sie Angst vor Schlangen haben. Wir wundern uns auch nicht darüber, wie präzise sie die Bilder in ihrem Malbuch ausmalen. Wenn hingegen unsere Söhne im Wohnzimmer mit ihren Freunden rangeln, zeigt ihnen unser Unbehagen, dass wir tatsächlich einer anderen »Spezies« angehören. Und das ist gut so.

Während der verschiedenen Entwicklungsphasen, die Jungen durchmachen, verstärken sich die Unterschiede. Diese Tatsache wird oft falsch interpretiert. Wenn Söhne zum ersten Mal das Bedürfnis verspüren, ihre eigenen Wege zu gehen und etwas allein zu unternehmen, können sie sich nicht vorstellen, dass wir so etwas auch einmal gemacht haben. Wir sind erwachsen, aber da wir Frauen sind, erleben wir unsere Sehnsüchte anders als sie, und das wissen sie intuitiv. Wenn unser Dreijähriger entscheidet, sich selbst anzuziehen, oder unser Sechzehnjähriger sich mit seinem Geld unbedingt ein Auto kaufen will, dann sind sie der Überzeugung, dass wir diesen Wunsch nicht nachvollziehen können, weil wir ja weiblichen Geschlechts sind. Sie wollen unabhängig sein und das Ruder übernehmen, wobei sie glauben, das seien grundsätzlich männliche Bedürfnisse. Doch jetzt kommt die gute Nachricht: Unsere Jungs müssen gar nicht wissen, dass wir sie verstehen. Und wir müssen unsere Kräfte nicht damit vergeuden, sie davon zu überzeugen, dass wir tatsächlich dieselben Wünsche haben wie sie. Der springende Punkt ist, dass wir gut verhandeln während des Gefechts.

Söhne ziehen meistens deshalb gegen ihre Mütter zu Felde, weil sie ihre Unabhängigkeit unter Beweis stellen wollen. Wir Mütter möchten zwar, dass unsere Jungs unabhängig sind, können ihnen aber nur die Entscheidungen überlassen, für die sie reif genug sind. Uns fällt die Aufgabe zu, herauszufinden, bis zu welchem Punkt wir sie selbstständig gewähren lassen können. Das kann sich zur äußerst verzwickten Angelegenheit entwickeln.

Carries Leben wurde bedeutend einfacher, nachdem wir über zwei Dinge gesprochen hatten. Zuerst erklärte ich ihr, dass alle Kindergartenkinder übermüdet sind. In diesem Zustand ist mit allen möglichen Reaktionen zu rechnen. Wenn Ihr Kind in den Kindergarten kommt, ist das der erste Schritt ins Erwachsenenleben. Dort warten neue Abenteuer, aber auch ein strukturierter Tagesablauf, und beides kann sehr ermüdend wirken. Erschöpfte Kinder verlieren viel schneller die Fassung. Auch Jadens Reizbarkeit beruhte zum großen Teil auf diesem Problem. Neben seiner Müdigkeit ging es aber auch um den Kampf, den er gegen seine Mutter ausfocht, und zwar ausschließlich gegen sie. Jaden musste einen Weg finden, um sich unabhängig zu fühlen. Er wollte einige Entscheidungen selbst treffen können. Gleichzeitig musste er seine Mama aber immer noch als Boss akzeptieren können. Deshalb ermutigte ich Carrie, sich zu überlegen, worüber es sich zu streiten lohnte. Diskutieren Sie nicht über Kleidung oder Spiele im Garten. Das ist Jungenkram und außerdem ein Kampf, bei dem Sie wahrscheinlich auf verlorenem Posten stehen. Versichern Sie sich, dass er sich in der Schule gut benimmt und dass er nett zu anderen Kindern ist. Behalten Sie die großen Ziele im Auge und reiben Sie sich nicht an Kleinigkeiten auf. Wenn Sie immer nur an einigen wenigen Problemen zugleich arbeiten, sinkt das häusliche Stressniveau dramatisch. Genau das tat Carrie, und es funktionierte.

Ich liebe dich, geh weg von mir

Früher oder später (und manchmal früher *und* später) wird sich jeder Sohn von seiner Mutter bedroht fühlen. Das können wir nicht verhindern. Wir – und sie – müssen das ganz einfach als Tatsache akzeptieren. Wenn sich ein Junge von seiner Mutter eingeengt fühlt, geht er auf Konfrontationskurs und fordert mehr Entscheidungsgewalt.

Aber der mentale und emotionale Aufruhr, der in heranreifenden Jungen gärt, hat noch einen anderen Grund. Jeder Junge muss zu einem bestimmten Zeitpunkt einen emotionalen Bruch mit seiner Mutter vollziehen. So schmerzlich das im Augenblick sein mag, es ist einer der vielen Schritte, die einem Sohn auf seinem Weg zum Mannsein nicht erspart bleiben. Bruno Bettelheim sprach gar davon, dass Söhne ihre Mütter in der Pubertät »töten« müssten, um überleben zu können. Jungen, die ihre Mutter lieben, geraten in den Entwicklungsjahren in einen tiefen Konflikt. Zwar ist einerseits nach wie vor der Wunsch da, dass ihre Mutter sie liebt und sich um sie kümmert, gleichzeitig aber macht es sie wütend, diesen Wunsch zu haben. Sie wollen Männer sein, unabhängig und selbstständig, und sehnen sich trotzdem nach der Geborgenheit, für die ihre Mutter steht. Töchter kennen diesen Konflikt nicht. Sie haben nicht das Gefühl, ihre Unabhängigkeit leide, wenn sie emotional eng mit der Mutter verbunden bleiben. Aber Jungen sind da anders. Wir müssen das verstehen und respektieren. Wir müssen sie sogar dabei unterstützen, den Schnitt zu vollziehen, der so widersprüchliche Gefühle in ihnen auslöst. Das ist für beide Seiten schmerzlich, aber notwendig, wenn unsere Söhne zu Männern heranreifen und nicht in ihrer Pubertät stecken bleiben sollen. Viele von uns haben Männer kennengelernt, die es nie geschafft haben, sich vollständig von ihrer Mutter abzunabeln – mit verheerenden Resultaten. Ein Junge, dem es nicht gelingt, seine Mutter zur rechten Zeit und auf die richtige Art zu verlassen, wird als Mann nie eine stabile und glückliche Ehe eingehen können. Vielleicht lernt er eine Frau kennen, die mit ihm eine tiefe Bindung aufbauen möchte, doch er ist dazu nicht fähig, weil er in einem emotionalen Konflikt mit seiner Mutter steckt. Er hängt auf eine ungesunde Weise an ihr und schafft es nicht, sich aus dieser Bindung zu lösen. Eine gute Mutter kann das nicht zulassen. Deshalb könnte sich der Krieg, den unsere Söhne gegen uns führen, sogar als positiv erweisen. Auch wenn er uns Mütter natürlich schmerzt.

Aus Fehlern lernen

Normalerweise beginnt der Kampf zwischen Mutter und Sohn mit dem Einsetzen der Pubertät. Aber er kann auch früher entbrennen, wie in Jadens Fall. Zwischen Sonya und ihrem Sohn Tyler kam es erst zu offenen Auseinandersetzungen, als Tyler siebzehn war, unter der Oberfläche hatten diese Kämpfe aber schon lange geschwelt. Die meisten ihrer Schwierigkeiten gingen auf Probleme in Sonyas Vergangenheit zurück.

Sonya war in einem Mittelschichtsviertel aufgewachsen. Ihr Vater war als Lastwagenfahrer ziemlich viel unterwegs. Ihre Mutter arbeitete als Krankenschwester in einer Arztpraxis. Sonya stand ihren Eltern sehr nahe, hielt sie aber aus ihren Problemen immer heraus. Sie wusste, wie hart die beiden arbeiteten, und wollte sie nicht auch noch mit ihren eigenen Schwierigkeiten belasten. Sonya kämpfte sich durch die Schule. An der Highschool wurde sie gemobbt, weil sie etwas pummelig war. Als ihr Freund sie während dieser Zeit sitzen ließ, zog sie sich immer allein in ihr Zimmer zurück, um sich auszuweinen. Sie wollte ihre Eltern nicht mit ihrem Problem behelligen. Wenn ihr Vater zu Hause war, wollte sie der Familie auf keinen Fall die Freude an der gemeinsamen Zeit nehmen. Und er sollte auch nicht mit schlechter Laune wieder zurück auf die Straße.

Sonya war ein nettes Mädel und hatte viele Freundinnen in der Nachbarschaft. Als sie einmal bei einer Freundin übernachtete, schlich sich der Vater ihrer Freundin ins Schlafzimmer, als alle schon zu Bett gegangen waren. Er ging zu Sonya, hielt ihr den Mund zu, damit seine Tochter im selben Zimmer nichts hörte, und begann dann, sie zu befummeln und zu küssen. Als er fertig war, drohte er ihr, ihrer Familie etwas anzutun, falls sie irgendjemandem (seine Tochter eingeschlossen) davon erzählte. Weil sie ihren Eltern keine Sorgen bereiten wollte, litt Sonya, ohne etwas zu sagen. Sie hatte keine Ahnung, dass der Vater ihrer Freundin auch viele andere Freundinnen seiner Tochter auf dieselbe Weise missbrauchte.

Nach diesem Übergriff bekam Sonya Schlafstörungen. Wenn sie überhaupt einschlief, wurde sie von Albträumen gequält. Sie ließ die Deckenlampe nachts brennen. Löschte ihre Mutter sie, machte Sonya sie wieder an, sobald ihre Mutter schlief. In der Schule konnte sie sich nicht mehr konzentrieren. Der Vorfall belastete die Freundschaft zur Tochter des Mannes, und Sonya litt unter enormen Schuldgefühlen. Sie fragte sich, ob sie irgendetwas getan hatte, um den Vater ihrer Freundin zu reizen. Hätte sie schreien sollen, als er den Raum betrat? In ihrem Kopf spielte sie die verschiedensten Szenarien durch, fragte sich, was sie hätte tun können oder sollen. Sie machte sich Vorwürfe für das, was sie in dieser Nacht unterlassen hatte. Aber sie erzählte weder ihrer Freundin noch sonst jemandem auch nur ein Wort davon.

Sonya heiratete schließlich einen netten Mann, der hart arbeitete. Sie erzählte ihm erst nach zehn Jahren Ehe von dem Missbrauch. Als Sonya endlich ihr traumatisches Geheimnis preisgab, schaute er sie nur an und meinte: »Nun, Liebling, das ist lange her.« Sonya erzählte mir, dass sie in dem Moment am liebsten durch den Raum gerannt wäre, um ihn zu erwürgen. Dieser Satz machte ihr jedes weitere Gespräch über den Missbrauch unmöglich. Sonya begann, den Verdacht zu hegen, ihr Mann könnte ihr das Verständnis und die Zuneigung, die sie verdiente, vielleicht nicht geben.

Tyler, das älteste von Sonyas drei Kindern, war ein kontaktfreudiger, lebhafter Junge. Wie Sonya mir Jahre später gestand, bestand sein einziges Problem darin, dass er männlichen Geschlechts war. Er tat eigentlich nichts Besonderes, aber Sonya konnte nicht anders: Sie warf ihn automatisch mit ihrem Ehemann, ihrem ständig abwesenden Vater und (auch wenn sie das nicht zugeben wollte) ihrem Missbraucher in einen Topf. Irgendwie stellte ein Teil von ihr tief in ihrem Inneren eine Verbindung zwischen den vier Männern her. Schlimm für Tyler, aber auch für Sonya selbst.

Während Tyler heranwuchs, empfand Sonya häufig eine grundlose Wut auf ihn, vor allem, als er ins Teenageralter kam. Das machte ihr extrem zu schaffen. Wie sie mir erzählte, konnte sie sich manchmal nicht einmal im selben Raum aufhalten wie ihr Sohn, obwohl er nichts falsch gemacht hatte. Es störte sie, dass er genau wie sein Vater lächelte. Und sie hasste seinen Gang, den er ebenfalls von seinem Vater geerbt hatte. »Er watschelt wie eine verwundete Ente«, beschrieb sie ihn einmal.

Als Tyler sechzehn war, schnauzte er Sonya regelmäßig an. Irgendwann wurde er auch beleidigend. Er beschimpfte sie und warf ihr wüste Flüche an den Kopf, allerdings nur, wenn sein Vater nicht zu Hause war. Sonya beschloss, professionelle Hilfe zu suchen, weil ihr Sohn sich ihr gegenüber so aggressiv benahm. Während ihrer Sitzungen beim Psychologen begann sie, in ihrem Verhalten gegenüber Männern ein Muster zu erkennen. Ihr wurde bewusst, dass sie, seitdem der Vater ihrer Freundin sie missbraucht hatte, zutiefst feindselige Gefühle gegenüber Männern hegte. Die Wut auf ihren Angreifer, die sie nie verarbeitet hatte, übertrug sie auf alle anderen Männer in ihrem Leben – ihren Mann, ihren Sohn und sogar ihren Vater. Aber sie verspürte nicht nur Zorn. Ein kompliziertes Geflecht aus Emotionen, die von dem erlittenen Übergriff herrührten, bestimmte ihre gesamten Beziehungen zu Männern. Sie konnte ihnen nicht wirklich vertrauen.

Sie erlaubte sich nicht, ihnen nahezukommen oder sie bedingungslos zu lieben. Sonya musste zuerst einmal Klarheit in dieses Gefühlschaos bringen. Erst dann erkannte sie, wie sich diese negativen Emotionen auf ihre Beziehung zu den Männern auswirkte, die sie mochte. Und das war in erster Linie Tyler.

In der Folge begann sie, vermutlich unbewusst, ihre Feindseligkeit gegenüber Männern überzukompensieren, und vollzog in ihrem Verhalten Tyler gegenüber eine 180-Grad-Wendung. Statt ihn zu bestrafen, wenn er etwas falsch gemacht hatte, versuchte sie nun, ihn bei jeder Gelegenheit zu rechtfertigen. Sie ging mit ihm eher wie mit einem Gleichaltrigen um und behandelte ihn nicht wie ihr Kind. Manchmal redete sie mit ihm wie mit einer guten Freundin.

Das war Tyler unangenehm und machte ihn wütend. Seine Mama sollte sich wie eine Mutter benehmen, nicht wie eine Freundin. Deshalb verhielt er sich ihr gegenüber respektlos und aufsässig, wodurch sich Sonya zurückgewiesen und verletzt fühlte. Der Groll, den beide hegten, schaukelte sich auf und geriet vollkommen außer Kontrolle. An diesem Punkt kam sie mit Tyler zu mir. Sie wollte wissen, wie sie ihre Beziehung zu ihm verbessern konnte. Wir versuchten, der Sache gemeinsam auf den Grund zu kommen.

»Worüber streitet ihr euch?«, fragte ich.

»Über alles«, antwortete sie.

»Worum ging es am Anfang, als ihr zu streiten angefangen habt?«, forschte ich nach.

»Nun, zuerst fand er, dass ich ihn behandle wie ein Kind und ihm nicht vertraue. Dann wurde es noch schlimmer. Er warf mir vor, ich wasche seine Kleidung nicht richtig. Also musste er seine Wäsche selbst erledigen. Dann hatten wir eines Abends eine heftige Auseinandersetzung wegen seiner Freundin. Er war mit ihr ausgegangen und erst um zwei Uhr morgens nach Hause gekommen. Ich wartete auf ihn, und als er heimkam, sah ich rot. Er hatte seine Ausgehzeiten nicht eingehalten, und überdies hatte er getrunken. Als ich ihm das vorhielt, drängte er mich an die Wand und sagte, ich solle mich aus seinen Angelegenheiten raushalten. Er sagte mir, er wolle meinen Rat nicht, er hätte keinen Respekt vor mir und ich solle aufhören, ihn ständig zu kontrollieren. Außerdem verstünde ich ihn sowieso nicht.«

Sie atmete tief durch und fuhr dann fort. »Ich will nicht verhehlen, dass ich Angst hatte. Er ist gut 20 Kilo schwerer als ich und einen halben Kopf größer. Zum ersten Mal seit ich missbraucht wurde, verspürte ich körperlich Angst vor einem Mann. Ich riss mich los, rannte in mein Zimmer und weinte zwei ganze Tage lang. Ich redete nicht mit ihm und er nicht mit mir.«

Der Vorfall hatte sich ein paar Monate vor unserem Gespräch ereignet. Ich sah, dass sie immer noch tief erschüttert war. Ich erklärte ihr, ich wolle mich mit Tyler unterhalten. Sie war einverstanden, und eine Woche später saß er mir in meiner Praxis gegenüber, in Anwesenheit seiner Mutter. Er sah überhaupt nicht betroffen aus, sondern schaute ziemlich gelangweilt drein.

»Deine Mutter sagt, ihr zwei kommt nicht gut miteinander aus«, begann ich.

»Nö«, antwortete er knapp.

Offenbar war er davon überzeugt, dass ich auf der Seite seiner Mutter stand. Deshalb war er nicht gewillt, mir auch nur einen Millimeter entgegenzukommen. Ich stellte für ihn also Feindin Nummer zwei dar und brauchte daher kein Blatt vor den Mund zu nehmen.

»Was, glaubst du, stimmt nicht mit deiner Mutter?« Ich war mir sicher, dass ihm meine Formulierung gefallen würde.

»Sie ist verrückt. Das stimmt nicht mit ihr. Sie behandelt mich wie ein Kind, als ob ich zehn wäre und nicht sechzehn. Sie sagt mir, was ich essen und wie ich mich anziehen soll. Wenn ihr meine Freunde nicht passen, sagt sie, ich solle mir andere suchen. Was meint sie denn, was die mit mir machen? Mir Nadeln in den Arm stechen und mich mit Rauschgift vollpumpen?« Seine Stimme wurde brüchig, und er wurde immer zorniger, während er sprach. Ich war froh darüber. Sonya sah verlegen aus, aber auch erleichtert. Tyler zeigte mir genau die Seite, die sonst Sonya immer zu sehen bekam.

Ich versuchte, Tyler zu unterbrechen, aber es sprudelte nur so aus ihm heraus. Also ließ ich ihn reden. »Und dann ist da noch etwas. Sie zieht immer über meinen Vater her. Armer Kerl. Er kann sich nicht mal verteidigen, weil er nicht da ist. Ich weiß, dass er erst spät nach Hause kommt, wie alle Ärzte. Er arbeitet hart, und sie beklagt sich dauernd über ihn. Natürlich ist er nicht perfekt, er hat Probleme wie alle anderen. Sie erzählt mir dauernd so Zeug wie dass sie nicht wüsste, ob sie ihn noch liebe. Aber ich solle das für mich behalten, es sei unser Geheimnis. Da läuft's mir doch kalt den Rücken runter.«

»Tyler und ich standen uns einmal sehr nahe«, platzte Sonya heraus. »Wir unternahmen viel zusammen. Wenn sein Vater auf einer Reise war, standen wir spät auf und schauten uns Filme an. Er konnte seine Freunde einladen, und ich kochte für sie alle. Das hat ihm immer gut gefallen. Ab und zu nahm ich ihn auch mit zum Shopping, und er beriet mich. Ich konnte darauf vertrauen, dass er mir im Gegensatz zu meinen Freundinnen ehrlich sagte, ob mir etwas gut stand.«

Das Wortgefecht zwischen den beiden förderte den Grund für ihren Konflikt zutage. Es war mir nun sonnenklar, wo das Problem lag.

»Tyler«, unterbrach ich. »Bist du dir je so vorgekommen, als ob du eine Freundin deiner Mutter wärst?«

»Das ist eine merkwürdige Frage.« Er hielt kurz inne. »Natürlich nicht. Wie könnte ich eine Freundin von ihr sein. Ich bin doch kein Mädchen!« An seinem Gesicht konnte ich ablesen, wie doof er meine Frage fand.

»Ich erkläre dir, was ich meine. Hattest du je das Gefühl, deine Mutter würde mit dir so reden wie mit einer ihrer Freundinnen? Oder findest du, dass deine Mutter mit dir so redet, wie du es dir wünschen würdest?«

Er schaute zu Boden, und Sonya sah mich an. Ich glaube, sie war noch wütender auf mich als er.

»Wenn ich darüber nachdenke«, sagte Tyler, »denke ich tatsächlich, dass sie den Kram, den sie dauernd mit mir besprochen hat, besser mit ihren Freundinnen hätte bereden sollen. Es gab so vieles, was ich nicht hätte hören wollen.«

An diesem Punkt unterbrach Sonya ihn. »Was zum Beispiel, Tyler? Das ist unfair. Ich habe dich immer mit Respekt behandelt. Ich wollte dir nie eine Last sein. Klar, vielleicht hätte ich deinen Papa nicht so kritisieren sollen. Das tut mir leid. Aber was habe ich denn sonst getan? Wird das jetzt die ›Trampeln wir doch ein bisschen auf Mama herum‹-Stunde?« Sie hielt inne. In ihrem Gesicht spiegelte sich die schiere Verzweiflung.

Unser Gespräch ging noch eine Weile weiter. Ich versuchte, Tyler dazu zu bringen, Sonya zu zeigen, was in ihm vorging. Er fühlte sich erstickt, weil er spürte, dass seine Mutter ihn brauchte. Sie wirkte zerbrechlich auf ihn. Er erwähnte, manchmal habe er den Eindruck, seine Mutter klammere sich zu sehr an ihn. Sie rief ihn ständig an, wenn er mit seinen Freunden unterwegs war. Manchmal schien ihm sogar, sie sei eifersüchtig, wenn er eine Freundin nach Hause brachte. Während er seine Gefühle offenlegte, spiegelten sich abwechselnd Schuld und Erleichterung auf seinem Gesicht. Ich sah, dass er zwar die Gefühle seiner Mutter nicht verletzen wollte, aber trotzdem die Wahrheit sagen musste.

Sonya war eine gute Mutter. Sie betete Tyler an. Aber zunächst einmal musste sie seine Worte verdauen. Als sie schließlich in ihrem Kopf angekommen waren, begann sie, ihr Verhalten aus seiner Perspektive zu betrachten. Sie hatte sich solche Sorgen gemacht, dass er irgendwie ihre Abneigung und ihr Misstrauen gegenüber Männern spüren könnte, dass sie genau in die Gegenrichtung agiert hatte. Statt wie einen jungen Mann hatte sie ihn wie eine Freundin behandelt. Sie war wild entschlossen, ihren

Zorn oder sogar Hass auf Männer nicht auf ihren Sohn zu übertragen. Um das zu vermeiden, hatte sie in ihrem Verhalten gegenüber Tyler bestimmte Grenzen überschritten und ihn wie einen engen Vertrauten behandelte. Auf den ersten Blick scheint das paradox, aber wir Mütter stellen merkwürdige Dinge an mit unserer Wut. Sie bricht nicht einfach als Gebrüll aus uns heraus. Vielmehr versuchen wir, sie zu kompensieren. Wir verhalten uns ausgerechnet den Leuten gegenüber übertrieben nett oder wohlwollend, auf die wir wütend sind oder denen wir feindselig gesinnt sind.

Sonya überkompensierte also, indem sie sich wie eine Freundin ihres Sohnes benahm. Tylers Problem war, dass er gar nicht wie ein Freund behandelt werden wollte. Intuitiv spürte er, dass etwas nicht stimmte, wenn sie sich ihm anvertraute und sich auf ihn stützte, als ob er ein Erwachsener wäre. Auch ließ ihn seine Mutter auf eine Weise an ihrem Leben teilhaben, die unangebracht war. Tyler wusste bereits genug, um sich in dieser Situation unwohl zu fühlen. Aber da er noch ein Kind war, konnte er nicht genau sagen, was nicht in Ordnung war. Deshalb zettelte er diesen Krieg gegen seine Mutter an.

Sonya änderte einige wichtige Punkte in ihrem Verhalten, und die Kämpfe hörten ziemlich schnell auf. Sie machte ihn nicht länger zu ihrem Vertrauten und nahm ihre Rolle als Autoritätsperson wieder wahr. Sie beklagte sich nicht mehr bei ihrem Sohn über ihren Ehemann, sondern schüttete ihr Herz einer Freundin aus. Endlich wurde sie zu der Figur, die Tyler brauchte: Von einer Frau, die seine Unterstützung brauchte, entwickelte sie sich zu einer erwachsenen Mutter, auf die er sich verlassen konnte.

Mutter zu sein ist recht kompliziert. Vor allem, wenn wir Mütter von Söhnen sind. Sonya wollte eine gute Mutter sein. Alles, was sie tat, tat sie im Glauben, ihrem Sohn etwas Gutes zu tun. Sie hätte ihm nie absichtlich geschadet. Und nachdem sie die Verhaltensmuster erkannt hatte, die sich negativ auf die Beziehung zu ihrem Sohn auswirkten, änderte sie ihre Haltung. Sie wurde zu einer besseren Mutter. Nun war sie zwar keine perfekte, aber eine erwachsene Mutter. Eine, die das Verhältnis zu ihrem Sohn durch dessen Augen betrachten und ihm geben konnte, was er brauchte.

Mutter eines Sohnes sein – eine widersprüchliche Angelegenheit

Es heißt, Jungen würden später reif als Mädchen. In vielerlei Hinsicht trifft das auch zu. Mädchen scheinen schon früh an ihre Zukunft als Frau zu denken. Heranwachsende Jungen hingegen scheinen sich noch nicht so sehr für das zu interessieren, was später einmal sein wird. Sie sind eher dazu geschaffen, ganz im Moment zu leben. Das vordringliche Problem, das sich Jungen früher oder später stellt, ist ein anderes. Sie müssen lernen, sich wie Männer zu verhalten. Solange sie noch klein sind, liegt diese Herausforderung noch außerhalb ihres Radars. Aber je älter sie werden, desto deutlicher wird ihnen bewusst, dass dieser Übergang irgendwann stattfinden muss. Gleichzeitig wächst auch die Angst der Mütter, dieser Übergang könnte vielleicht missglücken.

Wenn Jungen das vorpubertäre Alter erreichen, spüren sie, dass das Mannesalter vor der Tür steht. Wie ich bereits erwähnte, scheint der Reifeprozess bei Mädchen schon früher einzusetzen und weniger abrupt abzulaufen. Jungen hingegen werden schubweise reif. Aber auch wenn bei uns Frauen der Übergang ins Erwachsenenalter reibungsloser vonstattenging, können wir uns vorstellen, was unsere Jungen durchmachen. Schwerer fällt es uns, die Besorgnis unserer Söhne zu verstehen, wir könnten ihnen auf dem Weg ins Leben im Weg stehen. Und eines ist richtig: Ein Sohn braucht einen Mann, der ihn durch die Zeit des Wandels führt. Jungen sind visuell veranlagt. Sie müssen sehen, wie ein Mann aussieht, spricht und sich verhält, um dieses Auftreten nachahmen und verinnerlichen zu können.

Es ist entscheidend, dass Mütter diese Tatsache akzeptieren. Vor allem, wenn sie alleinerziehend sind. Häufig verbringen Jungs, die bei ihrer Mutter leben, zu wenig oder gar keine Zeit mit Männern, die ihnen als Vorbild dienen könnten. Deshalb können sie auch die typisch männlichen Eigenschaften nicht beobachten und sich zu eigen machen. Umso wichtiger ist es, dass Single-Mütter einen Großvater, Onkel, Trainer, Pastor oder Freund darum bitten, ein bisschen Zeit mit ihrem Sohn zu verbringen. Wie sehr sie sich auch bemühen – alleinerziehende Mütter können nicht Mutter und Vater zugleich sein. Das hat gleichzeitig gute und schlechte Seiten. Zuerst die guten: Alleinerziehende Frauen können sich aus dem selbst auferlegten Druck befreien, ihren Söhnen den Vater ersetzen zu müssen. Sie können sich einfach darauf konzentrieren, tolle Mütter zu sein. Andererseits müssen sie sich aber der Herausforderung stellen, einen oder zwei gute Männer zu finden, die ihrem Sohn ein wenig von ihrer Zeit schenken und ihm zeigen, wie sich klasse Männer verhalten.

Wo also, so fragen wir Mütter uns, ist unser Platz in diesem Prozess? Gibt es ihn überhaupt? Mit dieser Frage schlägt sich auch jeder Junge herum. Ein Elfjähriger kommt von der Schule nach Hause und erzählt seiner Mutter von seinem Tag. Wie es im Sportunterricht lief, was für eine Note er in der Naturkundeprüfung hatte. Vielleicht weint er oder beklagt sich, weil er seinen Lehrer schrecklich findet oder ein Schüler aus der Klasse sich über ihn lustig gemacht hat. Er hat ein Problem, und damit kommt er zu seiner Mutter. Vätern passiert das im Allgemeinen viel seltener, denn Frauen neigen dazu, ihr Einfühlungsvermögen offener zu zeigen. Und Mütter umhegen ihre Söhne gewöhnlich äußerst liebevoll. Das ist nicht unbedingt schlecht. Es kann sogar positiv sein, jedenfalls bis zu einem gewissen Alter. Aber in der Entwicklung jedes Jungen kommt ein Zeitpunkt, an dem er sich gefühlsmäßig von seiner Mutter abnabeln muss, um auf eigenen Füßen zu stehen. Mit anderen Worten: Wir Mütter müssen erkennen, wie lange es richtig ist, unsere Jungen so zu umsorgen.

Im Vergleich zu Vätern lassen Mütter ihre Söhne eine größere Bandbreite an Gefühlen ausdrücken. Deswegen fühlen sich Söhne mit ihren Müttern wohl. Sie haben nicht das Gefühl, sich zusammenreißen zu müssen, wenn sie mit der Mama zusammen sind. In der Tat dreht sich im Leben eines Jungen alles um seine Mutter, bis er ungefähr zehn oder elf Jahre alt ist. Dann dreht sich der Wind. Wenn ein Junge in die Vorpubertät kommt, kann er einen Blick auf seine Zukunft als Mann werfen. Unvermittelt drängt sich ihm die Frage auf, wie das emotionale Wohlbefinden, das er in Bezug auf seine Mutter verspürt, zu seiner aufkeimenden Männlichkeit passt. Er fängt an, sich zu fragen, ob es männlich ist, dass er sich seiner Mutter so nahe fühlt. Die Antwort kann zwiespältig ausfallen, und diese Verwirrung wirkt oft verstörend auf unsere Söhne.

Söhne erleben ihre Gefühle für uns Mütter oft als ziemlich chaotisch, selbst wenn wir versucht haben, alles richtig zu machen. Wir müssen verstehen, dass jeder Junge diesen inneren Konflikt erlebt, wenn er in seine Teenagerjahre kommt. Er reift körperlich heran, versucht herauszufinden, wer er sein wird, und ist aufgrund der hormonellen Veränderungen erheblichen Gefühlsschwankungen ausgesetzt. Zu alldem kommt noch, dass er sich mit den Gefühlen zu seiner Mutter herumquält. Er möchte ihr nahe sein, aber etwas in ihm drängt ihn von ihr weg. All das ist Bestandteil seines Weges zum Mannsein. Wenn wir das begriffen haben, gestaltet sich unser Leben gleich viel einfacher, weil wir die Veränderungen im Verhalten unserer Jungen nicht mehr so persönlich nehmen.

Er braucht seine Unabhängigkeit, aber er braucht auch Sie

Mit fünf ist Ihre Zuneigung sicher tröstlich und wundervoll für Ihren Sohn. Er kann sich auf Ihrem Schoß zusammenrollen und seinen Kopf an Ihre Brust schmiegen, während Sie ihm seine Lieblingsgeschichte vorlesen. Ist er müde, nuckelt er ein bisschen am Daumen, auch wenn er eigentlich schon längst damit aufgehört hat. Er weiß, dass Sie so tun werden, als ob Sie es nicht gesehen hätten. Sie sind sein sicherer Hafen.

Mit dreizehn möchte er, dass Sie ihm ein wenig Freiraum lassen. Doch gewähren Sie ihm die gewünschte Freiheit, fühlt er sich unwohl, weil es ihm noch an Selbstvertrauen mangelt. Wie ein Zweijähriger möchte er alles selbst machen, kann es aber nicht. Er sehnt sich danach, wie ein Siebzehnjähriger zu sein, was sein Kopf und sein Körper aber noch nicht zulassen. Er hat chaotische und widersprüchliche Gefühle und ist enttäuscht von sich selbst, weil er seinen Körper und seinen Kopf nicht dazu bringen kann, das zu tun, was er möchte.

Zu diesem Zeitpunkt befällt die Verwirrung meist auch die Mütter. Verlangt ein Junge nach Unabhängigkeit, und seine Mutter gewährt sie ihm, stellt es sie vor ein Rätsel, wenn er danach immer noch nicht zufrieden ist. Des Rätsels Lösung ist, dass er gar nicht wirklich weiß, was er will. Egal, was Sie tun, dieses Spiel können Sie nicht gewinnen. Unser mütterlicher Instinkt sagt uns, wir sollten auf unseren Sohn zugehen und mit ihm reden. Aber das passt ihm nicht, weil er allein herausfinden möchte, was mit ihm los ist. Er will nicht, dass Sie es ihm erklären, und noch weniger will er, dass Sie auf ihn zugehen. Er ist der Meinung, dass Sie ihn nicht verstehen können, weil Sie seine Mutter sind. Und Sie sind weiblich, er männlich. Sie dürfen nicht wie er denken können, denn täten Sie das, wären Sie beide ja gleich. Diese Idee jagt Ihrem Sohn eine Gänsehaut über den Rücken.

Sobald ein Junge ins Teenageralter kommt, wird er sich bewusst, dass seine Kräfte wachsen. Der Testosteronspiegel steigt, er wird aggressiver, und seine Muskelstruktur verändert sich. An gewissen Stellen wachsen ihm Körperhaare, und er kommt in den Stimmbruch. Er ist nicht mehr der Junge, der er war. Manche Söhne fühlen sich pudelwohl mit dieser Veränderung, andere gar nicht. Einige Jungen brennen darauf, zum Mann zu werden, und begrüßen den Wandel, während sich andere in dieser Übergangsphase unsicher fühlen und Angst davor haben, ein ganz anderer Mensch zu werden. An diesem Punkt beginnen Jungen zu spüren, dass sie sich von ihren Müttern lösen müssen.

Die Pubertät bedeutet für Jungen den Übergang von einem Abhängigkeitsverhältnis in die Unabhängigkeit. Fühlt sich ein Junge sicher in seiner Beziehung zu seiner Mutter, wird er versuchen, sich von ihr zu lösen. Denn auch wenn er sich in der Ablösephase in ein echtes Monster verwandelt, so weiß er doch tief in seinem Innern, dass Mama ihn nie im Stich lassen wird. Er kann so dickköpfig sein, wie er will, seine Mutter wird immer für ihn da sein. Er spürt, dass er neue Einstellungen und Verhaltensweisen vor ihr ausprobieren kann, weil sie verlässlich ist. Sie kommt mit seinen Veränderungen zurecht, während andere (inklusive sein Vater) nicht dazu in der Lage sind. Diese Schlussfolgerung kann extrem hart sein für uns Mütter. Für uns heißt das nämlich, dass wir alles durchstehen müssen, was unsere Söhne austesten wollen.

Was also will er, was Sie ihm seiner Ansicht nach nicht geben können? Erstens benötigt er männliche Anerkennung. Er braucht die Gewissheit, dass er jetzt, wo er zum Mann wird, von Männern akzeptiert wird. Bei Jungen dreht sich in der Teenagerzeit alles um männliche Aufmerksamkeit. Ihr allerliebster, einst anhänglicher kleiner Junge möchte vom Sporttrainer, Lehrer und ganz besonders von seinem Vater beachtet werden. Er sucht bei ihnen die Bestätigung, dass er in die männliche Ordnung passt.

Männliche Teenager erproben ihre Männlichkeit und stellen sie zur Schau. Haben Sie Ihren Sohn schon einmal dabei beobachtet, wie er durchs Haus läuft und sich dabei wie ein echter Kerl aufführt? Erfüllt es Sie mit Schrecken, wenn Sie Jungen sehen, die auf rasenden Gefährten, Skateboards, bei Dirtbike-Rennen oder beim Bungee-Jumping nach Nervenkitzel suchen? Ihr Sohn wird alles ausprobieren, was er als männlich empfindet. Jungs achten genau darauf, wie ihre Väter Arbeit, Hobbys oder Sport anpacken. Sie nehmen auch wahr, wie sie mit Frauen umgehen. Jungen beobachten ihren Vater gespannt, um herauszufinden, worauf es ankommt, wenn man ein Mann sein will. Dann ahmen sie sein Verhalten nach. Nicht nur, um zu prüfen, wie es sich anfühlt, sondern auch, um zu sehen, ob es Anerkennung einbringt. In meinem Buch *Boys should be boys* erkläre ich, wie wichtig es ist, dass ein Sohn den »Segen« seines Vaters erhält. Das heißt, dass ein Vater seinem Sohn zu verstehen gibt, dass er als Mann für ihn in Ordnung ist und ihn stolz macht. Manche Väter geben ihrem Sohn diesen Segen, manche nicht. Bekommt ein Sohn diese Bestätigung, fühlt er sich stark und selbstbewusst. Er lernt, sich selbst zu mögen, weil sein Vater ihn respektiert. Bleibt einem Sohn die Anerkennung durch seinen Vater verwehrt, wird er alles Mögliche anstellen, um sich selbst (und unbewusst auch seinem Vater) zu beweisen, dass seine Person und seine Arbeit Achtung verdienen. Wenn Söhne keine Bestätigung von ihrem Vater erhalten, ist es an uns Müttern, Männer aus ihrem Umfeld zu finden, die sie ihnen geben können.

Mütter würden ihren Söhnen alles geben. Deshalb können sie die Tatsache nur schwer akzeptieren, dass Jungen ausgerechnet das, was sie ihnen nicht geben können, am meisten brauchen. Und das ist männliche Anerkennung. Es ist wichtig, diesen Umstand zu akzeptieren. Wenn wir mit der Illusion leben, für unsere Söhne alles sein zu können, laden wir eine übergroße Bürde auf unsere Schultern. Und wir verwehren ihnen etwas, was entscheidend zu ihrer positiven Entwicklung beiträgt. Darüber hinaus müssen wir ihnen helfen, ihr Bedürfnis nach männlicher Bestätigung zu befriedigen. Unsere Söhne müssen begreifen, wie wesentlich es für sie ist, den Segen eines Mannes zu erhalten, um sich als ganzer Mann fühlen zu können. Bleibt der väterliche Segen – aus welchem Grund auch immer – aus, können wir ihnen helfen, damit umzugehen. Als Erstes müssen sie einsehen, dass ihr Wunsch nach der Anerkennung ihres Vaters legitim ist. Anschließend müssen wir ihnen begreiflich machen, dass allein ihr Vater dafür verantwortlich ist, wenn diese Bestätigung nicht erfolgt. Es geht nicht darum, dass sie etwas falsch gemacht haben. Oft schreiben Jugendliche die Schuld unbewusst ihrem eigenen Verhalten zu, wenn sie etwas Wichtiges, was sie brauchen, nicht erhalten. Deshalb empfinden sie Wut auf sich selbst. Wenn wir unseren Söhnen zeigen, dass sie Anerkennung brauchen und sie nicht bekommen, weil ihr Vater sie ihnen aus irgendeinem Grund nicht gibt, können sie trauern und das Problem verarbeiten. Danach sind sie in der Lage, sich von den negativen Gefühlen loszumachen.

Alleinerziehende Mütter tragen eine zusätzliche Last, weil es nicht einfach ist, in Abwesenheit des Vaters gute männliche Vorbilder zu finden. Aber es ist nicht unmöglich. Es gibt gute Männer in unserer Umgebung. Lehrer, Nachbarn, Trainer, Jugendpfarrer, Onkel und Großväter, die zur Verfügung stehen, um unserem Sohn gutes Verhalten vorzuleben. Viele alleinerziehende Mütter fragen, wie viel Zeit ein Mann mit ihrem Sohn verbringen muss, damit er etwas bewirken kann. In Wirklichkeit ist der Zeitfaktor weniger wichtig als die Autorität, über die ein Mann in den Augen des Jungen verfügt. Schaut ein Junge zu einem Mann auf, wird er seine Verhaltensweisen und Einstellungen schnell übernehmen. Respektiert er den Mann hingegen nicht, wird er ihn auch nicht nachahmen, wenn er viele Stunden mit ihm verbringt. Falls Sie als Mutter keine guten männlichen Identifikationsfiguren finden, können Sie mit Ihrem Sohn über Männer reden, die Sie bewundern. Vielleicht gibt es ja einen beispielhaften Großvater, der schon verstorben ist. Sie können zuerst sein Aussehen beschreiben, um dann mit Ihrem Sohn darüber zu fachsimpeln, was er Ihrem Sohn in bestimmten problematischen Situationen wohl geraten hätte. Sie können Ihrem Sohn schildern, was der Mann so Großartiges getan hat. Oder ihm seinen Charakter erklären. So können Sie für Ihren Sohn ein höchst lebendiges Vorbild schaffen. Das ist mitunter das Beste, was Sie als alleinerziehende Mutter tun können.

Haben Sie einen Partner, der im Leben Ihres Sohnes eine Rolle übernimmt, können Sie sich fragen: »Was kann ich dazu beitragen, dass mein Partner oder der Vater meines Sohnes eine gute Identifikationsfigur für meinen Sohn abgibt?« Unsere Aufgabe ist es, dem Vater zu helfen, einen positiven Einfluss auf seinen Sohn auszuüben. Es gibt vieles, was wir Mütter beisteuern können, damit unsere Partner oder Expartner gute Väter abgeben.

Als Mütter glauben wir ja meist, dass wir schon wissen, was das Beste für unseren Sohn ist. Manchmal stimmt das, manchmal auch nicht. Hin und wieder wissen Väter einfach besser mit Jungen umzugehen als wir. Darauf müssen wir uns einstellen, insbesondere, wenn unsere Jungen in der Pubertät sind. Es ist meist schwierig, dies zu akzeptieren. Solange sie noch klein sind, sind unsere Söhne fast ausschließlich von uns abhängig. Aber im Teenageralter profitieren sie mehr vom Einfluss ihres Vaters als von unserem. Weil wir aber ihre Mütter sind, mischen wir uns auch ein, wenn wir nicht ganz sicher sind, ob wir richtig liegen. Wir sollten unsere Gefühle, Meinungen und Zurechtweisungen auch mal zurückhalten und abwarten, wie der Mann im Leben unseres Sohns mit der Situation umgeht. Er hat vielleicht von Haus aus das bessere Verständnis für gewisse Erfahrungen, die unser Sohn macht – aus dem einfachen Grund, dass er sie auch gemacht hat und wir nicht.

Wir haben das Bedürfnis, permanent die Mutterrolle zu spielen. Das bringt uns manchmal dazu, den Beitrag, den der Mann im Leben unseres Sohnes leistet, zu kritisieren. Damit übermitteln wir unserem Sohn aber eine eindeutige Botschaft: Männer machen alles falsch, wir Frauen müssen sie ständig korrigieren. Hören Söhne ständig Kritik an ihrem Vater, glauben sie allmählich, ihr Vater (und folglich auch sie selbst) sei zu nichts zu gebrauchen. In unserer Kultur herrscht derzeit eine so männerfeindliche Stimmung, dass es nicht leicht ist, dieses Gedankengut zu Hause nicht auch noch zu verstärken. Denken Sie nur an beliebte Filme und Fernsehkomödien: Väter werden als schwach oder dämlich dargestellt. Ray Romanos Figur in *Alle lieben Raymond* ist lustig, aber er gibt letztlich doch den Idioten. Wann haben Sie zum letzten Mal einen Film gesehen, in dem ein Vater ein kluger Mensch war? Und die Werbung trägt ihren Teil dazu bei. Ich erinnere mich an eine Anzeige, in der ein Vater einen Baseball zu werfen versucht. Eine Fertigkeit, die von den meisten Vätern erwartet wird. Er stellt sich aber so ungeschickt an, dass er sich gezwungen sieht, seinem Sohn zu versichern: »Im Sport kann ich dir vermutlich nichts beibringen, aber dafür kann ich dir ein tolles Auto kaufen.«

Eine männerfeindliche Stimmung ist auch im wirklichen Leben verbreitet. Bei einer Scheidung erhalten Väter häufig weniger Betreuungszeit als Mütter, folglich sehen Jungen sie seltener. Herrscht eine feindselige Stimmung zwischen den geschiedenen Ehepartnern, hören Söhne ihre Mütter immer wieder über ihren Exmann schimpfen. Ich erlebe dergleichen ständig, auch bei Eheleuten, die nicht getrennt oder geschieden sind. Wenn eine Mutter ihre Wut auf den Vater ihres Sohnes vor dem Kind erkennen lässt, ist der größte Verlierer der Sohn. Für ihn ist ihr Verhalten äußerst schmerzlich, weil es das Verhältnis zu seinem Vater trübt. Er fühlt sich hin- und hergerissen zwischen seinen Eltern.

Viele zornige Mütter verletzen ihren Sohn nicht absichtlich auf diese Weise. Wir Mütter müssen uns unbedingt darüber im Klaren sein, dass wir unsere Wut auf den Vater unseres Sohnes für uns behalten sollten. Solange der Vater sein Kind nicht misshandelt hat oder aus anderen Gründen untauglich ist, hat jeder Sohn das Recht auf eine starke Beziehung zu seinem Vater. Und die sollte er nicht durch die Brille einer anderen Person erleben.

In der Pubertät brauchen unsere Söhne von uns Müttern in erster Linie Ermutigung. Wir müssen ihnen den Weg zur emotionalen Loslösung frei machen. Wir müssen ihnen die Gewissheit geben, dass sie auf eigenen Füßen stehen können. Wir sollten unsere Söhne nicht zu lang umsorgen oder verhätscheln. Ja, viele Mütter haben eine starke emotionale Bindung zu ihren Söhnen. Aber wie schon erläutert, kommt in jeder Mutter-Sohn-Beziehung eine Phase, in der sich die Mütter zurückziehen müssen. Für einige Söhne ergibt sich dieser Moment in den letzten Schuljahren, für andere erst, wenn sie zu Hause ausziehen. Diese Entwicklung verläuft bei jedem Jungen anders. Auf jeden Fall sollten wir nie vergessen, dass wir die Erwachsenen sind. Es ist unsere Sache, unseren Söhnen den Weg in die Welt der Männer zu eröffnen, in der sie uns nicht brauchen. Häufig signalisieren sie uns ihren Wunsch nach Unabhängigkeit selbst. Sie verlangen, selbst entscheiden zu können, welche Fächer sie wählen oder wann sie abends nach Hause kommen müssen. Sobald unsere Söhne solche Signale senden, müssen wir mit ihnen zusammen Wege finden, damit sie diese Unabhängigkeit ihrem Alter entsprechend ausleben können. Sie dürfen uns natürlich weiterhin lieben und wir sie auch. Aber die intensive Bindung, die ihnen ein echtes Bedürfnis war, muss durchtrennt werden, so schmerzvoll das für beide Seiten auch sein mag.

Womit wir den Krieg auslösen

Jungen führen also nicht Krieg gegen ihre Mütter, weil diese etwas falsch machen, sondern weil sie selbst in einer bestimmten Entwicklungsphase stecken. Haben wir diesen Zusammenhang begriffen, können wir mit der Situation besser umgehen und unser Verhalten ändern. Wir können einen Schritt zurücktreten, weil wir verstanden haben, dass es nicht um uns geht.

Folgende – teils unbewusste – Verhaltensweisen sorgen bevorzugt für Konfliktsituationen im Umgang mit unseren Söhnen:

- Wir machen unser Wohlbefinden zu sehr vom Verhalten unserer Söhne abhängig.
- Wir erwarten von unseren Söhnen, dass sie sich wie Männer benehmen, obwohl sie noch Jungs sind.
- Wir weigern uns, sie gehen zu lassen, wenn sie sich emotional von uns lösen wollen.
- Wir drängen unsere Söhne in die Rolle eines erwachsenen Partners, an den wir uns Schutz suchend mit unseren Problemen wenden.
- Wir kritisieren Männer, insbesondere den Vater unseres Sohnes, auf unangebrachte Weise.
- Wir wollen perfekte Mütter sein und verhalten uns überfürsorglich und besitzergreifend.

Wir müssen unsere Gefühle und Erwartungen in Bezug auf unsere Söhne im Zaum halten, da sie andernfalls unsere Konflikte so richtig anheizen. Manchmal aber machen uns solche Mutter-Sohn-Kriege auf schmerzliche, aber heilsame Weise bewusst, dass wir etwas ändern müssen. Dann gilt es, zunächst die Verhaltensweisen zu identifizieren, die einer Veränderung bedürfen.

In manchen Fällen entwickeln Söhne überhaupt keine tiefe emotionale Bindung an ihre Mutter, zum Beispiel, wenn diese drogensüchtig ist, von ihrem Mann verprügelt wird oder unter Depressionen leidet. Andere Mütter können unnahbar und distanziert sein, weil sie nicht fähig sind, ihren

Söhnen ihre Liebe zu zeigen. Kommt es dann trotzdem zum Kampf? Ja, und möglicherweise sogar noch erbarmungsloser. Ein Sohn, der sich nach der Aufmerksamkeit und Unterstützung seiner Mutter sehnt, sie aber nicht bekommt, zieht noch erbitterter in den Krieg, wenn er in die Pubertät kommt. Denn er will sich nicht nur aus der Abhängigkeit von einer Frau befreien. Er ist aufgewühlt, weil es nie eine liebevolle Verbundenheit zwischen ihm und seiner Mutter gegeben hat. Die unterschwellige Wut auf seine Mutter, die nie für ihn da war, macht den Kampf erbarmungslos.

Wie wir diese Kriege überleben

Bei der Erziehung von Jungen steht für uns Mütter auf der Habenseite, dass sie im Vergleich zu Mädchen gewöhnlich weniger kompliziert sind. Das liegt nicht daran, dass sie emotional einfacher gestrickt wären, sondern daran, dass sie im Allgemeinen pragmatischer veranlagt sind. Gibt es ein Problem, wird es untersucht und anschließend zu lösen versucht. Mädchen würden dasselbe Problem vielleicht so gründlich in all seine Facetten zerlegen, dass sie nie zu einer Lösung kommen. Viele Frauen machen diese Erfahrung auch mit ihren Männern. Wenn Männer ein Problem sehen, suchen sie sofort nach einer Lösung. Ist sie gefunden und auch noch schnell oder unkompliziert, ärgert uns das doppelt. Wir Frauen denken weniger eindimensional. Wir betrachten eine Situation in ihrer ganzen Komplexität: Wo liegen die Ursachen? Warum dauern sie an? Dann versuchen wir herauszufinden, welche Rolle wir bei dem Ganzen spielen. Kurz, wir Mütter packen die Probleme unserer Söhne ganz anders an als sie selbst. Umso wichtiger ist, dass wir unseren Söhnen zuhören. Manchmal ist die Lösung viel einfacher, als wir denken.

Nehmen wir zum Beispiel einen Jungen, der Probleme in der Schule hat und dessen Noten ständig schlechter werden. Statt ihren Sohn einfach zu fragen, was los ist, neigen Mütter dazu, das Problem zu Tode zu analysieren. Sie fragen den Lehrer, wie ihr Sohn von seinen Mitschülern behandelt wird. Oder sie erkundigen sich, ob er unter Stimmungsschwankungen leidet oder Lernschwierigkeiten hat. Aber vielleicht braucht der Junge einfach nur eine Brille. Oder er bekommt zu wenig Schlaf. In manchen Fällen ist die Lösung tatsächlich so simpel.

Manchmal müssen wir unsere Söhne einfach direkt fragen, was sie bedrückt. Ich habe die Erfahrung gemacht, dass Jungen in der fünften oder sechsten Klasse einem schon sagen, was los ist, wenn man sie danach fragt.

Haben wir in Erfahrung gebracht, worum es geht, müssen wir ihnen als Erstes zu verstehen geben, dass wir ihnen glauben. Dann können wir gemeinsam mit ihnen eine Lösung finden.

Kann oder will Ihr Sohn nicht damit herausrücken, was ihn belastet, müssen Sie vielleicht etwas nachbohren. Nehmen Sie sich Zeit, um mit Ihrem Sohn eine Radtour oder etwas anderes zu unternehmen, was ihm Spaß macht. Jungen gehen eher aus sich heraus, wenn sie sich nicht unter Druck fühlen. Sie verbergen ihre Gefühle, weil sie befürchten, für »dumm« oder »schwach« gehalten zu werden. Ein Junge lässt seine Gefühle viel schneller als ein Mädchen in der Versenkung verschwinden, wenn er sich beispielsweise durch die Bemerkung eines Freundes verletzt fühlt oder enttäuscht ist über eine schlechte Note, was Mütter manchmal nur schwer nachvollziehen können. Frauen kommunizieren viel stärker verbal als Männer, und Töchter gewähren uns im Allgemeinen eher Einblick in ihre Gefühle als Söhne. Unser größtes Problem aber sind unsere eigenen negativen Gefühle, wenn wir in puncto Gefühlslage unserer Jungs im Dunkeln tappen. Wir nehmen ihre Weigerung, mit uns über ihre Probleme zu reden, persönlich, gehen in die Defensive und ärgern uns. Das lässt unsere Streitigkeiten eskalieren.

Oft attackieren Jungen ihre Mütter auch einfach deswegen, weil sie ein Stück unabhängiger sein wollen. Vielleicht sind sie nicht wirklich wütend, wollen uns Müttern aber einfach zeigen, dass sie sich abnabeln und mehr wie Männer sein möchten. Da sie das aber nicht offen sagen, interpretieren wir ihr Verhalten falsch. Wir fühlen uns gekränkt und haben das Gefühl, sie mögen uns nicht mehr. Wir müssen also im Hinterkopf behalten, dass sie uns immer mögen und brauchen. Nur das Wie ändert sich ständig.

Wir sollten auch nicht vergessen, dass bei unseren Söhnen meist mehr passiert, als wir wahrnehmen. Da wir uns von unseren Söhnen sowohl in unserer Art zu denken wie auch in den Entwicklungsphasen, die wir durchmachen, unterscheiden, müssen wir auf Distanz achten. Wir sollten keine voreiligen Schlussfolgerungen ziehen, wenn sich ein Gewitter am Himmel zusammenbraut. Üben wir uns doch besser in Geduld. Wir sind nicht immer Auslöser des Konflikts. Manchmal werden Söhne einfach von widersprüchlichen Gefühlen umgetrieben. Ein andermal haben wir vielleicht durch eine der oben aufgezählten Verhaltensweisen zum Konflikt beigetragen. Dann müssen wir dies eingestehen und unsere Fehler wiedergutmachen. Wir können die Mutter-Sohn-Kriege überleben und mit einer gestärkten Beziehung daraus hervorgehen. Dazu ist es aber nötig, dass wir verständnisvoll und gelassen bleiben. Vor allem müssen wir dafür sorgen, dass unsere Söhne nie vergessen, dass wir die Erwachsenen sind.

Ein wenig Mumm gehört dazu

Hatte Ihr Sohn je ein ferngesteuertes Rennauto? Wenn ja, dann haben Sie bestimmt schon gesehen, wie er es in der Auffahrt oder auf Ihrem Küchenboden mit quietschenden Reifen herumrasen ließ, ehe es plötzlich an den Randstein oder Ihren Küchenschrank knallte – rums! Da liegt es dann auf dem Dach, während sich alle vier Räder im Leerlauf drehen. Ihr Sohn hat in der (Vor-)Pubertät viel mit diesem Rennwagen gemein. Er wechselt schnell von einem Modus in den anderen, von einer Aktivität zur anderen, von einer Lebensphase in die nächste. Genau wie das Auto ist er mit Super-Treibstoff aufgetankt und eckt immer irgendwo an. Das kann sein Vater sein oder sein Lehrer – und sehr oft eben die Mutter. Er rennt gegen Sachen, weil Jungen das nun mal tun. Jungs brauchen es, mit dem Kopf voran an Grenzen zu stoßen, weil das ihre Art ist, ihren Verlauf zu erforschen. Erst dann erkennen sie ihre eigenen Grenzen und die, die ihnen das Leben setzt. Solche Begrenzungen gehören unvermeidlich zum Leben, aber Jungen wollen sie ganz klar definiert sehen.

Es ist eine schlimme Erfahrung, wenn unsere Söhne einen Frontalzusammenstoß mit uns provozieren. Wir fühlen uns schuldig, gekränkt, sind wütend. Wir mögen es gar nicht, wenn unsere Autorität infrage gestellt wird. Noch weniger schätzen wir es, wenn unsere Söhne genau das tun, was wir ihnen gerade eben verboten haben. Wenn wir ein Machtwort sprechen (»Nein, du kannst nicht später heimkommen als ausgemacht«, »Nein, du darfst nicht zur Party dieses Freundes, dessen Eltern wir nicht kennen«), geraten wir oft mit ihnen aneinander. Das ist nervenaufreibend und frustrierend. Am liebsten würden wir mit ihnen streiten oder verzweifelt den Kopf schütteln. Und meist zweifeln wir ohnehin an dem, was wir tun. Wir geben nach im Glauben, das mache uns das Leben leichter. Aber das ist ein Fehler. Geben Sie nicht klein bei. Erinnern Sie sich daran, wie Sie Ihren Sohn im Krabbelalter zu seinem Schutz beispielweise in einen Laufstall gesetzt haben. Bei Jungen im Teenageralter ist das nicht anders, nur braucht er jetzt Schutzgitter anderer Art. Jugendliche brauchen Regeln für ihre eigene Sicherheit, und diese Regeln müssen wir für sie aufstellen. Sie benötigen eine Schutzzone, weil sie sich sonst selbst ernstlich Schaden zufügen können. Und sie müssen wissen, wo die Grenzen dieser Schutzzone verlaufen. Natürlich hassen sie Grenzen und haben das Gefühl, sie sollten ihre Grenzen selbst bestimmen können. Aber denken Sie daran, dass Ihr Sohn dafür kognitiv ganz einfach noch nicht reif genug ist. Manchmal auch mit siebzehn oder achtzehn noch nicht. Die symbolische Umzäunung zu früh einzureißen ist einer der größten Fehler, den Mütter machen können. Natürlich in bester Absicht. Jungen müssen sich Beulen holen, aber wenn sie das nicht an dem von ihren Eltern aufgestellten Schutzzaun tun, werden sie mit Lehrern, Trainern oder sogar mit dem Gesetz zusammenstoßen. Und wenn ein Jugendlicher zu Hause nicht lernt, Regeln und Grenzen zu akzeptieren, können Sie darauf wetten, dass er sie auch außerhalb nicht beachten wird. Das Testosteron in seinen Adern lässt Ihren Jungen Grenzen austesten. Er will erproben, wie stark er ist. Bekommt Ihr Sohn spitz, dass seine Eltern mit der Einhaltung der Grenzen, die sie gesteckt haben, nicht Ernst machen, wird er sie durchbrechen und unweigerlich in Schwierigkeiten geraten.

Ich erlebe das mit schöner Regelmäßigkeit bei Müttern, die ihre Söhne sehr frei erziehen. Wenn ein Sohn seine Mutter austestet, indem er abends zu lange wegbleibt, ohne Erlaubnis zu Partys geht oder sich nachts mit Freunden davonschleicht, wartet er auf eine Reaktion ihrerseits. In Wirklichkeit interessiert ihn das Verhalten seiner Mutter mehr als die verbotene Party oder längerer Ausgang. Er will im Prinzip nur herausfinden, ob seine Mutter die Sache wichtig genug nimmt, um ihn zu kontrollieren und dann Konsequenzen zu ziehen. So seltsam das klingt, Halbwüchsige fühlen sich geliebt, wenn ihnen jemand Regeln auferlegt. Ohne diese fühlen sie sich verloren und vernachlässigt.

Stellen Sie also Regeln auf, mit denen er – und Sie – leben können. Entscheiden Sie, was vernünftig ist, und halten Sie daran fest. Das kann schwierig sein, weil manche Söhne genau wissen, wie sie ihre Mutter dazu bringen, ihre Meinung zu ändern. Mein Sohn zum Beispiel wusste genau, dass ich mich viel schneller umstimmen ließ als sein Vater. Also kam er jedes Mal zu mir, wenn er etwas tun wollte, was er nicht durfte. Söhne setzen ihre Worte ganz bewusst ein, wenn sie wissen, dass sie damit unsere Abwehr durchschlagen. Sie sagen Dinge wie: »Du hast kein Vertrauen zu mir.« Oder den alten Spruch: »Wenn du wirklich glauben würdest, dass ich ein guter Junge bin, würdest du mir das erlauben.« Sie sind sehr schlau, wenn sie ihre Mutter zum Nachgeben bringen wollen. Wir sollten also auf der Hut sein. Sie manipulieren uns nicht mit Arglist. Sie verhalten sich so, weil Schläue ihre Chancen erhöht, ihren Willen durchzusetzen. Wenn Ihr Sohn Sie also in derartige Diskussionen verwickelt, lassen Sie sich nicht ködern. Regeln haben nichts mit Vertrauen zu tun. Wir alle leben mit Regeln, und gute Mütter bringen ihren Söhnen bei, wie das Umgehen damit funktioniert. Sie können ihm Ihr Vertrauen auf viele andere Arten beweisen. Sagen Sie ihm, dass Sie vollstes Vertrauen haben, dass er seine Pflichten rechtzeitig erledigt oder seine Hausaufgaben macht.

Liebe erfordert Mumm. Wenn Eltern Nein sagen und klare Grenzen ziehen, fühlen sich ihre Söhne geliebt. Wir sollten uns nicht von einer tiefen Stimme oder starkem Bartwuchs täuschen lassen. Jungen denken und überlegen nicht wie Männer, ehe sie Anfang zwanzig sind. Bis dahin müssen wir Mütter stark sein, um sie vor sich selbst zu schützen.

Nehmen Sie seine Worte nie persönlich

Ich hatte einen Teenager als Patienten, dessen Mutter mir einen Trick beibrachte. Sie benutzte ihn, wenn ihr Sohn miese Laune hatte und sie nicht wusste, wie sie mit ihm kommunizieren sollte. »Ich tue so, als ob er der Sohn von jemand anderem wäre«, erzählte sie mir. Ihre Idee ist genial. Wenn Sie mit Ihrem Sohn gerade im Clinch liegen, ist es wichtig, dass Sie sich emotional aus der Situation lösen. Denken Sie daran, dass es nicht um Sie geht. Emotionale Distanz reduziert Schuldgefühle und Ärger. Sie ermöglicht uns, dem Verhalten unseres Sohnes rationaler, geduldiger und sachlicher zu begegnen. Erinnern Sie sich daran, wie Ihr Sohn sich als Zweijähriger auf den Boden warf, aus Protest mit den Armen um sich schlug und schrie: »Du bist eine furchtbare Mutter!« Haben Sie ihm damals geglaubt? Haben Sie damals gleich den Psychologen angerufen, weil Sie der Meinung waren, dass Sie das Leben Ihres Kindes ruiniert hätten? Dachten Sie damals etwa, Sie müssten einen Kurs besuchen, um eine bessere Mutter zu werden? Natürlich nicht. Sie wussten, dass er zwei Jahre alt war und dass es völlig normal ist, wenn Kinder in diesem Alter Wutanfälle bekommen. Dasselbe gilt auch für ältere Söhne auf dem Kriegspfad. Sie greifen Sie ohne triftigen Grund an, nur um zu sehen, wie Sie reagieren. Und genau wie bei Kleinkindern geht es bei ihren Wutanfällen (ja, auch Teenager haben welche) nicht um ihre Mutter, sondern um sie selbst.

Colleen bewies außerordentliches Selbstbewusstsein bei der Erziehung ihrer drei Kinder. Als alleinerziehende Mutter hatte sie schon früh beschlossen, dass sie alles in ihrer Macht Stehende tun würde, um eine gute Mutter zu sein. Das würde genügen müssen. Ihr Vertrauen in ihre Erziehung war erfrischend. Sie machte sich keine Vorwürfe. Wenn ihre Kinder sich schlecht benahmen, suchte sie die Schuld nicht bei sich, sondern knöpfte sich ihre Sprösslinge vor. Sie war Mutter. Sie war kein Vater, kein Lehrer, kein Psychiater und kein Trainer. Sie war Mutter, und sie liebte diese Rolle.

Colleen hatte alle Hände voll zu tun. Sie wusste, dass ihre zwei willensstarken Jungen im Vergleich zu ihrer Tochter mehr männlichen Einfluss brauchen würden. Ihr Exmann war in einen anderen Bundesstaat gezogen und sah die Kinder nur in den Sommerferien und ab und zu während des Schuljahrs. Als ihr jüngerer Sohn ins Teenie-Alter kam, begann er, sie zu testen. Alle Kinder mussten sich an bestimmte Ausgehzeiten halten. Craig, der damals fünfzehn war, beschloss, sie nicht länger zu respektieren. Er schlich sich abends aus dem Haus und ging auf Partys, auf denen heftig getrunken wurde. Colleen fand das heraus und tüftelte einen Plan aus.

Sie erzählte ihrem Bruder von Craigs Eskapaden. Sie sagte ihm, wann und wo die Party stattfinden würde und dass sie damit rechne, dass Craig einen Vorwand finden würde, um hingehen zu können. Sie hatte recht. Um elf Uhr nachts rief sie Craig auf seinem Handy an, um herauszufinden, was bei dem Freund, bei dem er sich vermutlich befand, los war. Dabei hörte sie eine wilde Party im Hintergrund. Sie verständigte ihren Bruder, und die beiden fuhren zum Haus von Craigs Freund. Dort sahen sie, wie Craig in einer Ecke saß, Haschisch rauchte und aus einem Pappbecher Wodka trank. Sie gingen auf ihn zu und befahlen ihm, mitzukommen. Als er sich weigerte, packte ihn sein Onkel am Kragen und beförderte ihn aus dem Haus. Craig sprach eine Woche lang kein Wort mit seiner Mutter.

Als ich Colleen fragte, ob es ihr leid täte, Craig in eine so peinliche Situation gebracht zu haben, bedachte sie mich mit einem zweifelnden Blick. »Natürlich nicht. So etwas müssen wir manchmal tun mit unseren Kindern, um ihnen das Leben zu retten. Er war auf die schiefe Bahn geraten.«

Ich erkundigte mich, ob Craig nach dieser Geschichte wieder gelogen hatte, um auf wilde Partys zu gehen. »Er hat es noch einmal versucht, ungefähr einen Monat später. Mein Bruder und ich taten genau dasselbe. Einmal blamiert zu werden ist hart, aber zweimal ist unerträglich«, grinste sie.

Diese Ereignisse liegen jetzt ungefähr vier Jahre zurück. Glücklicherweise geht es Craig jetzt gut. Er schloss die Highschool ab und spielte auf dem College weiter Basketball. In seinem Abschlussjahr am College erzählte er bei einer Feier seiner Basketballmannschaft vor dem ganzen Team, er hätte den Abschluss ohne die Hilfe seiner Mutter nie geschafft. Er dankte ihr für ihre Unterstützung und ihre Stärke während der schwierigen Zeiten, die er durchgemacht hatte. Im Grunde genommen dankte er ihr für ihren Mumm. Sie hatte es geschafft, auch dann das Richtige für ihn zu tun, als es für sie extrem unangenehm wurde. Jahre später gab sie mir auf meine Frage, was ihr am meisten geholfen hätte, diese harten Jahre zu überstehen, die Antwort: »Meine Fähigkeit, Craigs Verhalten nicht persönlich zu nehmen.« Bingo!

Bleiben Sie geduldig – das erste Mal und die tausend Male danach

Geduld zu haben mit unseren Söhnen und mit uns selbst, ist schwierig für uns Mütter. Wir wollen, dass unsere Jungen sich gut benehmen, und gleichzeitig möchten wir bessere Eltern sein. Aber die Spielregeln ändern sich ständig, weil sich mit dem Älterwerden unserer Söhne auch die Umstände verändern. Es ist schwer, frischgebackene Eltern eines Kleinkinds zu sein. Aber nicht minder schwierig ist es, einen Teenager zu erziehen. Immer wenn wir gerade herausgefunden haben, wie wir am besten mit einer bestimmten Situation umgehen, tritt unser Sohn in eine neue Entwicklungsphase ein und verhält sich plötzlich ganz anders. Ständig beschwert er sich, während er früher mit allem zufrieden war. War er früher die Beständigkeit in Person, entpuppt er sich nun als launisch. Es ist, als ließe sich einfach nie herausfinden, wie wir unsere Elternrolle gut erfüllen.

Jede Entwicklungsphase, jede Auseinandersetzung, jede Trotzaktion und jede Trennung von einer Freundin erfordert eine neue Portion Geduld von uns. Und Geduld benötigt mentale und emotionale Energie. Sie immer wieder aufzubringen ist schwer zu bewerkstelligen. Vielleicht sehnt sich unser Sohn nach männlicher Aufmerksamkeit und fängt an, seinen Frust an uns auszulassen, weil wir ihm nicht geben können, was er braucht. Dann müssen wir geduldig sein und zulassen, dass er Dampf ablässt. Andere Male fordert er uns heraus, indem er versucht, die Grenzen zu überschreiten, die wir ihm gesetzt haben. In diesem Fall müssen wir in unserem Innersten die nötige Entschlossenheit finden, die Schranken aufrechtzuerhalten und auf der Einhaltung der Regeln zu bestehen.

Der Lohn für die Erziehung von Söhnen kommt normalerweise erst später im Leben. Wenn sie noch klein sind, gibt es wunderbare Momente der Zärtlichkeit und des Lachens, wenn sie etwas Putziges sagen. Es gibt Tage, an denen wir unseren Sohn einfach nur um uns haben und ihm Geschichten erzählen möchten. Hin und wieder wären wir am liebsten allein mit ihm auf dieser Welt. In diesen Augenblicken sind wir überzeugt, dass wir gut mit ihm auskommen und ein tolles Team bilden. Aber das Leben geht weiter, die Zeit verrinnt, und der Wecker zeigt unmissverständlich an, dass es Zeit ist für die Schule. Dann stehen Fußballtraining, Hausaufgaben und weiß der Kuckuck was noch auf dem Programm.

Die Momente der Freude überwiegen den Kummer, den uns die Erziehung von Jungen bereitet, bei Weitem, doch gilt es, einige Dinge zu beachten. Erstens sind Spannungen und Missverständnisse ein wesentlicher Bestandteil der Erziehung von Söhnen, weil sie männlichen und wir weiblichen Geschlechts sind. Rechnen Sie also mit Schwierigkeiten und wappnen Sie sich entsprechend. Zweitens müssen Sie sich klarmachen, dass Sie irgendwann im Leben Ihres Sohnes Fehler machen werden und er Ihnen deswegen böse sein wird. Jede gute Mutter versteht ihren Sohn manchmal falsch und tut das Verkehrte. Lernen Sie, das zu akzeptieren, und bleiben Sie am Ball. Wir alle haben unsere Narben und bringen unsere Probleme mit in die Erziehung. Manchmal beeinflussen sie die Beziehung zu unseren Kindern. Die erste Aufgabe jeder Mutter ist, ihre eigenen Probleme zu erkennen und sie dann so gut wie möglich aus dem Verhältnis zu ihren Kindern herauszuhalten. Drittens müssen wir der Tatsache ins Auge sehen, dass unsere Jungen irgendwann auf ihrem Entwicklungsweg beginnen werden, sich von uns zu lösen. Wir können sie nicht für ewig binden. Jeder Sohn muss sich von seiner Mutter lösen, um herauszufinden, wer er als Mann ist. Wenn wir diese Umstände berücksichtigen, überleben wir leichter.

Es wird unvermeidlich zu Konflikten kommen. Söhne werden zornig, und sie machen ihrer Wut an der falschen Stelle Luft. Manchmal ärgern sie sich über uns, manchmal über jemand anderen. Wie auch immer, ihr Zorn wird auf uns niederprasseln, weil wir ihr Sicherheitsnetz und folglich ihre Zielscheibe sind. Wir Mütter sind die Menschen, die sie nie verlassen werden. Wir können ihre Pfeile verschmerzen, weil wir sie auch dann noch lieben, wenn es sonst niemand mehr tut. Das wissen unsere Söhne. Wir werden immer für sie da sein, wenn sie zu uns zurückkehren, egal, wie heftig die Kämpfe waren. Was für ein Glück wir doch haben, Mütter von Söhnen zu sein!

Kapitel 4

Sie sind sein Zuhause

Haben Sie sich schon einmal mit einem älteren Mann über sein Leben unterhalten? Ich wette zehn zu eins, dass er Ihnen von seiner Kindheit erzählt hat. Und dass die Hauptfigur in seinen Geschichten seine Mutter war. Mag sein, dass er sie ein wenig verklärt hat, aber er konnte sich noch genau an sie erinnern. Daran, wie streng sie war, wie viel Spaß sie zusammen hatten und wie sie miteinander durch dick und dünn gingen. Nicht zu vergessen seine Leibspeisen. So mancher Mann würde einen Eid darauf schwören, dass es nirgends so gut geschmeckt hat wie bei Muttern. Womöglich war das, was seine Mutter ihm auftischte, gar keine so hohe Küchenkunst, aber darauf kommt es lustigerweise nicht an. Die Mahlzeiten, die er als Kind genossen hat, sind ihm deswegen unvergesslich, weil es seine Mama war, die sie zubereitet hat.

Neben mir wohnt ein alleinstehender dreiundachtzigjähriger Mann. Er hat nie geheiratet und sorgte für seine Mutter, bis sie vor fünfzehn Jahren starb. Vor einigen Wochen schenkte mir dieser Nachbar voll Stolz die handgeschriebenen Rezepte seiner Mutter. Er ist kein sentimentaler Mensch. Trotzdem war er ganz aufgewühlt, als er mit einer Pappschachtel voller Rezepte in den Händen durch die Büsche, die unsere Grundstücke trennen, herübermarschiert kam. Er wusste, dass ich gern koche. Aber das war nicht der Grund für seinen Besuch. Er war überzeugt, der Ingwerkuchen seiner Mutter sei durch nichts zu übertreffen. Natürlich kannte auch er die Kochsendungen im Fernsehen und wusste, dass die Regale der Buchhandlungen prall gefüllt sind mit einer Unzahl von Kochbüchern. Aber das konnte ihn in seiner Überzeugung, dass kein anderes Backwerk es je mit dem Ingwerkuchen seiner Mama aufnehmen kann, nicht erschüttern. Er brachte mir ihre Rezepte, weil er damit angeben wollte.

Für dieses Buch habe ich zahlreiche Gespräche mit Männern mittleren und fortgeschrittenen Alters geführt, und durch diese Gespräche zogen sich nostalgische Erinnerungen an ihre Kindheit und ihre Mutter wie ein roter Faden. Eine meiner Standardfragen war: »Was waren Ihrer Meinung nach die besten Eigenschaften Ihrer Mutter?« Manchmal konnten sie mir ganz bestimmte Charakteristika nennen, manchmal aber auch nicht. Das frustrierte mich, weil ich als Mutter eines einundzwanzigjährigen Sohnes natürlich unbedingt wissen wollte, was ich tun musste, damit mich mein

Sohn noch mehr liebte. Wenn er sich später einmal an mich erinnerte, sollte es ihm warm werden ums Herz. Worauf kam es an, damit er zu einem glücklichen, ausgeglichenen, wunderbaren Mann heranreifen konnte? Lange vermochte keiner der befragten Männer mir zu erklären, warum genau er seine Mutter so sehr liebte.

Aber eines schönen Tages brachte Bill, ein Mann in den Dreißigern, die Sache exakt auf den Punkt. »Meine Mutter ist mein Zuhause«, erklärte er mir. »Sie steht für alles Gute und Richtige, für Trost und Sicherheit. Zu ihr treibt es mich, wenn es mir mies geht; und wenn es gute Neuigkeiten gibt, ist sie die Erste, die ich anrufe. Meine Frau liebt mich, aber meine Mutter ist mein treuester Fan.«

Intuitiv verstand ich, was er meinte, doch ich bat ihn trotzdem, mir die Sache noch ein wenig ausführlicher zu erläutern. »Meine Mutter als Zuhause? Was das für mich bedeutet? Ich würde sagen, sie ist ein Ort der Zuflucht. Wenn ich Probleme habe, dann gehe ich zu ihr, und es geht mir wieder besser. Sie ist die, wo ich herkomme, aber auch die, die ich verlassen musste. Zu ihr zieht es mich, wenn ich nicht weiß, wie es weitergeht. Sie half mir zu verstehen, wer ich bin. Bisweilen ist sie so was wie mein innerer Kompass und bringt mich wieder aufs richtige Gleis. Sie weiß als Einzige, wer ich wirklich bin, und akzeptiert mich auch so. Vor ihr brauche ich mich nicht zu verstellen. Sie ist der Mensch, der mir am stärksten wehtun, aber mich auch am besten trösten kann. Ergibt das einen Sinn?«

Seine Erklärungen ergaben für mich durchaus einen Sinn. Aber ich fragte mich auch, ob wir im Leben unserer Söhne wirklich eine derart zentrale Rolle spielen. Für mein Buch *Starke Väter, starke Töchter* hatte ich erwachsene Frauen zu ihren Vätern befragt. Ihre Antworten fielen immer eindeutig in eine Kategorie. Entweder hatten die befragten Frauen den besten Vater der Welt und wurden nicht müde, sein Loblied zu singen. Oder sie brachen in Tränen aus. Es sieht so aus, als ob in einer Vater-Tochter-Beziehung kein Mittelding möglich ist. Wenn Söhne von ihren Müttern sprechen, klingt das ganz anders. Wahrscheinlich weil es für Männer schwierig ist zu verstehen, was wir für sie bedeuten und was wir für sie tun. Unsere Rolle als Mütter ist sehr vielschichtig. Wie Bill sagte, empfinden unsere Söhne uns als Zuhause, als Heimat. Versuchen Sie einmal, Ihr »Zuhause« zu beschreiben. Das geht nicht in ein oder zwei Sätzen. Der Begriff Zuhause hat so viele Facetten, dass wir gar nicht erst versuchen, ihn genau zu definieren. Desgleichen sind unsere Söhne nicht in der Lage, das dichte Gewebe aus Gefühlen und Erinnerungen aufzudröseln, das ihre Beziehung zu uns Müttern geschaffen hat. Die einzelnen Fäden haben sich auf wundersame Weise zu intensiven Eindrücken verwoben, die sich jeder präzisen Analyse entziehen.

Beinahe jeder von uns weiß, wie es sich anfühlt, ein richtiges Zuhause zu haben, gerade darum mag es uns so schwerfallen zu beschreiben, was dieses Wort eigentlich für uns bedeutet. Nichtsdestotrotz müssen wir die wichtigsten Aspekte dieses Begriffs klären. Nur so können wir verstehen, welche Bedeutung wir Mütter für unsere Söhne haben.

Zuhause ist, wo man seine Wurzeln hat

Haben Sie sich je als Gärtnerin versucht? Wenn ja, wissen Sie, dass selbst die robusteste Pflanze nicht überleben kann, wenn sie keine starken Wurzeln hat. Bringen Sie Samen aus, müssen Sie sie ausreichend tief in der Erde setzen, da sie sonst nicht keimen. Selbst kräftig entwickelte Topfpflanzen überleben das Umtopfen nur, wenn sie weiter wurzeln. Doch egal, wie robust oder empfindlich eine Pflanze ist, sie wird nur gedeihen, wenn sie neue Wurzeln ausbildet.

Sie als Mutter sind die Erde, in der Ihr Sohn seine ersten Wurzeln schlägt. Dieses Phänomen der frühen Mutter-Kind-Bindung ist gründlich erforscht. In den Fünfziger- und Sechzigerjahren untersuchte der amerikanische Psychologe Dr. Harry Harlow das Phänomen der frühkindlichen Bindung bei Affen. Er fand heraus, dass Affen, die von ihren Artgenossen isoliert wurden, eine Bindung zu Kleidungsstücken eingingen, die auf dem Käfigboden lagen. Das Bedürfnis von Tieren nach Bindung ist so tief verwurzelt, dass sich mutterlose Affen an einem Stück Stoff festklammern. Bei Menschenbabys verhält es sich genauso. Weitere Forschungsarbeiten zur Mutter-Kind-Bindung zeigten, dass die Kinder mit der stärksten Bindung tendenziell emotional gesünder sind und auch später weniger an seelischen Krankheiten leiden. Mütter sind zuallererst soziale Wesen, und unsere Kleinen sind das ebenfalls. Vom ersten Tag an verspüren sie das Bedürfnis nach menschlicher Zuneigung, Körperkontakt, Fürsorge und Bindung.

In den ersten Monaten seines Lebens klammert sich Ihr Sohn buchstäblich an Sie. Er braucht Nahrung und Wärme, seine körperlichen Bedürfnisse müssen erfüllt werden. Genauso elementar ist sein Bedürfnis nach emotionaler Bindung. Sie stellt den nährstoffreichen Boden dar, der seine Wurzeln aufnimmt. Seine Mutter ist die Person, von der er erwartet, dass sie seine Bedürfnisse befriedigt. Er wendet sich Ihnen zu, um sich zu vergewissern, dass Sie ihm geben, was er fordert. Tun Sie das, fühlt er sich sicher genug, um sich ganz auf Sie zu verlassen. Ihr Sohn bildet Wurzeln aus und beginnt, seine Identität zu entwickeln. Während der ersten Monate und später während seiner ersten Lebensjahre werden seine Forderungen mehr, weil er herausfinden will, ob Sie für ihn da sind. Je mehr er Ihnen vertraut, und je mehr Liebe Sie ihm schenken, desto tiefer greifen seine Wurzeln. Das ist äußerst wichtig. Auch andere Menschen wie Babysitter, Kindermädchen, Großeltern usw. können sich um seine Bedürfnisse kümmern. Doch feste Wurzeln entwickelt er nur, wenn seine Mutter ihn liebt. Wenn er sich sicher ist, dass Sie ihn lieben, beschützen, trösten und füttern, wird er allmählich auch Vertrauen in andere Menschen entwickeln. Doch immer sind Sie der Mensch, den er mehr als jeden anderen braucht. Dies wird durch Studien über Kinder unter fünf Jahren untermauert, die unterschiedlich viel Zeit in Kindertagesstätten verbrachten. Aus manchen Untersuchungen geht auch hervor, dass Kinder, die sich weniger als dreißig Stunden pro Woche in der Kindertagesstätte (also getrennt von ihrer Mutter) aufhielten, besser gediehen als andere.[23] Und Jungen, die im Kleinkindalter mehr Zeit mit ihren Müttern verbringen, zeigten laut Studie weniger Verhaltensprobleme, als sie älter wurden.[24] Wie auch immer: Ihr Sohn braucht eine Hauptquelle, aus der er sein Bedürfnis nach Liebe und Unterstützung, Vertrauen und Zuneigung stillen kann. Hat er diese Quelle entdeckt, treibt er dort auch seine Wurzeln. Für die meisten Söhne ist diese Quelle die Mutter.

Ein Junge mit starken Wurzeln und einer gesunden Mutterbindung besitzt die nötige Sicherheit, zu gegebener Zeit in die Welt hinauszuziehen. Wenn Ihr Sohn zwischen zehn und dreizehn Jahre alt ist und nicht seine ganze Kraft aufwenden muss, um sich seiner Bindung zu Ihnen zu versichern, hat er mehr Energie für anderes. Zum Beispiel um herauszufinden, welche Sportart er betreiben oder mit wem er seine Zeit verbringen möchte. Einen Jungen mit problematischer Mutterbindung jedoch bringen selbst kleine Probleme ins Schleudern. Wie ein junger Baum mit schwach entwickelten Wurzeln schon beim ersten Windstoß umkippt, hat auch er Druck von außen wenig entgegenzusetzen, weil es ihm an gesundem Selbstwertgefühl fehlt.

Damit wir für unsere Söhne der Boden sein können, auf dem sie gedeihen, müssen wir immer für sie da sein, müssen uns als zuverlässig, konstant und manchmal auch unerschütterlich erweisen. Wir sind der Ankerpunkt im Leben unserer Söhne. Doch wenn sie dem Ort, an dem ihre Wurzeln liegen, den Rücken kehren wollen, müssen wir die Kraft haben, sie ziehen zu lassen. Doch wir sollten ihnen sagen, dass der Ort, den sie Zuhause nennen, ihnen jederzeit offensteht.

Wenn wir das elementare Bindungsbedürfnis unserer Söhne nicht befriedigen, kann das zu schweren Bindungsstörungen führen. Viele Kinder, die während der ersten drei oder vier Lebensjahre ohne Mutter oder Vater in Heimen oder Waisenhäusern aufwachsen, erfahren die elementare Liebe, Zuneigung, Fürsorge und das Vertrauen, die jeder Säugling und jedes Kleinkind braucht, nicht. Deshalb sind sie später meist nicht fähig, eine stabile Bindung zu einem anderen Menschen einzugehen, und Gefühle wie Freude, Glück, Liebe, Anerkennung, Zuneigung und Vertrauen, die wir nur in Beziehungen zu anderen Menschen finden, bleiben ihnen versagt. Emotional schwer vernachlässigte Kinder kennen oft nur negative Gefühle wie Hass und Wut. Sie können sich schlecht in andere Menschen hineinversetzen, weil ihnen die Erfahrung einer emotionalen Bindung gänzlich fehlt.

Kinder mit schweren Bindungsstörungen verspüren als Erwachsene häufig eine so große emotionale Distanz gegenüber ihren Mitmenschen, dass sie zur ernsthaften Gefahr sowohl für ihre Umwelt als auch für sich selbst werden können. Sie können andere verletzen, ohne deswegen Trauer, Gewissensbisse oder Schuld zu empfinden. Ein Junge, der nicht in frühen Jahren eine Bindung an eine Bezugsperson entwickelt hat, keine psychologische Hilfe erhält und keinen Umgang mit Erwachsenen hat, die ihm als positives Vorbild dienen können, gleicht einem wandelnden Pulverfass. Kommen dann noch andere Faktoren wie der massive Konsum von brutalen Filmen oder Videospielen dazu, feuert dieser Junge vielleicht eines Tages in die Menge, ohne auch nur mit der Wimper zu zucken.

Weitverbreitet ist die Ansicht, dass schwere psychische Krankheiten angeboren sind. In einem gewissen Umfang trifft das auch zu, aber nicht alle psychischen Störungen sind genetisch bedingt. Viele beruhen schlicht auf einer fehlgeschlagenen Mutterbindung. Für uns Mütter ist diese bittere Pille nicht leicht zu schlucken.

Aber wird aus jedem Sohn, der ein gestörtes Verhältnis zu seiner Mutter hat, ein Amokläufer? Natürlich nicht. Mit diesem Extrembeispiel möchte ich nur auf einen wichtigen Sachverhalt hinweisen: Mütter spielen eine entscheidende Rolle für die gesunde emotionale Entwicklung ihrer Söhne. Diese Tatsache müssen wir in ihrer ganzen Tragweite verstehen. Wir sind der Boden, in dem unsere Jungen ihre Wurzeln schlagen. Unsere Söhne lieben uns während ihrer ersten Lebensjahre nicht nur grenzenlos, sondern brauchen uns auch am meisten. Diese kostbare Verantwortung heißt es anzunehmen.

Zuhause ist der Ort, wo er den Sinn des Lebens zu verstehen beginnt

Väter verstärken das Band zu ihren Söhnen durch gemeinsame Aktivitäten. Deshalb konzentrieren sie sich eher auf die Förderung ihrer sportlichen und physischen Fähigkeiten. Natürlich ist Vätern die intellektuelle, mentale und emotionale Entwicklung ihrer Söhne nicht gleichgültig. Sie haben einfach nur stärker die körperliche Entwicklung ihrer Jungen im Auge. Daher spielen sie mit ihnen Baseball, reparieren Autos, schreinern und tischlern und gehen fischen oder jagen.

Vater und Sohn tendieren zu gemeinsamen Aktivitäten, weil sie als Angehörige des starken Geschlechts wettbewerbsorientiert sind. Nicht selten entstehen unbewusst sogar Konkurrenzsituationen, die teilweise ganz offen ausgefochten werden. Interessanterweise werden sich Mütter als Außenstehende dieser Dynamik viel schneller bewusst als die Väter.

Mütter haben immer die körperliche *und* emotionale Entwicklung ihrer Jungen im Auge, womit ich nicht sagen will, dass es Vätern egal ist, ob ihre Söhne glücklich sind. Aber der Blickwinkel der Mutter ist einfach ein anderer. Aufgrund des Geschlechtsunterschieds treten Mütter nicht in direkte Konkurrenz zu ihren Söhnen und haben im Gegensatz zu vielen Vätern auch keine Probleme damit, ihre Gefühle auszudrücken. Deshalb fällt es Müttern leichter, gleichermaßen für die körperliche wie für die emotionale Entwicklung ihrer Söhne zu sorgen.

Als gute Mütter sollten wir mit unserer Erziehung auch erreichen, dass unsere Söhne wissen, wozu sie auf der Welt sind, ehe sie aus dem Haus gehen. Jeder Junge muss wissen, dass er gewollt war und dass er einzigartige Talente mitbekommen hat, die ihm helfen werden, seinen Platz in der Welt zu finden. Dieser Punkt scheint mir extrem wichtig, weil heutzutage viele Jungen ohne die leiseste Ahnung, warum sie überhaupt auf der Welt sind, durchs Leben gehen. Sie stellen sich Fragen wie: »Was kann ich in dieser Welt bewirken?« Oder: »Bin ich überhaupt irgendjemandem wichtig?« Zerrüttete Familienverhältnisse geben einem Jungen nicht die Chance, zu erkennen, welche Rolle er in seiner Familie spielt. Ohne Anleitung wird er nie seine Stärken und Schwächen entdecken. Vor allem aber lernt er nicht, wie er seine Begabungen annehmen und zum Wohl der Allgemeinheit einsetzen kann. Doch das ist die Voraussetzung, um das eigene Leben als sinnvoll zu empfinden.

Über besondere Begabungen zu verfügen ist wunderbar, und natürlich wollen wir als Eltern unseren Söhnen dabei helfen, ihre Talente zu erkennen und zu schulen. Doch das Selbstwertgefühl eines Jungen hängt nicht allein von seinen Fertigkeiten ab. Wenn wir einseitig nur die besonderen Begabungen unseres Sohns fördern, riskieren wir, einen ichbezogenen, eingebildeten Unmenschen heranzuziehen. Wir alle kennen diese selbstverliebten Typen, die sich als meilenweit überlegen betrachten. Talentförderung ist schon okay, doch Eltern müssen hier das richtige Maß finden. Nur zu wissen, dass er talentiert ist, hilft einem Jungen nicht herauszufinden, warum er auf der Welt ist oder worin seine Aufgabe im Leben besteht. Das ist nur der erste Schritt. Der nächste ist, dass er seine Begabungen (und diese müssen nicht immer sportlicher, wissenschaftlicher oder musikalischer Natur sein) seinen Mitmenschen dienstbar macht. Erst wenn diese beiden Aspekte in einem ausgewogenen Verhältnis stehen, wird der tiefere Sinn seines Lebens für ihn sichtbar werden. Für dieses Gleichgewicht der Kräfte zu sorgen ist Aufgabe der Eltern.

Die Männerwelt von heute ist vielfältigen Problemen ausgesetzt. Immer mehr Jungen über zwölf leiden unter Depressionen und Angststörungen.[25] Männer in den Zwanzigern wohnen immer noch im Hotel Mama. Ehemänner mittleren Alters lassen ihre Frauen sitzen. Und Männer jeder Altersgruppe konsumieren Drogen oder Pornos oder entwickeln andere Formen der Sucht. Hauptursache hierfür ist meist der fehlende Lebenssinn. Die Suche nach einer Lebensaufgabe gehört nicht zum Werteschema, das wir heutzutage unseren Jungen vermitteln. Wir lehren sie meist nur, sich mit anderen zu messen, nicht jedoch, sich selbst zu fordern. Schon in der Vorschulzeit lernt ein Junge, dass er sich unter seinen Freunden hervortun und sein »Alleinstellungsmerkmal« finden müsse. Spielt er vielleicht besser Fußball oder Klavier als die anderen oder schreibt er bessere Noten in den naturwissenschaftlichen Fächern? Auch wir Mütter schüren diese Art von Konkurrenzdenken. Wir rasten nicht, ehe wir nicht ein Gebiet gefunden haben, auf dem sich unser Sohn auszeichnen kann. Dort soll er sich dann betätigen, um Selbstbewusstsein zu lernen. Das ist zwar nicht verkehrt, aber mit Sicherheit nicht der beste Weg, um ihn zu einem selbstbewussten Menschen zu machen. Wichtiger hierfür ist ein Punkt, den wir gern übersehen: dass unsere Söhne herausfinden müssen, wozu sie auf der Welt sind. Sie müssen wissen, dass ihre Existenz einen Sinn hat, mag sich dieser im Lauf der Zeit auch wandeln. Ob erwachsener Mann oder noch Junge, ein Ziel zu haben ist eine der Haupttriebfedern in seinem Leben.

Etwas zu finden, was dem eigenen Leben Sinn gibt, ist weit wichtiger, als beispielsweise in die Fußballmannschaft aufgenommen zu werden oder das richtige College zu besuchen. Auch wenn viele Eltern vor dieser Aufgabe zurückscheuen, sie ist viel zu wichtig, als dass man sich davor drücken sollte. Ob es nun darum geht, in die Fußstapfen seines Vaters zu treten, seiner spirituellen Berufung zu folgen oder die nötige Selbstdisziplin aufzubringen, um in seinem Traumberuf Erfolg zu haben – jeder Junge muss begreifen, dass es im Leben um mehr geht als nur um ihn und dass irgendwo im großen Ganzen des Lebens Platz für ihn ist. Dass er auf der Welt ist, um eine Aufgabe zu erfüllen, die über ihn selbst hinausreicht. Wenn der Weg der Sinnfindung also zu Hause beginnt, dann lautet die Frage für uns Mütter: »Was können wir dazu beitragen?« – Doch findet ein Junge seinen Lebenssinn nicht einfach von selbst? Man sollte es meinen. Doch heutzutage wird weder in der Schule noch in der Gesellschaft die Frage gestellt, wie man Kindern hilft, ihren Lebenszweck zu finden. Es bleibt den Eltern überlassen, sich darüber den Kopf zu zerbrechen. Während die Väter damit zugange sind, ihren Söhnen zu zeigen, wie man mit dem Ball umgeht oder Autos repariert, liegt es an uns Müttern, unseren Söhnen zu einem starken Selbstbild zu verhelfen. Zum Glück sind es oft ganz banale, alltägliche Verrichtungen, die einem Jungen helfen, seinen Sinn im Leben zu erkennen. Indem er einfache Aufgaben übernimmt, jeden Tag bestimmte Tätigkeiten ausführt und auf konkrete Anforderungen reagiert, begreift er, dass sein Leben einen Zweck hat.

Was also können wir Mütter konkret tun? Zunächst sollten wir unserem Sohn gewisse Grundprinzipien vermitteln. Zum einen muss er wissen, dass sein Leben größer ist als er selbst. Die meisten Jungen lernen herauszufinden, wo ihre Interessen und Begabungen liegen. Dann lernen sie, diese Talente zu entfalten. Gewöhnlich finden sie darin eine gewisse Erfüllung. Aber etwas erreicht zu haben heißt noch nicht, eine Lebensaufgabe gefunden zu haben. Erfolg ist nicht unbedingt der Königsweg zu einem glücklichen Leben. Männer, die nie etwas gefunden haben, was ihnen wert schien, Zeit und Energie darin zu investieren, sind oft niedergeschlagen. Selbstverachtung, Hoffnungslosigkeit und Trauer, die Wurzeln der Depression, treten auch bei hoch qualifizierten Männern auf.

Es ist wesentlich für jeden Jungen, dass er seine Vorlieben, seine Wünsche und Stärken kennt. Aber er wird den wahren Sinn seines Daseins erst erfassen, wenn er sie einsetzt, um anderen in seiner Umgebung zu helfen. Nur so findet er zu einem erfüllten Leben. Oft machen Eltern den Fehler, ihre Söhne zu akademischen, sportlichen oder anderweitigen Leistungen anzuspornen, ohne ihnen beizubringen, wie sie ihre Fähigkeiten zum

Wohl ihrer Mitmenschen verwenden können. Viele erfolgreiche erwachsene Männer machen von ihrem Potenzial immer noch nur zu ihrem eigenen Nutzen Gebrauch und tragen sich nie mit der Absicht, anderen zu helfen. Wir dürfen nicht zulassen, dass unsere Söhne sich nur auf sich und ihre Ziele konzentrieren. Denn wenn wir sie nicht dazu bringen, ihr Leben in einem größeren Zusammenhang zu sehen und sich bewusst zu werden, dass andere ihre Hilfe brauchen, ziehen wir nur ichbezogene Narzissten heran. Erfüllung findet nur, wer eine Aufgabe im Leben wahrnimmt. Egoistischen Menschen bleibt sie verwehrt. Beginnt ein Junge, sich als Teil eines Ganzen, als Teil der Menschheit zu verstehen, tut sich ein neuer Horizont vor ihm auf. Er wird seine Talente darauf verwenden, die Welt zu verbessern. Erst dann beginnt er, den tieferen Sinn seines Lebens zu verstehen.

Ein Beispiel: Adam hatte einen Abschluss in Englisch an einer Elitehochschule und war stolz auf seine akademischen Leistungen. Er sagte mir, er habe am College viele Freunde gefunden, und es gäbe nur wenig Negatives über seine Studienzeit zu berichten. Er trug sich mit dem Gedanken, Jura zu studieren, doch vor seiner Bewerbung um einen Studienplatz wollte er noch einige Zeit in einer Anwaltskanzlei arbeiten. Er wollte sich seiner Entscheidung absolut sicher sein. Adam vertraute mir an, dass während seiner Jobsuche ständig das ungute Gefühl an ihm nagte, dass in seinem Leben etwas Entscheidendes fehlte. Er fragte sich oft, was es war, konnte es aber nicht benennen.

»Während ich einen Job suchte, machte mir ein Freund den Vorschlag, für einen medizinischen Hilfseinsatz nach Ecuador zu gehen. Es wunderte mich, dass er mich fragte, denn alles Naturwissenschaftliche ist nicht gerade mein Ding. Doch er erklärte mir, dass Hilfskräfte für ganz alltägliche Aufgaben gebraucht wurden, wozu unter anderem das Verteilen von Vitaminpräparaten gehörte, oder den Kindern beizubringen, wie man sich die Zähne putzt. Da ich noch keinen Job gefunden hatte, beschloss ich mitzugehen. ›Warum nicht?‹, dachte ich. Ich hatte ja nichts zu verlieren.«

Dies war Adams erste Reise ins Ausland, die keinen Ferien- oder Studienaufenthalt zum Zweck hatte. Er wollte anderen helfen, nicht seine eigenen Fähigkeiten vermehren. Er gestand mir, dass sich seine Interessen bis zu diesem Zeitpunkt immer nur um ihn selbst gedreht hatten. Seine Eltern hatten ihm den Besuch einer privaten Highschool ermöglicht, bezahlten ihm Skiunterricht und Klavierstunden und kauften ihm viele tolle Sachen. Adam betonte, er wisse die Opfer zu schätzen, die seine Eltern gebracht hatten, um ihm ein schönes Leben zu ermöglichen.

»Als wir in Ecuador ankamen, hatte ich keine Ahnung, was auf mich zukommen würde. Am Flughafen bestiegen wir einen Bus. Auf unserer Fahrt in eine entlegene Gegend sahen wir halb zerfallene Häuser. In Lumpen gekleidete Kinder rannten herum und spielten mit Stöcken. Das war ihr ganzes Spielzeug.«

»Ich schäme mich, das zu sagen, aber ich war schockiert. Bis zu diesem Moment hatte ich ein sehr bequemes und behütetes Leben geführt. Da wir nur einen Monat in Ecuador bleiben würden, machte sich unser Team sofort an die Arbeit. Ich half dabei, behelfsmäßige medizinische Einrichtungen aufzubauen. In meinem gebrochenen Spanisch versuchte ich, den Kindern die Grundlagen einer gesunden Ernährung zu vermitteln. Ich zeigte ihnen, wie sie ihre Zähne pflegen sollten. Sie waren unendlich dankbar, dass ihnen jemand Zeit und Aufmerksamkeit schenkte.

Der langen Rede kurzer Sinn«, meinte er, »ist der: Irgendwie gab mir diese Reise das Gefühl tiefer Befriedigung, das ich, ehrlich gesagt, bis dahin nicht gekannt hatte. Ich spürte, dass ich dazu bestimmt war, mich um benachteiligte Kinder zu kümmern. Sollte ich nach Ecuador gehen? Ich wusste es nicht, aber zum ersten Mal im Leben verstand ich, dass ich auf der Welt war, um eine Aufgabe zu erfüllen. Es drehte sich nicht alles bloß darum, meine Fähigkeiten zu entwickeln und Daten für einen beeindruckenden Lebenslauf zu sammeln. Es ging um etwas viel Tieferes und Befriedigenderes, doch mir fehlen die Worte, es zu beschreiben. Ich verspürte eine nie gekannte Leidenschaft in mir. Wieder zu Hause eröffnete ich meiner Familie, dass ich meine Pläne geändert hätte und Medizin statt Jura studieren wolle, um Menschen, die aus Armut keinen oder nur schlechten Zugang zu medizinischer Versorgung haben, helfen zu können.«

Als Mütter sollten wir unsere Söhne bei ihrer Suche nach einer Aufgabe, die sie mit Leidenschaft erfüllt, unterstützen. Natürlich dürfen Sie Ihren Sohn weiter zu Aktivitäten neben der Schule und Sommercamps anmelden oder ihm die besten Schulen ermöglichen. Doch so gut und nützlich das alles auch ist, so ist es damit noch nicht getan. Wir sollten unsere Söhne dazu anleiten, über den Kreis ihrer Interessen hinauszuschauen und anderen zu dienen. Häufig entdecken sie nämlich gerade im Dienst am Nächsten einen tieferen Lebenssinn.

Es gilt, unseren Söhnen zu vermitteln, dass es im Leben nicht nur um Glück, sondern auch um Sinn geht. Glücksgefühle zu erzeugen ist keine große Sache. Ein Kleinkind braucht dazu nicht mehr, als dass seine Mutter es füttert, mit ihm spielt und eine Beschäftigung für ihn findet, die ihm Spaß macht. Doch mit zunehmendem Alter wird sich ein Junge damit nicht mehr zufriedengeben. Kommt Ihr Sohn in die Pubertät, sollten Sie ihn ermutigen, sich zu fragen, ob sein Leben nicht auch noch einen höheren Zweck hat, als bloß Spaß zu haben. Dauerhafte Befriedigung kennt nur, wer sein Leben als sinnvoll empfindet. Glück hingegen ist flüchtig. Motivieren Sie Ihren Sohn, seine Talente und Neigungen dafür zu verwenden, anderen zu helfen. So findet er am schnellsten heraus, wofür er auf dieser Welt ist.

Als Mütter müssen wir unseren Söhnen auch begreiflich machen, dass sie nicht allein auf einer einsamen Insel leben. Als Menschen sind sie soziale Wesen, die ihren Daseinszweck erst dann finden können, wenn sie verstehen, dass zu einem erfüllenden Leben andere Menschen gehören. Da jeder Junge mit seiner Geburt Teil eines größeren Ganzen wurde, kann sich der Zweck seines Daseins nicht ausschließlich auf ihn selbst beschränken. Jede seiner Handlungen hat Auswirkungen auf andere. Mädchen scheinen das intuitiv zu erkennen, wenn sie größer werden. Vielleicht, weil sie schneller reif werden und sich stärker für die emotionalen Aspekte von Beziehungen interessieren. Jungen hingegen muss man erst beibringen, sich für andere zu interessieren – durch unser Vorbild ebenso wie durch unsere Worte. Doch manchmal senden wir unseren Jungen kontraproduktive Botschaften. Wir erziehen sie – möglicherweise unbewusst – dazu, ihre Freunde leistungsmäßig zu überbieten, vergessen dabei aber, ihnen zu sagen, dass so etwas Freundschaften nicht unbedingt guttut. Wir möchten, dass sie sich anstrengen, nur damit sie – worin auch immer – besser werden. Doch sollten wir ihnen auch bewusst machen, dass alles, was sie tun, auch Auswirkungen auf ihre Mitmenschen hat, sei es im Positiven oder im Negativen. Und wir sollten ihnen zeigen, wie sie anderen helfen können, statt ihnen zu schaden.

Die modernen westlichen Gesellschaften, in denen unsere Kinder heute aufwachsen, sind äußerst wettbewerbsbetont. Schon mit drei soll ein Kind das Alphabet aufsagen können, damit es seinen Altersgenossen einen Schritt voraus ist. Von Jungen erwarten wir, dass sie schneller laufen und weiter werfen als ihre Kameraden. In der Grundschule sollen sie rascher lesen lernen als ihre Mitschüler. Wir möchten, dass unsere Jungs in der A-Mannschaft und nicht in der B-Mannschaft ihres Fußballvereins spielen. Wenn sie in die Mittelstufe kommen, wollen wir sie unter den Klassenbesten sehen. Tun sie sich schwer mit dem Lernen, besorgen wir ihnen einen Nachhilfelehrer, der sie auf Vordermann bringen soll. Doch was heißt hier Vordermann? Das Niveau des bzw. der Mitschüler natürlich.

Während sie noch die letzten Jahre der Highschool hinter sich bringen, machen wir uns schon Gedanken über die Uni und scheuen weder Kosten noch Mühen, um sie bestens präpariert ins Auswahlverfahren zu schicken.

Wenn wir ehrlich sind, dreht sich doch fast das gesamte Leben von uns Müttern darum, unsere Kinder dort unterzubringen, wo sie die größten Erfolgsaussichten haben. Damit will ich nicht sagen, es sei verwerflich, wenn wir unseren Söhnen helfen wollen, es im Leben zu etwas zu bringen. Doch es sollte uns bewusst sein, dass jeder Erfolg auch seine Schattenseiten haben kann – für Ihren Sohn und für die Menschen, die ihm etwas bedeuten. Wenn er – und Sie – nicht aufpassen, steigt ihm vielleicht der Erfolg dermaßen zu Kopf, dass er sich zum widerlichen Kotzbrocken entwickelt, dem jeder lieber aus dem Weg geht.

Wir wären schlechte Mütter, würden wir unsere Söhne nicht ermutigen und dazu anhalten, sich auf mehreren Gebieten auszuzeichnen. Leider hat dies häufig zur Folge, dass unsere Söhne extrem ichbezogen werden und sich nur noch darauf konzentrieren, ihre Leistungen zu verbessern. Doch wettbewerbsbetont, wie unsere Gesellschaft ist, wird den Eltern eine derartige Form der Erziehung regelrecht aufgezwungen. Denn damit unsere Kinder den Sprung an die Uni schaffen und eine erfolgreiche Karriere hinlegen können, müssen sie schon von klein auf emsig daran basteln.

Diesem ungesunden Muster müssen wir uns entziehen und begreifen, dass das, was gemeinhin unter »Erfolg« verstanden wird – fettes Gehalt, toller Job, schickes Loft –, zwar nicht zu verachten ist, aber unseren Söhnen keine echte Befriedigung geben kann. Es sei denn, wir haben über aller Karriereplanung nicht vergessen, sie auch den folgenden Punkt zu lehren: Das, wofür wir uns so anstrengen, sollte stets auch anderen Menschen von Nutzen sein. Angenommen, eine Mutter hat ihren ganzen Ehrgeiz erfolgreich darauf verwendet, aus ihrem Sohn einen Profisportler zu machen. Aber hat sie ihm damit einen Gefallen getan, wenn er in seinem Dasein als Profisportler keine Erfüllung findet? Oder nehmen wir an, eine Mutter hat ihrem Sohn ein Studium an einer Elite-Uni ermöglicht, und sein Einser-Diplom trägt ihm einen hoch dotierten Job ein, doch können wir von Erfolg sprechen, wenn er Abend für Abend in eine leere Wohnung zurückkehrt? Können wir Mütter so etwas als Erfolg verbuchen? Unglücklicherweise springen wir wie alle anderen Mütter auf den Erfolgszug auf und möchten unseren Söhnen – koste es, was es wolle – zum Erfolg zu verhelfen. Aber was nützt ihnen die steilste Karriere, wenn ihre Arbeit sie anödet und sie sie als sinnlos empfinden? Genau genommen möchten wir unsere Söhne zu »erfolgreichen« Männern machen, damit sie glücklich sind. Und wir richten unsere ganze Aufmerksamkeit darauf, ihre Begabungen zu fördern, damit sie später beruflich Erfolg haben, statt herauszufinden, was ihnen wirklich Spaß macht.

Geben ist seliger denn Nehmen. Wir alle wissen, was dieser Satz uns sagen will, und führen ihn auch gerne im Mund, dennoch bleiben wir unseren Kindern die Erklärung, warum das so ist, gern schuldig. Dabei würde es uns allen, ganz besonders unseren Söhnen, nicht schaden zu beherzigen, was dieser Spruch uns lehrt: Der Akt des Gebens gibt unserem Leben Sinn. Das ist es, was ich meine, wenn ich sage, Jungen müssten lernen, weniger ich-zentriert und mehr du-zentriert zu sein.

In wirklichen Extremsituationen – wie zum Beispiel in Kriegszeiten – kann man bei Männern beobachten, dass der Wunsch, anderen zu helfen, stärker ist als ihr Selbsterhaltungstrieb. Der Psychiater Viktor Frankl, während des Zweiten Weltkriegs in einem deutschen Konzentrationslager inhaftiert, erzählte uns ein beeindruckendes Beispiel: Einige der ausgehungerten Häftlinge brachen in die Vorratskammer ein und stahlen ein paar Kartoffeln. Die Aufseher drohten den Gefangenen, dass alle Lagerinsassen bestraft würden, sollten sie die Schuldigen nicht ausliefern. »Selbstverständlich hungerten die 2500 Männer lieber, statt die Namen preiszugeben«, so Frankl. Sie wussten, dass die Männer sonst eine schreckliche Strafe erwartete.

Eines der ergreifendsten Beispiele dafür, dass wir erst durch das Gefühl der Verbundenheit mit anderen Menschen unser Leben als sinnerfüllt empfinden, liefert uns eine weitere Erfahrung Frankls: Eines Tages ergab sich die Gelegenheit, gemeinsam mit einigen anderen Häftlingen aus dem Konzentrationslager zu fliehen. Er erzählt, wie er vor der Flucht noch einmal überlegt.[26]

> *»Eilig mache ich noch einmal Visite und gehe die rechte und dann die linke Reihe der Patienten, die beiderseitig vom Mittelgang unserer Erdhütte auf faulenden Brettern zusammengedrängt liegen, zum letzten Mal durch. Dabei komme ich zu dem einzigen Landsmann, der schon in fast sterbendem Zustand ist und den trotz allem durchzubringen ich die ganze Zeit den Ehrgeiz hatte. Ich muss natürlich den Fluchtplan auf alle Fälle streng geheimhalten. Trotzdem scheint mein Kamerad etwas zu wittern. (Vielleicht war ich ein wenig nervös.) Jedenfalls fragt er mich mit matter Stimme: ›Du haust auch ab?‹ Ich verneine. Aber ich kann mich von seinem Blick nicht mehr so leicht lösen. Nach der Visite komme ich wieder zu ihm. Und wieder fällt dieser hoffnungslose Blick auf mich – und irgendwie empfinde*

ich ihn wie einen Vorwurf. Immer mehr vertieft sich in mir jenes ungute Gefühl, das mich sofort überkam, sobald ich mich mit der gemeinsamen Flucht mit meinem Kollegen einverstanden erklärt – und damit mein altes Prinzip durchbrochen hatte, nicht Schicksal zu spielen. Plötzlich laufe ich aus der Baracke hinaus, zu meinem Kollegen ins Krankenrevier hinüber, und melde ihm: Ich kann nicht mit. Kaum habe ich ihm dezidiert erklärt, er muss auf mein Mitkommen verzichten, kaum habe ich mich dazu entschlossen, nach wie vor bei den Patienten zu bleiben, ist schlagartig jenes ungute Gefühl aus mir gewichen! Ich weiß nicht, was die nächsten Tage bringen werden; aber innerlich ruhig wie noch nie, mit festem Schritt, gehe ich in meine Fleckfieberbaracke zurück, setzte mich auf die Bretter, meinem Kameraden zu Füßen, versuche ihn zu trösten, dann mit anderen Fiebernden zu plaudern und sie zu beruhigen.«

Frankls Geschichte lehrt uns, dass ein Mann, der sich dafür entscheidet, anderen zu helfen und die Bedürfnisse von Freunden, Kollegen oder selbst Fremden über seine eigenen zu stellen, selbst unter Extrembedingungen Friede und Freude findet. So berichtet Frankl, dass nach seinem Entschluss, um seines Freundes willen nicht zu fliehen, dieses »ungute Gefühl« von ihm abfiel. Dieser Punkt verdient unsere Aufmerksamkeit. Frankl wollte aus dem Lager fliehen, um seine eigene Haut zu retten. Doch das hätte bedeutet, dass er seine »Patienten« allein ließe. Mit diesem »egoistischen« Entschluss fühlte er sich nicht wohl. Als er aber beschloss, von seinen Fluchtplänen zum Wohle seiner Mitgefangenen abzusehen, wich dieses Unbehagen einem tiefen Gefühl inneren Friedens.

Häufig bekommen unserer Söhne gar keine Gelegenheit, dieses Gefühl innerer Befriedigung zu erfahren, weil ihnen keine Opfer abverlangt werden. Natürlich wollen wir nicht, dass sie dazu erst solche Horrorerfahrungen wie Frankl durchleben müssen. Dennoch können wir alle aus Frankls Bericht eines lernen: Egoistisches Glücksstreben kann uns nie so glücklich machen wie der Dienst am Nächsten. Wir Mütter tun alles, um unseren Söhnen unangenehme Erfahrungen so weit wie möglich zu ersparen. Aber wir sollten sie auch lehren, sich hinwendungsvoll für das Wohl anderer einzusetzen. Sie müssen lernen, mit den Augen anderer Menschen zu sehen.

Genau das hat Helena mit Will praktiziert, als er acht Jahre alt war. Will wurde mit einem Augenleiden geboren, das in jungen Jahren mehrere Operationen erforderlich machte. Nach der vierten Operation sagte Will zu seiner Mutter, es gehe ihm viel besser, wenn er im Krankenhaus seinen

Stoffelefanten dabeihabe. Er habe sich vorgestellt, dass sein Elefant ein Mensch sei, und dann keine Angst mehr gehabt. Da kam ihm plötzlich eine Idee. Er erzählte seiner Mutter, dass nicht alle Kinder auf seiner Station ein Stofftier hatten, und bat sie, doch auch für die anderen Kinder Stofftiere zu besorgen, wenn er das nächste Mal ins Krankenhaus musste. Seine Mutter war einverstanden. Will machte es große Freude, Stofftiere zu kaufen und an die Kinder zu verschenken, die auf ihre Operation warteten. Sein Problem war nur, dass er nicht genug Stofftiere für alle Kinder hatte. Doch nach einem Jahr hatten Will und seine Mutter so viele Stofftiere zusammen, dass die ganze Garage voll war und sie das Auto draußen abstellen mussten.

Will selbst hat mir von dieser Kuscheltieraktion erzählt, und sowohl seinem Gesichtsausdruck wie auch seiner Stimme war anzumerken, wie stolz, aber auch wie begeistert er war. Es gefiel ihm, den Kindern im Krankenhaus, die sich ähnlichen Eingriffen wie er selbst unterziehen mussten, etwas Gutes zu tun. Stofftiere zu sammeln und zu verschenken gab seinem Leben einen Sinn und schenkte ihm ein tiefes Gefühl des Friedens.

Wills Beispiel zeigt, wie wir unseren Söhnen dabei helfen können, Sinn und Zweck in ihrem Leben zu entdecken. Manchmal braucht es dafür nicht mehr, als mit ihnen Stofftiere zu sammeln. Doch die Voraussetzung ist, dass wir sie dazu animieren, sich mehr um andere zu kümmern.

Wir Mütter als fruchtbare Erde

Fruchtbares Erdreich ist ausgewogen in seiner Zusammensetzung und bietet den unterschiedlichsten Arten von Samen gute Wachstumsbedingungen – eine Ausgewogenheit, die auch wir Mütter brauchen, damit unsere Söhne ihre ersten Wurzeln treiben und sich verankern können. Doch es ist nicht ganz einfach, weder zu dem einen noch zu dem anderen Extrem zu neigen und die Dinge wirklich so zu nehmen, wie sie kommen. Mutter zu sein ist eine der größten Herausforderungen überhaupt, der sich ein Mensch zu stellen hat. Manchmal müssen wir all unseren innersten Impulsen zuwiderhandeln, müssen hart bleiben, wenn wir eigentlich nachgeben möchten. Manchmal sind wir so genervt, dass wir am liebsten aller Welt ins Gesicht schreien möchten, dass wir die Nase bis oben voll haben, müssen aber unseren Ärger hinunterschlucken. Wir müssen geistig eine Menge schlucken können und erst einmal mit unseren Gedanken und Gefühlen ins Reine kommen und dann erst entscheiden, was zu tun ist. Erziehung ist Kopfarbeit, auch wenn wir manchmal lieber spontan und nach Gefühl entscheiden würden. Physisch bedeutet Mutter zu sein, unseren Körper über seine Belastungsgrenzen hinaus zu beanspruchen. (Schon ganz zu Beginn: Ich beispielsweise hätte nie geglaubt, dass mein Sohn aus meinem Bauch herauskommen kann, ohne dass ich dabei zerfetzt werde.) Und spirituell gesehen müssen wir auf die Knie gehen und eine höhere Instanz anflehen, alles wieder in Ordnung zu bringen, wenn wir oder unsere Söhne Mist gebaut haben.

Wie können wir also angesichts dieser herkulischen Anforderungen unseren Söhnen der fruchtbare Boden sein, den sie brauchen, um gesunde Wurzeln auszubilden? Nur durch das Vergießen einer ordentlichen Menge Schweiß!

Unsere erste Anstrengung muss der Entwicklung eines ausgewogenen Gefühlslebens gelten. Das ist die wichtigste Maßnahme zur Verbesserung unserer mütterlichen »Bodenqualität«. Nun haben aber viele Mütter Probleme damit, zu einem seelischen Gleichgewicht zu finden. Einer der Hauptgründe hierfür ist, dass wir versuchen, zu viele Dinge gleichzeitig zu erledigen, was an unseren Kräften zehrt. Wie oft haben Sie schon erlebt, dass eine Ihrer Freundinnen den Versuch, Arbeit, Ehe, Kinder und Haushalt unter einen Hut zu bringen, mit einem Burn-out bezahlte? Wir bürden uns eine Last auf, die wir weder mental noch physisch schultern können.

Ich habe regelmäßig mit Müttern in den Dreißigern zu tun, die völlig verzweifelt und ausgelaugt sind. Sie geben ihr Bestes, um großartige Mütter, erfolgreiche Karrierefrauen und vorbildliche Gattinnen zu sein. Und natürlich kümmern sie sich rührend um ihre Eltern, Verwandten und Freunde. Kein Wunder, dass so viele Mütter an Angststörungen und Depressionen leiden. Wir Mütter gehen bis an die Grenze unserer Belastbarkeit, worunter unsere ganze Familie leidet. Doch warum tun wir das? Ich bin überzeugt, dass zu einem guten Teil versteckter Gruppendruck daran schuld ist. Es ist das »Caterpillar-Prinzip«, das Dr. James Dobson in seinem Buch *Bringing Up Boys* beschreibt. Er bezieht sich hierbei auf ein Experiment des französischen Naturforschers Jean-Henri Fabre. Fabre setzte eine Kette von Prozessionsspinnerraupen so auf den Rand eines Topfs, dass der Kopf des ersten Tiers den Hinterleib des letzten Tiers berührte, sie also einen in sich geschlossenen Ring bildeten. Drei Tage lang beobachtete Fabre die Tiere, wie sie ohne innezuhalten den Topf umkreisten. Am Ende des dritten Tages legte Fabre ein paar Piniennadeln (anscheinend eines der bevorzugten Nahrungsmittel der Raupen) in die Mitte des Topfs, um zu sehen, ob eine der hungrigen Kreaturen das Futter finden würde.

Bestimmt ahnen Sie schon, was geschah. Vier Tage lang liefen die Raupen weiter im Kreis, bis schließlich eine nach der anderen an Hunger starb.

Obwohl wir Mütter intelligenter sind als diese Raupen, verhalten wir uns nicht anders. Wir brechen nicht aus der Mühle aus, sondern tun das, was die anderen Mütter in unserer Umgebung tun. Das können Sie jetzt nicht glauben? Aber: Vergleichen Sie nie die außerschulischen Aktivitäten, die Noten, das Gewicht und das Äußere Ihres Sohns mit dem seiner Mitschüler? Wenn ja, dann ertappen Sie sich vielleicht auch bei einem der folgenden Gedanken: »Er sollte eine andere Sportart treiben.« »Ich könnte ihm einen Nachhilfelehrer besorgen, damit er bessere Noten schreibt.« »Ich sollte ihm schönere Sachen zum Anziehen kaufen.« – Und wenn Sie das denken, dann stehen Sie unter Gruppendruck. Ich will Ihnen keine Vorwürfe machen, auch ich war gegen solche Gruppenzwänge nicht gefeit. Ich erinnere mich an einen Abend, als meine eigenen Kinder noch klein waren. Ich bereitete gerade das Abendessen zu, die Kinder saßen um den Tisch und bastelten. Plötzlich sah ich vorne durchs Wohnzimmerfenster ein Licht aufblitzen. Neugierig, was da los war, ging ich nachschauen und sah meine Nachbarin mit ihren Kindern ins Auto steigen – nach dem Abendessen! (Später erfuhr ich, dass sie die Kinder zum Skitraining brachte.) Es war sechs Uhr abends. Gleich darauf sah ich eine andere Nachbarin mit ihren Kindern aus dem Haus kommen. In dem Moment schoss es mir durch den Kopf: »Was für eine Mutter bin ich bloß? Die unternehmen noch was mit ihren Kindern, während ich meine hier am Küchentisch sitzen und basteln lasse.« Plötzlich fühlte ich mich ganz mies, weil ich nicht mehr für meine Kinder tat. Doch warum fühlte ich mich so? Nicht etwa, weil ich das Gefühl hatte, meinen Kindern entginge etwas, wenn sie nicht Skifahren lernten, sondern weil ich wie diese Raupen unreflektiert in einer Endlosschleife mitlief. Der Vergleich mit anderen beeinflusste mein Gefühl und sorgte für meine Schuldgefühle! Ich wette, das ist Ihnen schon auch passiert – vor allem mit Ihrem Jungen.

Um unserem Sohn eine gute Mutter zu sein, sollten wir uns nicht ausschließlich um ihn kümmern, sondern ab und zu auch um uns selbst. Wir müssen für unsere Söhne mental und emotional da sein können, und das wird schwierig, wenn wir ständig erschöpft sind. Manche Mütter fühlen sich ausgelaugt, weil sie sich zu viel aufhalsen. Andere sind ausgepumpt, weil sie sich nur um ihre Kinder kümmern und sich selbst nie etwas Gutes oder ein wenig Spaß gönnen. Unsere Jungen brauchen uns nicht vierundzwanzig Stunden am Tag, und wir brauchen auch Zeit für uns selbst.

Nur so können wir mental, emotional und physisch die nötige Energie aufbringen, um auf die Bedürfnisse unserer Söhne einzugehen. Das ist sehr schwierig und erfordert oft drastische Entscheidungen. Wir müssen aus der Endlosschleife der Raupen ausbrechen und tun, was wir für uns selbst und unsere Kinder als das Beste erachten. Das Problem dabei ist, dass wir Mütter unsere Kinder so erziehen wollen, wie unsere Freunde und wie andere Eltern ihre Kinder erziehen, und darüber verlieren wir unsere eigenen Bedürfnisse aus dem Blick. Deshalb möchte ich Sie ermutigen, sich zu Ihrem eigenen Wohl und zu dem Ihres Sohnes aus der Raupenprozession auszuklinken. Unsere Gesellschaft braucht Mütter mit Mumm, die keine Angst vor schwierigen, das heißt »nicht regelkonformen« Entscheidungen haben.

Sehr oft fragen mich Eltern um Rat, wie sie ihre Kinder erziehen sollen. Wie bringt man ihnen Disziplin bei? Sollen wir feste Ausgehzeiten einführen? Meine Antwort auf solche Fragen frustriert die Mütter regelmäßig. Ich gebe ihnen nämlich keine Erziehungstipps, sondern erkläre ihnen, wie sie sich selbst etwas Gutes tun können. Fünfundzwanzig Jahre habe ich als Beraterin sowohl mit Müttern wie mit Kindern geredet, und wenn mir bei diesen Gesprächen eines klar geworden ist, dann das: Wenn Sie nicht glücklich sind, dann sind es Ihre Kinder auch nicht.

Es geht hier nicht darum, egoistische Verhaltensweisen zu propagieren, sondern verzweifelten Müttern zu helfen. Die durchschnittliche Mutter stellt bezüglich Arbeit und Familie unrealistische und schädliche Anforderungen an sich selbst. Und wenn wir uns noch so anstrengen: Das, was wir uns alles abverlangen, kann ein normaler Mensch gar nicht leisten, geschweige denn auch noch gesund und ausgeglichen bleiben. Ob unseres »Versagens« plagen uns dann auch noch Schuldgefühle, Ängste, Verbitterung und Selbstverachtung. Söhne brauchen aber Mütter, die mit sich selbst im Reinen und mit ihrem Leben zufrieden sind und genügend Kraft haben. Doch was viele Söhne (selbst wenn sie noch klein sind) von ihren Müttern stattdessen bekommen, sind Erschöpfung, Gereiztheit und Stimmungsschwankungen, weil diese sich nicht genug um sich selbst kümmern. Um Ihrem Sohn ein guter Mutterboden zu sein, müssen Sie auch gut für sich selbst sorgen, um physisch und emotional im Gleichgewicht zu bleiben. Manche Mütter halten sich zu diesem Zweck die Abende von beruflichen Terminen oder sonstigen Verpflichtungen frei. Andere lassen ihren Sohn nicht mehr als eine Sportart im Schuljahr trainieren, damit sie nicht ihre ganze Zeit, sobald er aus der Schule kommt, hinter dem Lenkrad verbringen. Wieder andere suchen sich Heimarbeit oder eine Teilzeitstelle und nehmen Einkommenseinbußen für weniger Stress und mehr Lebensqualität in Kauf. Ziehen Sie Grenzen. Hungern Sie sich nicht noch mal fünf Kilo herunter, weil Sie das reizbar macht. Machen Sie Schulabschlüsse nach oder studieren Sie, wenn Sie sich langweilen. Ich weiß nicht, was Ihr Leben wieder ins Gleichgewicht bringt, aber Sie wissen es, also packen Sie es an. Seien Sie stark für Ihren Sohn. Und wenn Sie etwas gefunden haben, wodurch in Ihr Leben wieder Seelenfrieden einkehrt, dann versalzen Sie sich nicht die Suppe mit Schuldgefühlen. Wir glauben mittlerweile ja, je voller unser Stundenplan und der unserer Kinder ist, desto bessere Mütter wären wir. Das ist ein Irrtum.

Zu obigem Thema noch eine Anmerkung: Ein ausgeglichenes Leben besteht nicht darin, dass man möglichst vielen unterschiedlichen Beschäftigungen jeden Tag oder jede Woche ein paar Minuten seiner Zeit widmet. Bei einigen Müttern mag das funktionieren, bei so manch anderer (zum Beispiel bei mir) aber nicht. Es gibt pflichtbewusst veranlagte Mütter, die es nicht über sich bringen, Dinge halb erledigt liegen zu lassen. Die Vorstellung, statt einer halben Stunde nur fünf Minuten zu trainieren oder nur Teilzeit zu arbeiten, ist für sie nicht wirklich attraktiv. Dann wiederum gibt es Mütter, die eine ganze Packung Schokokekse auf einen Sitz verputzen und die Forderung nach »Maß und Ziel« als Zumutung empfinden. Doch das muss sie nicht sein, wir müssen nur unsere Vorstellungen, was ein ausgeglichenes Leben ausmacht, ausweiten.

Müttern, die keinerlei Abstriche machen wollen, aber sich dennoch ein ausgeglichenes Leben wünschen, möchte ich Folgendes ans Herz legen: Wie Sie es auch drehen und wenden, die Zeit, die Sie zur Verfügung haben, wird auch durch die größte Kraftanstrengung nicht mehr. Setzen Sie Prioritäten und tun Sie das, was Ihnen wirklich wichtig ist. Es muss ja nicht alles gleichzeitig passieren. Wenn Sie sich zum Beispiel vier Kinder wünschen, aber auch beruflich Karriere machen möchten, dann verwirklichen Sie erst den einen Wunsch und dann den anderen. Schon die Realisierung eines Wunsches verlangt Ihre ganze Energie, beide gleichzeitig verwirklichen zu wollen geht über Ihre Kräfte hinaus. Viele Frauen vergessen, dass wenn sie ihre Kinder bekommen haben, noch Jahrzehnte vor ihnen liegen, in denen sie sich um ihre berufliche Laufbahn kümmern können. Wollen Sie Triathletin werden, müssen Sie nicht ausgerechnet dann trainieren, wenn Sie ein viermonatiges Baby haben. Genießen Sie die Zeit mit Ihrem Kind; sobald es älter ist, können Sie wieder trainieren, bis Ihnen die Zunge aus dem Hals hängt. Nach meinem Medizinstudium blieb ich erst einmal ein paar

Jahre zu Hause bei meinen Kindern. Meine Freundinnen und Kolleginnen sagten mir, ich sei verrückt, würde »meine Ausbildung verschwenden« und den Wiedereinstieg niemals schaffen. Sie haben sich geirrt. Mit ihrer Einschätzung haben sie zwar meiner Zuversicht einen leichten Dämpfer verpasst, mein Entschluss aber stand fest. Ich wusste, welcher Weg für mich der richtige war. Und natürlich begann ich wieder zu arbeiten, als meine Kinder älter waren. Manche Frauen aber müssen arbeiten und können ihre Karriere nicht auf später verschieben. Ihnen rate ich dringend, Mittel und Wege zu finden, wie sie Zeit für ihre eigenen Bedürfnisse reservieren können. Nur so können Sie für Ihre Kinder da sein, wenn diese Sie brauchen. Vielleicht können Sie Routinearbeiten verschieben oder die eine oder andere Aufgabe delegieren und die so gewonnene Energie stattdessen Ihren Kindern widmen.

Erlauben Sie mir an dieser Stelle eine Randbemerkung. Mein Kollege Dr. Will Aguila, Spezialist für Essstörungen, ist der Meinung, eine der Hauptursachen von Essstörungen (speziell Adipositas) bei Frauen sei, dass sie versuchten, »es allen recht zu machen«. Damit seien sie aber letztendlich total überfordert und suchten dann Trost im Essen – zum Schaden ihrer Gesundheit.

Vor Kurzem suchte mich eine Mutter auf, die eben Zwillinge zur Welt gebracht hatte. Nach sechs Wochen Babypause wollte sie wieder arbeiten gehen. Noch im Krankenhaus telefonierte sie herum, um ein Kindermädchen zu finden. Sie stand extrem unter Stress, und bei der Kontrolluntersuchung zwei Wochen nach der Geburt deuteten viele Anzeichen auf eine Wochenbettdepression hin. Als ich ihr vorsichtig zu verstehen gab, sie brauche eine längere Babypause, brach sie in Tränen aus und sagte, sie wolle ja gar nicht wieder arbeiten gehen. Auf meine Frage, warum sie es dann doch tun wolle, gab sie zur Antwort, sie liebe ihre Arbeit. Außerdem respektiere sie ihre Chefin und wolle sie nicht enttäuschen. Und sie habe viele Jahre hart dafür gearbeitet, um in ihrer Firma in ihre jetzige Position aufzusteigen.

»Ich werde dastehen wie eine Idiotin – wie eine Niete«, jammerte sie. »Ich habe solche Angst, dass mir langweilig sein wird, wenn ich zu arbeiten aufhöre, und dass ich das meinen Jungen übel nehmen werde.« Sie tat mir leid, denn sie steckte emotional wirklich in einer Zwickmühle. Einerseits machte ihr der Gedanke zu schaffen, nicht mehr wie gewohnt arbeiten zu können und sich dann vielleicht als Versagerin vorzukommen. Andererseits wünschte sie sich sehnlichst, eine gute Mutter zu sein.

Ich bat sie, nachzudenken, welche Möglichkeiten sie habe, um ihren Stress abzubauen, damit sie aus ihrer Depression herauskäme und sich und ihren Söhnen das Leben so schön wie möglich machen könnte. Ihre Antwort kam wie aus der Pistole geschossen: »Das ist ganz einfach. Ich gebe meinen Job auf.« Ich glaube, sie war selbst verblüfft, wie schnell sie geantwortet hatte.

»Na also«, sagte ich. Sie starrte mich entgeistert an.

»Nie im Leben!«, verkündete sie.

»Aber gerade haben Sie doch gesagt, dass das im Moment das Beste wäre für Ihre Gesundheit und für Ihre Kinder«, stellte ich fest.

Wir besprachen die Angelegenheit ausführlich, und es war nicht zu übersehen, wie schmerzlich diese Unterhaltung für sie war. Einerseits hatte sie den Wunsch, mehr Zeit mit ihren Neugeborenen zu verbringen, aber andererseits bereitete ihr der Gedanke, ihren Job aufzugeben, Schuldgefühle. Sie glaubte, sie würde es sich selbst übel nehmen, wenn sie ihre Karriere an den Nagel hängte. Die ganze Knochenarbeit, die Siebzigstundenwochen, alles wäre umsonst gewesen. Sie fürchtete, als reine Hausfrau und Mutter an Ansehen zu verlieren, und glaubte, dass selbst ihre Kinder sie nicht respektieren würden. Welche Option wir auch diskutierten, sie hatte entweder Schuld- oder Angstgefühle. Am Ende siegte die Angst. Sie hatte Angst, ihre Meinung zu ändern. Tief innen wusste sie, was sie zu tun hatte, aber sie fürchtete sich davor.

Das ist nachvollziehbar. Mir selbst ist es oft nicht anders ergangen, und ich habe mit vielen Müttern gesprochen, die vor ähnlich schweren Entscheidungen standen. Daher weiß ich zumindest eines ganz sicher: Angst ist selten ein guter Ratgeber. Oft ist es besser, sich für den schwierigeren Weg zu entscheiden, auch wenn es uns davor graut. Als Mütter sollten wir auf unser Herz und unseren Bauch hören, denn sie sagen uns oft besser als unser Verstand, was gut für uns und unsere Kinder ist. Aus Angst vor Veränderungen alles beim Alten lassen zu wollen ist falsch, erklärte ich meiner Patientin, und hieß sie im Mutterdasein willkommen.

»Gute Mütter haben keine Angst vor schwierigen Entscheidungen«, sagte ich. »Und sie schauen nicht zurück. Eine starke Mutter braucht ein Rückgrat aus Stahl. Sie ist wild entschlossen, immer das zu tun, was das Beste für ihre Kinder ist. Und das ist nie einfach, weil unsere Umgebung und auch Freunde und Verwandte uns manchmal für verrückt halten werden.«

Ein guter Mutterboden zu sein bedeutet manchmal auch, den Weg zu wählen, der nicht nur für uns, sondern auch für unsere Söhne der schwierigere ist. Wir müssen den Mut haben, das zu tun, was nötig ist (und was wir insgeheim vielleicht sogar wünschen), um zufriedene, glückliche Mütter zu sein. Für unsere Söhne sind Mütter, die gut drauf sind, weit wichtiger als tolle Lehrer, schicke Klamotten, ein großer Freundeskreis oder ein super Trainer. Vergessen Sie eines nie: Sie sind der Boden, in den Ihr Sohn seine ersten Wurzeln schlägt.

Zuhause ist der Ort, an dem er lernt, worauf es im Leben ankommt

Fragen Sie Männer, wo sie solche Tugenden wie Mut, Offenheit oder die Bereitschaft, anderen zu verzeihen, gelernt haben. Die meisten werden Ihnen bestätigen, dass ihre Mutter sie diese Dinge gelehrt hat. Wir Mütter merken, wie unsere Söhne nach dem verlorenen Meisterschaftsspiel nur mühsam ihre Tränen zurückhalten, wenn wir sie nach Hause kutschieren. Wir Mütter bekommen als Erste ihr Zeugnis zu sehen und sagen ihnen, dass sie es im nächsten Schuljahr sicher besser machen werden. Und wir Mütter vertrauen darauf, dass sie den Mut finden werden, sich mit dem Mädchen ihrer Träume zu verabreden, die Aufnahmeprüfung zu wiederholen oder sich ein zweites Mal an ihrer Wunsch-Uni zu bewerben. Wir ermutigen und unterstützen unsere Söhne, weil wir an sie glauben. Das erscheint uns ganz normal und wir tun es automatisch.

Es gibt noch einen weiteren Grund, warum unsere Söhne die Tugenden, auf die es im Leben ankommt, von uns Müttern lernen: Wir sehen den ganzen Menschen in unserem Sohn. Wir reduzieren ihn nicht auf bestimmte Eigenschaften oder Rollen, die wir mögen oder nicht. So sind wir nicht gestrickt. Gute Mütter akzeptieren ihre Söhne mit all ihren Vorzügen und Schwächen. Das zeigt Madelines Beispiel.

Erste Tugend: Mut

Als kleiner Junge war ihr Sohn Connor schwierig. Er war ein bisschen hyperaktiv und sehr eigensinnig. Dazu kam, dass er ähnlich veranlagt war wie seine Mutter. Madeline wusste also, was ihr bevorstand. Connor war ein willensstarkes Kind, so, wie sie selbst es auch gewesen war. Sie würden die nächsten Jahre damit zubringen, sich über alles in die Haare zu kriegen, angefangen bei der Frage, welche Schuhe er in die Schule anziehen sollte, bis zur Wahl der richtigen Sportart. Nichts lief ohne Reibereien.

Als Connor größer wurde, entwickelte er sich zum leidenschaftlichen Videofilmer. Bald zeigte sich, dass er viel Talent hatte. Mit vierzehn filmte er für lokale Unternehmen bei Veranstaltungen. Wenig später schnitt und produzierte er bereits seine eigenen Filme. In der Schule langweilte er sich, das ganze Theoriezeugs war ihm ein Graus. Er wollte von der Schule abgehen und eine Filmhochschule besuchen.

Dort verbrachte er ein paar Semester, fand aber die ganze Ausbildung schließlich zu theorielastig, und sein Interesse an der Filmerei begann zu erlahmen. Er wollte etwas anderes machen. Das stieß Madeline sauer auf, weil sie der Ansicht war, er sei zu alt, um noch mal was Neues anzufangen. Aber Connor hörte nicht auf die Einwände seiner Mutter und verließ die Filmhochschule. Schließlich gestand er seiner Mutter seinen heimlichen Traum, über den er noch nie mit jemandem geredet hatte. Er wollte zu den Navy SEALs, einer Spezialeinheit der amerikanischen Marine. Als Madeline das hörte, war sie ziemlich verwundert. Dieser Berufswunsch unterschied sich deutlich von all seinen früheren Plänen. Und als einer, der sich nicht gerne etwas sagen ließ, schien Connor nicht gerade prädestiniert zu sein für die Armee. Überdies hatte selbst Connor Bedenken und glaubte, er würde die Aufnahme ins Korps nicht schaffen. Er hatte sowohl das College als auch die Filmschule geschmissen. Madeline machte sich Sorgen, dass er eine Ablehnung schlecht verkraften würde. Dass er nicht bei den Navy SEALs aufgenommen würde, war sehr wahrscheinlich.

Interessanterweise entschied sich Madeline dafür, Connor Mut zu machen. Als er ihr schüchtern von seinem heimlichen Traum erzählte, verschwieg sie ihm ihre Befürchtungen, er würde es nicht schaffen. Sie ermutigte ihn vielmehr, es zu riskieren. Er solle sein Bestes tun und sehen, was dabei herauskommen würde. Connor befolgte ihren Rat, und Madeline wartete ab, wie die Sache enden würde.

Connors Entscheidung liegt zehn Jahre zurück. Er nahm seinen ganzen Mut zusammen und legte sich ins Zeug, genau wie seine Mutter es ihm geraten hatte. So schaffte er es nicht nur zu den Navy SEALs, sondern arbeitet heute an streng geheimen Elite-Militärprojekten, die ihm körperlich und geistig viel Mut abverlangen. Bis er sein Ziel erreicht hatte, musste Madeline ihn immer wieder bestärken, keine Angst vor einem Scheitern zu haben. Sie sagte zu ihm nie, dass Misserfolge nicht infrage kämen. Ganz im Gegenteil, sie sagte ihm, es gehöre im Leben nun einmal dazu, auch auf die

Nase zu fallen. Nur wer den Mut hat, eine Niederlage zu riskieren, lernt, ob er auch das Zeug hat, Erfolg zu haben.

Mütter lehren ihre Söhne, was Mut ist, indem sie selber stark sind. Etwas zu tun, bei dem der Erfolg garantiert ist, erfordert keinen Mut. Ein Projekt in Angriff zu nehmen, bei dem die Wahrscheinlichkeit zu scheitern hoch ist, hingegen schon. Diese Tatsache müssen wir Mütter unseren Söhnen klarmachen. Mit unserer Hilfe können sie lernen, Fehlschläge zu riskieren und keine Angst davor zu haben. Sie können sich absolut sicher sein, dass wir sie auch lieben, akzeptieren und ihnen wieder auf die Füße helfen, wenn sie scheitern.

Zweite Tugend: Akzeptanz

Es gibt zwei Arten der Akzeptanz, die Jungen erlernen sollten. Erstens müssen sie wissen, dass wir Eltern sie so akzeptieren, wie sie sind. Akzeptanz bedeutet nicht, dass wir über Misserfolge hinwegsehen, als hätte es sie nie gegeben, sondern dieses Thema direkt ansprechen. Zum Beispiel können wir sagen: »Ja, das hat nicht geklappt, aber du hast es versucht und kannst jetzt etwas Neues anpacken.« Zu wissen, dass er so geliebt und akzeptiert wird, wie er ist, trägt entscheidend zum emotionalen Wohlbefinden eines Jungen bei. Söhne, die nie Akzeptanz erfahren haben, verbringen ihr restliches Leben mit der verzweifelten Suche nach Anerkennung. Der einzige Weg, doch noch von ihrer Familie akzeptiert zu werden, ist, in die Welt hinauszuziehen, Erfahrungen zu sammeln und zu hoffen, dass ihre Eltern doch noch positiv reagieren.

Akzeptanz beweisen Sie vor allem dadurch, dass Sie Ihrem Jungen Ihre Liebe zu einer Zeit zeigen, in der er sich nicht liebenswert fühlt. Wir können unsere Söhne zu Erfolgen anspornen und zum Ausdruck bringen, dass wir stolz auf ihre Leistungen sind. Wir können ihnen sagen, dass wir sie immer lieben und akzeptieren werden. Was aber wirklich zählt, ist unser Verhalten, wenn sie einmal einen Fehlschlag erleiden. Vielleicht ist Ihr Sohn bei einer Prüfung durchgefallen oder wurde zum wiederholten Male nicht in die Mannschaft seiner Träume aufgenommen. Gehen Sie in solchen Momenten mit ihm ein Eis essen. Feiern Sie mit ihm, dass er es versucht hat. Erklären Sie ihm, dass einzelne Misserfolge nicht darüber bestimmen, wer er ist, auch wenn sie ihm momentan als große Sache erscheinen. Zu verlieren macht ihn noch lange nicht zum Versager. Setzen Sie ihm auseinander, dass er in Ihren Augen ein wunderbarer junger Mann mit gewaltigem Potenzial und einer großen Zukunft ist.

Es wird immer wieder einmal vorkommen, dass Ihr Sohn enttäuscht ist über sich selbst, weil ihm etwas nicht geglückt ist. Nutzen Sie solche Gelegenheiten, um ihm zu zeigen, was Akzeptanz bedeutet. Wir nehmen seine Misserfolge an und lieben ihn deshalb nicht weniger. So lernt er, seine eigenen Fehlschläge zu akzeptieren und trotzdem weiterhin Risiken einzugehen.

Kommen wir zum zweiten Aspekt von Akzeptanz. Dabei geht es darum, andere Menschen als gleichwertig zu sehen. Als Frauen wurden wir wahrscheinlich alle schon beruflich und sozial benachteiligt. Gerade deshalb ist es so wichtig, dass wir unseren Söhnen beibringen, alle Menschen zu lieben und anzunehmen, ungeachtet ihres Geschlechts, ihrer Rasse, ihrer Religion oder einer Behinderung. James erzählte mir, das sei einer der bedeutendsten Grundsätze gewesen, den ihm seine Mutter Darcy vermittelt habe. Als er drei war, kam seine Schwester Allie zur Welt. Sie litt unter infantiler Zerebralparese. Allie konnte weder sprechen noch gehen und hielt die Arme angewinkelt an den Oberkörper gepresst. Er erinnert sich daran, wie er schon als Erst- oder Zweitklässler mitbekam, wie sich seine Mutter darüber aufregte, wenn Freunde sie fragten, wie sie mit ihrem behinderten Kind zurechtkomme. »Sie redeten so, als sollte sie sich weniger über meine Schwester freuen, weil sie spezielle Bedürfnisse hatte«, berichtete mir James. »Ich weiß sogar noch, dass ich mich wunderte, dass sie sich über die Leute ärgerte. Ich selbst sah ja auch, dass die Betreuung meiner Schwester viel mehr Arbeit machte. Als ich älter wurde, fragte ich meine Mutter, warum sie sich über ihre Freunde aufregte. Sie erklärte mir, dass meine Schwester für sie ein genauso wundervolles Kind sei wie ich. Ich verstand sofort, was sie meinte. Es war nicht etwa so, dass sie mich weniger liebte als meine Schwester, sondern sie liebte meine Schwester mehr, als ich es für möglich gehalten hatte. Es fiel ihr genauso leicht, meine Schwester zu akzeptieren wie mich.«

Als er größer wurde, half James seiner Mutter dabei, sich um Allie zu kümmern. Er passte auf sie auf, half, sie zu füttern und fuhr sie sogar zu ihrem Abschlussball an der Highschool. Im Lauf der Jahre erlebte James mit, wie seine Mutter sich weigerte, sich bei irgendjemandem für Allies Behinderung zu entschuldigen. Seine Mutter brachte seine Schwester zum Spielen nach draußen, ging mit beiden Kindern ins Restaurant, fuhr mit den beiden in den Urlaub und war auch mehrere Jahre ehrenamtliche Hilfskraft in Allies Schule. »Ich glaube, ich lernte, alle Menschen als gleichwertig anzusehen, weil meine Mutter mir das vorlebte. Nicht nur behandelte sie Allie, als ob sie nicht behindert wäre, sie lehrte mich auch, dass Allies Leben genauso wertvoll ist wie das aller anderen Menschen. Das hatte großen Einfluss auf mein weiteres Leben.«

James wollte am Ende unserer Unterhaltung noch unbedingt ein paar Dinge sagen. »Ich möchte, dass Sie wissen, dass ich auch von manchen Freunden meiner Mutter und deren Kindern gelernt habe, andere zu akzeptieren. Zum Beispiel hatte meine Mutter eine Freundin namens Cherie. Die beiden verband eine tiefe Freundschaft, weil Cheries Sohn Reid mit dem Downsyndrom geboren wurde. Reid war ungefähr fünf Jahre jünger als meine Schwester. Er war in seiner Entwicklung nicht besonders zurückgeblieben. Er ging zur Schule, besaß viele Freunde und sprach sehr gut. Er war (und ist) ein feiner Kerl. Ich denke, meine Mutter und Cherie kamen sich näher, weil beiden viel abverlangt wurde mit ihren Kindern.« Mir war klar, dass er noch nicht fertig war, aber ein paar Momente lang saß er still da.

»Wie auch immer, ich fuhr also meine Schwester zu ihrem Abschlussball. Sie werden sich jetzt wundern, warum sie überhaupt hinging, obwohl sie weder tanzen noch sprechen konnte. Die meisten Leute würden das nicht verstehen. Allie ging zum Ball, weil Reid sie dazu aufgefordert hatte. Er rief meine Mutter an und fragte, ob er Allie zum Ball begleiten könne. Meine Mama fing an zu weinen.« Ich konnte sehen, wie gerührt James war.

»Reid lieh sich einen Smoking und kaufte für Allie einen kleinen Blumenstrauß zum Anstecken. Meine Mutter ging mit Allie zum Friseur. Er flocht ihr kleine Schleifen ins Haar. Mama erstand auch ein schönes blaues Ballkleid für meine Schwester. Als Allie fertig war, fuhr ich mit ihr zu Reid, um ihn abzuholen. Vor der Schule sprang er aus dem Wagen und öffnete Allies Tür. Er half mir, Allies Rollstuhl auszuladen, und zusammen setzten wir sie vorsichtig hinein.«

»Er wollte sie unbedingt selbst hineinschieben. Ich blieb am Eingang stehen und schaute zu, wie er mit Allie umging. Er war so nett zu ihr. Zuerst versuchte er, ihr etwas zu trinken zu geben. Dann schob er ihren Rollstuhl auf die Tanzfläche und drehte sie sachte im Kreis herum. Er tanzte und schob sie gleichzeitig vor und zurück. Ich schaute meiner Schwester ins Gesicht und sah, dass sie lächelte. Das rührte mich zu Tränen.«

Allie konnte an ihrem Abschlussball teilnehmen, weil ihre Mutter ihr Herzblut dafür hingab und sich um alles kümmerte. Reid begleitete Allie zum Ball, weil seine Mutter ihn dazu erzogen hatte, nett zu anderen zu sein und ihnen zu helfen. Und James lernte von beiden Müttern, dass auch Menschen mit besonderen Bedürfnissen ein Segen für andere sind. Mitzuerleben, wie seine Mutter Allie großzog, war eine grundlegende Erfahrung für James. Er begriff, dass für andere zu sorgen die größte Freude im Leben ist.

Dritte Tugend: Vergebung

Vergebung steht bei uns Müttern nicht unbedingt zuoberst auf der Liste der Tugenden, die wir unseren Söhnen vermitteln wollen. Das sollte sie aber, und zwar aus folgendem, ganz einfachem Grund. Männer, die anderen ihre Fehler vergeben können, sind glücklichere Menschen. Punkt. Jemandem, der ihn tief verletzt hat, verzeihen zu können, ist für einen Mann äußerst befreiend.

Wenn wir jemandem vergeben wollen, verspüren wir, egal ob Mann oder Frau, häufig das Bedürfnis, unsere Probleme mit einer unbeteiligten Person zu besprechen. Erst dann sind wir bereit, einem anderen zu verzeihen. Das muss nicht immer so ablaufen, aber meiner Erfahrung nach braucht es das Gespräch mit einer dritten Person, um die Bereitschaft aufzubringen, jemandem zu vergeben, der uns verletzt hat. Das macht die Sache schwierig für Männer, da sie nicht immer mit anderen über ihre Fehler sprechen. Wenn sie jemanden verletzen oder beleidigen, verschweigen sie das meist. Deshalb müssen wir unseren Söhnen beibringen, offen über die Kränkungen zu reden, die sie erlitten oder jemand anderem zugefügt haben. Nur so können sie auch lernen zu verzeihen.

Wieder ein Beispiel: Als Caleb dreizehn war, verließ sein Vater seine Mutter und ließ auch ihn und seine zwei Schwestern zurück. »Er behauptete, er gehe auf Geschäftsreise. Aber er kam nicht mehr nach Hause zurück. Ich werde nie vergessen, wie er an dem Morgen in mein Zimmer kam, mich auf den Kopf tätschelte und mir sagte, er liebe mich.«

Caleb erzählte mir diese Geschichte, als er 37 Jahre alt war. Der Schmerz war immer noch in seiner Stimme zu hören, was aber nicht mitklang, war Bitterkeit. Ich drückte ihm mein Mitgefühl aus, aber er selbst schien nicht sonderlich traurig zu sein. Zumindest hatte ihn die Trauer nicht davon abgehalten, ein erfülltes Leben zu führen. Ich wollte wissen, wie seine Mutter mit einer so schwierigen Situation fertiggeworden war. Was hatte sie getan, um ihm und seinen Schwestern über diese schlimme Zeit hinwegzuhelfen?

»Es waren schreckliche Tage. Für meine Mutter und auch für uns Kinder«, erzählte Caleb. »Und wir machten es meiner Mutter nicht leichter. Sie weinte viel. Sie erklärte uns, er habe uns verlassen, weil er eine harte Zeit durchmachte. Sie sagte uns nicht, ob er eine Freundin hatte, aber wir vermuteten es. Er war immer länger weggeblieben auf seinen Geschäftsreisen, und wenn er nach Hause kam, stritten sich meine Eltern häufig. Kinder wissen so viel mehr, als ihre Eltern glauben!« Ich nickte zustimmend.

»Nachdem mein Vater fortgegangen war und ich in die Highschool kam, brach die Hölle los. Ich fing an zu trinken und Drogen zu nehmen. Es grenzt fast an ein Wunder, dass ich nicht auch noch ein Mädchen schwängerte. Meine Noten wurden immer schlechter und ich hatte nicht den besten Umgang. Manchmal hatte meine Mutter Panik, und ich denke, sie hatte allen Grund dazu. Ich war auf dem besten Weg, mein Leben zu verpfuschen. Interessanterweise war mir das die ganze Zeit über völlig klar. Manche Leute meinen, Kinder wüssten nicht, was sie tun. Aber das stimmt nicht. Auch meine Ärzte irrten sich. Ich steuerte mit offenen Augen auf die Katastrophe zu.

Meine Mama ist aber nicht so schnell unterzukriegen«, fuhr er fort. »Sie begann, sehr streng mit mir zu sein. Sie tat ihr Bestes, um mich in den Griff zu kriegen. In vielerlei Hinsicht funktionierte das sogar, wenigstens kurzfristig. Es war ihr klar, dass mir eine Vaterfigur fehlte. Sie konnte mir den Vater nicht ersetzen, aber sie stand ihren Mann. Doch sie wusste auch Bescheid über meine Probleme – die Kleidung, die Drogen, die Mädchen und die Noten. Ich werde mich immer an den Tag erinnern, an dem ich von einer meiner Touren nach Hause kam und sie in der Küche vorfand. Sie war dabei, Rechnungen zu begleichen. Als ich den Raum betrat, schaute sie auf und lächelte mir zu. Nicht etwa dieses Lächeln, das heißen soll: ›Hallo, was hast du heute wieder angestellt?‹ Es war ein Lächeln, das mir zu verstehen gab, dass sie mich wirklich liebte. Sie fragte mich, ob ich mich zu ihr setzen wolle. Aus irgendeinem merkwürdigen Grund, vielleicht einfach, weil ich genug hatte von mir selbst und meinem Leben, war ich einverstanden.«

Caleb machte eine Pause. Wir führten das Gespräch am Telefon, deshalb konnte ich sein Gesicht nicht sehen. Aber ich spürte, dass er mit den Tränen kämpfte. Keine Tränen der Trauer, sondern Tränen der Dankbarkeit und des Staunens über seine Mutter. »Ich werde nie vergessen, was sie mir dann als Nächstes sagte. Sie sagte: ›Caleb, bald wirst du achtzehn und bist ein Mann. Das Problem ist nur, dass du dich benimmst wie ein Kind. Denkst du, das hat etwas mit deinem Vater zu tun?‹ Ich schluckte. ›Überhaupt nichts‹, log ich. Sie wartete und schaute mich lange an. Dann lehnte sie sich zu mir hinüber und tätschelte meinen Arm. Ich kann heute noch nicht glauben, dass ich das zuließ. ›Kein Mann hat das Recht, seinen Sohn so sehr zu verletzen, wie dein Vater es getan hat. Er war kein schlechter

Mann, und du warst kein böses Kind. Es ist einfach geschehen. Nun musst du ihm verzeihen.‹ Ich weiß noch genau, was für eine Wut ihre Worte in mir auslösten. Meinem Vater vergeben, dass er uns allen so wehgetan hatte? Wie konnte sie das bloß von mir verlangen? Ich fühlte mich verraten von ihr, weil sie mir das Recht nahm, zornig zu sein.

Ich schrie sie an und stürmte aus dem Raum. Dann dachte ich über ihre Bemerkung nach. Ein paar Tage später ging ich zu ihr und fragte sie, ob sie selbst ihm vergeben hätte. Sie antwortete: ›Ich arbeite daran. Und das ist gleichzeitig ein gutes und ein schlechtes Gefühl.‹ In den nächsten paar Monaten gelang es ihr irgendwie, zu mir durchzudringen. Sie ist eine bemerkenswerte Frau. Ihre Worte ließen mich die Dinge in einem neuen Licht sehen und veränderten mein Leben. Ich weiß nicht, ob ich übertreibe, aber ich bin davon überzeugt, dass meine Mama mir damals das Leben rettete.«

Die Kraft der Vergebung vermag unser Leben zu verändern. Es ist zu hoffen, dass Ihr Sohn nie durch solch schmerzvolle Erfahrungen gehen muss wie Caleb. Wenn doch, vergessen Sie nicht, dass Sie ihn aus dem Gefängnis seiner Wut befreien können. Glücklicherweise kann er lernen. So schwer es für Sie sein mag, nur Sie können ihn lehren, wie man vergibt. Alle wichtigen Tugenden lernt er zu Hause.

Doch unsere Söhne müssen nicht nur vergeben können, sie müssen auch lernen, um Vergebung zu bitten, was oft noch schwieriger ist. Denn zuerst gilt es, sich die eigenen Fehler einzugestehen. Manchen Jungen fällt es leichter, sich zu entschuldigen. Wenn Ihr Sohn sensibel ist, erkennt er seine Fehler vielleicht rasch. Dann müssen Sie ihm nur helfen, sich darüber klar zu werden, ob er mit seinem Verhalten andere verletzt hat. Ist dies der Fall, ermutigen Sie ihn, diesen Menschen zu sagen, dass es ihm leidtut. Andere Jungen sind widerborstiger. Sie tun direkt vor Ihren Augen Dinge, die Sie ihnen verboten haben. Zum Beispiel ziehen sie ihre jüngere Schwester an den Haaren oder klauen einem Freund ein Spielzeug. Und dann bestehen sie auch noch darauf, dass sie nichts Falsches getan haben. Das sind ganz normale, aber verzwickte Situationen. Manche Jungen weigern sich für eine gewisse Zeit, überhaupt zu glauben, dass sie etwas Falsches tun können. Dann sollten Sie Ihrem Sohn mit aller Schärfe deutlich machen, dass er gegen die Regeln verstoßen hat. Geben Sie ihm Hausarrest oder schicken Sie ihn in sein Zimmer. Waren Sie selbst nicht dabei, als die Sache passiert ist, müssen Sie sich ein Urteil bilden und entscheiden, ob Sie Ihren Sohn für schuldig halten oder nicht. Die meisten Jungen hören irgendwann damit auf, ständig ihre Fehler abzustreiten. Aber Sie dürfen Ihrem Sohn Regelverstöße nie durchgehen lassen. Lehren Sie ihn, sich die Wahrheit einzugestehen. Dabei spielt es keine Rolle, ob er bereit ist, seine Fehler auch zuzugeben. Komplizieren Sie die Situation nicht unnötig, indem Sie darauf bestehen, dass er seine Schuld eingesteht. Stellen Sie einfach fest, was passiert ist, und ziehen Sie die Konsequenzen. Mit der Zeit wird Ihr Sohn sich nicht mehr weigern, seine Fehler wieder in Ordnung zu bringen.

Eigensinnige Jungen dazu zu bringen, sich für ihr Verhalten zu entschuldigen, ist schon schwieriger. Gehört Ihr Sohn zu dieser Spezies, ist von Ihnen noch größere Entschlossenheit verlangt. Fehler zuzugeben und um Verzeihung zu bitten ist entscheidend, damit ein Junge als Erwachsener glücklich sein kann. Wenn Ihr Sohn das nicht beizeiten lernt, ist zu befürchten, dass er sich selbst oder zumindest die Menschen, die er liebt, unglücklich macht. Es gilt, eine grundsätzliche Regel zu befolgen: Je jünger das Kind ist, desto schneller sollte es dazu angehalten werden, sich zu entschuldigen. Der Grund dafür ist die geringe Aufmerksamkeitsspanne jüngerer Kinder. Sie haben auch einen anderen Zeitbegriff. Wenn Ihr Sohn im Alter von drei Jahren seine Schwester schlägt, sollte er sofort bestraft werden und sich entschuldigen müssen. Stören Sie sich nicht daran, wenn seine Entschuldigung nicht sonderlich aufrichtig klingt; wenn Sie das erwarten, können Sie unter Umständen warten, bis Sie schwarz werden. Es geht darum, dass er sofort sagt, dass es ihm leidtut, denn so lernt er, sein Fehlverhalten zu erkennen, und versteht, dass er anderen Leuten damit wehtut.

Zuhause ist der Ort, zu dem er zurückkehrt

Fragen Sie eine x-beliebige Frau, die seit mindestens einem Jahr verheiratet ist, ob sie ihren Ehemann bemuttert. Sie wird Ihre Frage bejahen, wenn auch widerstrebend. Manche Frauen empfinden dies positiv, andere nervt es. Aber wie auch immer, es ist ein verbreitetes Phänomen. Wir Frauen sind fürsorglich veranlagt. Wenn es in unserem Leben einen Mann gibt, dann bemuttern wir ihn. Wir kochen für ihn, weisen ihn auf Fehler hin und spenden ihm Rat. Wir tun alles, damit es ihm gut geht. Manche von uns sind richtig spitze in diesen Dingen. Jeder Sohn, der ein gutes Verhältnis zu seiner Mutter hat, wird das stolz zugeben. Wir bringen unseren Söhnen bei, Dinge zu tun, für die sie nicht unbedingt eine natürliche Begabung mitbringen. Wir helfen ihnen, besser zu kommunizieren. Wir lehren sie Disziplin. All dies und mehr könnten sie allein nicht lernen. Das hat zur Folge, dass sie ohne unsere Hilfe nicht gut zurechtkommen.

An dieser Abhängigkeit ist psychologisch oder emotional gesehen nichts falsch. Jedenfalls solange sie nicht verhindert, dass Jungen zu Männern heranreifen und sich zur rechten Zeit und auf positive Art und Weise von ihren Müttern lösen. Die meisten Mütter bemerken, wann dieser Ablöseprozess einsetzt. Sie können damit umgehen, ohne den verzweifelten Versuch zu unternehmen, ihren Sohn in Abhängigkeit zu halten, indem sie ihn kontrollieren. Aber sogar Söhne, die sich auf gesunde Weise von ihren Müttern lösen, haben die Vorzüge von Hotel Mama zu schätzen gelernt. Also suchen sie ähnlichen Komfort bei anderen Frauen. Sie möchten, dass ihre Freundin wie ihre Mutter kocht. Sie wünschen sich, von ihrer Frau auf dieselbe Weise getröstet zu werden wie von ihrer Mutter. Manchmal sehnen sie sich nach mütterlicher Zuneigung und der bedingungslosen Liebe, die sie von ihrer Mutter erfahren haben. Deshalb bevorzugen Männer normalerweise Frauen, die sie zwar als Erwachsene behandeln, aber doch in ähnlicher Weise bemuttern wie ihre Mama. Männer sind stark geprägt von ihren frühen Kindheitserfahrungen und fühlen sich stets zum Vertrauten hingezogen.

Wenn Männer reifer werden, wächst oft ihre Sehnsucht, wieder zu den mütterlichen Wurzeln zurückzukehren. Das wurde mir klar, als ich ältere Männer über ihre Mütter befragte. Besonders aufschlussreich war mein Gespräch mit einem ehemaligen Soldaten. Er war schon ziemlich alt und hatte im Zweiten Weltkrieg gedient. Er erzählte mir von dem Elend, das er im Krieg gesehen hatte. Insbesondere erinnerte er sich an einige Kameraden aus der Armee und sagte mir, es gebe Vorkommnisse, über die er nie sprechen werde. Er war in Kriegsgefangenschaft geraten und musste mitansehen, wie seine Freunde starben. Seit seinem Kriegseinsatz waren Jahrzehnte vergangen, aber er hatte seine Gefühle nie verarbeitet. Mehr als alles andere beeindruckte mich seine Schilderung der sterbenden Männer auf dem Schlachtfeld. Er berichtete, häufig hätte man die Soldaten im Todeskampf nach ihren Müttern rufen hören. Etwas tief in ihrem Inneren weckte in ihnen das Verlangen nach mütterlichem Trost, wenn sie tödlich verwundet dalagen. Es ist nachvollziehbar, dass ein Mann sich in dieser Situation nach der tröstlichen Umarmung seiner Mutter sehnt. Es ist jener ursprüngliche Trost, den er im zartesten Alter verspürte, als seine Mutter ihn festhielt, ihn küsste und liebte. Die Liebe, die ein junges, reines Herz erfuhr, vergeht nie. Deshalb ist es kein Wunder, dass das Herz eines Mannes sich an seinem Lebensende nach der Liebe seiner Mutter zurücksehnt.

Lehren Sie ihn, die Hoffnung nie aufzugeben

Als Mütter müssen wir unseren Söhnen auch vermitteln, dass sie ohne Hoffnung im Leben keinen Sinn erkennen werden. Männer, die mit dem Gefühl leben, das Beste liege schon hinter ihnen oder sie könnten sowieso nichts mehr ändern, versinken in tiefer Verzweiflung. Wir sollten unseren Söhnen beibringen, vorwärts statt rückwärts zu schauen. Auch dies gehört in unserer Kultur nicht gerade zu den Fähigkeiten, die wir Mütter als vorrangig betrachten. Wir konzentrieren uns darauf, unseren Jungs das Leben so angenehm wie möglich zu machen. Wir meinen, unsere Hauptaufgabe sei, ihren momentanen Erfolg und ihre Zufriedenheit sicherzustellen. Darüber vergessen wir ganz, dass sie einen starken Sinn für die Zukunft entwickeln müssen. Sie brauchen nicht nur die Gewissheit, dass eine Zukunft auf sie wartet, sondern müssen auch verstehen, dass sie selbst über diese entscheiden. Sie haben die Wahl, ihr Leben zu gestalten, und sie dürfen darauf vertrauen, dass ihre besten Tage noch vor ihnen liegen.

Wir Mütter wissen, dass das Leben einen manchmal beutelt. Wir können nicht immer verhindern, dass unseren Jungen etwas Schlimmes passiert, wie sehr wir uns auch bemühen. Sie können verletzt, gemobbt oder verprügelt werden. Wenn ihnen jemand wehtut, ist es schwer zu sagen, wer mehr leidet – sie oder wir. Eine bejahende Lebenseinstellung wirkt sich positiv auf die Zukunft unserer Söhne aus. Dazu gehört, die Hoffnung nie aufzugeben. Denn ohne Zuversicht zu leben ist niederschmetternd. Hoffnungslosigkeit versperrt den Menschen den Weg zum Besten, was das Leben ihnen zu bieten hat. Deshalb müssen wir sorgsam darauf achten, dass unsere Söhne von uns die Kunst der Hoffnung lernen.

Wer ohne Hoffnung lebt, ist von Dunkelheit umgeben. Er sieht sozusagen schwarz. Manche Psychologen meinen, dass Menschen in diesem Zustand keinen Sinn im Leben erkennen können. Männer, die sich nicht vorstellen können, sich je wieder zu freuen, wollen nicht weiterleben. Sie empfinden ihr Dasein als sinnlos. Ein Mann, der glaubt, dass sein Leben einen Zweck hat, sieht sogar im Leiden Sinn und kann es besser ertragen.

Gute Mütter lehren ihre Söhne, auch dann zu hoffen, wenn das Leben trostlos erscheint. Wenn alles gut läuft, ist es keine Kunst, zuversichtlich zu sein. Hat Ihr Sohn die Aufnahme ins beste Fußballteam der Schule geschafft, strotzt er nur so vor Optimismus. Er vertraut darauf, dass seine Mannschaft gut spielen wird, und sieht sich selbst als Sieger. Das Leben kommt ihm großartig vor. Bringt Ihr Sohn gute Noten nach Hause und wird in das College seiner Wahl aufgenommen, ist er sich seiner unmittelbaren Zukunft sicher. Das gibt ihm Selbstvertrauen. Hoffnung aber ist etwas anderes. Erfolg bringt nicht immer Erfüllung. Auch wenn Ihr Junge seine Fußballsaison beendet, das College abschließt oder seinen ersten tollen Job bekommt, kann ihn ein Gefühl der Leere überkommen. Und er wird sich fragen, weshalb er trotz all seiner äußeren Erfolge so niedergeschlagen ist.

Hoffnung hat nichts mit äußeren Erfolgen zu tun. Zuversichtlich zu sein ist eine innere Entscheidung. Ein hoffnungsvoller Mensch vertraut ungeachtet seiner Lage darauf, dass das Leben noch Besseres mit ihm vorhat. Ob er nun erfolgreich ist oder nicht, tief in sich verspürt er eine Zuversicht, die ihn mit Zufriedenheit erfüllt. Die Hoffnung verleiht seiner Seele Flügel.

Will eine Mutter ihren Sohn zu einem zuversichtlichen Menschen machen, ist der erste Schritt, mit gutem Beispiel voranzugehen. Fühlen Sie sich niedergeschlagen und sehen schwarz für die Zukunft? Dann treten Sie Ihrem Sohn gegenüber – egal, wie alt er ist – trotzdem so auf, als würden Sie darauf vertrauen, dass letztlich alles zu einem guten Ende kommt. Das fällt weniger schwer, wenn Sie selbst gläubig sind. Sich am Glauben festhalten zu können, daran, dass Sie dem lieben Gott getrost Ihr Leben anvertrauen können, gibt Ihnen eine konkrete Art der Hoffnung. Sie legen Ihr Leben in die Hände einer höheren Macht.

Als kleiner Junge wird Ihr Sohn ganz auf Sie vertrauen, weil Sie ihm alles geben, was er braucht. Aber wenn er älter wird, merkt er, dass Ihr Einfluss beschränkt ist und Sie nicht perfekt sind. Sie machen gelegentlich Fehler und enttäuschen ihn, weil sie ein menschliches Wesen sind. Die gute Nachricht ist, dass Sie nicht immer die Einzige sein müssen, auf die er vertraut. Sie können mit ihm über Gott sprechen. Es ist extrem wichtig für Ihren Sohn, auf Gott zählen zu können. Für Sie ist das eine enorme Erleichterung, weil es den Druck, perfekt zu sein, von Ihren Schultern nimmt. Und die Gewissheit, dass Gott über ihn wacht, erlaubt Ihrem Sohn, seine Hoffnung in Gott zu setzen.

Hoffnung ist eine Entscheidung, nicht nur ein Gefühl. Wenn unser Leben aus den Fugen gerät, müssen wir eine Wahl treffen. Macht Ihr Sohn harte Zeiten durch und versteht nicht, warum ihm gewisse Dinge widerfahren? Hat er das Gefühl, sein Leben sei sinnlos? Reden Sie mit ihm. Wählen Sie dafür einen Augenblick und einen Ort, wo er Ihnen auch wirklich zuhören kann. Erklären Sie ihm, dass es in seiner Macht steht, Vertrauen in eine bessere Zukunft zu haben. Auch wenn momentan alles trostlos aussieht.

Bringen Sie Ihren Sohn in kleinen Schritten dazu, zu hoffen. Fällt er bei einer Prüfung durch, versichern Sie ihm, dass er es besser kann und dass Sie vor der nächsten Prüfung mit ihm lernen werden. Verliert er seine Stelle, wird nicht ins College seiner Wahl aufgenommen oder von seiner Freundin verlassen, macht ihn das verletzlich. Nutzen Sie solche Gelegenheiten. Motivieren Sie ihn dazu, zuversichtlich zu sein: Er wird einen neuen Job finden. Er kann seine Studienziele an einem anderen College verwirklichen. Er wird sympathische Mädchen kennenlernen. Geben Sie ihm zu verstehen, dass das Glück ihm jederzeit wieder zulächeln kann. Machen Sie ihm klar, dass der Verlust des Jobs, die Nichtaufnahme ins College oder die Trennung von seiner Freundin nicht das Ende der Welt bedeuten.

Die Fähigkeit, vorwärts statt rückwärts zu schauen, ist eine der wichtigsten, die er von Ihnen lernen kann.

Akzeptieren Sie ihn – immer und jederzeit

Weiter oben haben wir schon über die Bedeutung der Akzeptanz gesprochen. Nun will ich eine andere Art von Akzeptanz erörtern, nämlich die Art und Weise, wie Sie Ihren Sohn annehmen. Immer wieder heißt es, wir sollten unsere Kinder bedingungslos lieben. In Wirklichkeit fällt das den meisten Müttern nicht gerade leicht. Jemanden so zu lieben, wie er ist, ist auch schwierig. Manchmal sagen wir zu unseren Söhnen, dass wir sie zwar lieben, aber ihr Verhalten nicht. Was das Kind dabei hört, ist Folgendes: »Ich muss dich lieben, aber ich halte nicht sehr viel von dir oder deinem Benehmen.« Aber Kinder wünschen sich, von uns akzeptiert so werden. Mindestens ebenso sehr, wie sie von uns geliebt werden wollen. Sätze wie der vorhergehende signalisieren ihnen das Gegenteil.

Wir alle hegen Hoffnungen und haben Erwartungen an unsere Söhne. Wenn sie geboren werden, entwerfen wir in unserer Vorstellung ein Idealbild von ihnen. Im Geiste sehen wir, wie unser Sohn in den verschiedenen Altersstufen unsere Träume verwirklicht. Er wird früher als die anderen Kinder in seinem Alter lesen lernen und später Klassenbester in Mathe sein. Wir stellen ihn uns als netten, einfühlsamen Jungen vor, aber auch als den besten Skater auf der Pipe und den besten Werfer im Baseball. Wenn unsere Söhne dann heranwachsen, werden wir mit der Realität konfrontiert. In Mathe kapieren sie rein gar nichts. Weder fürs Skateboardfahren noch fürs Bällewerfen sind sie besonders begabt. Vielleicht haben sie eine große Nase oder ein pickliges Gesicht und sind nicht gerade erpicht darauf, die Highschool überhaupt abzuschließen. Dann sind wir zutiefst enttäuscht, was wir uns natürlich nicht eingestehen wollen. Also suchen wir die Schuld bei uns und denken, wir hätten versagt. Wenn unser Sohn einen niedrigen IQ hat, haben wir uns während der Schwangerschaft nicht richtig ernährt. Leidet er unter Panikattacken oder Depressionen, zermartern wir uns den Kopf darüber, was wir falsch gemacht haben. Unsere Gefühle für unseren Sohn werden immer komplizierter, weil wir »es vermasselt haben«. Und seine Gegenwart erinnert uns ständig daran.

Meiner Erfahrung nach gibt es ein paar Verhaltensweisen, die uns dabei helfen, unsere Söhne zu lieben und zu akzeptieren, wie sie sind:

- Schauen Sie ihm häufig in die Augen. Nichts kann einem Sohn Akzeptanz so gut vermitteln, wie ihm in die Augen zu blicken und zu lächeln. Es ist ein einfacher, aber effektiver Weg, ihm Liebe zu zeigen.
- Lassen Sie sich nicht schockieren. Jungen provozieren ihre Mütter gerne, um ihre Aufmerksamkeit zu bekommen. Zeigen Sie Ihrem Sohn, dass Sie nichts so schnell umhaut. So wird er nicht das Bedürfnis verspüren, dumme Sachen anzustellen, um Ihre Anerkennung auszutesten. Er weiß, dass Sie ihn akzeptieren.
- Lassen Sie sich nicht aus dem Konzept bringen. Das Bewusstsein, eine starke Mutter zu haben, gibt einem Jungen die Sicherheit, dass sie verkraften kann, was immer geschieht.
- Vermeiden Sie gegenseitige Schuldzuweisungen. Es ist nicht ungewöhnlich, dass Jungen Fehler machen und andere kränken. Hat Ihr Sohn jemandem Unrecht getan, sprechen Sie sein Verhalten mit ihm durch und ziehen Sie Konsequenzen. Verschieben Sie die Diskussion darüber auf später. Er wird lernen müssen, sich bei den Leuten, die er verletzt hat, zu entschuldigen. Dabei braucht er Ihre Hilfe. Manche Söhne haben Schwierigkeiten, sich selbst zu verzeihen. Bringen Sie ihm das bei, denn diese Fähigkeit ist genauso wichtig, wie anderen zu verzeihen.
- Lassen Sie die Vergangenheit ruhen. Mütter können nachtragend sein. Im Streit erinnern sie ihre Söhne gerne an Fehler, die weit zurückliegen. Damit ist niemandem geholfen.
- Verzeihen Sie ihm. Oft verletzen uns Söhne, sei es direkt oder indirekt. Vielleicht sagen sie etwas Niederträchtiges. Oder sie kränken uns ganz einfach dadurch, dass sie etwas nicht tun. Zwar fällt es uns schwer, das zuzugeben, aber manchmal ärgern wir uns über sie, weil sie uns enttäuscht haben. Wichtig ist, dass wir ihnen auch dann vergeben, wenn unser Groll noch nicht verflogen ist. Solange wir ihnen nicht verziehen haben, können wir sie auch nicht voll und ganz akzeptieren.

Unterstützen Sie ihn dabei, den Sinn seines Lebens zu finden

Wenn unseren Jungen (und uns) das Leben deprimierend und kompliziert erscheint, ist es nützlich, sie an ein paar grundlegende Prinzipien zu erinnern. So verhelfen wir ihnen wieder zu jenem Durchblick, den sie verloren haben. Diese Prinzipien sind: *Du bist nicht zufällig hier, du wirst innig geliebt, und dein Leben hat einen Zweck.* Wenn ein Junge diese Prinzipen nicht verinnerlicht hat, wird er sein ganzes Erwachsenenleben lang Halt suchen. Schließlich muss er wissen, dass er sein Leben nicht dem Zufall verdankt. Es ist einzigartig und notwendig, und er sollte es schätzen. Der Sinn seines Lebens geht über seine Existenz hinaus und mag ihm wie ein Rätsel erscheinen. Sie sind dazu berufen, ihm bei der Suche danach zu helfen. Jeder Junge kann Sinn in seinem Leben finden, und zwar folgendermaßen:

Als Erstes muss er verstehen, dass er gewisse Begabungen und Talente besitzt. Diese Talente können sportlicher oder intellektueller Natur sein oder auch einfach in einer Charaktereigenschaft bestehen. (Er kann zum Beispiel mitfühlend oder geduldig sein.) Ihr Job als Mutter ist es, ihm zu helfen, diese Begabung zu erkennen und zu entfalten. Zum Glück leisten Ihnen Ihre Stärken als Frau dabei gute Dienste. Durch Sie lernt Ihr Sohn, dass er in einer Familie und Gemeinschaft lebt. Sie sind die kommunikative Person, die sich mit Freundschaften auskennt und weiß, was Geben und Nehmen bedeutet. Normalerweise bestimmt in einer Familie die Mutter, wie die Familienmitglieder auf andere zugehen, ob sie ihnen helfen und ob sie gute Freunde sind. Der Grund dafür ist, dass in den meisten Familien auch heute noch Mütter mehr Zeit zu Hause mit den Kindern verbringen als Väter. Auch wenn wir Mütter außer Haus arbeiten, lastet der Großteil der sozialen Verpflichtungen und des Familienbetriebs auf unseren Schultern.

Wie ich schon früher in diesem Kapitel erwähnt habe, dürfen unsere Söhne sich nicht ausschließlich auf die eigene Weiterentwicklung konzentrieren, wenn sie einen Sinn im Leben finden wollen. Zwar macht es uns Freude, ihnen bei der Verbesserung ihrer akademischen und sportlichen Fähigkeiten zur Seite zu stehen. Aber viel wichtiger ist, ihnen bei der Entwicklung charakterlicher Qualitäten zu helfen. Wir müssen sie anspornen, gute Männer zu werden und einen tieferen Sinn im Leben zu sehen. Sie dürfen natürlich auch erstklassige Studenten sein, aber keine Arschlöcher. Es ist toll, wenn sie zum Uni-Football-Team gehören, aber sie müssen auch Mitgefühl und Respekt für andere haben.

Stellen Sie Ihrem Sohn Fragen und achten Sie auf seine Antworten. Beginnen Sie früh damit, das heißt, wenn er etwa zwei, drei Jahre alt ist. Animieren Sie ihn dazu, über die Welt um ihn herum zu staunen. Fragen Sie ihn, was er denkt und fühlt, was er lernt und wie seine Freunde sind. Kinder mögen es, gefragt zu werden, besonders, wenn wir ihnen aufmerksam zuhören und sie nicht sofort unterbrechen.

Wenn Ihr Sohn älter wird, sollten Sie ihm sagen, dass er aus einem bestimmten Grund geboren wurde. Er kam zur Welt als Ihr Sohn, als Mitglied seiner Familie, um geliebt und akzeptiert zu werden. Er gehört zu Ihnen. Er ist ein wesentlicher Bestandteil eines größeren Ganzen, des Familienverbands. Dieser Verband ist in vielerlei Hinsicht auf ihn angewiesen. Auch wenn Sie alleinerziehend sind und er ein Einzelkind, bilden Sie einen Familienverband. Sie versorgen ihn mit bestimmten Dingen, und er versorgt Sie mit anderen. Schon ganz kleine Kinder müssen wissen, dass man sie braucht und dass sie dazugehören. Bitten Sie ihn, sich am Familienleben zu beteiligen, beispielsweise indem er von sich erzählt, Aufgaben übernimmt oder etwas anderes tut, was er gut kann.

Kommt Ihr Sohn in die Mittelstufe, fragen Sie ihn, was ihn begeistert. Vielleicht liest er gern, spielt Posaune, hört sich die Probleme seiner Freunde an oder kümmert sich um Tiere. Es gibt Tausende von Dingen, die Jungen ansprechen, und Ihre Aufgabe ist es, mit ihm zusammen herauszufinden, was er am liebsten macht. Dabei sollten Sie offen sein, denn möglicherweise haben Sie das, wofür er seine Energie aufwenden möchte, noch nicht einmal auf dem Radar.

Wenn er dann zwölf oder dreizehn wird, sprechen Sie mit ihm über die schwierigeren Fragen des Lebens. Was ist für ihn der Sinn des Lebens? Warum ist er seiner Meinung nach auf der Welt? Seien Sie darauf gefasst, dass Sie das Gespräch am Laufen halten müssen, denn wahrscheinlich wird er Ihnen nicht sofort antworten können. Ziehen Sie in Betracht, dass er die Auswirkungen seines Lebens auf andere, besonders auf die Personen, die ihn lieben, noch nicht erkennt. Vielleicht dreht sich in seiner Wahrnehmung alles nur um ihn, das ist völlig normal für einen Teenager. Bringen sie ihn dazu, sein Leben auch aus einer anderen Perspektive zu betrachten. Geben Sie ihm immer wieder Impulse. Fragen Sie ihn, was er glaubt, anderen zu bedeuten oder geben zu können. Ist er offen für Ihre Fragen, nehmen Sie ihn mit zu Gemeinde- oder Hilfsprojekten. Dort lernt er, was Hilfe ist. Vielleicht wird er herummotzen, aber vielleicht gefällt es ihm auch ganz gut. Möglicherweise überrascht er Sie mit seiner Reaktion.

Der Weg zur Sinnfindung, auf dem Sie Ihren Sohn begleiten, mag steinig sein. Vielleicht sucht er jahrelang und findet die Antwort trotzdem nicht, solange er unter Ihrem Dach lebt. Aber das ist in Ordnung. Haben Sie ihn auf eine unter Umständen längere Suche vorbereitet, wird er sich mit der Zeit selbst die entscheidenden Fragen stellen. Wenn er reif ist, wird er die Antwort finden. Haben Sie ihm klargemacht, wie wichtig es ist, seinen Seelenkern zu suchen, wird er nicht davon ablassen. Die Frage nach dem Lebenssinn wird ihn verfolgen, bis er so weit ist. Denn das, was Sie ihm beibringen, hält in seinem Kopf lange vor. Ihre Fragen, Ihre Liebe und Ihre Akzeptanz bringen eine tiefe Wahrheit in ihm zum Schwingen. Erst wenn er sie gefunden hat, wird er zur Ruhe kommen.

Im Guten wie im Schlechten sind Sie der Anfang seiner Welt. Sie waren das Erdreich, in das er seine Wurzeln schlug. Und Sie halten eine Verbindung zu ihm, die kein anderer Mensch je haben wird. Ein Teil seines Herzens wird immer Ihnen gehören, auch nach Ihrem Tod. Bis zu seinem.

Kapitel 5

Trüge Gott Make-up, wäre es Ihr Farbton

Halten Sie sich fest. Den ersten flüchtigen Eindruck, den Ihr Sohn von Gott bekommt, erhascht er auf Ihrem Gesicht. Die Welt eines Babys ist dinghaft. Was es sieht, existiert, und was es nicht sieht, existiert nicht. Wenn Ihr Sohn älter wird, beginnt er zu spüren, dass es mehr gibt im Leben, als er sehen kann. Viele Jungen fangen im Alter von vier oder fünf Jahren an zu begreifen, dass da ein spirituelles Element im Universum ist. Aber da ihr unreifer Verstand immer noch unfähig ist, abstrakte Konzepte zu erfassen, vermischen sie das Abstrakte mit dem Sichtbaren. Deshalb wird Ihr Sohn in Ihr Gesicht schauen und versuchen, Gott dort ausfindig zu machen.

Er glaubt zwar nicht, dass Sie Gott sind, aber seine Vorstellung von ihm beruht auf dem Verhalten, das Sie in seiner Gegenwart an den Tag legen. Lächeln Sie oft, wird er annehmen, Gott sei freundlich. Sind Sie vertrauenswürdig, geduldig und nett, malt er sich auch Gott so aus. Die Bilder, die sich Ihr Sohn von Gott macht, können sowohl positiv als auch negativ sein. Ihren Stimmungsänderungen folgend wandeln sie sich von Tag zu Tag. Sind Sie besonders schlecht gelaunt, wird er Gott vielleicht für böse halten. Hört Ihr Sohn Sie oft sagen: »Hör sofort damit auf!«, stellt er sich Gott streng vor. Zum Glück ändern sich diese Bilder, wenn Ihr Sohn älter wird und ein differenzierteres Denken entwickelt. Haben Sie Gott falsch verkörpert (was unvermeidlich ist), erkennt Ihr Sohn im Heranwachsen, dass Gott alles viel besser macht als Sie. In der Zwischenzeit können Sie aber viel dazu beitragen, dass Ihr Sohn Gott sein Leben lang schätzt.

Obwohl sie ihr Gottesbild nach ihrer Mutter formen, stellen sich Söhne Gott gewöhnlich nicht als Frau vor. Viele Jungen beschreiben ihn als riesigen Mann mit einem grauen Wallebart, der am Himmel schwebt. So haben sie ihn jedenfalls in Büchern gesehen. Aber Jungen wissen auch, dass Gott mehr ist als das. Wenn Er existiert, muss Er so beschaffen sein, dass sie Zugang zu Ihm finden. Und damit kommen Sie ins Spiel. Weil Ihr Sohn Ihnen vertraut und sich Ihnen in Liebe verbunden fühlt, hält er auch Gott für vertrauenswürdig und liebevoll. Er spürt, dass er auch Ihm nahe sein kann. Mit anderen Worten sieht Ihr Sohn seine Beziehung zu Gott in der zu Ihnen gespiegelt. Denkt er über Gott nach, schreibt er Ihm viele Ihrer guten Eigenschaften zu. Das ist gut so. In vielerlei Hinsicht sind Sie die erste Person, die ihm das Konzept eines gütigen Gottes nahebringt.

Gemäß dem Alten Testament ist Jahweh weder männlich noch weiblich. Mit der Zeit wird Ihr Sohn begreifen, dass Gott nicht wirklich ein imposanter Typ mit einem langen weißen Bart ist, der auf einem Thron im Himmel sitzt. Und auch keine Frau, die Jeans trägt wie Sie. Gott ist ein geistiges Wesen mit männlichen wie weiblichen Merkmalen. Diese Mischung aus Mann und Frau entspricht dem Bild, das Ihr Sohn sich von Gott gemacht hat. Denn er sieht das Antlitz Gottes in Ihrem Antlitz widergespiegelt.

Der angesehene Psychiater Robert Coles schrieb ein wundervolles Buch mit dem Titel *Wird Gott nass, wenn es regnet?*. Darin beschreibt er, auf welch wunderbare Art sich Kinder Gott annähern. Sie tun es mit einer Offenheit gegenüber der spirituellen Dimension des Lebens, die auf tiefem Vertrauen basiert. Coles erzählt von ihrer Neugierde und davon, wie sie sich schon in ganz jungen Jahren tiefschürfende Gedanken über Gott machen. Sie stellen sich vor, welche Eigenschaften Gott besitzt und wie er aussieht. Einerseits wundern sie sich über seine Güte, andererseits fragen sie sich, weshalb er es zulässt, dass Menschen Schlimmes widerfährt. Sie möchten wissen, wie es im Himmel aussieht. Coles hat in seiner psychiatrischen Praxis Tausende von Kindern behandelt und kam zu der Erkenntnis, dass sie eigentlich Fragen über Gott stellen und nach Antwort verlangen.

Wie Sie mit ihm über Gott sprechen können

Sich dem Thema Gott von einem streng theologischen Standpunkt aus zu nähern ist keine gute Idee. Jungs verlangen nach mehr als interessanten Ideen über Religion. Sie wollen konkret wissen, was Glaube ist und welche Hilfe er ihnen bieten kann. Deshalb müssen Sie mutig genug sein, mit Ihrem Sohn über Ihren Glauben zu reden. Gott, Himmel, Geister und Seelen sind bis zu einem gewissen Punkt Teil der Welt Ihres kleinen (oder großen) Jungen. Schon sehr früh wird er beginnen, schwierige Fragen zu stellen: Gibt es den Himmel wirklich? Existiert Gott, und wenn ja, mag er Kinder? Hat er Zähne und lächelt er? Wir setzen unseren Söhnen diese Ideen nicht in den Kopf. Sie tauchen von selbst auf. Es ist nur menschlich, sich Fragen über die Natur Gottes und unsere Spiritualität zu stellen. Ihr Sohn brennt darauf, Antworten auf seine tiefsinnigen Fragen zu bekommen. Daher will ich Ihnen hier ein Geheimnis verraten: In einem gewissen Alter möchte Ihr Sohn von Ihnen hören, was Sie zu diesen Themen zu sagen haben, was Sie über Glauben und Spiritualität denken. Ihre Ansichten interessieren ihn mehr als die Meinung eines Priesters. Meiner Erfahrung nach hat eine Mutter den größten Einfluss auf das spirituelle Leben ihres Sohnes.

Ich finde dieses Phänomen ausgesprochen faszinierend. Wir lesen in Psychologiebüchern, dass Söhne männliche Vorbilder brauchen, um ihre Identität herauszubilden, und das stimmt. Wir wissen, dass Jungen als visuelle Menschen erwachsene Männer in Aktion sehen müssen, um sich das Leben als Mann vorstellen zu können. Jungen beobachten männliches Verhalten und probieren es aus. Hört ein Junge seinen Vater mit freundlicher Stimme sprechen, stehen die Chancen gut, dass auch er ein liebenswürdiger Mensch wird. Aber wenn es um Gott geht, richten unsere Söhne ihren Blick auf uns Mütter, um sich eine Meinung über Ihn zu bilden. Denn wir sind der Quell von Nahrung und Gefühl. Doch warum ist das so? Warum beobachten Jungs Männer, um in wichtigen Bereichen zu ihrer Identität zu finden, doch um etwas über Gott in Erfahrung zu bringen ihre Mutter? Ich glaube, dafür gibt es mehrere Gründe. Dabei stütze ich mich auf die Aussagen Hunderter Männer, die über ihre Kindheitserfahrungen befragt wurden.

Erstens haben Mütter im Allgemeinen weniger Probleme damit, über Gott zu sprechen. Sie scheuen sich weniger als Väter, schwierige Themen wie Glaube, Sex und Drogen in Angriff zu nehmen. Das hat damit zu tun, dass Mütter Bindungen über Kommunikation herstellen, Männer über Aktion. Selbst wenn wir glauben, mit unseren Söhnen nicht über spirituelle Themen sprechen zu können, so sind wir doch da, wenn sie reden wollen. Und dann müssen wir eine Antwort bereithaben, die unser Kind befriedigt. Vielleicht sitzen wir gerade am Steuer unseres Wagens und fahren unseren Sprössling zur Schule oder von einem Fußballspiel nach Hause. Und plötzlich meldet sich eine hohe Stimme vom Rücksitz und fragt: »Mama, ist Tabby in den Himmel gekommen, nachdem wir sie im Garten begraben haben?« Dann können wir nicht einfach schweigen. Ob es uns recht ist oder nicht, die Frage steht im Raum. Oder wir stecken unseren Liebling abends ins Bett, und er sieht uns an und fragt: »Mama, schwebt oder läuft Gott im Himmel oben?« Das ist die perfekte Gelegenheit, um einen spirituellen Dialog zu beginnen. Wir wollen, dass unsere Söhne die Antworten bekommen, die sie suchen. Also müssen wir unser Zögern überwinden und nach einer vernünftigen Antwort suchen.

Zweitens sind es normalerweise wir Mütter, die unsere Söhne am Sonntagmorgen mit zur Kirche schleppen, wenn wir selbst dorthin gehen. Für gewöhnlich sind wir Mütter das Gewissen der Familie. Wir wissen, dass uns das Leben mitunter arg mitspielt. Dann brauchen wir einen Halt, und den finden wir in Gott. In schweren Zeiten erinnern wir uns manchmal an die Religionsstundenlektionen, die wir vor langer Zeit gelernt haben. Oder wir haben Kraft im Glauben gefunden, weil wir wussten, dass es den lieben Gott gibt und er uns helfen wird. Unser Wunsch ist, dass unsere Jungs gut aufs Leben vorbereitet sind. Sie in die Kirche mitzunehmen bringt uns diesem Ziel näher.

Drittens, und das ärgert wahrscheinlich viele Väter, spiegeln unsere Gesichter die Demut Gottes eher als ihre. Das rührt daher, dass die meisten Frauen viel häufiger als Männer gezwungen sind, sich anzupassen. Wir nehmen während der Schwangerschaft siebenundzwanzig Kilo zu, wir gebären Kinder und verlieren danach wieder an Gewicht. Wir arbeiten, gehen in Mutterschaftsurlaub und kehren an unsere Stelle zurück. Oder wir bleiben als Hausfrauen daheim, nachdem wir unser ganzes Erwachsenenleben über berufstätig waren. Ich habe die durchschnittliche Anzahl Veränderungen zusammengezählt, die Mütter im Verlauf ihres Lebens durchmachen. Nach meinen Berechnungen erfährt unser Leben ungefähr alle drei Jahre eine größere Veränderung. Gezwungenermaßen passen wir uns an. Das macht uns flexibel. Und stark. Frauen gehen ihre Schwierigkeiten gerne frontal an, weil sie wissen, dass schweigend zu dulden nicht so guttut, wie über Probleme zu reden. Unsere Söhne bekommen das mit. Sie sehen, wie wir uns in das Unabänderliche schicken, uns ständig wandeln und dabei andere an unseren Gedanken und Gefühlen teilhaben lassen. Sie achten auf unsere Reaktionen: Suchen wir Hilfe bei Freunden? Rufen wir jemanden an? Beten wir? Instinktiv wissen sie, dass wir ihnen zeigen, was sie tun können, wenn sie einmal in Schwierigkeiten geraten.

Ebnen Sie ihm den Weg zum Glauben – und zu einem tieferen Sinn

Viele Söhne stellen schon im Alter von drei Jahren spirituelle Fragen. Der Tod eines Hamsters macht sie traurig, weckt aber auch ihre Neugierde: »Was passiert jetzt mit Pinky? Wird er in der Erde vermodern, auf einen anderen Planeten fliegen oder zu einer Wolke verdampfen?« Sie werden überrascht sein, wie sehr sich schon Jungen im Vorschulalter für abstrakte Dinge interessieren: Was liegt hinter den Sternen? Wie kann es Gott geben, wenn er unsichtbar ist? Andere Jungen fangen erst in der zweiten Klasse mit diesen Fragen an oder wenn sie schwere Zeiten durchmachen, gemobbt werden oder plötzlich Scheidungskind sind. Wenn die Welt eines Jungen mit einem Mal einzustürzen droht, merkt er, wie nahe Glück und

Unglück manchmal beieinanderliegen. Er fragt sich, was das Leben für ihn noch bereithalten mag und wie er damit zurechtkommen soll.

Wenn Jungen anfangen, spirituelle Fragen zu stellen, erhoffen sie sich die Antwort darauf von ihrer Mutter. Zu diesem Zeitpunkt müssen wir achtsam sein. Denn meistens setzt damit auch die Angst ein, ihre Mama zu verlieren. Hat ein Junge erst einmal begriffen, dass das Leben nicht nur Freude, sondern auch Leid bereithält, wird ihm klar, dass seine Mutter verletzt werden oder sterben könnte. Das ist ein Schock für ihn. Manche Jungs behalten diese Befürchtung für sich. Wenn wir Mütter ihre geheimen Sorgen spüren, müssen wir die Initiative ergreifen und solche Fragen ansprechen, denn in diesem Moment können unsere Söhne das nicht. Wenn Ängste und Enttäuschungen zu verarbeiten sind, sollten wir ihr Augenmerk auf Gott lenken. Denn er kann unserem Jungen helfen, solche Stürme zu überstehen.

Haben Sie von spirituellen Themen wenig Ahnung oder Angst, sie anzuschneiden? Dann wird sich ihr Sohn an andere Personen wenden, um Lösungen zu finden. Das mag bei einigen Menschen in Ordnung sein, aber bei sensiblen Jungen birgt es ein gewisses Risiko. Sie suchen bei ihrem Trainer oder Lehrer nach Antworten, aber auch bei Freunden. Da kann es durchaus vorkommen, dass Ihr Sohn von seinen Kumpeln Auskünfte erhält, die Ihnen die Haare zu Berge stehen lassen würden. Manche Teenager fragen ihre Freunde um Rat, wenn sie in der Schule, mit ihrer Auserwählten oder zu Hause Probleme haben. Diese Freunde wollen jedoch nicht immer ihr Bestes. Mitunter sind die Lösungen, die sie bereithalten, auch gefährlich. So etwa, wenn sie ihm Drogen anbieten, damit er über schwere Zeiten hinwegkommt. Da müssen wir Mütter auf dem Posten sein, um als Erste unsere Hilfe anzubieten. Unseren Söhnen solide emotionale, intellektuelle und spirituelle Wurzeln zu ermöglichen ist dabei der beste Weg.

Die Erkenntnis, dass wir die spirituelle Mentorin unseres Sohnes sind, ist manchmal erschreckend. Aber wir sind tatsächlich seine erste Gotteserfahrung. Und seit wir unser eigenes spirituelles Leben entdeckten, ist viel Zeit vergangen. Wie sollen wir als Erwachsene dieses wichtige Thema mit unserem Kind angehen? Versuchen Sie, das Leben mit den Augen eines kleinen Jungen zu sehen. Stellen Sie sich vor, wie Ihr Sohn Sie am Hosenbein zupft. Er hört sich keine Predigten an, besucht noch keine Konfirmationsstunde. Er achtet nur auf seine Mama. Seine Erkenntnisse über Gott beruhen allein auf dem, was Sie sagen und tun. Söhne jeden Alters nähern sich dem Glauben auf diese ganz elementare Weise an.

Die Erkenntnis, dass Gott da ist, tut Jungen gut

Kennys Mutter hatte ihren Sohn von klein auf mit Gott vertraut gemacht. Heute ist Kenny in den Vierzigern. Er erklärte sich einverstanden, mir telefonisch Einblick in seine Beziehung zu seiner Mutter zu geben. Nachdem ich mich bei ihm dafür bedankt hatte und mit der Befragung anfangen wollte, eröffnete er mir gleich zu Anfang, er sei ein bisschen nervös. Sonderbar, dachte ich. Warum sollte er nervös sein? Er konnte es mir nicht sagen. Meine Vermutung war, dass er fürchtete, ich würde alte Wunden aufreißen. Sie sollte sich als richtig herausstellen.

Als Erstes betonte Kenny, er bete seine Mutter an. Sie war Lehrerin und sehr religiös. Sie pflegte sich um alles, was atmete, zu kümmern. Besonders am Herzen lagen ihr notleidende Geschöpfe. Während Kennys Jugend gingen in ihrem Haus Menschen jeglichen Alters ein und aus. Normalerweise kam der Besuch unangekündigt. Seine Mutter nahm stets hilfsbedürftige Leute auf. Ich versuchte herauszuhören, ob in Kennys Stimme ein Hauch von Groll mitschwang, aber da war nichts. Sollte er früher verbittert gewesen sein, hatte er sich davon offensichtlich befreit.

Kenny beschrieb seine Mutter als ausgelassen, kontaktfreudig und bestimmt. Sie neckte ihn oft. Er erklärte zwar, er möge ihre Art, ihre Zuneigung auszudrücken, aber das überzeugte mich nicht restlos. Ich hätte schwören können, dass seine Stimme brüchig wurde, als er mir ein paar ihrer »Scherze« erzählte. Als er zwölf Jahre alt war, sagte sie manchmal: »Du bist halt der Faulenzer der Familie!« Dann stieß sie ihn kameradschaftlich in die Seite, als wollte sie sagen: »Hey, das war ein Witz! Zumindest teilweise!«

Bevor ich Kenny interviewte, wusste ich, dass er ein sehr gläubiger Mann war. Er sprach offen über seinen katholischen Glauben und schien das auch gern zu tun. Außerdem schien er stolz darauf zu sein, dass er durch seine Mutter zum Glauben gekommen war. Als Kind begleitete Kenny seine Mutter regelmäßig in ihre charismatisch-protestantische Kirche. Doch mit vierzehn hatte er genug. Seine Freunde gingen nicht in die Sonntagsschule, und er hatte sonntags oft Fußballspiele. Den Wunsch seiner Mutter, er möge weiterhin die Gottesdienste besuchen, fand er altmodisch. Nach einer Weile, so erzählte er, begann er, an Gott zu zweifeln. Als Teenager wurde er sich dann des Leidens auf der Welt bewusst und fing an, sich mit zwei Fragen herumzuquälen: »Existierte Gott überhaupt? Und wenn ja, weshalb ließ er dann zu, dass so viele Menschen hungerten?« Dies führte dazu, dass Kenny sich von religiösen Dingen abwandte, bis er in den Zwanzigern war.

Seine Mutter Caroline nahm während seiner ganzen Teenagerzeit zu Hause Leute auf. Sie erklärte ihm, Jesus hätte ihrer Familie geholfen, deshalb wolle sie das auch tun. Man könnte nun meinen, das Verhalten und die Überzeugungen seiner Mutter hätten Kenny zu Spott veranlasst, aber das war nicht der Fall. Er wusste, wie wichtig ihr das war. Auch wenn er sich von Kirche und Religion abgewandt hatte, hielt er es für richtig, den weniger vom Glück begünstigten Menschen zu helfen. Ich merkte schnell, wie stolz er auf den beispielhaften Glauben und die Güte seiner Mutter war.

Nachdem ich erfahren hatte, dass er mit vierzehn dem Glauben den Rücken gekehrt hatte, war ich neugierig, wie er in den Schoß der Kirche zurückgefunden hatte. Darauf hatte er gleich eine Antwort parat: Er hätte den Weg zurück zu Gott dank seiner Mutter gefunden. Das erstaunte mich nun wieder. Ich hatte angenommen, seine Mutter habe ihm die Religion verleidet. (Ich war voreingenommen, wie ich später bemerkte.) Wie hatte sie ihm dann helfen können, den Glauben neu zu entdecken? Was tat sie, um ihre spirituelle Verankerung auf ihren Sohn zu übertragen?

»Wissen Sie«, begann Kenny, und sein Ton verdüsterte sich, »als ich zehn war, wurde bei meiner Schwester Krebs diagnostiziert. Es war die Hölle für meine Mutter. Jahrelang wurde meine Schwester mit Chemotherapie behandelt; sie verlor ihr Haar und hatte starke Schmerzen. Mein Vater wurde mit ihrer Krankheit nicht fertig. Die ganze Verantwortung lag bei meiner Mutter. Auch mir ging es schlecht. Ich sah, wie schmerzlich das alles für sie war, aber ich konnte nichts tun. Aber ich erkannte auch etwas anderes. Nach all den Jahren, in denen sie sich um fremde Leute gekümmert hatte, zwang sie die Krankheit ihrer eigenen Tochter, auf einer anderen Ebene zu lieben.«

Kennys Stimme wurde ruhiger und leiser. Er musste seine Schwester sehr geliebt haben. Ich spürte, dass es für ihn schwierig war, über ihren Tod zu sprechen, obschon der Abschied viele Jahre zurücklag. Ich bot ihm an, das Gespräch zu beenden, aber er bestand darauf, es weiterzuführen. Ich war froh darüber. Als Mutter wollte ich wissen, wie seine Mutter so viel Leid hatte überstehen können. Wir Mütter stellen manchmal solch eigennützige Fragen. Wir fragen uns, ob wir überleben würden, wenn uns – Gott bewahre – das Undenkbare zustößt. Deshalb möchten wir, dass Menschen, die vor uns durch die Hölle gingen, ihre Überlebensstrategien an uns weitergeben. Kennys Mutter hatte zweifelsohne einige entwickelt. Das miterleben veränderte Kennys Leben. Ich hatte keine Ahnung, dass es auch mein Leben verändern würde, als ich seine Geschichte zu Ende hörte.

»Ich werde den letzten Tag im Leben meiner Schwester nie vergessen. Sie war erst einundzwanzig«, begann er. »Sie lag im Krankenhaus, und meine Mutter hielt Wache bei ihr. Sonderbarerweise klagte meine Mutter nicht. Ich hätte erwartet, dass sie Gott anklagte, aber das tat sie nicht. Wenige Augenblicke vor ihrem Tod stand meine Schwester auf und blieb vor meiner Mutter stehen. Ich wurde Zeuge, wie meine Mutter sie umarmte und ihr Lebewohl sagte.«

Kenny wurde wieder still. Ich stellte mir vor, wie seine Mutter seine Schwester in den Armen hielt. Gleich danach kam mir das Bild, wie ich dasselbe mit meinen geliebten Töchtern tun würde. Hätte ich die Kraft, meine sterbende Tochter festzuhalten und nicht gegen Gott aufzubegehren? Allein der Gedanke verursachte mir Herzjagen. Ein Teil von mir war fest überzeugt, ich würde wahnsinnig werden, sollte eines meiner Kinder sterben.

Ich schwieg und wartete, bis Kenny den Faden wieder aufnahm. »Meine Mutter setzte sich wieder hin, und meine Schwester schloss für immer die Augen. Der Gesichtsausdruck meiner Mutter war absolut ruhig. Alles an ihr strahlte Frieden aus. Ich glaube, sie hatte soeben meine Schwester an Jesus übergeben. Ja, sie hatte sich verabschiedet, aber ich denke, dass sie im Geiste meine Schwester im wahrsten Sinne des Wortes an den Händen fasste und Ihm übergab.«

Als Ärztin habe ich den Tod viele Male miterlebt. Manchmal erschien mir das Sterben als »heilige« Erfahrung. Mein eigener Vater lag mehrere Tage lang im Koma, bevor er starb. Kurz bevor er seinen letzten Atemzug tat, sah eine Krankenschwester, wie er seine Augen öffnete und gebannt an die Decke schaute. Sie war so verblüfft, dass sie ihn unwillkürlich fragte: »Wally, was sehen Sie da?« Später erzählte sie, sie hätte an seinem Gesichtsausdruck ablesen können, dass er etwas unglaublich Schönes wahrnahm. Krebskranke Kinder im Endstadium erzählten mir, in ihrem Krankenbett liegend, nachts kämen Engel zu ihnen ins Zimmer. Ein zwölfjähriger Junge erklärte seiner Mutter, einer nicht besonders religiösen Frau, Jesus hätte ihn in der Nacht aufgesucht, um ihn zu beruhigen: Alles würde gut werden. Er müsse keine Angst haben vor dem Sterben oder wegen seiner Mutter. Der Junge tröstete seine Mutter und sagte ihr, sie solle sich um ihn nicht sorgen. – Diese Erlebnisse hatten mich in gewisser Weise auf Kennys Geschichte vorbereitet. Es fiel mir leicht, mir die friedvolle Haltung seiner Mutter während des Sterbens seiner Schwester vorzustellen.

Irgendwann im Leben machen wir uns alle Gedanken über das Leben nach dem Tod. Wir möchten wissen, was mit uns geschieht, wenn wir sterben. Wir sinnen nach über Gott und den Himmel. Wir fragen uns, ob die spirituelle Welt nur ein Produkt unserer Fantasie ist. Wir suchen nach Antworten, weil wir Hoffnung brauchen. Ich kann Ihnen die Lektüre von Dr. Eben Alexanders Buch *Blick in die Ewigkeit* wärmstens empfehlen. Dieser Bestseller erlaubt uns einen flüchtigen Blick ins Jenseits. Es ist ein Buch, das uns Hoffnung gibt. Denn Dr. Alexanders Nahtoderfahrung beweist, dass der Himmel existiert.

»Der Tod meiner Schwester war der Moment, in dem ich zu Gott zurückfand«, erzählte Kenny. »Ich war damals in den Dreißigern. Meine Mutter hatte mich nie gedrängt, wieder in die Kirche zu gehen oder so. Aber als ich beim Abschied meiner Schwester Zeuge ihrer inneren Stärke wurde, wusste ich, dass der Gott, an den sie glaubte, wahrhaftig ist. Meinem Vater fehlte ihr unerschütterlicher Glaube, er wurde mit dem Tod meiner Schwester nicht fertig. Die unterschiedlichen Reaktionen meiner Eltern machten mir klar, dass der Glaube meiner Mutter kein Hirngespinst war. Sie glaubte an etwas Reales, und das wollte ich auch tun. Aber ich fühlte mich nicht wohl beim Gedanken, in die Kirche meiner Jugend zurückzukehren. Deshalb begann ich, in die katholische Messe zu gehen. Und ich habe diese Gewohnheit nie wieder aufgegeben.«

Eine Vielzahl von Forschungsarbeiten in den USA hatte zum Ergebnis, dass der Glaube an Gott unseren Söhnen hilft, auf dem richtigen Weg zu bleiben. 2001 fiel der Startschuss zum Forschungsprojekt der National Survey of Youth and Religion unter der Leitung von Dr. Christian Smith, der an der Universität Notre Dame lehrt. Die ersten Ergebnisse wurden 2005 in einem Buch veröffentlicht: *Soul Searching: The Religious and Spiritual Lives of American Teenagers* von Dr. Smith und Melinda Lundquist Denton. Danach ging die Untersuchung weiter. 2008 kam der zweite Teil ihrer Arbeit als Buch heraus: *A Research Report of the National Survey of Youth and Religion*. Die Studie zeigte, in welchem Ausmaß der Glaube die Wahrscheinlichkeit erhöht, dass sich Teenager von gewissen Gefahren fernhalten. Dazu zählen zum Beispiel Drogen, Alkoholkonsum oder zu frühe sexuelle Kontakte. Gemäß der Studie verhelfe der Glaube Jugendlichen auch zu einem stärkeren Selbstwertgefühl und verringere das Risiko, dass sie in Depressionen abrutschen. Zu ähnlichen Ergebnissen kam auch eine Studie mit dem Titel »Adolescent Risk Behaviors and Religion: Findings from a National Study« (Risikoverhalten bei Jugendlichen und Religion: Ergebnisse einer landesweiten Untersuchung). Sie erschien im April 2007 im renommierten *Journal of Adolescence*. Die Studie zog folgenden Schluss: »Die Ergebnisse beweisen, dass Religiosität auf signifikante Weise dazu beiträgt, Variationen bei sechs Risikoverhaltensformen zu erklären ... Im Allgemeinen signalisieren ein stärkeres religiöses Bewusstsein und ausgeprägte religiöse Verhaltensmuster eine geringere Wahrscheinlichkeit für Risikoverhalten bei Jugendlichen.«

Diese Forschungsergebnisse lösen gewöhnlich höchst unterschiedliche Reaktionen aus. Manche von uns entwickeln vielleicht Schuldgefühle. Sie denken, sie wären bessere Mütter, wenn sie ihre Kinder nur öfter in die Kirche mitnähmen und mit der Bibel besser vertraut wären. Andere gehen davon aus, diese Studien seien von religiösen Gruppierungen zu Propagandazwecken finanziert worden. Ich habe mir die Zahlen dieser Untersuchungen genau angesehen und bin zu folgender Überzeugung gelangt: Es tut unseren Söhnen gut, ihre spirituelle Seite ausdrücken und eine Beziehung zu Gott leben zu können. Brutale Videospiele, Musik mit obszönen und entwürdigenden Texten, Filme, die falsche Botschaften bezüglich Sex und Gewalt vermitteln, Gruppendruck von den falschen Leuten sowie Drogen und Alkohol haben auf unsere Söhne einen schlechten Einfluss. Wir wissen, dass all diese Gefahren in ihrem unmittelbaren Umfeld auf sie lauern, wenn sie zwischen zehn und fünfundzwanzig Jahre alt sind. Während dieser Zeit ist die Angst, sie könnten sich einer dieser zerstörerischen Gewohnheiten zuwenden, unser ständiger Begleiter. Die Altersgrenze von fünfundzwanzig setze ich, weil bekannt ist, dass gewisse Hirnregionen bei Jungen erst in den frühen Zwanzigern voll ausgereift sind. Aber Angst ist ein schlechter Ratgeber, wenn wir unsere Kinder gut erziehen wollen. Fähige Eltern müssen Stärke zeigen. Wir müssen die Gefahren, denen unsere Söhne ausgesetzt sind, ernst nehmen. Und wenn wir ihnen helfen, einen festen Glauben an Gott zu entwickeln, geben wir ihnen eine Leitschnur, damit sie den richtigen Weg finden. So können wir unsere Angst in tätige Stärke verwandeln.

Interessanterweise zeigt die Studie, dass die Wurzeln der spirituellen Entwicklung dann am stärksten sind, wenn sie zu Hause gewachsen sind. Da es also offensichtlich unsere Rolle ist, unseren Söhnen den Glauben nahezubringen, stellt sich die Frage: Wie stellen wir das an? Erstens durch unsere Vorbildfunktion: Führen wir selbst kein spirituelles Leben, dann stehen die Chancen schlecht, dass unsere Söhne es anders machen werden. Meiner Ansicht nach müssen wir unseren Kindern die Möglichkeit geben, ihre eigene Wahl zu treffen. Das ist im Bereich der Religion und Spiritualität ganz besonders wichtig. Wenn Sie religiös sind, sollten Sie auf Predigten verzichten und Ihren Glauben ganz einfach vor den Augen Ihres Sohnes leben. Er weiß, woran Sie glauben. Nun wartet er darauf, wie Sie Ihren Glauben in die Tat umsetzen. Haben Sie ihm gesagt, es sei wichtig, geduldig zu sein, weil Gott das von uns verlange? Großartig. Ihr Sohn weiß, wie viel Geduld Sie haben. Wenn Sie allerdings eher der ungeduldige Typ sind, wird er an Gott zweifeln. (Oder daran, was dieser Gott Ihnen beibringt.) Halten Sie ihn dazu an, für einen Freund in Not zu beten, wird er Ihnen dankbar sein für diesen Gedanken. Aber setzt er ihn auch in die Tat um? Das könnte davon abhängen, ob Sie selbst Gebete sprechen und an ihre Wirkung glauben.

Das Antlitz Gottes

Ich lernte Jackson kennen, als ich am Flughafen in Austin, Texas, in sein Taxi stieg. Ich rief ihm die Adresse meines Fahrziels zu, machte es mir auf dem Rücksitz bequem und schrieb ein paar SMS an Kollegen. Gleich darauf wurde klar, dass der Taxifahrer nicht die geringste Absicht hatte, mich meine »Arbeit« erledigen zu lassen. Er wollte von mir wissen, wie es mir gehe, ob ich schon einmal in Austin gewesen sei und woher ich komme. Normalerweise hätte ich mich von meinem typischen Neuengland-Instinkt leiten lassen, seine Fragen ignoriert und mich auf mein Telefon konzentriert. Aus irgendeinem Grund aber ließ ich mich auf das Gespräch ein. Als ich mich nach seinem Befinden erkundigte, meinte er, es gehe ihm blendend. Ich muss gestehen, dass mich diese Aussage einigermaßen verwunderte. Die Sitze seines Taxis waren zerrissen, und ich hörte die Achsen unter mir ächzen. Wahrscheinlich steuerte er die Ersparnisse seines ganzen Lebens die Straße runter. Ich forschte also nach.

»Wissen Sie, gnädige Frau«, meinte Jackson, »mein Leben ist einfach großartig.« Er erzählte mir vom Erfolg seiner erwachsenen Töchter und beschrieb mir in allen Einzelheiten das Rheuma seiner Frau, die allerdings auf dem Weg der Besserung war. Aus seinen Worten hörte ich eine tiefe Dankbarkeit heraus. An diesem Punkt siegte meine schriftstellerische Neugierde endgültig. Ich fragte ihn, wo er aufgewachsen sei und wie er zu so einer optimistischen Lebenseinstellung komme. Ich wollte einfach wissen, was diesen netten Mann zu dem gemacht hatte, was er war.

Jackson schien sich über die Gelegenheit, von sich zu erzählen, eigentlich zu freuen, er wandte aber ein: »Ich weiß nicht, ob Sie das wirklich interessiert. Es ist nicht gerade erfreulich.« Jetzt wollte ich erst recht wissen, was Sache war.

»Ich bin in einem echt üblen Viertel oben in New York aufgewachsen. Da gab's Gangs und Crackhöhlen. Jede Nacht hörten wir Schüsse. Am liebsten ging ich zur Schule, weil's da wenigstens ordentliches Essen gab. Dort traf ich meine Freunde, und auch ein paar meiner Lehrer waren ganz nett. Aber so richtig unterrichten konnten die nicht, weil ein paar von den Kids total durchgeknallt waren und ständig störten.« Jackson fuhr ein wenig langsamer. Es störte mich nicht, auch wenn ich vielleicht zu spät zur Konferenz kommen würde. Er erzählte mir von seiner Schwester, die mit zehn krank wurde und ins Krankenhaus musste. Von seinen drei Brüdern, die mit ihm zusammen in einem Doppelbett schliefen. Dann stellte ich ihm ein paar gezieltere Fragen. Und landete einen Volltreffer.

»Wie ist es möglich, dass Sie Ihr Leben so gut in den Griff bekamen?«, bohrte ich vorsichtig. »Jeder normale Junge in Ihrer Situation wäre doch abgestürzt. Na, Sie wissen schon – drogensüchtig geworden oder Mitglied einer Gang.«

»Das ist ganz einfach«, lächelte er. »Das habe ich meiner Mom zu verdanken. Sie ist meine Heldin.«

»Jackson, ich arbeite gerade an einer Studie über die Beziehung zwischen Mutter und Sohn«, erklärte ich ihm. »Würde es Ihnen etwas ausmachen, mir mehr über Ihre Mutter und Ihre Beziehung zu ihr zu berichten?« Er warf vor Begeisterung die Hände in die Luft. Ich hatte schon Angst, er würde von der Straße abkommen.

»Natürlich nicht, Gnädigste«, antwortete er. »Sie können mich fragen, was immer Sie wollen. Wir alle haben dank meiner Mama überlebt. Auch jetzt hält sie uns noch auf Trab. Meine Töchter, mich, meine Brüder. Sie ist zweiundachtzig und lässt sich immer noch nicht auf den Kopf spucken.«

Mich hätte so einiges interessiert: Was pflegte sie zu ihm zu sagen? Welche Chancen hatte sie ihm eröffnet? Wie war sein Vater? Aber dazu hatte ich gar nicht die Gelegenheit. Als er einmal angefangen hatte, über seine Mutter zu reden, war Jackson nicht mehr zu bremsen. Seine Zuneigung zu ihr strömte buchstäblich aus allen Poren.

»Bei meiner Mama gingen wir durch eine harte Schule, das kann ich Ihnen garantieren. Solange ich zurückdenken kann, mussten wir jeden Sonntag in die Kirche, und manchmal auch noch unter der Woche. Sie ließ uns keine Wahl. Und wir wagten es nicht, sie zu verärgern. Wenn wir nicht gehorchten, gab's 'ne Abreibung.«

»Heißt das, sie schlug Sie richtig?«, fragte ich konsterniert.

»Nee, meine Mama liebte uns Racker. Sie gab uns nie Prügel, sie kündigte nur an, es werde ›was setzen‹, wenn wir nicht auf sie hörten. Sie redete nur davon, aber das genügte schon, damit wir spurten.«

Jackson kam auf seine Kirchgänge zurück. »Meine Mama hatte gleichzeitig zwei bis drei Jobs. Das hinterließ Spuren in ihrem Gesicht. Als sie dreißig war, sah sie aus wie fünfzig. Sie arbeitete hart für uns Kinder. Wir hatten keinen Vater, jedenfalls war keiner da. Aber wir wussten, dass sie nicht zulassen würde, dass eines von uns auf Abwege geriet. Sie sagte immer, Gott hätte etwas mit uns vor. Sie erklärte uns, Er sei unser Papa.«

»Als ich noch klein war, verwirrte mich das. Aber als ich älter wurde, verstand ich, was sie meinte. Sie schöpfte ihre Stärke aus Gott, und sie wollte, dass wir Kinder das wussten. Wir mussten aus der Bibel lernen, und beim Abendessen stellte sie uns Fragen über Elija, Abed-Nego und Meschach. Ich fand das toll, weil keiner unserer Freunde von seiner Mutter abgefragt wurde. Es gab mir das Gefühl, sie und Gott wüssten, dass wir klug sind. Mein ganzes Leben lang hat Mama mir gesagt: ›Mach keinen Blödsinn, Gott sieht dir zu, und er hat bessere Pläne für deinen Verstand und deine Fähigkeiten. Enttäusche mich und Gott bloß nicht.‹«

Jackson betätigte den Blinker und nahm die nächste Ausfahrt. Mir war die Lust auf meine Konferenz vergangen. Ich bat ihn, einfach weiterzufahren, damit wir uns noch eine Weile unterhalten konnten. »Wenn ich über meine Mama sprechen kann, dann habe ich alle Zeit der Welt«, meinte er.

»Haben Sie es Ihrer Mutter nicht übel genommen, dass sie so streng zu Ihnen war?«, erkundigte ich mich. Er sah mich an, als ob ich Chinesisch spräche.

»Meiner Mama etwas übel nehmen? Sind Sie verrückt, Gnädigste? Meine Mama liebte uns. Sie liebte Jesus und ihre Kirchengemeinde. Hätte sie uns nicht gelehrt, dass es den lieben Gott gibt, wären wir heute vielleicht tot! Wir hätten dasselbe Ende genommen wie so viele unserer Freunde. Die sind tot, im Knast oder dealen mit Drogen. Meine Mama hat hart gekämpft für uns Kinder, weil sie uns so sehr liebte. Wenn sie uns von Jesus erzählte, glaubten wir ihr, weil er ihr Arbeit gab und uns Geld. Er schenkte meiner Mama die Kraft, nicht aufzugeben.«

Ich wollte Jacksons Mutter unbedingt kennenlernen. Sie hatte etwas, was ich mir selbst wünschte. Sie war eine Überlebenskünstlerin. Laut Jackson war ihr Glaube so unerschütterlich, dass er ihre Kinder rettete. Jackson selbst trat in die Armee ein und machte dort in dreiundzwanzig Jahren Karriere. Sein Bruder ging aufs College. Von seinen Geschwistern hatte sich niemand einer Gang angeschlossen oder war anderweitig auf Abwege geraten.

Meine letzte Frage lautete: »Und was für eine Beziehung haben Sie heute zu Ihrer Mutter?«

»Meine Mama ist die Königin der Familie. Sie spricht mit meinen Kindern über Jesus. Ich sage ihnen eines: Wenn Gott Make-up benutzte, dann würde er den Farbton meiner Mama wählen, so nahe steht sie ihm. Meine Mädels sind verrückt nach ihr. Ich habe drei Töchter. Allesamt kluge Mädchen. Eine studiert Medizin, eine hat zwei Kinder und einen netten Mann, und die dritte arbeitet für eine große Firma oben im Norden. Sind gute Mädchen. Jedes Mal, wenn sie heim nach Austin kommen, besuchen sie ihre Oma. Sie lieben und bewundern sie für ihre Stärke. Und wissen Sie was? Alle drei gehen auch ihretwegen zur Kirche.«

Ich bedankte mich bei Jackson, weil er mich für kurze Zeit an seinem Leben teilhaben ließ. Obwohl ich seine Mutter nie kennenlernte, hat sie mich verändert. Ihr Beispiel hat mich weiser gemacht. Sie hat mich gelehrt, dass unsere Söhne sich jedes Mal, wenn sie uns anschauen, für Gott entscheiden könnten.

Durch den Glauben findet er sich selbst

Im 21. Jahrhundert in Amerika aufzuwachsen wirkt großartig, zumindest auf den ersten Blick. Doch um der Wahrheit die Ehre zu geben, ist es für Jungs ganz schön schwierig. Besonders für solche, die das Glück haben, aus einer gut situierten Familie zu kommen. Wenn schon wir Mütter um ein gesundes Selbstwertgefühl kämpfen, dann gilt das für unsere Söhne zehnmal mehr. Dank Papas Geldbeutel ein schönes Zuhause, ein eigenes Auto und den besten Hockeytrainer zu haben sowie eine Privatschule oder ein College besuchen zu können – all das kann ein Segen für unsere Söhne sein. Aber auch ein Fluch.

Jungen denken pragmatisch. Sind sie unglücklich, meinen sie, sie müssten nur etwas kaufen, essen oder ausgehen, und schon würden sie sich besser fühlen. Kurzfristig kann das funktionieren. Aber als Erwachsene wissen wir, dass uns ein schönes Zuhause und das Geld auf unserem Bankkonto nur begrenzt glücklich machen können. Jeder von uns gerät irgendwann ins Straucheln und fragt sich, worum es eigentlich im Leben geht. Was erfüllt unser Herz wirklich mit Freude? Viele suchen diese Antworten im Glauben. In einer Welt, in der das Materielle immer wichtiger wird, sind wir es unseren Söhnen schuldig, ihnen das Tor zu ihrer spirituellen Seite zu öffnen.

Jede Mutter trifft schwierige Entscheidungen bei der Erziehung ihres Sohns. Wir Mütter überlegen hin und her, welche Schule er besuchen und welche Sportart er betreiben soll. Wir fragen uns, welche Freunde ihm guttun. Wir machen uns Gedanken über jedes Detail, jeden Dollar, den wir ausgeben. So sind wir eben: Wir lieben unseren Sohn und machen uns leidenschaftlich gerne Sorgen um ihn. Aber es wäre wichtig, einen Schritt weg von den Einzelheiten zu tun und stattdessen die großen Lebenspläne unseres Sohnes ins Auge zu fassen. Bevor er alt genug ist, um von zu Hause auszuziehen, müssen wir zwei Fragen klären: Welche seiner Charaktereigenschaften wollen wir fördern und was möchten wir ihm über Gott und den Glauben beibringen?

Zuerst sollten wir uns über unsere eigene Einstellung Rechenschaft ablegen. Glauben wir an Gott? Wenn ja, aus welchen Gründen? Haben wir dafür Anhaltspunkte? Auf dieser Grundlage können wir dann nach weiteren Antworten suchen. Ihr Sohn wird Fragen stellen. Wenn Sie glauben, dass Gott existiert, dann müssen Sie herausfinden, was das für Sie persönlich bedeutet. Versuchen Sie zu erforschen, welche Eigenschaften Gott in Ihren Augen hat. Jungen sind neugierig und stellen gern kühne Überlegungen an. Deshalb müssen Sie darauf vorbereitet sein, mit Ihrem Sohn tiefschürfende Diskussionen zu führen.

Wenn Religion bei Ihnen zu Hause großgeschrieben wird, stellen Sie sicher, dass Ihr Sohn Ihre Glaubensgrundsätze kennt. Bringen Sie ihm beispielsweise bei, wer die Propheten waren, und erzählen Sie ihm Geschichten über die Urväter. Viele Mütter sind ein wenig zimperlich, wenn es um die grausameren Geschichten im Alten Testament geht. Als ich meinem Sohn erzählte, wie der körperlich unterlegene David den Riesen Goliath tötete, regte ich mich darüber auf, dass David ihn überhaupt nicht interessierte. Er wollte nur wissen, wie lange David brauchte, Goliath den Kopf abzuschlagen. Mir ging es natürlich um die Moral der Geschichte. Gott hatte dem Gerechten, dem Außenseiter, zum Sieg verholfen. Aber mein Sohn wollte nur die blutrünstigen Details wissen. Also erfüllte ich ihm seinen Wunsch. Dafür hörte er mir dann wieder aufmerksam zu, und schließlich unterhielten wir uns über alle Aspekte der Geschichte.

Wir müssen daran denken, dass Jungen Informationen anders verarbeiten als wir. Am Anfang verstehen sie gewisse Punkte nicht, aber das macht nichts. Es geht ohnehin nur darum, Samen zu legen. Wenn unsere Söhne dann älter sind, erinnern sie sich an diese Geschichten. Und für den gereiften Verstand entfalten sie dann eine andere Bedeutung.

Sind Sie christlichen Glaubens, sollten Sie ihm erzählen, wer die Jünger waren, wie Christus auf die Welt kam und vor allem, warum er geboren wurde. Das sind zentrale Inhalte, deshalb sollten Sie sie Ihrem Sohn auch persönlich vermitteln. Den Rest der religiösen Erziehung können Sie dann immer noch Pastoren oder Priestern überlassen.

Es gibt viele Fragen, die wir nicht beantworten können. Das macht nichts. Niemand von uns weiß alles, das ist das große Geheimnis des Glaubens. Wir sollten unsere Söhne aus einer Position der Stärke und des Muts im Glauben unterweisen und uns nicht von der Angst vor unserem lückenhaften Wissen leiten lassen. Ich rate Ihnen, nach eigenen Antworten zu suchen, statt auf die Antworten anderer zu setzen. Das beste Beispiel dafür ist meiner Meinung nach C. S. Lewis. Er weigerte sich, die Ansichten anderer Leute über Gott, Glauben und Religion zu übernehmen. Als Atheist lernte er über Gott, so viel er konnte, um zu beweisen, dass Er nicht existierte. Genau dadurch wurde dieser brillante Mann letztlich zum gläubigen Christen und Gelehrten. Er bemühte sich, Antworten zu finden, und gelangte zu unerwarteten Ergebnissen. So müssen auch wir nach unseren eigenen Antworten suchen und diese dann an unsere Söhne weitergeben. Wir können sie nicht zum Glauben zwingen. Aber wenn wir die Argumente vorbringen, auf die wir in unserem eigenen Leben gestoßen sind, ermutigen wir sie in zweifacher Hinsicht: Erstens zeigen wir ihnen, wie wichtig es ist, Ideen und Überzeugungen infrage zu stellen und nach eigenen Antworten zu forschen. Zweitens bieten wir ihnen ein Glaubenssystem an, das sie annehmen oder ablehnen können.

Söhnen bedeutet es viel, die Meinung ihrer Mütter zu hören, wenn es um wichtige Themen wie Gott und Glaube geht. Manche Informationen verinnerlichen sie und nehmen sie in ihr eigenes Glaubenssystem auf. Bei anderen gehen sie auf Abstand und entscheiden erst später darüber, was sie mit ihnen anfangen wollen. Da Ihr Sohn herausfinden will, was Sie über Gott denken bzw. nicht denken, sollten Sie sich darüber im Klaren sein, was Sie ihm beibringen wollen. Solche Frage-Antwort-Spiele sind ja nicht nur intellektuell spannend, sie machen auch Spaß. Sie werden eines der tollsten Gespräche mit Ihrem Sohn führen, wenn Sie über Ihren Glauben und die Gründe, die dafür oder dagegen sprechen, diskutieren.

Mut ist Ihre beste Waffe

Ich habe bei jungen Müttern einen beunruhigenden Trend festgestellt: Sie vertrauen ihren Instinkten nicht mehr. Früher waren Mütter manchmal zu streng. Sie wollten alles kontrollieren. Wer mit einer solchen Mutter aufwuchs, nahm sich oft vor, selbst nie so herrisch zu werden. Das ist gut. Doch leider verfallen manche von uns im Versuch, weniger autoritär zu sein, ins andere Extrem. Aus Angst, Fehler zu machen, hören wir nicht mehr auf unser Bauchgefühl. Ein Beispiel aus meiner Praxis, das ich schon öfter erlebt habe: Eine Mutter erklärt mir, sie wolle nicht, dass sich ihr Sohn bei einem Freund zu Hause einen Film anschaut. Aber gleich darauf erkundigt sie sich bei mir, ob sie es ihm meiner Meinung nach nicht doch erlauben sollte. Diesen Müttern gebe ich zu bedenken: »Warum fragen Sie mich? Sie haben mir doch gerade mitgeteilt, was Sie entschieden haben. Sie wollen nicht, dass er den Film sieht. Dann bleiben Sie beim Nein.«

Andere Frauen erzählen mir, sie würden ihren Sohn gerne zum Gottesdienst mitnehmen, aber ihr Ehemann sei nicht einverstanden. Die Sache liegt ihnen offensichtlich am Herzen. Wenn ich mich aber erkundige, ob sie das Problem mit ihrem Ehemann diskutiert hätten, sagen sie Nein. Frage ich dann nach dem Grund, heißt es, sie wollten keine Unruhe in der Familie stiften.

Immer wieder verzichten Mütter darauf, ihren Instinkten zu folgen. Doch wir sollten unseren Instinkt nicht ignorieren. Er hilft uns, die richtigen Entscheidungen zu treffen. Mütter sind dafür geschaffen, ihre Söhne zu lieben, zu beschützen und ihnen den Weg zu weisen. Bei der Erziehung auf seine Instinkte zu hören ist dabei ein wichtiges Hilfsmittel. Wir Mütter kennen unsere Söhne besser als jede andere Person. Wie sollen sie lernen, was richtig und gut für sie ist, wenn wir uns von unseren Überzeugungen abbringen lassen? Die Antwort lautet ganz einfach: Sie werden es nicht lernen. Viele Mütter haben große Angst davor, etwas falsch zu machen. Sie glauben, Fehler würden die gute Beziehung zu ihrem Sohn gefährden. Also unterlassen sie es, die Dinge zu tun, die sie im Prinzip für richtig halten. Und gerade dadurch verpassen sie die Chance, ihre Verbindung zu ihrem Sohn zu stärken. Manchmal sind unsere Instinkte unser einziger Anhaltspunkt dafür, was gut für unsere Kinder ist. Wir sollten uns von ihnen leiten lassen.

Wenn es um Religion geht, können uns unsere Selbstzweifel förmlich lähmen. Einerseits fürchten wir, unserem Sohn etwas Falsches beizubringen. Andererseits machen wir uns Sorgen, er könnte sich in der Schule als Außenseiter fühlen, weil er anders über Gott denkt als seine Freunde. Wir wollen um jeden Preis, dass er gut integriert ist. Er soll nicht das Gefühl haben, schief angeschaut zu werden. Mit dem Argument, das Leben sei für Jugendliche ohnehin schon schwierig genug, verzichten wir darauf, unseren Sohn zum Katechismusunterricht oder in eine Jugendgruppe zu schicken. Er soll auf keinen Fall als komischer Kauz abgestempelt werden. Wir wollen nicht, dass der Glaube unseren Jungen zum Sonderling macht.

Und natürlich zerbrechen wir uns über alle anderen möglichen Probleme den Kopf: Was sollen tun, wenn unsere Söhne gegen den Glauben, den wir ihnen vermitteln, rebellieren? Was, wenn wir sie zwar in den Grundsätzen unseres Glaubens unterweisen, es dann aber nicht schaffen, uns selbst daran zu halten? Was, wenn ihre Freunde sie auslachen und sie sich in der Schule ausgeschlossen fühlen? Genug davon. Wir sollten wirklich aufhören, uns Sorgen zu machen, sondern lieber etwas tun. Das ist das beste Mittel gegen Kopfzerbrechen. Wenn es um Religion geht, müssen wir unseren Söhnen als Erstes verständlich machen, was sie glauben sollen und was nicht. Dazu müssen wir uns über unseren eigenen Glauben im Klaren sein.

Viele Mütter möchten, dass ihre Kinder ihre Religion einmal selbst wählen können. Das verstehe ich. Aber Ihre Kinder werden sowieso ihre eigene Wahl treffen, ob Sie wollen oder nicht. Der Glaube ist eine sehr persönliche Angelegenheit. Jeder Sohn trifft im Lauf seines Lebens eigenständige Entscheidungen: Er kleidet sich, wie es ihm gefällt, er wählt seine Frau und seinen Wohnort selbst aus. Und so verhält es sich auch mit den Entscheidungen des Glaubens. Irgendwann begnügt er sich nicht mehr damit, einfach das zu glauben, was Sie glauben. Er muss tief in seiner Seele wissen, was er über Gott denkt. Bis dahin aber sollten Sie ihm die Möglichkeit geben zu glauben. Jungen, die aufwachsen, ohne etwas über Gott erfahren zu haben, können sich nicht zwischen den verschiedenen Wegen entscheiden. Wenn sie den Unterschied zwischen Katholizismus, Judentum, Mormonentum und Islam nicht kennen und keinerlei Bezug zu den verschiedenen Religionen haben, dann wachsen sie mit einer tiefen inneren Leere auf, die sie nicht zu füllen vermögen. Es ist, als nähmen sie einen zehnjährigen Amerikaner in die Altstadt Prags mit und sagen ihm, er könne hingehen, wo er wolle. Ihr Sohn würde Sie verblüfft anschauen und dann protestieren: »Aber Mama, ich war noch nie in Prag. Ich kenne mich hier überhaupt nicht aus.« Genauso geht es Jungen, die aufwachsen, ohne etwas über Ihre Glaubensgrundsätze zu wissen.

Tun Sie es Gott gleich

Die meisten Eltern, mit denen ich spreche, wollen wissen, wie sie das Selbstwertgefühl ihrer Kinder stärken können. Besonders Mütter fragen, was sie tun können, damit ihre Kinder ein gesundes Selbstvertrauen entwickeln. Manche Dinge verstehen sich von selbst. Wir überlegen uns, in welchem Bereich die Stärken unserer Söhne liegen. Vielleicht Sport, Kunst oder doch Musik? Und dann schicken wir sie in Kurse, damit sie ihr Talent entfalten können. Wir sind Planer und Macher. Wir wünschen uns, dass das Leben für unsere Söhne gut läuft. Haben wir ihre Fähigkeiten einmal erkannt, stecken wir Geld und Energie in die Förderung ihrer Talente. Wir begleiten sie frühmorgens zum Eisstadion und sitzen am Wochenende mit im Bus, der sie zum Fußballspiel kutschiert.

Aber wenn wir glauben, unser Sohn gewinne Selbstvertrauen in erster Linie dadurch, dass er gewisse Ziele erreicht, irren wir uns. Gute akademische, künstlerische oder sportliche Leistungen beweisen einem Jungen nur, dass er etwas leisten kann. Deswegen fühlt er sich noch lange nicht als wertvoller Mensch. Was also brauchen unsere Söhne, damit sie sich wertvoll fühlen? Unsere Liebe und Bestätigung. Körperliche Zuneigung, ein offenes Ohr und die Bereitschaft, auch um drei Uhr nachts mit ihnen zu reden. Wichtig ist auch zu akzeptieren, dass sie sich ständig verändern. So zeigen wir unseren Söhnen, dass wir sie lieben als die, die sie sind, und nicht für das, was sie tun. Wenn wir uns allein darauf beschränken, ihre Talente zu fördern, ziehen wir Leistungsträger und Erfolgsmenschen heran, aber das ist auch alles. Viele junge Männer wachsen mit dem Ziel auf, viel Geld zu verdienen und prestigeträchtige Jobs an Land zu ziehen. Äußerlich wirken sie sehr erfolgreich. Aber viele dieser Männer sind letztlich einsam und unzufrieden, weil sie das Gefühl haben, nur für das geliebt zu werden, was sie erreicht haben. Weder einem Kind noch einem erwachsenen Mann genügt das Bewusstsein, dass seine Mutter stolz auf seinen Erfolg ist, um ein gesundes Selbstbild zu entwickeln.

Und fühlen wir Mütter nicht dasselbe? Auch wir sehnen uns danach, dass Gott uns unabhängig von unserem Erfolg oder Misserfolg liebt. Es dämpft seine Liebe nicht, wenn wir dick, abgekämpft oder depressiv sind. Diesen Trost brauchen wir besonders dann, wenn wir das Gefühl haben, die schlechteste Mutter der Welt zu sein. Wir wollen tief drinnen einfach wissen, dass uns jemand liebt, weil es uns gibt. Dasselbe gilt für unsere Söhne. Sie brauchen die Gewissheit, dass wir sie auch dann lieben würden, wenn sie den Rest ihres Lebens untätig in einem Schrank säßen. Wir müssen uns Gott zum Vorbild nehmen und unseren Söhnen unsere ganze Liebe und Akzeptanz schenken. Nur so verstehen sie, dass unsere Liebe an keinerlei Bedingungen geknüpft ist.

Viele Mütter sagen von sich, sie liebten ihre Söhne bedingungslos. Tatsache ist, dass uns Müttern das aber selten gelingt. Es scheint uns, wir liebten sie, wenn wir sie dazu antreiben, immer mehr zu erreichen. Aber sie entnehmen unserem Verhalten nur die Botschaft, dass sie für unsere Anerkennung bezahlen müssen. Natürlich wünschen wir uns den Erfolg unserer Söhne. Doch Erfolg darf nie der einzige Anlass sein, ihnen unsere Zuwendung zu zeigen. Leider sagen mir viele Jungs in meiner Praxis, sie bekämen nur auf dem Fußballplatz Anerkennung und Liebe von ihren Eltern. Wir Mütter mögen das Gefühl haben, dass wir unsere Söhne unterstützen, wenn wir sie bei Sportanlässen oder Konzerten anfeuern und bewundern. Das ist schon richtig. Wir müssen jedoch dafür sorgen, dass unsere Söhne unsere Liebe auch dann zu spüren bekommen, wenn sie keine Leistung erbringen. Jeder Sohn muss wissen, dass die Liebe seiner Mutter unabhängig ist von dem, was er tut.

Eben weil die Beziehung zu unseren Söhnen häufig auf ihren sportlichen oder schulischen Leistungen beruht, ermuntere ich Mütter gerne, nach anderen Gelegenheiten zu suchen, ihrem Sohn Zuneigung zu schenken. Henrys Mutter Linda ist ein großartiges Beispiel dafür. Henry war ein eher ungeschickter Junge. Er hatte Probleme in der Schule und war nur ein mittelmäßiger Fußballspieler. Wer ihn ansah, hätte ihm nicht viel Selbstbewusstsein zugetraut. Erstaunlicherweise war Henry sehr zufrieden mit sich selbst und seinem Leben. Als er zwei war, ließen sich seine Eltern scheiden. Seine Mutter zog ihn allein groß. Wie er mir erzählte, lernte er seinen Vater nie kennen, doch das wenige, was er über ihn wusste, war positiv. Henrys Vater hatte ein paar Jahre lang als Halbprofi Baseball gespielt. Das fand Henry cool. Seine Mutter erklärte ihm, dass das Leben seinem Vater übel mitgespielt habe. Von da an kam er mit dem Familienleben nicht mehr klar. Mit acht Jahren erlitt Henry einen schweren Autounfall. Seine Mutter war nicht mit im Wagen und erfuhr telefonisch von dem Unglück. Drei Wochen lang lag der Junge auf der Intensivstation. Während dieser Zeit dachte Linda oft, er würde es nicht schaffen. Henry war ihr ganzes Leben. Sie selbst war ein Einzelkind, und ihre Eltern lebten nicht mehr. Sie war überzeugt, sie würde verrückt werden, falls Henry starb.

Während des Krankenhausaufenthalts betete Linda Tag und Nacht. »Ich wusste zwar nicht, ob es Gott gibt oder nicht, aber ich war verzweifelt. Ich hatte nicht die leiseste Ahnung, was ich tun sollte oder an wen ich mich wenden konnte. Ich schüttete Gott einfach mein Herz aus und flehte ihn um Hilfe an«, erzählte sie mir.

Nachdem Gott ihr Woche für Woche zur Stütze wurde, spürte Linda seine Präsenz ganz deutlich. Auch andere Leute beteten für Henry. Als ihr

Sohn endlich aus dem Koma erwachte, war sich Linda sicher, dass Gott ihre Verzweiflung verstanden und ihre Gebete erhört hatte.

Henry kam nach Hause. Er hatte einige kleinere Gedächtnisstörungen und musste das Sprechen ganz neu einüben. Aber nach ein paar Monaten war er wieder ganz er selbst. Ich lernte Linda erst ein paar Jahre nach dem Unfall kennen, aber ihre Worte berührten mich tief.

»Ich kann es heute kaum glauben, aber nach Henrys Heimkehr empfand ich einen ungeheuren Druck, so schnell wie möglich wieder unser normales Leben aufzunehmen. Ich wollte, dass Henry Ski fährt, Baseball spielt oder ins Fußballcamp fährt. Vermutlich hoffte ich, den Unfall so ungeschehen machen zu können. Aber er war nun mal passiert. Und ich wollte doch die beiden Lehren, die ich aus dem Unglück gezogen habe, auf keinen Fall vergessen.«

Ich erkundigte mich, was genau sie meinte und ob sie es denn geschafft habe, nicht wieder in ihre alten Gewohnheiten zu verfallen.

»Die erste Lektion war, dass es Gott gibt. Klar, er ist unsichtbar. Bevor Henry auf der Intensivstation war, habe ich mich nie für Gott interessiert. Diesen Fehler werde ich nie mehr machen. Die zweite Lehre war, dass Henry ein Geschenk für mich ist. Er ist nicht da, damit ich mit ihm angeben oder ihn zur Schau stellen kann. Er ist mein Sohn. *Mein* Sohn. Und ich möchte, dass er immer weiß, dass er mein Augapfel ist. Aus dem einfachen Grund, weil er zu mir gehört.«

In ihren Worten lag eine Weisheit, von der wir alle lernen können. Linda liebte Henry nun ohne Wenn und Aber. Sie ging mit ihm zum Camping, wenn andere Kinder an Fußballturnieren teilnahmen. Er lernte von ihr, ein Zelt aufzustellen und zu fischen. Hatte er schlechte Noten in der Schule, nahm sie das anstandslos hin. Sie gab ihm nie das Gefühl, er habe sie enttäuscht. Heute ist Henry fünfzehn, und Linda behandelt ihn immer noch als Geschenk des Himmels. Für sie zählt nur noch, dass er ihr anvertraut wurde. Henry weiß genau, warum ihn seine Mutter so liebt: ganz einfach, weil es ihn gibt.

Versuchen Sie, sich in Ihren Sohn hineinzuversetzen. Das wird Ihnen viele elterliche Entscheidungen erleichtern. Sie werden sinnvollere Entscheidungen treffen und Ihrem Sohn näherkommen. Vor allem aber wird dadurch sein Selbstwertgefühl gestärkt.

Glaube tut nicht nur unseren Söhnen gut. Manchmal ist er auch Rettungsanker für uns Mütter. Mutter zu sein ist ein hartes Brot. Besonders für alleinerziehende Mütter entwickelt sich die Kindererziehung manchmal zum einsamen Unterfangen. Unser Bedürfnis nach Spiritualität anzuerkennen ist für Frauen, die stark und unabhängig sein wollen, manchmal schwer. Aber machen wir uns nichts vor. Wir sind die Mütter großartiger Jungen. Sie brauchen eine ganze Menge Liebe, Unterstützung und Rat von uns. Um ihnen all das geben zu können, brauchen wir genau dasselbe. Am besten fallen unsere Ratschläge aus, wenn wir sie selbst aus berufenem Mund vernommen haben. Unsere Söhne bedingungslos zu lieben gelingt uns, wenn wir diese Liebe selbst erfahren. Und sie zu unterstützen fällt uns leicht, wenn wir wissen, wie es sich anfühlt, sich auf jemanden verlassen zu können. Ich glaube, das und noch viel mehr bietet Gott allen Müttern, die mutig genug sind, Ihn darum zu bitten.

Kapitel 6

Geben Sie Ihrem Sohn eine Axt

Stärke. Begabung. Reife. Eigenschaften, die Ihr Sohn braucht, und zwar schon als Kleinkind. Ihre Aufgabe als seine leidenschaftliche Unterstützerin, Lehrerin und sein größter Fan ist es, die Bedingungen zu schaffen, dass er seine Stärken altersgerecht entwickelt. Während er heranwächst, müssen Sie seine natürlichen Begabungen herauskitzeln und ihm helfen, diese zur Entfaltung zu bringen, damit er später im Leben Unabhängigkeit und Kompetenz beweisen kann.

Was meine ich also damit, wenn ich schreibe: »Geben Sie ihm eine Axt!«? Dieses sprachliche Bild bezieht sich auf ein bestimmtes »Ritual«: Dieses besteht darin, dass Sie ihm in jeder Phase seines Lebens Ihren »Segen« für mehr Unabhängigkeit geben. Zu diesem Zweck geben Sie ihm Werkzeuge an die Hand (das kann ganz wörtlich gemeint sein, manchmal aber geht es auch um emotionale oder kognitive Instrumente), die ihm helfen, seine Fähigkeiten zu erkunden. Und Sie unterstützen ihn darin, seine Fähigkeiten so einzusetzen, dass er dadurch unabhängiger wird. Das kann auf ganz einfache Weise geschehen: Ist er fünf oder sechs Jahre alt, sie schenken Sie ihm beispielsweise einen Metallbaukasten und lassen ihn alles selbst zusammenbauen. Wenn er frustriert zu weinen anfängt und jammert, dass er das nie schaffen wird, sagen Sie ihm, er soll es doch noch mal versuchen. So lernt er, dass er imstande ist, selbst Lösungen zu finden.

Und wenn er in der achten Klasse ist, geben Sie ihm zum Beispiel den Schlüssel für den Rasenmäher und sagen ihm, er soll doch bei den Nachbarn herumfragen, ob einer von ihnen den Rasen gemäht haben möchte. In diesem Fall vertrauen Sie ihm ein Gerät an, mit dem er sich tatsächlich verletzen könnte; vorher sollten Sie ihm natürlich zeigen, wie man es benutzt. Bringen Sie ihm bei, den nötigen Respekt vor dem Ding zu haben. Und sagen Sie ihm, dass Sie Vertrauen in ihn setzen: in seine Körperkraft, weil er Ihrer Ansicht nach die Bedienung des Rasenmähers beherrschen kann, und in seine geistige Reife, denn er wird mit der Maschine vorsichtig umgehen.

Wenn wir unsere Söhne neue Werkzeuge benutzen lassen, müssen wir ihnen natürlich auch beibringen, wie sie damit umzugehen haben. Es wäre dumm, dem Jungen eine Axt in die Hand zu drücken und ihn ohne weiteren Kommentar zum Holzhacken in den Wald zu schicken. Unsere Aufgabe ist es, ihnen das Werkzeug zu geben und ihnen zu zeigen, wie man es verwendet. Viele Frauen wissen nicht, wie man zum Beispiel eine Axt handhabt. In diesem Fall müssen sie für ihren Sohn einen kompetenten Lehrer finden. Wenn das »Instrument«, das Sie Ihrem Sohn geben, weniger konkret ist – zum Beispiel wenn es darum geht, wie er Angst vor Publikum überwindet –, dann gehen Sie mit ihm Schritt für Schritt alle Phasen seines Referats durch – und auch seine Befürchtungen. Sagen Sie ihm, dass er sich auf sein Referat konzentrieren und nicht auf die Menschen vor ihm achten soll. Und geben Sie ihm Tipps, wie er seine Ängste ganz konkret in den Griff bekommt. Erinnern Sie ihn zum Beispiel daran, dass es nicht schlimm ist, wenn er im Vortrag mal stecken bleibt. Dass er dann einfach mit dem nächsten Punkt weitermachen soll. Erst danach lassen Sie ihn sein Referat halten.

Diese Entwicklungsschritte sind für Ihren heranwachsenden Sohn von entscheidender Bedeutung, weil er dabei zwei Dinge lernt: Er macht die Erfahrung, dass er stark ist und dass er sein Leben in den Griff bekommen kann, auch seine Impulse und Gefühle. Mütter müssen ihre Söhne lehren, dass sie tatsächlich Verantwortung für sich selbst übernehmen können, selbst in einer Kultur, die ihnen dauernd signalisiert, dass Impulskontrolle nicht mehr erwartet wird, ja dass man sie eigentlich für *unmöglich* hält.

Das Schwierigste für Sie als Mutter ist zweifellos, Ihren Sohn nur vor solche Herausforderungen zu stellen, die seiner Entwicklungsstufe angemessen sind. Gerade Jungs machen ja immer wieder gerne Sachen, die bei Weitem über ihre Fähigkeiten gehen. Ist Ihr Sohn noch ein Kind, dann sind sein Gehirn, sein Körper und seine Psyche noch nicht voll entwickelt. Er weiß das, trotzdem fordert er alle möglichen Dinge, für die er noch nicht bereit ist – auch die Unabhängigkeit. Das kann für ihn ziemlich frustrierend sein. Jeder Junge braucht das Gefühl, für etwas verantwortlich zu sein, selbst wenn er erst zwei Jahre alt ist. Denken Sie an den ersten Wutanfall Ihres Sohnes, den Sie miterlebt haben. Vielleicht hat er sich im Supermarkt auf den Boden geworfen, nicht um Sie in Verlegenheit zu bringen (vermutlich jedenfalls), sondern um Ihre Autorität herauszufordern. Er wollte etwas, Sie haben Nein gesagt. Er selbst konnte nicht dran herankommen, weil er zu klein war. Die Frustration darüber, nicht tun zu können, was er wollte, weil sein Körper – und Sie – das verhindert haben, hat ihn zum Explodieren gebracht. Er weinte, schrie und stampfte wahrscheinlich, was das Zeug hielt, um Ihnen klarzumachen, dass er Macht und Unabhängigkeit will.

Wenn er dann sechzehn wird, ist das nicht viel anders. Er hat auch in diesem Alter noch Wutanfälle, doch sie sind lauter und wilder als früher. Er wirft sich vielleicht nicht mehr auf den Boden und strampelt, aber möglicherweise schnappt er sich die Mopedschlüssel und stürmt hinaus, oder er haut die Tür zu seinem Zimmer zu, oder er brüllt Sie an. Die Frustration, die er mit sechzehn Jahren empfindet, ist dieselbe wie mit zwei, aber sie wird intensiver empfunden. Es ist wichtig, dass Sie begreifen: Das ist völlig normal. Und es hat psychologische Gründe. Wenn Sie das wissen, geraten Sie weniger in Versuchung, das Ganze persönlich zu nehmen. Entwicklungsgeschichtlich durchlaufen Jungs immer wieder Phasen, in denen sie sich kognitiv weiterentwickeln, ihr Körper aber damit nicht Schritt halten kann. Mit drei Jahren wollen sie unbedingt ein Fahrrad, weil sie wissen, dass »große Jungs« Fahrrad fahren und nicht Dreirad. Doch sie sind halt noch nicht so weit. Mit dreizehn wollen sie Videospiele für Fünfzehnjährige spielen, weil sie wissen, dass die älteren Jungs das auch tun. Wenn sie es aber tun, bekommen sie davon Albträume. Mit siebzehn sind sie fest davon überzeugt, dass sie sehr wohl alleine zu Hause bleiben können, wenn Sie übers Wochenende wegfahren, und versichern Ihnen, sie werden ganz sicher keine Freunde einladen. Aber wie so oft, decken sich auch hier Wort und Tat nicht, und wenn Sie Ihrem Sohn nachgeben, kann das so richtig für Ärger sorgen.

Als Mutter verstehen Sie ihn ja. Und Sie wollen ihm auch helfen. Damit sein Leben weniger frustrierend für ihn ist, lassen Sie ihm da oder dort einfach die Wahl. Zum Beispiel habe ich mal mit angehört, wie eine Mutter ihrem heulenden Kleinkind sagte, dass sein Geschrei nicht angebracht sei, ob er denn nicht mit seiner »leisen Stimme« sprechen könne. Eine andere Mutter stellte ihren sechsjährigen Sohn vor die Wahl, ob er ins Baseballtraining möchte oder lieber Klavierstunden nehmen. Als Mütter hoffen wir, dass die Möglichkeit, selbst eine Entscheidung zu treffen, unserem Jungen das Gefühl gibt, ein wenig »erwachsener« zu sein. Doch gerade kleine Jungs haben meist Schwierigkeiten damit, herauszufinden, was sie überhaupt wollen. Und schon gar nicht wollen sie das, was für sie das Beste wäre. Wenn wir ihnen dann die Wahl lassen, sind sie nur noch frustrierter. Was also sollen wir tun, wenn wir gute Mütter sein wollen?

Rüsten Sie Ihren Sohn fürs Leben

Unseren Söhnen das Gefühl zu vermitteln, über ihr Leben selbst bestimmen zu können, ist ein wichtiger Schritt. Gerade deshalb sollten wir uns gründlich überlegen, wie wir das anstellen, um sie nicht noch mehr zu frustrieren. (Das macht nur beiden das Leben schwer.) Wir möchten ja, dass sie mit zunehmendem Alter auch immer unabhängiger werden. Natürlich agieren wir als Mutter aus dem Gefühl der Liebe heraus, doch was wir tun, kann unseren Söhnen emotional auch schaden.

Während Ihr Sohn sich vom Kleinkind zum ausgewachsenen Jungen entwickelt, ist er starken inneren Spannungen ausgesetzt. Zum einen ist er von Ihnen abhängig und wünscht sich von Ihnen Sicherheit. Zum anderen will er nicht, dass das jemand merkt. An einem bestimmten Punkt in dieser Entwicklung ist er *selbst* davon überzeugt, dass er Sie nicht braucht. Gerade in diesen frühen Jahren erhalten Jungs von der Außenwelt die Botschaft, dass es ein Zeichen von Schwäche ist, sich auf seine Mutter zu verlassen, und dass sie sich als Männer von uns abnabeln müssen. Was wir auch darüber denken und was wir ihnen auch sagen mögen: In ihrer Altersgruppe fühlen alle so. Dann wollen die Jungs plötzlich nicht mehr, dass man sie zur Schule bringt. Sie wollen mit dem Bus fahren. So beweisen sie ihren Freunden, dass sie ihre Mutter, die da immer irgendwo im Hintergrund herumschwirrt, nicht brauchen. Beim Sport sollen wir ihre größten Fans sein, doch sie möchten nicht, dass wir uns im Verein engagieren und mit dem Trainer über die Spiele reden. Denn wenn die eigene Mutter das macht, kann das für einen Jungen höchst demütigend sein. Wir meinen es gut. Wir wollen am Leben unseres Sohnes teilhaben, doch unser Junge erlebt dies vielleicht völlig anders.

Ich habe viele Mütter erlebt, die beim Fußball- oder Baseballspiel ihres Sohnes die gegnerische Mannschaft wüst beschimpften. Oder die sich beim Trainer darüber beschwerten, dass ihr Sohn nicht öfter spielen dürfe. Es gibt Mütter, die für ihren Sohn die Hausaufgaben machen oder lügen und behaupten, ihr Sohn sei auf keiner Party gewesen und könne daher durchaus spielen. Dabei hat der Junge sehr wohl gefeiert, obwohl er wusste, dass er dann nicht spielen darf. Wenn wir solche Dinge für unsere Söhne tun, haben wir das Gefühl, dass wir ihnen helfen. In Wirklichkeit ist das Gegenteil der Fall. Wenn wir sie decken, kommunizieren wir ihnen, dass sie *uns* brauchen, um ihre Kämpfe auszufechten, und dass sie das alleine nicht schaffen. Wenn wir nicht sehr vorsichtig sind, prägt sie dieser Eindruck bis ins Erwachsenenalter.

So schwer das für uns Mütter auch zu schlucken ist: Wenn unsere Söhne heranwachsen, werden sie sich mehr auf ihren Vater verlassen als auf uns. Grundsätzlich empfindet ein Sohn seinen Vater als stärker als seine Mutter. Er will – und muss – sehen, dass sein Vater stärker ist, weil er sein Vorbild für sein Dasein als Erwachsener ist. Er will seine Mutter nicht als stärker erleben, weil dies seine Männlichkeit bedroht. Er will stärker sein als seine Mutter, und zwar in mehr als einer Hinsicht: körperlich, emotional, intellektuell. Er braucht das, damit sich sein Ego auf gesunde Weise entwickelt. Das heißt nicht, dass er ein Chauvinist ist. Er muss sich nur mit seinem männlichen Vater stärker identifizieren als mit seiner weiblichen Mutter, damit er in seine Rolle als Mann hineinwachsen kann. Mutters Liebe und Schutz waren gut für ihn, solange er noch ein Baby war. Doch sobald er sich als »anders« als seine Mutter erlebt – als männlich, nicht als weiblich –, fühlt er schwach, wenn seine Mutter ihn »rettet«. (Solche Rettungsaktionen sind auch schwierig, wenn sie vom Vater kommen, aber er fühlt sich weit schlechter, wenn die »Mama« ihn raushaut.)

Die Fehler, die wir aus Liebe machen

Als Tim in der zehnten Klasse der Highschool war, spielte er in der Fußballmannschaft seiner Schule. Seine Mutter Brenda arbeitete Teilzeit als Buchhalterin. In ihrer Freizeit engagierte sie sich voll für Tims Team. Sie brachte Essen für die Mannschaft mit, fuhr zu allen Spielen und feuerte das Team ihres Sohns lautstark an. Sie war stolz darauf, alle Spieler zu kennen. Und sie redete viel über ihre gute Beziehung zu Tim. Sie stünden sich sehr nahe, sagte sie immer wieder.

Eines Samstagabends ging Tim zu einer Party und feierte mit seinen Freunden, darunter ein paar seiner Mannschaftskameraden. Es wurde auch ein wenig Alkohol getrunken, nur Tim erwischte zu viel. Um Mitternacht rief er zu Hause an, weil er in diesem Zustand nicht fahren wollte. Am nächsten Morgen sagte ihm Brenda, wie stolz sie auf ihn sei, dass er nicht selbst gefahren war. Als Tim aber am Montagmorgen in die Schule kam, ließ ihn sein Fußballtrainer rufen. Er eröffnete ihm, dass er und die anderen Teammitglieder, die am Samstagabend getrunken hatten, zwei Wochen lang gesperrt seien. Abends kam Tim nach Hause und erzählte seiner Mutter davon. Brenda ging beinahe durch die Decke. Sie rief sofort den Trainer an und bestand darauf, dass Tim spielte. Er habe schließlich nur getan, was alle Teenager mal tun. Niemand sei dadurch zu Schaden gekommen. Er sei schließlich ein guter Junge. Was das Ganze denn überhaupt solle?

Brenda setzte dem Trainer so zu, dass dieser schließlich nachgab und Tim und die anderen Partygänger doch spielen ließ. Ich redete kurz nach dem ganzen Vorfall mit Tim. Es war deutlich zu spüren, wie peinlich ihm das Verhalten seiner Mutter war. Er war siebzehn Jahre alt und musste mit ansehen, wie seine Mutter den Trainer dazu brachte, die Regeln zu brechen (die Tim als Teil der Mannschaft ja gut kannte). Dadurch signalisierte ihm Brenda unabsichtlich zwei Dinge: *Du* kannst die Konsequenzen deines Tuns nicht tragen, du brauchst deine Mutter, um damit fertigzuwerden. Und die Regeln des Trainers gelten für dich nicht, obwohl du sie kanntest und damit einverstanden warst.

Diese Art von Lektion sollten wir unseren Söhnen gerade im Teenageralter, wenn sie so unglaublich beeinflussbar sind, wirklich ersparen. Spielen wir doch einmal in Gedanken durch, wie die Dinge gelaufen wären, hätte sich Brenda einsichtig verhalten. Was wäre, wenn … Brenda ihrem Sohn die Axt in die Hand gedrückt hätte? Sie hätte zum Beispiel sagen können: »Tim, du bist ein Mann, und so läuft das nun mal im Leben. Du hast A gesagt, und jetzt musst du auch B sagen.« Möglicherweise hätte er einen Wutanfall bekommen und über seinen Trainer geschimpft, doch danach hätte er eines auf jeden Fall kapiert: Ich muss mich wie ein Erwachsener benehmen. Und ich kann das. Diese Lektion hätte Tim ganz sicher geholfen, auch später im College, am Arbeitsplatz und als Ehemann und Vater.

Auch Lana machte den Fehler, ihren Sohn Richard vor den Konsequenzen seines Verhaltens zu bewahren. Wie Brenda hatte sie es nur gut gemeint. Sie hatte den Ruf ihres Sohnes schützen wollen. Irgendwann aber war es zu viel. Richard war ein scheuer und introvertierter Typ. Er hatte ein paar Jungs, mit denen er befreundet war, aber meist hing er mit irgendwelchen Cliquen herum, auch wenn er dort nicht wirklich dazugehörte. Mit sechzehn Jahren fing er an, mit einem Mädchen auszugehen. Lana fand das super. Richard verliebte sich bis über beide Ohren in das Mädchen. Er brachte jeden Abend damit zu, ihr SMS zu schreiben oder mit ihr zu telefonieren. An den Wochenenden waren die beiden untrennbar. Da Lana ihrem Sohn nahestand und ganz begeistert war, dass dieser nun eine Freundin hatte, redete sie mit Richard viel über seine Beziehung. Sie fragte ihn häufig, wie es ihm nun damit ginge. Außerdem ermutigte sie ihn, sich als Gentleman zu verhalten. Bald aber überschritt sie dabei Grenzen, ohne es zu merken. Sie war so aufgeregt wegen des Glücks ihres Sohnes, dass sie anfing, ihre eigenen Hoffnungen auf ihn zu projizieren. Im Geiste sah sie die beiden schon heiraten. Allmählich wuchs der Druck von ihrer Seite, die Beziehung doch zu etwas Festem zu machen, obwohl beide Partner dafür noch nicht bereit waren. Sie ermutigte die beiden, mehr Zeit miteinander zu verbringen, und drängte Richard, seine Gefühle doch offener auszudrücken. Unglücklicherweise (für Richard) beging sie einen Fehler, den viele übereifrige Mütter gerne machen: Sie hielt ihren Sohn für sehr viel reifer, als er es in Wirklichkeit war. Die Freundin war für sie ein sechzehnjähriges Mädchen, Richard aber behandelte sie, als wäre er bereits ein erwachsener Mann.

Eines Tages machte Richards Freundin mit ihm Schluss. Richard war am Boden zerstört, Lana hingegen kochte vor Wut. Wie konnte dieses Mädchen ihrem Sohn den Laufpass geben? Während Richard sich in seinem Zimmer verkroch, steigerte sich seine Mutter immer mehr in ihren Zorn hinein. Was konnte sie tun, um ihn zu rächen? Wie konnte sie seine Selbstachtung wiederherstellen? Da kam ihr eine Idee. Sie setzte sich an den Computer, loggte sich bei Facebook ein und ging auf die Seite des Mädchens. Natürlich fragte sie Richard nicht, ob es ihm recht wäre (erster Fehler), wenn sie dort eine Nachricht postete: Richard sei viel zu gut, um ihn sausen zu lassen. Dann fügte sie noch die ein oder andere Beleidigung hinzu und veröffentlichte die Nachricht.

Sie können sich vielleicht vorstellen, was dann passierte. Richards Freunde lasen den Post. Einige seiner Freunde machten ihm deshalb heftige Vorwürfe. Einige der Mädchen machten sich über ihn lustig, anderen tat er leid. Richard musste sich also nicht nur mit dem Trennungsschmerz auseinandersetzen, sondern wurde auch noch vor seinen Freunden öffentlich gedemütigt. Seine Mutter ließ ihn schwach aussehen. Und was noch schlimmer war: Er fühlte sich auch so.

Wenn wir uns Richards Beziehung zu seiner Freundin ansehen, erkennen wir schnell, wo Lana Fehler machte. Erstens hatte sie emotional viel zu viel in diese Beziehung investiert. Sie machte sich Sorgen um ihren Sohn, weil er so ein scheuer Junge war. Als er dann endlich mal ein Mädchen hatte, war sie darüber so aufgeregt, dass sie ihre Begeisterung auf ihren Sohn projizierte. Statt sich zurückzulehnen und ihren Sohn selbst herausfinden zu lassen, wie er sich fühlte, übertrug sie *ihre* Gefühle auf Richard und vermittelte ihm, wie er sich ihrer Ansicht nach fühlen sollte.

Zweitens überschritt sie ihre Grenzen. Sie drängte sich in die Beziehung und sagte ihrem Sohn, was er tun sollte und wann. Natürlich kann eine Mutter auch mal einen Rat erteilen, doch Richard hatte Lana ja nicht einmal darum gebeten. Wir Mütter sollten uns entspannt zurücklehnen und unsere Meinung nur verlauten lassen, wenn wir ausdrücklich darum gebeten werden. Sich von Anfang an einzumischen ist keine gute Idee. Auch hier hatte Lana nur die besten Absichten, doch sie war schlicht übereifrig.

Drittens sprach Lana für ihren Sohn, statt ihn selbst das Wort ergreifen zu lassen. Es stand ihr nicht zu, sich auf der Facebook-Seite der Freundin zu äußern. Und es stand ihr nicht zu, über Richards Freundin herzuziehen. Für Richard war das alles höchst peinlich. Wir sollten nie vergessen, dass wir die Eltern unserer Kinder sind, nicht ihre Freunde. Indem sie auf der Facebook-Seite des Mädchens eine Botschaft hinterließ, benahm sie sich, als wäre sie nur die Freundin ihres Sohnes. Wir Mütter geraten in Versuchung, die Freundin unserer Kinder werden zu wollen, weil wir ihnen emotional nahe sein möchten. Wir haben Angst, dass unsere Söhne sich von uns entfernen und dass sie glauben, wir verstünden sie nicht. Doch wenn wir uns benehmen, als drückten wir mit ihnen die Schulbank, geht dieser Schuss fast immer nach hinten los.

Lana hat ihren Sohn förmlich »entmannt«, und dies an einem echten Tiefpunkt in seinem Leben. Sie wollte ihn beschützen (was normal ist), und sie wollte ihn rächen (was auch noch normal ist). Doch es war falsch, diesen Impulsen *nachzugeben*. Ihr Verhalten vermittelte Richard zwei durchaus schädliche Botschaften: 1) Du kannst nicht für dich selbst eintreten. 2) Du brauchst deine Mutter, um mit Beziehungsproblemen fertigzuwerden.

Manchmal müssen wir Mütter einfach zurückstecken. Wir sollten für unsere Söhne da sein, *wenn* sie reden möchten. Wir können auch ihren Facebook-Account überprüfen, aber niemals sollten wir Botschaften auf ihrer Seite oder der ihrer Freunde hinterlassen.

Wenn wir sie davor bewahren, die Konsequenzen ihrer Handlungen zu tragen, wenn wir versuchen, sie vor negativen Erfahrungen zu schützen, wenn wir uns einmischen und händeringend nach Gründen suchen, warum wir sie beschützen müssen, dann schaffen wir dadurch eine ungesunde Abhängigkeit, die ihnen noch lange zu schaffen machen wird. Manchmal brauchen sie Strafe, um zu wachsen. Manchmal müssen sie schwere Zeiten durchleben, damit sie sich selbst besser verstehen lernen. Wenn wir uns hier herausnehmen, lernen sie, sich auf ihre eigenen Fähigkeiten zu verlassen. Und das Beste ist: So schwer ist das gar nicht zu lernen. Man muss nur das ein oder andere Geheimnis kennen.

Äxte gibt es in verschiedenen Größen und Formen

Zunächst einmal sollten Sie Ihren Sohn, egal, wie alt er ist, an den notwendigen Arbeiten in der Wohnung oder im Haus beteiligen. Jungs reagieren darauf meist positiv, weil alles, was sie körperlich erledigen können, ihnen das Gefühl gibt, stark zu sein. Am einfachsten ist es, Sie übertragen Ihrem Sohn konkrete Aufgaben wie Staub zu saugen, beim Abwasch zu helfen oder Müll rauszutragen. Sagen Sie ihm, dass Sie seine Hilfe brauchen. Wenn er jammert oder grummelt, achten Sie einfach nicht darauf. Lassen Sie ihn bei der Gartenarbeit helfen oder beim Einkaufen. Ich habe meinen Sohn immer gebeten, doch schon mal mit der Zubereitung des Abendessens anzufangen. So ist er ein wunderbarer Koch geworden. Als er alt genug war, erledigte er die Einkäufe, brachte sie nach Hause und machte sich ans Kochen. Ich muss manchmal länger arbeiten. Für mich war das natürlich praktisch, aber dass er weiß, wie das mit dem Einkaufen und Kochen geht, macht ihn später auch zu einem guten Ehemann. Seien Sie also kreativ, wenn Sie nach Aufgaben für Ihren Sohn suchen. Beschränken Sie seine Mitwirkung nicht auf die klassisch männlichen Aufgaben. Sie werden erstaunt sein, wie viele Möglichkeiten es gibt, einen Jungen mitarbeiten zu lassen. Und vergessen Sie nicht: Dass er Ihnen Arbeit abnimmt, ist keine Strafe. Bitten Sie ihn vielmehr um einen Gefallen, weil er ja so kräftig und klug ist.

Im nächsten Schritt sollten Sie Ihrem heranwachsenden Sohn vermitteln, dass er vieles schon ohne Ihre Hilfe erledigen kann. Denn ein älterer Junge hält sich schnell für ein Weichei, wenn er Ihre Hilfe braucht. Wenn er drei ist, ist es in Ordnung, wenn Sie ihm helfen, etwas mit der Schere auszuschneiden. Mit dreizehn kommt er sich vor wie ein Dummkopf, wenn Sie beim ersten Anzeichen von Ratlosigkeit aufspringen und die Hausaufgaben für ihn erledigen. Mir ist bewusst, dass viele Schulen mittlerweile die Anforderungen derart hochgeschraubt haben, dass die Kinder sie ohne die Hilfe ihrer Eltern gar nicht mehr erfüllen können. Doch ich finde das gar nicht gut. Wenn Mutter oder Vater regelmäßig helfen müssen, bekommt das Kind mehr und mehr den Eindruck, dass es selbst nichts zustande bringt. Eine gesunde Unabhängigkeit entsteht so nicht. Das Selbstvertrauen jedes Jungen wird dadurch herabgesetzt. Sollte Ihr Sohn also regelmäßig Hilfe bei den Hausaufgaben brauchen, reden Sie besser mit seinen Lehrern. Und bevor Sie ihm dann doch einmal helfen, sollten Sie sich vergewissern, ob er sich wirklich Mühe gegeben hat. Denn wenn Mama immer angelaufen kommt und ihrem Sohn Dinge abnimmt, die er gut auch selbst machen kann, fühlt er sich dabei schwach und unmännlich. Dummerweise passiert uns das unabsichtlich immer wieder. Gerade wir Mütter sind so daran gewöhnt, unseren Söhnen zu helfen, dass es sehr schwierig sein kann herauszufinden, wann wir damit aufhören sollen. Daher müssen wir mit Umsicht zu Werke gehen. Wir müssen unsere Söhne beobachten und sie anleiten, Arbeiten ihrem Alter entsprechend selbst zu erledigen.

Andererseits müssen wir aufmerksam genug sein, um zu erkennen, wann unsere Söhne wirklich Hilfe brauchen. Wenn ein Junge mit den Hausaufgaben Probleme hat, unter Niedergeschlagenheit und Angstzuständen leidet oder Schwierigkeiten mit seinen Freunden hat, sollten wir ihn zunächst versuchen lassen, alleine damit fertigzuwerden. Doch wenn er das nicht kann, sollten wir ihm vermitteln, dass er ruhig einen Erwachsenen um Hilfe bitten kann.

Toms Mutter wusste, wie schwierig es ist, die helfende Hand auch mal nicht auszustrecken. Als Tom acht Jahre alt war, geriet er in einen Streit mit einem Klassenkameraden, der Toms jüngeren Bruder beschimpfte. Tom fand das gar nicht gut und sagte dem Jungen, er solle doch nach der Schule vorbeikommen, dann würden sie das austragen. Spät am Nachmittag läutete es. Toms Mutter ging an die Tür. Auf der Schwelle stand der Junge, der ihren jüngeren Sohn in der Schule grob beschimpft hatte. Sie begrüßte ihn und fragte ihn, ob sie ihm irgendwie helfen könne.

»Ja. Ich bin hier, um mit Tom zu kämpfen«, sagte der junge Mann. Erstaunt sah sie ihn an.

Dann redete sie mit ihm. »Aha. Nun, Tom ist hinten im Garten. Du kannst hier durchgehen.« Sie schloss die Tür hinter ihm, und tatsächlich marschierte der achtjährige Steppke in den Garten zu Tom. Toms Mutter sah aus dem Küchenfenster zu, wie sich die beiden erst ein paar Beleidigungen an den Kopf warfen und dann anfingen zu rangeln. Sie schlugen nicht aufeinander ein, aber nachdem sie sich eine Zeit lang auf dem Boden herumgewälzt hatten, trat Toms Mutter aus dem Haus und erklärte den Kampf für beendet. Sie sagte Toms Klassenkameraden, es sei jetzt Zeit, nach Hause zu gehen.

Als Tom mir dies erzählte, schnappte ich erst einmal nach Luft. Ich weiß nicht, ob ich als Mutter den Jungen überhaupt hereingelassen hätte, wenn er mir erzählt hätte, er wolle mit meinem Sohn kämpfen. Vermutlich hätte ich beide Jungs in die Küche geholt, ihnen etwas zu trinken und vielleicht ein paar Kekse hingestellt, um die Stimmung zu heben. Und dann hätte ich wohl versucht, die ganze Sache durchzusprechen und sie davon zu überzeugen, dass es sinnvoller sei, den Streit ohne Fäuste beizulegen. Oder ich hätte Plan B umgesetzt: die Jungs ganz außen vor gelassen und ein Wörtchen mit der Mutter des Klassenkameraden geredet.

Zum Glück für Tom war ich nicht seine Mutter. Als er mir Jahre, nachdem diese Geschichte passiert war, davon erzählte, sagte er: »Meine Mutter war meine große Heldin. Ich sah schon als kleiner Junge immer zu ihr auf, und als der Junge zu uns kam, änderte sich mein ganzes Leben. Sie sagte dem Jungen nicht, er solle nach Hause gehen. Meine Mutter schickte ihn zu mir in den Garten, weil sie wusste, dass es für mich wichtig war, meinen Bruder zu verteidigen. Sie wusste, dass hier mein ganzer Stolz auf dem Spiel stand, und das wollte sie mir nicht nehmen. Nachdem der Kampf vorbei war (der eigentlich kein richtiger Kampf war), fühlte ich mich wie ein echter Weltmeister. Ich konnte mich auf mich selbst verlassen. Und ich sah, dass meine Mutter das auch glaubte. Ihre Reaktion sagte mir: ›Tom, du wirst mit allem fertig. Ich glaube an dich.‹«

Voller Freude darüber, die Geschichte jemandem erzählen zu können, fuhr er fort, von seiner Mutter zu erzählen: »Später, als ich älter war, war ich ihr dafür richtig dankbar. Im College war ich mir häufig unsicher, was die Wahl meiner Studienfächer anging. Dann rief ich immer meine Mutter an, und sie sagte mir jedes Mal, dass ich das schon schaffen würde. Als ich wegging, um zu studieren, fing meine Mutter auch noch mal von vorne an. Sie studierte Jura. Heute ist sie Richterin. Dass sie das zustande brachte, hat mich dazu inspiriert, selbst Jura zu studieren. Und natürlich ihr fester Glaube daran, dass ich die mir gesteckten Ziele auch erreichen könne. Diese zehn Minuten veränderten mein ganzes Leben und auch mein Verhältnis zu meiner Mutter. Ich bin so dankbar für alles, was sie an jenem Tag für mich tat.«

Wir Mütter füllen unsere Rolle instinktiv aus. Normalerweise funktioniert das auch gut. Doch wenn es um unsere Söhne geht, müssen wir den Unterschied kennen zwischen dem, was sie brauchen, und dem, was wir ihnen geben wollen. Das ist der Schlüssel, um unsere Söhne zu wunderbaren Männern zu erziehen. Wir müssen verstehen, dass wir als Frauen die Dinge anders sehen als Männer. Für unsere Söhne ist es wichtig, dass unser Handeln sie stark macht und sie nicht der Möglichkeit beraubt, von ihren Fähigkeiten Gebrauch zu machen.

Söhne sind mitunter ganz wunderbar leicht zu erziehen. Sie haben die meiste Zeit Hummeln im Hintern und brauchen viel Bewegung. Dann schickt man sie einfach raus und lässt sie sich austoben. Wenn sie wütend sind, legt sich das meist wieder so schnell, wie es gekommen ist, und sie gehen zur Tagesordnung über. Jungs sind selten nachtragend, so etwas ist ihnen einfach lästig, also Schwamm drüber. Gibt es ein Problem, dann suchen sie nach Lösungen, und damit ist die Sache gegessen. Das sollten wir uns merken. Es hat wenig Sinn, wenn wir uns einmischen und sie dazu bringen wollen, Probleme so zu regeln, wie wir es tun würden.

Daher gibt es zahlreiche Möglichkeiten, unsere Söhne zu fördern. Wir können sie, wie Toms Mutter es tat, ihre Impulse ausleben lassen und uns nicht bei jedem Streit einmischen. Wir können sie auf dem Fußballplatz ihren Kampf ausfechten lassen (ohne den Trainer niederzumachen). Und wir können sie bitten, Hausarbeiten zu erledigen, bei denen sie ihre Körperkraft einsetzen können – Laub rechen beispielsweise oder das Altpapier in die Tonne wuchten. Wir können sie mit dem Fahrrad zur Schule fahren lassen, statt sie mit dem Auto hinzubringen. Oder wir können sie bitten, die Einkäufe für ihre Großeltern zu erledigen. Dann hat jeder etwas davon!

Doch es gibt noch mehr Mittel und Wege, wie wir unseren Söhnen die Axt in die Hand drücken können, die sie im Lauf ihres Lebens immer wieder brauchen werden. Wir können ihnen auch zeigen, wie man sich intellektuell fordert. Statt sie fernsehen oder Videogames spielen zu lassen, können wir ihnen ihrem Alter entsprechende Bücher in die Hand drücken, um dann mit ihnen darüber zu reden. Oder Sie lesen das Buch gemeinsam mit Ihrem Sohn und reden mit ihm über die Ideen, die ihnen beiden beim Lesen gekommen sind.

Andere Szene. Überlegen Sie mal: Was spielt sich um 17 Uhr nachmittags in Ihrer Wohnung ab? Sie haben gerade eines Ihrer Kinder vom Sport abgeholt, stehen nun in der Küche und durchsuchen den Kühlschrank. Was in aller Welt sollen Sie heute bloß zum Abendessen machen? Sie haben nur einen halben Kopfsalat, ein paar Karotten und Hamburger für zwei zu Hause. Das Unvermeidliche zeichnet sich vor Ihren Augen ab: Sie müssen noch mal los. Ihr Sohn guckt Ihnen zu. Sie sagen ihm, dass Sie noch einkaufen müssen. Er meckert, weil er Hunger hat. Und Sie haben Schuldgefühle, weil Sie nicht alles perfekt organisiert haben. Sie hätten schon am Tag davor einkaufen sollen. (Irgendetwas verursacht uns immer Schuldgefühle!) Ihr Sohn ist auch angespannt. Er schreibt am nächsten Tag zwei Proben und ist nervös. Eigentlich bräuchte er Ihre Hilfe beim Lernen, denn er versteht Mathe einfach nicht. Er lässt sich aufs Sofa fallen und spielt Playstation, während Sie beim Einkaufen sind. Sie wissen, dass er eigentlich mit dem Lernen anfangen sollte, aber Sie wollen auch nicht, dass er frustriert alles hinwirft, also lassen Sie ihn machen.

Was haben Sie in diesem Moment getan? Ihre Entscheidung hat ihm folgende Botschaften vermittelt: »Ohne mich kapierst du Mathe eh nicht, also warte, bis ich wieder da bin. Du brauchst mich. Und ich möchte nicht, dass du ungeduldig wirst, weil ich eine gute Mutter bin und dir das ersparen will. Also spiel ruhig.« Das scheint Ihnen jetzt vielleicht keine große Sache zu sein, aus der Perspektive Ihres Sohnes ist es jedoch bedeutsam. Sie schaffen nämlich in diesem Moment ein Denkmuster, wie er sich künftig wahrnimmt. Er sitzt auf dem Sofa und hält sich für unfähig, mit Frustrationen fertigzuwerden. Und er glaubt, intellektuelle Herausforderungen ohne Sie nicht meistern zu können. Sie andererseits sind müde und wollen keinen Streit. Sie möchten nur schnell das Abendessen auf den Tisch bringen.

Solch eine Situation lässt sich mit einigen Regeln in den Griff bekommen. (Für die Durchsetzung dieser Regeln werden Sie anfangs kämpfen müssen, doch mit der Zeit wird Ihr Sohn die Regeln akzeptieren, wenn Sie hart bleiben; dann kehrt wieder Frieden ein.) So können Sie sicherstellen, dass Ihr Sohn an seine Fähigkeiten *glaubt,* statt sich für unfähig zu halten.

Lehren Sie ihn Selbstvertrauen

Das Verhätscheln beginnt meist früh. Reden Sie mit irgendeinem guten Lehrer, und dieser wird Ihnen sagen, dass eines der größten Probleme von Jungs eine allzu liebende Mutter ist, die sie förmlich lähmt. Wenn unsere Söhne in der ersten oder zweiten Klasse sind, sehen wir, wie sie mit all dem Neuen kämpfen, was die Schule mit sich bringt, und natürlich wollen wir ihnen helfen. Anfangs helfen wir ihnen nur bei Mathe, aber früher oder später zeichnen wir Schaubilder für sie, malen für sie Bilder für den Kunstunterricht und schreiben das Referat in Musik. Wir haben das Gefühl, ihnen helfen zu müssen, weil die Welt heute hart ist, vor allem der Wettbewerb. Wir wollen nicht, dass unsere Söhne dabei auf der Strecke bleiben. Aber wenn wir das tun, signalisieren wir ihnen, dass ihre Fähigkeiten nicht ausreichen und dass sie ohne uns nicht gut genug sind. Bis zur vierten Klasse hat sich so häufig eine ungesunde Abhängigkeit herausgebildet.

Manche Mütter möchten zwar, dass ihre Söhne alles allein machen, aber da sind dann die Klassenkameraden, die ständig von ihren Eltern Hilfe bei den Hausaufgaben bekommen. Meiner Ansicht nach sollten Eltern in diesem Fall wirklich zum Lehrer ihres Kindes gehen und das Problem ansprechen. Natürlich können Kinder mit elterlicher Hilfe bessere Noten erzielen, aber am Ende ist das für alle Beteiligten ein Verlustgeschäft. Erledigen Jungen ihre Hausaufgaben selbst, bekommen sie vielleicht schlechtere

Noten, doch nehmen ihnen die Eltern ihre Schularbeiten ab, lernen sie nie, was sie können und was nicht.

Einer der Hauptgründe, warum Mütter manchmal zu viel für ihren Sohn tun, ist, dass er auf bestimmten Gebieten einfach nicht besonders gut ist. Daher wollen sie ein wenig nachhelfen. Vielleicht ist Ihr Sohn ja in der Schule gut, nur Sport ist nicht so sein Ding. Möglicherweise ist er ein bisschen pummelig und es mangelt ihm an motorischen Fähigkeiten. Da wir Mütter so gerne möchten, dass unsere Kinder von ihren Gefährten respektiert werden, drängen wir sie vielleicht zu etwas, was sie im Grunde gar nicht mögen. Möglicherweise schicken Sie Ihren Sohn zum Fußballspielen raus, obwohl er viel lieber drin bleiben und lesen möchte. Oder Sie schreiben ihn in einem Sportverein für eine Mannschaftssportart ein, die er gar nicht machen will. Wenn es uns leidtut, dass unsere Kinder nicht »der Norm« entsprechen, so dürfen wir das nicht mit Empathie verwechseln. Und was lernen unsere Söhne daraus? Dass sie bemitleidenswert sind.

Echtes Mitgefühl mit unseren Söhnen, denen es an schulischen, sportlichen oder sozialen Fähigkeiten fehlt, bedeutet, dass wir uns auf ihre Schwierigkeiten einstellen, weil wir begreifen, dass sie es dadurch im Leben nicht immer leicht haben werden. Wir sollten lernen, ihre Probleme nachzufühlen, aber nicht, ihnen die Verantwortung dafür abzunehmen. So verstehen wir zwar, welche Kämpfe unsere Söhne auszufechten haben, aber wir erlegen uns eine gesunde Zurückhaltung auf, wenn es darum geht, uns in diese Kämpfe einzumischen. Nur wenn wir das nicht tun, können unsere Söhne eine gesunde männliche Identität aufbauen.

Stellen wir uns mal vor, Ihr Sohn ist im Sport nicht besonders gut. Er möchte Fußball spielen, wird aber vom Trainer immer wieder abgelehnt, weil er nicht gut genug für die Mannschaft ist. Was würde eine empathische Mutter in dieser Situation tun? Nun, sie würde ihrem Sohn signalisieren, dass sie seinen Wunsch, Fußball zu spielen, zwar akzeptiert, aber da dies ja ein ums andere Mal nicht klappt, könnte sie ihm Möglichkeiten aufzeigen, seine Energie anderweitig einzusetzen. (Und ich rede hier bewusst nicht von »Talenten«, denn das ist vielleicht nicht ganz dasselbe.) Wenn Sie dergestalt den Tatsachen ins Auge sehen, helfen Sie Ihrem Sohn, zu erkennen, dass es andere Wege gibt, um sich auszuprobieren. Und dass kein Talent fürs Fußballspielen zu haben auch kein Drama ist. Empathie heißt: Wir verstehen die Situation unseres Sohnes, aber wir erlegen ihm kein Handicap auf, indem wir überreagieren und Minderwertigkeitskomplexe in ihm züchten.

Brechen wir zu einem Kreuzzug zur Durchsetzung seiner Wünsche auf, vermitteln wir ihm tatsächlich, dass er ein Versager ist. Er wird sich fragen, welchen Grund es denn sonst geben sollte, dass er uns leidtut. Wir haben Mitleid mit unserem Sohn, also wollen wir ihm beweisen, dass er kein Versager ist. Nur: Er durchschaut diese Tricks und wird sich unweigerlich fragen: Wenn es nicht schlimm ist, dass ich schlecht im Fußball bin, warum macht meine Mutter dann so ein Tamtam deswegen?

Wenn wir mit unseren Söhnen statt Mitgefühl Mitleid empfinden, wird die Sache schwierig. Mitgefühl bewahrt uns davor, ihnen die Verantwortung für ihre Probleme abnehmen zu wollen, Mitleid tut das nicht. Mitleid heißt, dass wir mit unseren Söhnen mitleiden. In dem Moment aber nehmen wir ihnen ihre Würde, weil wir sie als Underdogs wahrnehmen, als wären ihre Flügel gebrochen. Wir betrachten sie als »benachteiligt« und fangen an, sie auch so zu behandeln. Ein Kind aber übernimmt dieses Gefühl, und dann gehen die Probleme erst richtig los. Kein Junge möchte, dass seine Mutter ihn für schwach hält. Anfangs tut ihm das Mitleid vielleicht gut. Er merkt, dass seine Mutter ihn liebt und sich um ihn sorgt. Doch mit der Zeit verkrüppelt ihn dieses so gut gemeinte Gefühl nur. Den meisten Müttern ist überhaupt nicht klar, was dieses Verhalten im Endeffekt bewirkt. Wir Mütter sehen nur unsere Söhne und die Schwierigkeiten, mit denen sie kämpfen. Wir wollen, dass sie ein besseres Leben haben. Wenn sie in der Schule Opfer von Rüpeleien werden, wollen wir dafür sorgen, dass niemand ihnen wehtut. Wenn sie in der Klasse nicht besonders beliebt sind, eine Lernstörung haben, ja, wenn das Leben sie einfach unfair zu behandeln scheint, dann sagen uns all unsere Instinkte, dass wir einschreiten und etwas tun müssen, damit es ihnen besser geht. Doch genau an diesem Punkt müssen wir vorsichtig sein.

Wenn Sie ständig Entschuldigungen für das Verhalten Ihres Sohnes im Munde führen, wenn Sie ihn stets vor anderen verteidigen, sollten Sie sich fragen, ob Sie nun Mitgefühl empfinden oder ihn doch nur bemitleiden. Mitleid bringt Sie beide nicht weiter, Ihren Sohn schränkt es sogar massiv ein.

Sollte Ihr Sohn mit einer (realen oder nur von Ihnen als solche wahrgenommenen) Einschränkung leben, dann fordern Sie ihn: Wie kann er sein Leben so normal wie möglich gestalten? Wie kann er diese Einschränkung zu seinem Vorteil nutzen? Möglicherweise müssen Sie hier gegen Ihre mütterlichen Instinkte handeln, aber das ist in Ordnung. Sie tun dann genau das Richtige.

Ein Beispiel: Während seines ersten Semesters am College bekam Quinton Angstzustände. Häufig wachte er mitten in der Nacht mit Panikattacken auf. Anfangs verschwieg er dies seiner Mutter Andrea, wenn er zu Hause anrief. Doch dann wurden seine Panikanfälle so heftig, dass er das Wohnheim nicht mehr verlassen konnte. Als er ihr schließlich davon erzählte, nahm Andrea sofort die drei Stunden Fahrzeit auf sich, um ihren Sohn an der Uni zu besuchen. Sie wollte ihm helfen herauszufinden, was er in dieser Situation tun konnte. Quinton wollte das College schmeißen. Auf keinen Fall sollten seine Freunde bzw. Kommilitonen erfahren, was mit ihm los war. Als Andrea eintraf, fand sie ihren Sohn verängstigt, abgemagert und bleich vor. In den nächsten Tagen redeten sie viel über seine Angstzustände. Dann machten sie gemeinsam einen Plan: Quinton sollte zum Psychologen gehen und zu einem Arzt. Andrea erzählte mir, sie habe zunächst ihren Sohn so sehr bemitleidet, dass sie am liebsten all seine Sachen zusammengepackt und ihn mit nach Hause genommen hätte. Seine Probleme bereiteten ihr so viel Kummer, dass sie unter Übelkeit und Schlaflosigkeit litt.

Während dieser gemeinsamen Tage gestand ihr Quinton, dass er viel Marihuana geraucht habe, um den Tag zu überstehen. Er sei sogar einmal von der Polizei erwischt worden und für einige Tage im Gefängnis gelandet. Er habe sich nur zu sehr geschämt, um sie anzurufen. Aber Quinton konnte mit dem Rauchen einfach nicht aufhören, weil er sich so schrecklich fühlte. Und das Marihuana half ja auch. Sie meinte, sie verstünde das, schließlich habe er solche Probleme. Aber sie sagte ihm auch, dass nun mit den Drogen Schluss sei.

Als Andrea nach Hause kam, rief sie mich an. Sie war nicht sicher, ob sie das Richtige getan hatte. »Anfangs wollte ich ihn einfach nur nach Hause bringen. Ich war nicht mal sauer wegen des Marihuanas. Ich wusste ja, dass es ihm half, und er hatte doch solche Probleme. Aber als wir dann mehr Zeit miteinander verbrachten, änderte sich etwas in mir. Ich wollte ihm so gerne sagen, dass er die Uni ruhig aufgeben konnte, aber ich tat es nicht. Stattdessen sagte ich ihm, er habe zwar jetzt diese Angstanfälle, aber das würde schon aufhören. Wir fanden einen guten Arzt und einen Psychologen, und ich sagte meinem Sohn, er müsse die letzten sechs Wochen des Semesters noch durchhalten. Das Leben sei nun einmal kein Zuckerlecken, aber seine Probleme ließen sich im Normalfall gut behandeln. Und ich würde alles tun, um ihn bei der Genesung zu unterstützen.«

Als Mutter verstand ich sofort, was Andrea dazu brachte, den Marihuanakonsum ihres Sohnes zu entschuldigen, ja sogar Mitleid mit ihm zu haben, weil er geschnappt und ins Gefängnis gekommen war. Und ich muss sagen: Auch ich hätte an ihrer Stelle den Wunsch gehabt, den Neunzehnjährigen ins Auto zu packen und nach Hause mitzunehmen. Als Ärztin aber kann ich sagen, dass Andrea an diesem Punkt in Quintons Leben die für ihn richtige Entscheidung getroffen hatte. Ja, er hatte schwere Angstzustände, doch sie hatte diese recht sachlich genommen. Und als sie ihm half, eine angemessene Behandlung zu finden, verschaffte ihm dies schon eine Menge Erleichterung. Hätte sie ihm stattdessen gesagt, wie schlimm es wäre, dass er so weit von zu Hause weg unter Panikanfällen litt, und dass er unbedingt nach Hause kommen sollte, und ihn so ihr Mitleid spüren lassen, hätte dies seine Probleme nur verschlimmert.

Andrea aber sagte ihrem Sohn, dass er ihrer Ansicht nach die innere Stärke besäße, die letzten sechs Wochen des Semesters zu überstehen. Auf diese Weise vermittelte sie ihm, dass er trotz seiner Angstzustände immer noch stark war. Sie sagte ihm auch, sie verstünde zwar, dass er in dieser Situation Marihuana geraucht hätte, doch auch bei Angstzuständen sei Pot keine Lösung. Sie zeigte ihm also, dass sie in Bezug auf seine Zukunft immer noch hohe Erwartungen hegte und ihn trotz seines Ausrutschers nicht verachtete. Sie fühlte sich zwar kaltherzig und hart dabei, aber gleichzeitig tat sie ihrem Sohn einen riesigen Gefallen. Sie gab ihm eine Axt genau in dem Augenblick, in dem er sie brauchte.

Lehren Sie ihn Verantwortung

Da sich Männer gewöhnlich nicht um Haushalt und Kinder kümmern, definieren sie ihre Identität eher über ihre Arbeit. Und durch diese Brille sehen sich die meisten Männer. Auch ganz kleine Jungs lernen schon, dass sich ihr Vater mit seiner Arbeit identifiziert. Und dass Arbeit Teil des Mannseins ist. Daher wirkt Arbeit bei Jungs charakterbildend. Sie haben das Gefühl, etwas zu können, und sind stolz auf sich selbst. Gerade in der Pubertät geht es darum, einen gesunden Übergang zu vollziehen: aus der Abhängigkeit von der Mutter hin zur Unabhängigkeit. Wenn man den Jungs geeignete Aufgaben überträgt, unterstützt man diesen Prozess.

Jungs von sechs oder sieben Jahren fühlen sich gut, wenn sie wissen, dass man sich auf sie verlässt. Wir Mütter aber entwickeln häufig Schuldgefühle, wenn wir unseren Jungs eine Liste mit Aufgaben in die Hand drücken, die sie erledigen sollen. Schließlich sind *wir* es, die sich um den Haushalt kümmern. Wir bereiten unserer Familie ein hübsches, gemütliches Heim. Unsere Söhne zur Mitarbeit anzuhalten gehört da nicht unbedingt mit ins Bild. Doch wir sollten uns hinter die Ohren schreiben, dass die Jungs zwar meckern und murren, sie jedoch solche Aufgaben, die sie eigenständig erledigen können, brauchen, um ein Gefühl der Zugehörigkeit zu entwickeln. Sogar ganz kleine Jungs wollen wissen, dass sie »zum Rudel« gehören und gebraucht werden. Und eben dieses Gefühl fehlt ihnen, wenn man sie nie bittet, etwas zu tun (ob nun gegen Bezahlung oder nicht). Ein Junge, der keine Verantwortung hat, benimmt sich vermutlich bald wie ein verwöhnter Balg. In Wirklichkeit allerdings führt er sich nur so auf, weil er frustriert, ja mitunter einsam ist. Jungs wollen einen wichtigen Part der Familie darstellen.

Daher ermutige ich die von mir beratenen Mütter immer wieder, ihren Jungen kleine Arbeiten zu übertragen, sobald sie alt genug sind. Wenn die Jungs heranreifen, sollten die Aufgaben schwieriger werden und eine gewisse Regelmäßigkeit erfordern. Dann werden diese Aufgaben auch als bedeutsamer empfunden. Diese Aufgaben können ruhig Hausarbeit und einen bezahlten Job außerhalb des Hauses umfassen. Das ist aus verschiedenen Gründen vor allem für alleinerziehende Mütter von Bedeutung.

Zunächst einmal haben alleinerziehende Mütter ohnehin mehr Schuldgefühle, weil ihre Jungs ja meist ohne Vater aufwachsen. Viele versuchen, das dadurch zu kompensieren, dass sie ihren Söhnen das Leben so leicht wie möglich machen. Die Mütter arbeiten mehr und verlangen von ihren Söhnen weniger. Doch das tut beiden nicht gut. Der Sohn kann nicht das Gefühl entwickeln, dass er gebraucht wird und eine wichtige Rolle in der Familie spielt. Die Mutter ist ständig überarbeitet und erschöpft. Für all jene Mütter, die ihren Sohn allein erziehen oder aus anderen Gründen wenig Hilfe vom Vater erhalten, gilt also: Bitte berauben Sie Ihren Sohn nicht sämtlicher Vorteile, die regelmäßige Mitarbeit ihm schenkt. Es ist wichtig, dass er, bevor er aus dem Elternhaus auszieht, das Gefühl entwickelt, etwas zustande bringen zu können. Davon hängt später seine ganze Identität ab. Jungs, die hart arbeiten, haben ein gutes Selbstgefühl. Und starke Mütter bringen ihnen bei, dass sie zwar bedingungslos geliebt werden, doch dass sie auch hart arbeiten müssen.

Viele Mütter wollen ihre Söhne vor der Hausarbeit »bewahren«. Sie denken, Jungs müssten ihre Freizeit mit Sport oder anderen Dingen verbringen, damit sie mal gute Sportler werden oder einfach nur Spaß haben. Ich verstehe den Wunsch, die Jungs für spätere Ziele fit zu machen. Doch was soll es unseren Kindern nützen, wenn sie zwar wissen, was ihnen Spaß macht, aber keinerlei Arbeitsethos haben? Es sei unbestritten: Auf dem Fußballfeld, im Klassenzimmer oder in der Konzerthalle lernt man Disziplin, doch bei all diesen Freizeittätigkeiten geht es letztlich nur darum, wie man durch Übung besser wird. Arbeit, die nichts mit Sport oder anderen selbstbezogenen Aktivitäten zu tun hat, lehrt unsere Söhne, sich anzustrengen, weil es einfach richtig ist. Wenn sie den Nachmittag damit zubringen, Laub zusammenzurechen, wird niemand ein Loblied auf sie singen. Aber sie lernen, wie gut es sich anfühlt, etwas geschafft zu haben, und wie stolz man sein kann, wenn man anderen geholfen und Verantwortung gezeigt hat.

Viele Mütter glauben, ihr Dasein drehe sich hauptsächlich darum, ihren Söhnen etwas zu geben. Wir Mütter tun es, weil wir es bei unseren Freundinnen so gesehen haben und den Druck der Umwelt spüren, uns genauso zu verhalten. Oder weil es schlicht einfacher ist, alles selbst zu machen, als mit den Jungs zu streiten. Denn unsere Söhne werden die Auseinandersetzung suchen, wenn es um Hausarbeit geht. Da scheint es manchmal leichter, alles selbst zu erledigen, als die Mühe auf sich zu nehmen, den widerborstigen Nachwuchs zur Erledigung seines Teils an den häuslichen Pflichten zu zwingen. Meiner Erfahrung nach ist es meist dieser Mangel an Energie, der großartige Eltern zu einer so raren Erscheinung macht, und ich verstehe das. Doch wir sollten nicht vergessen, dass es ja meist nur darum geht, einen *Anfang* zu machen. Das erfordert die meiste Energie. Sobald die Jungen mal an die Arbeit gewöhnt sind, wird das Leben sehr viel einfacher. Wir müssen nicht jahrelang kämpfen. Nur anfangs die nötige Energie aufbringen, um das Ganze auf den Weg zu bringen. Unsere Söhne werden bis aufs Messer kämpfen, um keine Hausarbeit machen zu müssen, wenn sie wissen, dass sie der Arbeit dadurch entkommen. Sobald wir ihnen klarmachen, dass wir nicht nachgeben werden, streichen sie die Waffen. Dann werden die Aufgaben, die sie übernommen haben, zum Teil ihres Lebens.

Ich werde oft gefragt, welche Arbeiten man Jungs altersabhängig abverlangen kann und in welchem Umfang. Sollten Sie in dieser Frage ebenfalls Rat brauchen, dann halten Sie sich an folgende Richtlinien für Jungs:

Im Vorschulalter: Übertragen Sie Ihrem Sohn eine Aufgabe im Haus, die er mehrmals pro Woche erledigen muss. Vielleicht die nasse Wäsche aus der Waschmaschine in den Trockner zu packen. Oder Spielsachen aufzuräumen. Oder beim Säubern des Küchenbodens zu helfen. Wichtig ist, eine Aufgabe zu wählen, die Ihr Sohn des Öfteren machen kann. So entwickelt er eine gewisse Routine, die ihm zeigt, dass Arbeit Teil des Lebens ist.

Im Grundschulalter: Geben Sie Ihrem Sohn eine Aufgabe, die er mindestens dreimal pro Woche ausführen muss, am besten vor oder nach der Schule. Sie muss auch nicht lange Zeit in Anspruch nehmen. So könnte er beispielsweise den Abfall trennen und wegbringen. Oder regelmäßig den

Tisch abräumen bzw. decken. Idealerweise sollte es etwas sein, was nicht nur ihm nützt, sondern der ganzen Familie. So fühlt er sich als unverzichtbarer Teil des »Familienrudels«.

Für ältere Schüler: Jungen sollten in diesem Alter ihre täglichen Pflichten haben und immer häufiger auch außerhalb des Hauses kleine Arbeiten übernehmen. Wenn Ihr Junge noch zu jung ist, um Zeitungen auszutragen, fragen Sie die Nachbarn, ob sie etwas zu erledigen haben, zum Beispiel Gartenarbeit oder den Hund ausführen. Vielleicht kennen Sie ja ein älteres Ehepaar, bei dem er die Einfahrt von Schnee freiräumen kann oder den Rasen mähen. Ich bin jetzt nicht dafür, dass Jungs den ganzen Sommer über arbeiten und keinen Spaß haben sollten, aber es sollte doch eine Möglichkeit geben, beides zu kombinieren. Wichtig ist, dass Jungen gerade in der Zeit, in der sie langsam unabhängig werden, Aufgaben haben, die ihnen das Gefühl von Leistungsfähigkeit und Selbstständigkeit geben. Beides ist für heranwachsende Jungs wirklich von entscheidender Bedeutung. Außerdem sorgt ein Job dafür, dass sie keine Zeit für Unfug haben. In den fünfundzwanzig Jahren, die ich mit Jungs arbeite, habe ich die Feststellung gemacht, dass Jungs, die gewisse Aufgaben zu erledigen haben, weniger schnell zur Flasche greifen, ein höheres Selbstwertgefühl haben, weniger depressiv sind und im Allgemeinen mit mehr Zuversicht ins Leben blicken. Mit einem solchen Fundament sind sie glänzend gerüstet für eine Zukunft, in der Sie als Mutter nicht mehr Feuerwehr spielen können.

Gute langweilige Jobs

Einer der Bärendienste, die wir netten Mütter unseren Söhnen so gerne erweisen, ist der, dass wir sie vor Langeweile bewahren wollen und ihnen daher einen übervollen Terminkalender aufs Auge drücken. Als mein Junge noch in den Teenagerjahren war, wollte ich ihm helfen herauszufinden, was er am liebsten einmal werden wollte: Profifußballer, Olympionike im Taekwondo, Neurochirurg, Ingenieur für chemische Verfahrenstechnik oder Scout, der Studenten durch die Wildnis führt. (Wie sein Vater in diesem Alter. Bei dieser Gelegenheit ein Tipp am Rande: Lassen Sie ihn *nie* tun, was sein Vater tat.) Natürlich musste er das alles ausprobieren, um herauszufinden, was ihm wirklich lag. Wie also sollte er da noch Zeit für einen Job haben? Dachte ich. In meinen Augen war es meine Pflicht als sehr gute Mutter, ihm zu helfen, fix und fertige Zukunftspläne zu haben, noch bevor er ins zweite Studienjahr kam.

Meine Absichten als liebende, übereifrige Mutter waren edel, vermute ich. Ich wollte das Beste für meinen Sohn. Doch das, was mein Instinkt (und meine Freunde) mir als das Beste für meinen Sohn ausmalten, war eben nicht das Beste. Er brauchte einen Job. Und er musste lernen, mit Langeweile zurechtzukommen. Jedenfalls war das wichtiger, als herauszufinden, ob er das Zeug zum Profifußballer hatte. Eine gute Mutter hätte ihm gezeigt, wie man mit dem Alltagsstress fertig wird (zum Beispiel mit Langeweile), und ihn nicht angetrieben, schon in jungen Jahren einen klaren Berufswunsch zu entwickeln. Tja ... Das aber wollte ich nicht. Ich wollte, dass er superaktiv ist, weil ich meinte, gute Mütter müssten das für ihre Söhne tun: Ihnen Chancen eröffnen, eine schöne Zeit voller Abenteuer bereiten und sie vor Langeweile bewahren.

Zum Glück (für mich) fand ich einen Weg, Verantwortung mit Spaß zu kombinieren, als seine Tante für den Sommer eine Aushilfe in ihrem Coffeeshop brauchte. Kaffee zu kochen ist für einen Jungen in der Abschlussklasse der Highschool schon ziemlich langweilig. Für meinen Jungen aber war es im Großen und Ganzen eine wertvolle Erfahrung. Ich konnte förmlich zusehen, wie sich seine Haltung den Sommer über veränderte. Er spielte weiterhin Fußball, aber irgendetwas an dieser ganzen Geschichte – seiner Tante helfen, morgens aufstehen, einen langweiligen Job erledigen, hart arbeiten und sich an einen Stundenplan halten – machte ihn glücklich. Häufig kam er vom Fußball oder von der Sommerschule (ja, dort habe ich ihn auch eingeschrieben; ich wollte ja, dass er wohlpräpariert fürs College war) recht stinkig nach Hause. Doch wenn er von der Arbeit kam, war er immer gut drauf. Er *erwartete*, dass die Arbeit langweilig sein würde, also sorgte er dafür, dass er trotzdem Spaß hatte. Das Fußballtraining hingegen sollte aus ihm einen besseren, stärkeren Spieler machen, und es kostete Geld. Wenn es nicht nach seinen Vorstellungen verlief (was häufig der Fall war), war er enttäuscht. Die Arbeit im Coffeeshop aber verlief immer, wie erwartet: Sie war langweilig. Also machte er etwas daraus.

Lassen Sie ihn kämpfen

Jeder, der schon mal Zeit mit Männern verbracht hat, egal welchen Alters, weiß, dass sie mitunter einfach einen Kampf gewinnen müssen. Manchmal ist das ein körperlicher Kampf, meist aber findet er im Kopf statt. Wie auch immer: Jungs sind darauf geeicht, Menschen und Situationen kontrollieren zu wollen und für das einzustehen, was sie für richtig halten. Das ist für viele von uns Müttern nicht ganz einfach, weil wir eben ganz anders gestrickt sind. Sicher schalten einige von uns auch auf Angriff, wenn sie geliebte Menschen in Gefahr sehen, aber meiner Erfahrung nach lassen sich Jungs eher auf Kämpfe ein als Mädchen.

Schauen Sie sich mal einen fünfjährigen Jungen an, der nach draußen zum Spielen geht. Innerhalb weniger Minuten hat er einen Stein oder einen Zweig gefunden, mit dem er gegen einen Bären kämpfen kann. Er wird Dinge bauen, die er ein paar Minuten später zerstört, nur um sie wieder aufbauen zu können. Jungs sind grobmotorisch begabt und bekämpfen gerne Feinde. Wir müssen diesen Instinkten auf gesunde Weise Rechnung tragen. Das ist zum einen wichtig, weil wir unseren Söhnen so ermöglichen, Energie abzubauen. Zum anderen aber auch, weil sie auf diese Weise Selbstvertrauen gewinnen. Anders als die Werbefritzen Ihnen einreden wollen, haben gewaltbetonte Videogames nicht die Wirkung, dass Ihr Sohn dadurch weniger kampfeslustig wird. Ganz im Gegenteil: Gewalt in Videospielen, Filmen oder Songs bewirkt nur, dass Jungen anderen gegenüber unsensibel werden und mit zunehmendem Alter immer aggressiver reagieren. So lernen sie weder Mitgefühl noch können sie ein Gespür für ihre männliche Kraft entwickeln. Zahlreiche Studien zeigen, dass Gewalt in Medien Jungs nur schadet.[27] Jungen, die des Öfteren und über einen längeren Zeitraum hinweg Gewaltszenen betrachten, neigen selbst eher zu Gewaltanwendung und reagieren schneller aggressiv.[28] Gewalt in Medien führt also nicht dazu, dass die eigene Kampf- und Konfliktbereitschaft vermindert wird. Man wird dadurch lediglich desensibilisiert.

Viele Mütter fragen mich, ob es in Ordnung ist, wenn ihre kleinen Jungs mit Plastikfiguren Krieg spielen. Manche machen sich Sorgen, wenn sie ihre Söhne und andere Jungs aus der Nachbarschaft bei Spielen beobachten, bei denen Gut gegen Böse kämpft. Jungs schnappen sich auch häufig einen Ast und benutzen ihn als »Maschinengewehr«. Manche Mütter fragen sich dann besorgt, ob sie nicht den nächsten Selbstmordattentäter großgezogen haben. Diesen Müttern kann man nur sagen: Entspannt euch! Es ist ein gewaltiger Unterschied zwischen solchen Spielen und den Auswirkungen von Gewaltdarstellungen in Videogames. Im ersten Fall nämlich ist die Fantasie des Kindes gefordert, und es kann so seine Fantasien und Ängste ausagieren. Bruno Bettelheim beschrieb ausführlich, dass Jungs Märchen brauchen, in denen es um die Guten und die Bösen geht. Eine Geschichte, die sich um das dreht, was richtig und falsch ist, mit dem nötigen Personal an Helden und Schurken, erlaubt einem Jungen, seine diesbezüglichen inneren Konflikte mit diesen Themen zu lösen. Seine Fantasie adelt ihn dann zum Ritter, der die Jungfrau aus der Not errettet. Liest er über einen grausamen König, der seine Untertanen knechtet, erkennt er vielleicht, dass auch er sich ungerecht verhält, wenn er auf bestimmte Menschen wütend ist. Da er seine Fantasie nach Belieben einsetzen kann, kann er seinen tieferen Gedanken und Gefühlen Ausdruck verleihen, die ihn beschäftigen. Vielleicht sieht er sich ja als König durch die Wälder reiten, das Schwert an seiner Seite, das Pferd unter sich. Oh, er wäre ein machtvoller König! Er wäre gut zu den Menschen, aber er versteht, warum der König böse ist. Dann überlegt er vielleicht, ob es möglicherweise in Ordnung ist, gemein zu sein, weil der König es ja schließlich auch ist. Oder sollte er besser freundlich sein, wie seine Mutter es immer sagt? Der Konflikt fängt an zu schwelen: Soll er böse sein wie der König oder nett, wie seine Mutter sagt? Bis er dann schließlich entscheidet: Gut, der König kann böse sein, solange er will, er aber wird nett sein, denn sein Leben funktioniert so einfach besser. Das ist nur ein Beispiel, wie ein Märchen einem Jungen helfen kann, Konflikte auf gesunde Weise zu lösen.

Solche Überlegungen werden verhindert, wenn Jungen Videogames spielen. Sie nehmen nur Botschaften auf und ahmen Verhalten nach. Auf einer tieferen Ebene aber bleiben die angesprochenen Konflikte ungelöst.

Man kann Kinder auf vielerlei Weise lehren, für sich und ihre Werte einzustehen. Gerade für Söhne trägt es viel zur Entwicklung eines gesunden Selbstbewusstseins bei, wenn sie lernen, wie sie sich zur Wehr setzen können. Heißt das, wir sollen ihnen zeigen, wie sie die anderen Jungs auf dem Spielplatz über den Haufen rennen können oder wie sie ihnen die Schaukel wegschnappen? Nein, es heißt, dass wir unseren Jungen zeigen sollten, was sie tun können, wenn sie das Gefühl haben, erniedrigt, ausgenützt oder schlecht behandelt zu werden.

Mittlerweile sind wir so versessen darauf, anderen nur ja nicht auf die Zehen zu steigen, dass unsere Jungs zunehmend das Gefühl haben, sie dürften sich nicht mehr wehren oder – noch schlimmer – sie dürften nicht für andere eintreten. Ich habe schon oft Videoaufnahmen von Jungs angesehen, die andere schikanieren. Es ist schon schlimm, mit anzuhören, was diese Jungs sagen, aber noch schlimmer ist das betretene Schweigen der Umstehenden, die Angst haben, ihren Freunden zu helfen. Es ist leicht, fies zu sein. Und es ist schwer, jenen zur Seite zu stehen, die Opfer eines solchen Verhaltens werden. Wenn Sie einen Jungen großziehen wollen, der ein gesundes Selbstbewusstsein als Mann hat, müssen Sie ihn auch lehren, wie er für Menschen eintreten kann, denen er helfen will. Ist Ihr Sohn größer und schwerer als die anderen Jungs in seiner Klasse, bringen Sie ihm bei, auf die kleineren Jungs aufzupassen. Und auf die Nerds, die ebenfalls häufig herumgeschubst werden. Wenn er älter wird, zeigen Sie ihm, was ritterliches Verhalten ist. In der Highschool kann er lernen, ein wachsames Auge zu haben, ob Mädchen bedrängt werden. Und im College kann er Mädchen anbieten, sie spätabends bei Dunkelheit über den Campus zu begleiten. Er wird ein gutes Selbstgefühl entwickeln, wenn er anderen hilft, andererseits aber auch Selbstlosigkeit lernen.

Glücklicherweise können wir unsere Jungen auch lehren, *geistig auf sich aufzupassen*. Zum Beispiel indem wir ihnen klarmachen, dass viele der Botschaften, die jetzt von allen Seiten auf sie einstürmen und sie dazu animieren, möglichst beliebt, sexy, aggressiv oder gar respektlos zu Mädchen zu sein, letztlich ihrem Selbstbild schaden. Zuallererst allerdings müssen wir versuchen, diese Botschaften zu identifizieren. Dann können wir unseren Söhnen helfen, ihnen etwas entgegenzusetzen. Sie können für Ihren Jungen eine echte »Kampfzone« daraus machen. Einige der für Jungs gefährlichsten Botschaften habe ich unten aufgelistet. Meine Sammlung stammt aus meiner fünfundzwanzigjährigen Arbeit mit Jungs. Möglicherweise hat ihr Sohn ja an mehreren dieser Fronten zu kämpfen. Auf jeden Fall werden Sie schnell merken, worauf er anspricht.

Ich bin nicht so klug wie meine Freunde

Jungs reifen langsamer als Mädchen, vor allem in der Grundschule. Sie lernen später lesen, haben in der Schule mehr Schwierigkeiten, sich zu konzentrieren, oder kommen mit Naturwissenschaften und Mathe nicht so gut zurecht. Wenn sie in einer gemischten Klasse sind, haben sie schnell heraus, welche Mädchen besser lernen als sie. Da sie ihre eigene kognitive Entwicklung nicht verstehen, halten sie sich für dumm. Es ist auffällig, dass deutlich mehr Jungen als Mädchen als »lerngestört« gelten. Auch die Diagnose ADHS trifft mehr Jungs als Mädchen, zumindest in der ersten und zweiten Klasse.[29] Das Minderwertigkeitsgefühl und der mangelnde Selbstwert, welche eine derartige Einstufung zur Folge hat, bleiben mitunter für Jahre bestehen. Ich hatte Highschool-Schüler in Behandlung, die mir erzählten, dass Lehrer ihnen in der Grundschule gesagt hatten, sie seien schlechte Leser. Die Scham über diese Herabwürdigung blieb ihnen bis zur Highschool erhalten.

Ich bin extrem vorsichtig, wenn es darum geht, Jungen in der Grundschule das Etikett »lerngestört« zu verpassen. In vielen Fällen brauchen sie einfach nur ein bisschen mehr Zeit. Vielleicht sollten Sie in einer solchen Situation ja als Anwältin Ihres Sohnes auftreten und ihm die Zeit verschaffen, die er braucht, um sich in seinem Tempo zu entwickeln. Wenn ein Lehrer oder Arzt ihn als »lerngestört« einstufen möchte, sollten Sie auf eindeutigen Nachweisen bestehen. Denn sobald diese Diagnose einmal steht, gibt es kein Zurück mehr.

Das Beste, was Sie für Jungs in diesem Alter tun können, ist ohnehin, bei ihrer Einschätzung Begriffe wie »intelligent« oder »gescheit« tunlichst zu vermeiden. In diesem Alter kann niemand sagen, wie es um ihre intellektuellen Fähigkeiten einmal bestellt sein wird. Genauso schädlich ist es, einem Kind einzureden, es sei begabt, bevor man das genau weiß.

Wenn sich Ihr Sohn Sorgen macht, dass er in der Schule nicht mitkommt, vor allem im Vergleich mit den Mädchen seines Alters, können Sie ihm helfen, indem Sie mit ihm darüber sprechen. Zeigen Sie ihm, dass die Gedanken, die er sich macht (wenn er befürchtet, zu dumm zu sein oder etwas nicht zu können), nichts weiter sind als Gedanken. Nicht die Wirklichkeit. Machen Sie ihm klar, dass er diese negativen Ideen ignorieren oder bekämpfen kann und dass sie dann auch verschwinden.

Ich bin nicht so sympathisch wie meine Freunde – und bin deshalb ein Außenseiter

Wenn Ihr Sohn sich so fühlt, ist sein Selbstwertgefühl schwach ausgeprägt, ganz egal, wie alt er ist. In diesem Fall sind zwei Dinge wichtig: Erstens sollten Sie seinen Vater bitten, mehr Zeit mit seinem Sohn zu verbringen, sofern dieser dazu bereit ist. Jungs (vor allem in der Pubertät) sind sehr stolz, wenn ihr Vater Zeit für sie hat. Zweitens sollten Sie seine Vorstellung, nicht nett zu sein, entkräften und ihm helfen, sich davon zu lösen. Das ist schon deshalb wichtig, weil Jungs lernen müssen, dass das, was sie von sich glauben, nicht unbedingt auch der Wirklichkeit entspricht. Gerade Jungen denken oft, sie seien unbeliebt, obwohl sie das *überhaupt nicht* sind. Lenken Sie die Aufmerksamkeit Ihres Sohnes auf das, was wirklich an ihm toll ist. Ist er etwa mutig, geduldig oder einfühlsam? Ist er ein guter Bruder? Sprechen Sie seine charakterlichen Qualitäten an, auf die Sie stolz sind, statt ihm aufzuzählen, was er gut macht. Denn er will ja nicht für das gemocht werden, was er *kann*, sondern für das, was er *ist*.

Außerdem sollten Sie ihm klarmachen, dass es durchaus Kinder in seiner Klasse geben kann, die ihn nicht mögen und ihn das spüren lassen, dass das aber noch lange nicht heißt, dass er ein Unsympath ist. Es bedeutet vielmehr, dass diese Kinder nicht besonders nett sind. Helfen Sie ihm, schädliche Denkmuster zu erkennen und diese Stück für Stück durch positive zu ersetzen. Auch dazu ist eine Menge Geduld nötig, aber die bringt ja bekanntlich Rosen.

Es ist in Ordnung, wenn man mich schikaniert

Diesen Kommentar habe ich von vielen Vätern gehört: Drangsaliert zu werden gehöre bei Jungs einfach dazu. Das läge daran, dass Jungen eine Hackordnung unter sich ausfechten. Väter finden das offensichtlich in gewisser Weise normal. Nun, Mütter nicht. Wir Mütter haben von Anfang an ein wachsames Auge auf unsere Söhne und empfinden es nicht nur als Recht, sondern als Pflicht, sie zu beschützen.

In letzter Zeit berichten die Medien häufig über Schikanen auf dem Schulhof. Das bedeutet entweder, dass mehr gemobbt wird, oder dass das Phänomen an sich mehr Aufmerksamkeit findet. Meiner Ansicht nach ist beides der Fall. In den letzten zehn Jahren kam ein weiteres Phänomen hinzu: Mobbing im Internet. Jungen können andere nun mittels Facebook, Twitter oder YouTube vor einem gewaltigen Publikum schikanieren. Das Opfer wird hier nicht mehr nur vor einigen Zeugen drangsaliert, sondern vor Hunderten anderer Kinder. Das macht diese Form des Mobbings umso schlimmer.

Gerade für Jungs sind Scham und Demütigung schwer zu verkraften, denn dabei handelt es sich um sehr komplexe Gefühlslagen. Zum einen wird das Selbstwertgefühl beschädigt; zum anderen leidet das Bild, das sich der Betroffene von sich selbst und seiner Umwelt macht, darunter. Jede gute Mutter will ihren Sohn vor solchen Erfahrungen bewahren. Leider ist das nicht ganz einfach. Sind wir Mütter nicht sehr vorsichtig, verstärken wir die Demütigung noch, vor allem, wenn wir versuchen, die Kämpfe für unsere Söhne auszutragen, obwohl sie alt und reif genug sind, um selbst damit fertigzuwerden.

Doch einige Punkte gibt es, auf die wir achten können, damit unsere Söhne nicht Opfer der klassischen Mobber werden bzw. eine Mobbingerfahrung verarbeiten können. Zunächst einmal sollten wir ihnen zeigen, wie sie auf höfliche Weise bestimmt sein können. Manche Jungs entwickeln diesen Charakterzug ganz von selbst, andere wiederum gehören eher zum sensiblen, ruhigen Typ. Ohne die Persönlichkeit eines Jungen verändern zu wollen (was uns ohnehin nicht gelingen würde), können wir ihm doch zeigen, wie er sinnvoll mit seinen Altersgenossen umgeht. Wir können ihn lehren, wie er, ohne aggressiv zu werden, für sich eintreten kann. Der beste Weg dazu ist, ihn schon von klein auf nach seinen Eindrücken und Wünschen zu befragen. Nach einem Besuch bei der Tante zum Beispiel können wir ihn fragen, wie es ihm gefallen hat und was er nicht mochte. Wenn wir ihn zu wichtigen Dingen um seine Ansicht bitten, zeigen wir ihm, dass das, was er denkt oder sagt, wertvoll ist. Das soll nun nicht heißen, dass wir immer tun sollten, was sich die Jungs so vorstellen. Es bedeutet nur, dass wir ihre Meinung schätzen sollten. So begreifen sie schnell, dass auch sie ihre Gedanken und Gefühle wichtig nehmen dürfen. Indem wir sie nach positiven und negativen Eindrücken gleichermaßen fragen, üben sie, Dinge zu äußern, die sie sonst vielleicht für sich behalten hätten.

Es ist wichtig, dass wir unseren Söhnen beibringen, vor Rowdys keine Angst zu haben. Mitschüler wie diese picken sich stille, nette, verträgliche Kinder heraus, die anders sind als der Rest der Klasse. Das kann der klügste Junge sein, der alle Preise einheimst. Aber manchmal ist es auch nur der, der sich eben alles gefallen lässt. Kindern, die ihnen selbstbewusst entgegentreten, gehen Mobber gewöhnlich aus dem Weg. Schon wenn man ihm unverwandt in die Augen blickt, sucht er sich meist leichtere Beute.

Achten Sie auf Signale dafür, dass Ihr Junge Opfer solcher Schikanen ist, denn gewöhnlich erzählen Jungs ihrer Mutter nicht unbedingt, wenn ihnen so etwas passiert. Je älter der Junge, umso mehr versucht er, selbst damit fertigzuwerden. Also müssen Sie zur Detektivin werden. Zieht er sich zurück? Will er plötzlich nicht mehr zur Schule gehen? Nimmt er normalerweise den Bus und will plötzlich nicht mehr mitfahren? Wird er auf dem Spielplatz drangsaliert, will er vermutlich aus heiterem Himmel nachmittags nicht mehr aus dem Haus. Schikanen vermitteln den Kindern das Gefühl, schwach zu sein. Gerade Jungs leiden sehr darunter. Aber da Jungs kaum erzählen werden, dass sie sich zutiefst gedemütigt fühlen, suchen sich die aufgestauten Emotionen ein anderes »Ventil«. So ein Junge wird dann vielleicht mürrisch oder trotzig. Seine Noten verschlechtern sich plötzlich, sein Interesse an Dingen, die ihm vorher Spaß gemacht haben, lässt auf einmal nach. Oder er hat unerklärliche Wutanfälle. All dies können Zeichen für Schikane in der Schule sein. Wenn Sie solche Signale bemerken, sollten Sie anfangen, vorsichtig nachzubohren.

Haben Sie herausgefunden, dass Ihr Sohn tatsächlich gemobbt wird, sollten Sie sich zuerst Klarheit über die Situation verschaffen. Bitte vermeiden Sie überschießende Reaktionen, die machen alles nur noch schlimmer! Beschuldigt ein Klassenkamerad Ihren Jungen, abzuschreiben, dann ist das noch keine Schikane, vor allem, wenn Ihr Sohn den Jungen kennt und ihm das egal ist. Wenn jemand ihm ein Schimpfwort an den Kopf wirft und er antwortet gleichermaßen, dann muss das auch noch kein Mobbing sein. Das hängt ganz von der Situation ab. Ob Ihr Sohn Opfer von Schikane ist, hängt vor allem davon ab, ob er sich drangsaliert fühlt. Gerade Jungs haben untereinander bisweilen einen recht rauen Umgangston, aber keiner ist dann wirklich beleidigt, weil man sich gut kennt und sich gegenseitig nichts schuldig bleibt. Gerade wir Mütter aber neigen dazu, solchen Situationen mehr Gewicht beizumessen, als ihnen tatsächlich zukommt.

Erst wenn Sie zweifelsfrei festgestellt haben, dass Ihr Sohn gedemütigt wird, sollten Sie intervenieren. Sprechen Sie mit dem Lehrer oder anderen Erwachsenen, die Bescheid wissen, und lassen Sie sich schildern, was tatsächlich vorgeht. Wenn Sie von ihnen nicht die gewünschte Hilfe bekommen oder das Gefühl haben, der Rowdy wurde nicht ausreichend bestraft, dann sollten Sie das Gespräch mit dem Schuldirektor suchen. Sollte auch das nichts fruchten, sprechen Sie andere Eltern an. Ich empfehle hier immer, dass sich beide Elternteile einschalten, denn so traurig dies auch sein mag: Gerade Autoritätspersonen hören Männern manchmal eher zu als Frauen. Und je geschlossener die Front der Eltern ist, umso besser.

Und was, wenn Sie feststellen, dass Ihr Sohn der Rowdy ist? Im Allgemeinen glauben Eltern ja, dass ihr Kind anderen Kindern nichts antut. Fast alle Eltern, die ich kenne, denken so. Warum aber neigen wir Eltern dazu, nur bestimmte Seiten unserer Kinder sehen zu wollen? Wir möchten sie so gerne im besten Licht sehen, weil sie ja irgendwie unser Spiegelbild sind, und wir möchten uns selbst natürlich auch gerne im besten Licht sehen. Diese Haltung müssen wir ablegen. Ein bisschen Demut hilft uns zu erkennen, dass unsere Kinder genauso viele Schwierigkeiten haben wie wir selbst. Auch wir sind nicht immer nett und freundlich. Auch wenn wir die Fehler unserer Kinder nicht sehen wollen, so müssen wir sie uns doch eingestehen. Und wir müssen ihnen helfen, negative Verhaltensweisen abzulegen – wenn wir sie zu guten, glücklichen Erwachsenen erziehen wollen.

Informiert man Sie, dass Ihr Sohn andere schikaniert, so sollten Sie zunächst einmal die Tatsachen überprüfen. Fragen Sie seinen Lehrer oder andere Eltern, denen Sie vertrauen. Seine Freunde zu fragen hat meist wenig Sinn, da sie Ihnen sowieso nicht die Wahrheit sagen würden. Dann fragen Sie Ihren Sohn, ob er das, was man ihm vorwirft, tatsächlich getan hat. Das ist nicht ganz einfach, denn zum einen wird er sich hinter seinen Schutzwall verkriechen (wenn er schuldig ist), zum anderen kann er natürlich lügen. Er will Sie ja nicht enttäuschen. Und die Konsequenzen tragen, will er auch nicht. Möglicherweise müssen Sie ihn öfter fragen, über mehrere Tage hinweg, um die Wahrheit zu erfahren.

Wenn Sie sicher sind, dass er sich anderen gegenüber brutal verhält, muss er Verschiedenes lernen. Gemein zu sein schadet nicht nur anderen, sondern auch einem selbst. Wenn Sie ihm nicht beibringen, dass solche Verhaltensweisen wirklich schädlich sind, und ihm das jetzt durchgehen lassen, dann schaden Sie damit seiner Entwicklung. Das sollten Sie nicht zulassen. Reden Sie mit ihm über sein Verhalten. Sagen Sie ihm, wieso es absolut nicht akzeptabel ist. Und dann müssen Sie ihn angemessen bestrafen. Dadurch erfährt er selbst, wie es ist, gedemütigt zu werden. Er sollte sich (möglichst persönlich) bei dem Opfer und seinen Eltern entschuldigen. Und er sollte zur Entschädigung etwas tun müssen oder auf etwas verzichten müssen, woran ihm viel liegt. Probezeiten sind hier auch gar nicht schlecht. War sein Verhalten so gravierend, dass er kurzfristig von der Schule verwiesen wird, dann sorgen Sie dafür, dass er diese Zeit sinnvoll nutzt und sie nicht etwa mit Videospielen verplempert. Für Eltern ist das hart und erfordert einiges an innerer Stärke, doch es ist eines der gütigsten Dinge, die man für ein Kind tun kann, das dergestalt die Grenzen überschreitet.

Am allerwichtigsten aber ist, dass Sie seinem Verhalten auf den Grund gehen. Warum ist er gemein zu anderen? Sprechen Sie mit ihm über seine Gefühle, ohne ihn als Opfer zu behandeln (denn auch das lähmt Jungs). Was ist mit ihm los? Warum ist er so wütend? Hat er denn kein Mitgefühl mit seinen Opfern? Möglicherweise brauchen Sie professionelle Hilfe, denn Eltern gelingt es meist nicht, sachlich mit ihrem Sohn über diese Probleme zu sprechen. Sie stehen ihm einfach zu nahe. Also holen Sie sich ruhig Hilfe. Was auch immer Sie tun: Bringen Sie den Mut auf, sich Einsicht in die wahre Lage der Dinge und das Treiben Ihres Sohnes zu verschaffen. Halten Sie die Augen offen. Das ist ohnehin einer der wichtigsten Ratschläge für Eltern. Ihr Kind wird nie ein glückliches, gesundes Leben führen, wenn Sie unerfreuliche Vorfälle unter den Teppich kehren.

Um cool zu sein, muss ich mit vielen Mädchen Sex haben

Mütter unterschätzen gerne, was ihre Söhne über sexuelle Aktivitäten so aufschnappen. Meist scheint die allgemeine Meinung zu herrschen, Männer, die Sex mit vielen Frauen haben, seien männlicher. Echte Machos eben. Sie als seine Mutter wissen das besser. Doch auf Jungs in der Pubertät lastet der enorme Druck, Sex zu haben, bevor sie die Highschool verlassen. Viele Jungs fühlen sich miserabel, weil es bei ihnen eben noch nicht so weit war. Oder weil sie zwar Sex hatten, die Erfahrung aber nicht gerade umwerfend war. Gerade Letzteres kommt bei Jungen in der Pubertät häufig vor.

Wir Mütter müssen bereit sein, mit unseren Söhnen über sexuelle Themen zu reden. Es ist unbequem, aber es muss einfach sein. Und zwar nicht nur, weil es mittlerweile eine ganze Reihe sexuell übertragbarer Krankheiten gibt. Viele Jungs fühlen sich als Versager, wenn sie feststellen, dass sie sexuell weniger aktiv sind als ihre Freunde. Tatsächlich prahlen sie häufig mit der Anzahl ihrer bisherigen Sexualpartner (ob das nun stimmt oder nicht). Sie wollen einfach mehr macho sein als ihre Freunde. Wenn ein Junge glaubt, dass Sex zu haben ihn zum Mann macht, und seine Freunde mehr Sex haben als er, dann wird er sich ihnen unterlegen fühlen. Dies wiederum wird seine anderen Erfahrungen ebenfalls beeinträchtigen. Umgekehrt schadet zu viel Sex in zu jungen Jahren der Persönlichkeitsentwicklung. Die Lösung? Ganz einfach. Wenn Sie den Eindruck haben, Ihr Sohn hat Probleme mit diesem Thema, nehmen Sie sich Zeit, um mit ihm zu reden. Erklären Sie ihm, was gut daran ist, jetzt noch keinen Sex zu haben. Fragen Sie ihn, ob er sich ausgeschlossen fühlt, wenn seine Freunde über Sex reden. Und vergessen Sie nicht, ihm zu sagen, dass viele Jungs (auch seine Freunde) über die Anzahl ihrer Partner nicht die Wahrheit sagen. Erklären Sie ihm, dass er mehr Selbstkontrolle hat, wenn er mit dem Sex noch wartet. Und vielleicht mehr Wertschätzung für sich selbst empfindet als seine Freunde. Vermeiden Sie es, negativ über Sex zu reden. Bleiben Sie positiv und optimistisch. Wenn er das Gefühl hat, Sie lehnen Sex als anstößig ab, wird er Ihnen nicht mehr zuhören.

Vergessen Sie nicht, dass Sie ihn einiges über Sex und Selbstrespekt lehren können, und zwar aus einer Perspektive, die kein Mann ihm näherbringen kann. Bringen Sie ihm bei, seinen Körper und den der Frau zu respektieren. Und erklären Sie ihm auch, warum. Möglicherweise reden die Freunde Ihres Sohnes verächtlich über Mädchen und prahlen damit, dass sie es mit diesem oder jenem Mädchen »gemacht haben«. Wenn Ihr Sohn das hört, hat er anfangs vielleicht das Gefühl, dass es falsch ist, so über Frauen zu sprechen, doch allmählich wird diese Sensibilität nachlassen, weil all seine Freunde diese Ausdrucksweise in Ordnung finden. Sagen Sie ihm ruhig, dass das nicht akzeptabel ist. Wenn er eine Schwester hat, fragen Sie ihn, was er empfinden würde, wenn jemand so etwas über sie sagen würde. Das Gefühl, seine Schwester (bzw. Mädchen, mit denen er befreundet ist, und weibliche Verwandte) gegen eine derartig geringschätzige Ausdrucksweise verteidigen zu müssen, sollte auf alle Frauen ausgedehnt werden. Also ermuntern Sie ihn, Frauen gut zu behandeln. Solche Worte von Ihrer Seite werden auf fruchtbaren Boden fallen. So etwas vergisst er nicht.

Wenn sein Vater verfügbar ist, sollte auch er über sexuelle Themen mit seinem Sohn sprechen. Jungen sehen zu ihrem Vater auf, vor allem, wenn es um Sex geht. Doch Väter zögern oft, das Thema ihrem Sohn gegenüber anzuschneiden. Manchmal fühlen sie sich schuldig, weil sie als junge Männer sexuelle Begegnungen hatten, die sie später bedauert haben. Oder das Thema jagt ihnen allgemein Schauder ein. Doch für Ihren Sohn ist es wichtig, zu wissen, was sein Vater darüber denkt, wenn *er* Sex hat. Es ist ihm egal, was sein Vater in der Jugend so getrieben hat. Aber er will wissen, was sein Vater jetzt darüber denkt. Also bitten Sie ihn doch, mit seinem Sohn darüber zu reden und ihm zu erklären, weshalb Zurückhaltung manchmal ganz gut ist.

Bringen Sie das Thema zur Sprache, indem Sie Ihren Sohn fragen, ob sich seine Freunde schon regelmäßig mit Mädchen treffen. Wenn er das bejaht, können Sie ja sagen, Sie wüssten, dass viele Jungs in dem Alter schon sexuelle Erfahrungen machten, und ob das bei seinen Freunden auch so wäre. Vermeiden Sie auf jeden Fall den Eindruck, dass Sie dagegen sind. Fragen Sie in ruhigem, sachlichem Ton. Seine Antworten werden Ihnen zeigen, was er über Sex denkt. Möglicherweise merken Sie sogar, ob er selbst schon Sex hatte. Wie auch immer: Am wichtigsten ist es, das Gespräch am Laufen zu halten. (Mehr zu diesem Thema in Kapitel 8.)

Möglicherweise wird Ihr Sohn bei diesem Thema verlegen, doch das sollte Sie nicht davon abhalten, mit ihm darüber zu reden. Sie können natürlich auch beiläufig versuchen, einiges in Erfahrung zu bringen. Zum Beispiel so: »Wenn ich du wäre, hätte ich echt Probleme rauszufinden, was ich mit Mädchen anfangen soll. Manche Jungs haben in dem Alter ja schon Sex, andere nicht. Und die einen können mit ihrer Entscheidung gut leben, andere dagegen leiden darunter. Was denkst du eigentlich darüber?«

Vermutlich wird Ihr Sohn erst mal eine ausweichende Antwort geben. Setzen Sie das Gespräch einfach fort. Jungs mögen es nicht, mit ihrer Mutter über Sex zu reden, aber lassen Sie sich nicht davon beeindrucken. Sagen Sie ihm, Sie wüssten, dass viele Jungs glauben, sie müssten Sex haben, um cool zu sein. Sagen Sie ihm, dass das nicht stimmt. Wenn er sich Sorgen wegen seiner Sexualität macht, sollten Sie ihm vermitteln, dass das alles nur in seinem Kopf passiert, und Gedanken ließen sich ändern. Das ist auf jeden Fall eine der wichtigsten Lektionen, die Sie Ihrem Sohn mit auf den Weg geben können.

Unsere Söhne müssen fähig sein, für sich einzutreten und zu kämpfen, wenn dies nötig sein sollte. Sie brauchen dazu vor allem Selbstvertrauen, auch ohne unsere Anwesenheit. Leider gibt die Gesellschaft Jungen in der Pubertät nicht immer unbedingt positive Botschaften: Wohlmeinende Lehrer verpassen ihnen schon in jungen Jahren Etiketten wie »lerngestört« oder »ADHS-Kind«. Schulkameraden, die gerade noch Freunde waren, wandeln sich zu unerträglichen Rüpeln. Väter setzen ihre Söhne manchmal einem unglaublichen Druck aus. Und dann gibt es da noch die sogenannten Helikopter-Mütter, die allzeit bereit sind, um ihrem Kind beizustehen und seine Probleme zu lösen. All das signalisiert dem Kind nur eines: *Du schaffst es nicht ohne mich*. Eine gute Mutter jedoch gibt ihrem Sohn eine Axt in die Hand und zeigt ihm, wie er damit umgeht. Dann tritt sie zurück und lässt ihn machen.

Kapitel 7

Sie sind die Verbindung zu seinem Vater

Als junge Ärztin arbeitete ich mit einem Kinderarzt zusammen, der dreißig Jahre älter war als ich. Er war klein, stämmig und eine Koryphäe in seinem Fachgebiet. Er hatte so eine Art, die einem das Gefühl gab: »Ich höre Ihnen wirklich gerne zu.« Wann immer wir in unserem kleinen Büro aneinander vorbeiwieselten, lächelte er freundlich. In dem knappen Jahr unserer Zusammenarbeit lernte ich von ihm ebenso viel wie in den drei Jahren danach in einem äußerst hektischen Kinderkrankenhaus. Die wichtigste Lektion aber war folgende: »Meg, wenn eine Mutter ihr Kind zu Ihnen bringt und sagt, dass mit ihm etwas nicht stimmt, dann schicken Sie sie nicht weg, bis Sie herausgefunden haben, was es hat. Mütter kennen ihre Kinder besser als jeder andere Mensch, also hören Sie ihnen zu.«

Ich war damals selbst eine junge Mutter und fand seinen Rat unglaublich gut. Auch später habe ich immer wieder festgestellt, dass er damit richtig lag. Wenn eine Mutter darauf beharrt, dass mit ihrem Kind etwas nicht stimmt, dann hat sie gewöhnlich recht. In meiner Praxis als Kinderärztin habe ich mich stets bemüht, Müttern zuzuhören und ihnen zu helfen, ihre Kinder besser zu verstehen. Denn als Kinderärztin helfe ich einem Kind am besten, wenn ich seinen Eltern helfe. Ich kann Kindern Antibiotika geben oder Asthmamittel verschreiben. Ich kann sie vor den schrecklichen Gefahren des Rauchens warnen, doch so viel Autorität mir der Doktortitel auch verleihen mag: Ein Kind hört vor allem auf Mutter und Vater.

Den unglaublichen Einfluss der Eltern auf das Leben eines Kindes zu erkennen war ein Wendepunkt in meiner Karriere. Kinderärzte lernen in der Ausbildung, sich ganz aufs Kind zu konzentrieren. Gerade bei Jugendlichen heißt es ja oft, das Kind sei zugänglicher als seine Eltern. Daher macht man uns Ärzte zu Verbündeten des Kindes. Wenn eine Fünfzehnjährige die Pille möchte, dann sollen wir ihr ein Rezept ausstellen, wenn die Eltern sich nicht darum kümmern. Das mag das Mädchen zwar vor einer unerwünschten Schwangerschaft schützen – was natürlich wichtig ist –, doch was das Mädchen eigentlich braucht, ist ein Netz von Unterstützern: Menschen, die offen mit ihr darüber reden, warum sie jetzt Sex haben möchte. Menschen, die ihr erklären, dass ihr Bedürfnis nach männlicher Zuwendung und Aufmerksamkeit auf weniger riskante Weise gestillt werden kann. Anders ausgedrückt: Sie braucht die emotionale Unterstützung eines Erwachsenen (am besten eines Elternteils), damit sie mit dem Druck umzugehen lernt, den Gleichaltrige in puncto Sex meist aufeinander ausüben. Wenn ich etwas für ihr Kind tue, ohne dass die Eltern darüber Bescheid wissen, helfe ich dem Mädchen nicht, den Draht zu seinen Eltern zu verstärken. Doch eben das braucht sie langfristig gesehen. Dem einen Jahr mit meinem erfahrenen Kollegen verdanke ich es, dass ich gelernt habe, die Eltern ins Gespräch mit einzubeziehen. Und ich kann Ihnen eines versichern: 99 Prozent der Kinder, mit denen ich zu tun habe, wissen dies zu schätzen, weil sie ihren Eltern nah sein *wollen*. Sie wollen keine Geheimnisse haben. Mütter und Väter zu einer guten Beziehung zu ihrem Kind zu verhelfen ist das größte Geschenk, die beste Gesundheitsvorsorge, die ich als Ärztin den Kids mit auf den Weg geben kann.

Eine ähnliche Rolle spielt die Mutter zu Hause, wenn es um die Bindung zum Vater geht. Wenn Sie Ihr Kind lieben und sein Bestes wollen, dann beziehen Sie den Vater mit ein. Ihre Kinder wollen eine gute Beziehung zum Vater haben. Für Jungs kann dies mitunter schwierig sein. Hier kommt Ihnen eine Schlüsselrolle zu, denn Sie können aus dieser Beziehung den Druck herausnehmen. Jungen brauchen eine enge Beziehung zu ihrem Vater, aber meist wissen sie nicht, wie sie das anstellen sollen. Da sind Sie gefragt. Wie ich bereits sagte: Das Beste, was ich für meine jungen Patienten tun kann, ist, ihren Eltern zu helfen. Gesunde Eltern, strahlende Kinder. Ähnliches gilt für Ihre häusliche »Praxis«. Wenn Sie zum Vater Ihres Sohnes ein gutes Verhältnis haben und ihn unterstützen, machen Sie Ihrem Sohn ein großes Geschenk. Wenn diese Beziehung stark ist, dann haben Sie sehr viel weniger Sorgen.

Mir ist durchaus klar, dass viele Mütter das nicht gerne hören. Doch meine Aufgabe ist es, Ihr Leben einfacher zu machen. Und besser. Ich bin zutiefst überzeugt, dass Sie glücklicher sind, wenn Ihr Kind glücklicher ist. Daher sage ich Ihnen Dinge wie diese: Sie können für Ihren Sohn nicht alles sein. Sie können ihm nur geben, was wir als Mütter zu geben haben. Selbst die beste Mutter der Welt kann ihrem Sohn nur eingeschränkt geben, was er braucht. Das ist keine Kritik, sondern schlicht die Wahrheit. Ihr Sohn wünscht sich eine gesunde Beziehung zu seinem Vater, weil er seinen Vater braucht. Je mehr Sie dafür tun, dass die beiden gut miteinander auskommen, desto besser haben Sie Ihre Aufgabe als Mutter erfüllt. Wenn Sie wollen, dass Ihr Sohn ein guter Mann wird, dann braucht er Umgang mit einem anständigen Mann. Er muss mitbekommen, was ein solcher Mann sagt, wie er seine Geschäfte führt und was er für seine Familie tut. Wenn er sieht, dass dieser Mann Ihnen mit Achtung begegnet, wird er lernen, dass man Frauen mit Achtung begegnet. Jungs nehmen Informationen hauptsächlich visuell auf. Wenn er sieht, wie ein ordentlicher Mann handelt, lernt er, wie er sich selbst benehmen sollte. Das ist ein bisschen mehr, als nur theoretisch zu wissen, wie etwas sein sollte.

Als alleinerziehende Mutter werden Sie sich an dieser Stelle vermutlich fragen, wie Sie das auch noch hinbekommen sollen, vor allem, wenn der Vater Ihres Sohnes in Ihrem Leben nicht mehr vorkommt. Oder wenn er kein gutes Vorbild abgibt. Dann denken Sie jetzt vielleicht, dass Ihr Sohn keine Chance hat. Keine Angst, dem ist nicht so! Es gibt vieles, was Sie dennoch für ihn tun können. Doch dazu später mehr. Für alle Mütter aber, deren Mann (oder Exmann) sich um seinen Sohn kümmert, gilt: Sie werden – davon bin ich fest überzeugt – das Leben Ihres Sohnes vom Kopf auf die Füße stellen, wenn Sie Ihre Vorstellung davon, welche Rolle Sie im Leben Ihres Sohnes spielen, ändern. Statt diejenige sein zu wollen, die alles managt, entscheiden Sie sich dafür, ihren Teil zu tun und seinem Vater zu helfen, den seinen zu tun. Nichts ist für einen Jungen wichtiger als eine gute Beziehung zu seinem Vater. Vergessen Sie den Sport, die Noten, das College, die Ausbildung. Wir verwenden viel zu viel Zeit auf diese Dinge und vergessen, was für unsere Söhne wichtiger ist: dass sie ein gutes Selbstwertgefühl haben und dem Leben zuversichtlich entgegenblicken. Das ist keine Kleinigkeit. Es braucht eine Menge Mut dazu. Glücklicherweise sind wir Mütter genau darauf geeicht – die wirklich harten Dinge anzupacken.

Was wir von unseren Männern wollen

Die meisten Männer machen sich einfach nicht die Mühe, ihren Frauen (und Kindern) zuzuhören. Sie leihen ihr Ohr Kollegen, männlichen Freunden und allen möglichen anderen Leuten, doch bei den Menschen, die ihnen nahestehen, sind sie nicht wirklich gut darin. Mein Mann zum Beispiel ist Internist und liebt seinen Beruf. Er ist geduldig und nett, und viele seiner Patientinnen reden mit ihm über ihre Probleme. Das war manchmal ganz schön schwierig für mich, denn wenn er abends nach Hause kam, hatte er nicht mehr genug Energie übrig für das, was ich ihm berichten wollte. Vielleicht gehören Sie ja zu den Glücklichen, deren Partner am Ende eines langen Arbeitstages nach Hause kommt, Ihnen ein Glas Wein einschenkt, fragt, wie Ihr Tag so war, und Sie dann auch noch ansieht, wenn Sie ihm antworten. Wenn diese Beschreibung auf Ihren Partner zutrifft, dann haben Sie ein Exemplar einer seltenen Spezies ergattert und dürfen sich glücklich schätzen. Wir weniger vom Glück Begünstigten aber müssen uns damit abfinden, dass wir hundertmal das Gleiche sagen und unseren Männern förmlich hinterherjagen müssen, damit er uns endlich Gehör schenkt.

Zuhören zählt nicht zu den natürlichen Stärken eines Mannes. Das wäre eigentlich kein Problem, gäbe es nicht im Leben dieser Männer geliebte Menschen, die gelegentlich ihre ungeteilte Aufmerksamkeit brauchen. Frauen brauchen ihre Männer. Kinder brauchen ihre Väter. Als Frauen brauchen wir die Zuwendung unseres Partners, weil sie uns das Gefühl gibt, geschätzt zu werden. Der Wunsch nach Nähe ist uns angeboren. Wir brauchen den ständigen Dialog und den Austausch von Gedanken, weil wir so Nähe herstellen. So manche Partnerschaft zerbricht, weil einer der Partner nicht zuhört. Damit vermittelt er dem anderen folgende Botschaft: »Was du sagst und wie es dir geht, ist nicht wichtig. Also bist du nicht wichtig für mich.« Männer haben dieses Bedürfnis nach Kommunikation nicht im selben Maß wie Frauen, daher ist es schwierig für sie, zu verstehen, warum wir ihre Aufmerksamkeit brauchen.

Söhne suchen die Nähe ihres Vaters genauso wie wir Mütter. Und das, obwohl sie »Männer« sind. Doch als Jungs brauchen sie von ihrem Vater Aufmerksamkeit, Akzeptanz und Zuspruch. Bekommen sie diese, reifen sie zu erwachsenen Männern mit einem gesunden Selbstwertgefühl heran. Wenn nicht, kann es durchaus Ärger geben. Ernsthaften Ärger. Aus diesem Grund müssen wir für unsere Söhne eintreten. Selbst wenn ihre Väter einst Jungs mit demselben Bedürfnis nach Nähe waren, vergessen sie schnell, wie sehr sie sich gewünscht haben, mehr Zeit mit ihrem Vater zu verbringen. Haben sie zudem ihrerseits nie diese väterliche Aufmerksamkeit erfahren, dann fällt es ihnen vermutlich später schwer, ihrem Sohn diese Zuwendung zu geben, da ihnen dieses Verhalten fremd ist.

Jetzt fragen Sie sich vermutlich, was Sie als Mutter tun können, um auf den Vater Ihres Sohnes im gewünschten Sinne einzuwirken. Schließlich heißt es ja immer, dass man Menschen nicht ändern kann, dass wir sie so nehmen müssen, wie sie sind. In gewissem Maße stimmt das auch. Doch ein paar entscheidende Dinge gibt es, die wir tun können, damit unser Partner lernt, mit seinem Sohn mehr Umgang zu pflegen. Manchmal ist das nicht ganz leicht, aber mit ein paar Tricks kann jede Mutter ihren Partner (oder Expartner) dazu bringen, ein besserer Vater zu sein. Und wer möchte das nicht? Sehen wir uns also zuerst einmal an, was unsere Söhne von ihren Vätern brauchen.

Was Jungs von ihren Vätern brauchen

Den Segen begreifen

Gary Smalley und John Trent haben vor einigen Jahren gemeinsam ein Buch geschrieben: *Bitte segne mich! Auf der Suche nach dem verlorenen Segen.* Darin geht es um die Bedürfnisse von Söhnen: Sie brauchen »den Segen« ihres Vaters. Aufmerksamkeit ist ein wichtiger Teil dieses Segens. Beobachten Sie nur mal, wie Ihr Sohn mit seinem Vater spricht. Achten Sie auf den Ausdruck in seinem Gesicht, wenn er seinem Vater sagt, dass er beim letzten Test Klassenbester war oder dass er in die beste Fußballmannschaft des Vereins aufgenommen wurde. Dieser Ausdruck besagt: »Papa, findest du nicht, dass ich super bin?« Ob Ihr Sohn nun acht oder achtzehn ist, irgendetwas in ihm will wissen, was sein Vater von ihm denkt und glaubt. Er möchte herausfinden, ob sein Vater ihn als »Mann« respektiert. In jungen Jahren (zwischen dem zweiten und dem siebten Lebensjahr) hat er vielleicht das Gefühl, dass er nur seine Mutter braucht. Wir Mütter können unseren Jungen lieben, bekochen, trösten oder strafen, und eine Zeit lang ist das genug. Doch wenn ein Junge dann elf oder zwölf wird, wird die Mutter quasi über Nacht zum Feind. Nicht nur, dass wir Mütter dann nicht mehr »genug« sind. Irgendwie sind wir plötzlich die, »die es einfach nicht kapiert«. In Wirklichkeit will er (zu diesem Zeitpunkt) keinen engen Kontakt mehr zu einer Frau, weil er herausfinden muss, wie und was er als Mann sein will. Unsere Hilfe will er in diesem Fall nicht haben. Er möchte, dass sein Vater ihm beisteht.

Doch es gibt noch einen anderen Grund, weshalb Jungs gerade in der Pubertät ihren Vater brauchen. Sie sind sozusagen »Augentiere«. Sie müssen *sehen*, was ein Mann tut. Jungs wollen ihren Vater live erleben, direkt vor ihrer Nase. So können sie sein Verhalten sozusagen absorbieren und in die Männlichkeit »hineinschnuppern«. Wenn ein Vater sieht, wie sein Sohn ihn nachahmt, wird er das bemerken und gutheißen (oder auch nicht). Anders gesagt: Er wird seinem Sohn seinen Segen erteilen oder ihm diesen verweigern. Am besten für Ihren Sohn ist es natürlich, wenn sein Vater hinter ihm steht. Wir Mütter haben darauf keinen direkten Einfluss, aber ein bisschen was dafür tun können wir schon. Oder wir helfen unserem Sohn, die Scherben aufzusammeln, wenn es zwischen den beiden nicht funktioniert. Wie auch immer: Wir warten mehr oder weniger hinter den Kulissen und soufflieren unserem Jungen, wenn er die nicht immer einfache Beziehung zu seinem Vater herstellen möchte.

Söhne, die das Haus mit dem sicheren Gefühl verlassen, dass ihr Vater sie schätzt, erwartet eine glänzende Zukunft. Man erkennt diese Jungs sofort. Sie strahlen nur so vor Selbstvertrauen, glauben an ihre Fähigkeiten und genießen das Leben. Sie werden mit den Rückschlägen fertig, die das Leben manchmal mit sich bringt, und kommen stets wieder auf die Beine, weil sie wissen, dass sie stark sind. Und dieses Wissen hat ihnen ihr Vater vermittelt.

Jungen, die ohne väterlichen Segen aus dem Haus gehen, werden immer zu kämpfen haben. Viele halten sich für wertlos. Andere zweifeln an ihren Fähigkeiten, selbst wenn sie gute Leistungen erbringen. Ich habe großartige Sportler gesehen, die nach dem College in den Profisport gewechselt sind und trotzdem unter mangelndem Selbstvertrauen litten, weil sie das Gefühl hatten, ihr Vater halte nichts von ihnen. Jungs, die Probleme mit ihrem Vater haben, schleppen diese manchmal jahrelang mit sich herum.

Glücklicherweise ist es recht einfach für Väter, ihren Söhnen diese Bestätigung zu geben. Paul zum Beispiel hat dies für seinen Sohn Freddy getan. Als Freddy zwölf war, hatte er in der sechsten Klasse enorme Probleme. Seine Freunde nahmen ihn nie mit, wenn sie nach der Schule noch etwas unternahmen, und irgendwann litten auch seine Noten darunter. Er mochte seine Lehrerin nicht und hörte ihr deswegen auch nicht zu. Er hatte keine Lust, Hausaufgaben zu machen, und je schlechter seine Noten wurden, desto wütender wurde die Lehrerin auf Freddy.

Paul merkte, dass Freddy Probleme hatte, und wollte ihm helfen. Statt die Probleme direkt anzuschneiden, bat er Freddy, ihm doch am Wochenende da und dort zur Hand zu gehen. Beispielsweise bat er Freddy zu helfen, um gemeinsam den Ölwechsel am Auto zu machen. Er habe keine Lust, immer alles allein machen zu müssen. Wenn es sich einrichten ließ, hörte Paul eher mit der Arbeit auf und holte Freddy von der Schule ab. Manchmal gingen sie dann einfach miteinander irgendwo essen. Auf diese Weise erteilte Paul Freddy seinen Segen: Er nahm einfach mehr an seinem Leben teil.

Und das war noch nicht alles. Sobald klar war, dass sie mehr gemeinsam unternehmen würden, begann er, mit ihm Gespräche von »Mann zu Mann« zu führen. Den Inhalt dieser Gespräche möchte ich im Folgenden etwas verkürzt wiedergeben.

»Ich sagte Freddy, dass das Leben dir hin und wieder einen Curveball gibt, der schwer zu schlagen ist. Und dass er gerade seinen ersten richtig fetten abbekam. Seine Freunde waren fies zu ihm, also sagte ich ihm, dass ihm noch viele andere Menschen begegnen würden, die mindestens genauso fies sind. Ich erzählte ihm von Typen, die mich in meiner Jugend geschnitten hatten. Und auch von ein paar Leuten, die das heute noch tun. Aber ich sagte ihm, dass er mit allem fertigwerden würde, was vom Leben in seine Richtung kam. Er sei stark und widerstandsfähig. Dann sagte ich ihm, dass ich überzeugt sei, dass er es packen würde, egal, in welchen Schwierigkeiten er gerade steckte. Ganz egal, welche Fehler er mache, welche Kids ihn nicht mochten und welche Noten er schreibe, ich würde immer stolz auf ihn sein, weil er mein Sohn sei und ich ihn liebte, so, wie er war.«

Für viele Jungs reicht es, wenn ihr Vater ihnen sagt, dass er stolz darauf ist, ihr Vater zu sein. Auf diese Weise wird der Segen erteilt.

Das erste Geschenk des Segens: Akzeptanz

Als kleiner Junge achtet ein Sohn ständig darauf, ob sein Vater ihn wahrnimmt. Sieht Papa, wie er den Ball tritt oder wie er auf seinem Rad fünfzig Meter fährt? Merkt Papa, dass er einen neuen Freund hat, zum ersten Mal das Bild richtig ausgemalt oder das Büchereibuch rechtzeitig zurückgebracht hat? Und wenn ja: Findet Papa es gut, was er gesehen hat? (Das ist der eigentlich wichtige Punkt!) Ist die Antwort auch hierauf Ja, dann findet er sich und das Leben im Allgemeinen gut. Und er kann voller Selbstvertrauen weitermachen.

Er beobachtet mit Argusaugen, was sein Vater an ihm gut findet. Aber natürlich merkt er auch, wenn ihm etwas missfällt. Wenn er eine gute Note geschrieben hat und sein Vater nur mit den Schultern zuckt, dann glaubt er, sich nicht genug angestrengt zu haben. Dann bedeutet ihm auch die gute Note nichts mehr, weil sie ja in seines Vaters Augen ganz offensichtlich nicht gut genug ist. Sieht sein Vater ihm beim Hockeyspielen zu und er schießt ein Tor, wird er sich als Verlierer fühlen, wenn sein Vater ihn hinterher fragt, warum er nicht zwei geschossen hat.

Die Worte des Vaters haben stets eine tiefe Wirkung auf den Sohn. Jede Begegnung mit seinem Vater hat zur Folge, dass er je nach Reaktion des Vaters besser oder schlechter von sich denkt. Tag für Tag versucht der Junge, besser mit sich selbst und dem Leben zurechtzukommen. Er reift heran, verändert sich, sieht, wie sich seine Persönlichkeit entfaltet, und versucht herauszufinden, wer er ist und wo er hingehört. Ein Großteil dieser Erfahrungen wird geprägt durch das, was sein Vater von ihm hält. Findet ihn sein Vater gut? Wenn ja, integriert der Junge diese Bestätigung in seine Persönlichkeit. Dass sein Vater sein Verhalten, seine Leistungen, ja seine Gefühle akzeptiert, ist für ihn enorm wichtig. Glaubt er an die Zustimmung seines Vaters, baut er ein gesundes Selbstbewusstsein auf.

Leider gilt umgekehrt dasselbe: Wenn der Vater seinen Segen nicht erteilt, kann das negative Eindrücke beim Sohn hinterlassen, die noch jahrelang nachwirken. Natürlich muss ein Vater nicht alles toll finden, was sein Sohn im Lauf der Jahre so macht. Er kann seine Frisur schrecklich finden, seine Freunde oder die Wahl seines Hauptfachs nicht unbedingt gutheißen. Bedeutet das nun, dass man als Vater automatisch Narben in der Seele des Sohnes hinterlässt? Keineswegs. Ein Vater kann die Entscheidungen seines Sohnes nicht billigen, ihm aber trotzdem zu einem starken Selbstwertgefühl verhelfen. Das Entscheidende ist, dass sein Sohn schon in jungen Jahren lernt, dass der Vater ihn als Person akzeptiert, auch wenn er nicht alles gut findet, was er tut. Der Vater muss seinem Sohn vermitteln, dass er ihn als einzigartigen, unersetzbaren Bestandteil seines Lebens betrachtet. Wenn er seinen Sohn lehrt, dass sein Leben ein Geschenk ist, das er als Vater zu schätzen weiß, dann kann er später beruhigt einzelne Entscheidungen seines Sohnes missbilligen, ohne dass dieser sie auf sich als Mensch bezieht.

Dieses Gefühl lässt sich am besten vermitteln, wenn wir unsere Kinder dann unterstützen, wenn sie glauben, dass sie Versager sind. Setzt Ihr Sohn die Matheschulaufgabe in den Sand, obwohl er lange gelernt hat, oder verschießt den entscheidenden Elfmeter, serviert seine Freundin ihn aus heiterem Himmel ab, dann braucht er vor allem eines: dass sein Vater zeigt, wie sehr er trotz all seiner »Fehler« an ihn und seine Zukunft glaubt. Augenblicke, in denen der Sohn zu versagen glaubt, sind der beste Moment, um ihm zu beweisen, dass die Liebe seiner Eltern davon nicht beeinflusst wird. Hier können die Väter das Fundament für Liebe und Respekt ihren Söhnen gegenüber legen. Wenn sie das tun, werden sich die Söhne diese Botschaft eingeprägt haben, bis sie erwachsen sind.

Das zweite Geschenk: Bewunderung

Selbst sehr kleine Jungs brauchen das Gefühl, etwas Außerordentliches zuwege zu bringen. Dreijährige wissen, dass sie klein sind, aber sie wollen trotzdem bewundert werden. Der Unterschied zwischen Akzeptanz und Bewunderung ist ein feiner, aber nicht zu vernachlässigender. Jungs brauchen das Gefühl, dass sie ihrem Umfeld etwas zu geben haben. Sie wollen etwas Besonderes sein und bewundert werden. Sind sie noch klein, können wir Mütter diesem Bedürfnis Rechnung tragen. Wir müssen ihnen nur zeigen, dass sie etwas können, was wir nicht können. Wenn Sie zum Beispiel Würmer oder Frösche aufsammeln und sie in eine Schachtel setzen, können wir unsere Bewunderung ausdrücken: »Bäh, ich kann Würmer einfach nicht anfassen. Es ist toll, dass dir davor nicht so graust wie mir.«

Wenn sie allerdings älter werden, können wir von morgens bis abends herbeten, wie gut sie zeichnen und wie mutig sie sind, unser Lob wird bei ihnen keinen großen Eindruck hinterlassen, einfach weil wir Frauen sind. Söhne konkurrieren ja nicht mit uns, weil wir Frauen sind; mit ihrem Vater hingegen konkurrieren sie umso lieber. Das ist so ein Jungs-Ding: Ein Y-Chromosom muss wissen, wo es im Vergleich mit dem älteren Y-Chromosom steht. Wenn ein Sohn merkt, dass sein Vater ihn für das, was er ist, denkt oder tut, bewundert, dann wächst er ins Unendliche. Jeder Sohn braucht Bewunderung von seinem Vater, weil dieser in seinen Augen klug, stark und weise ist. Wenn er den Respekt seines Vaters hat, kann er auf den anderer verzichten.

Wie ich oben bereits sagte: Bewunderung und Akzeptanz sind nicht dasselbe. Wenn sich ein Sohn von seinem Vater bewundert fühlt, bedeutet das für ihn, dass sein Vater seine Entscheidungen und sein Verhalten akzeptiert, ja, dass er zu ihm aufsieht. Akzeptanz heißt, dass sein Vater das Verhalten seines Sohnes gutheißt, doch deshalb nicht gleich vor ihm auf die Knie fällt. Beides ist wichtig.

Das dritte Geschenk: Aufmerksamkeit

Wir Frauen wissen nur zu gut, dass Männer Schwierigkeiten haben, ihnen nahestehenden Menschen Aufmerksamkeit zu schenken, vor allem, wenn es sich um uns Ehegattinnen oder um Freundinnen handelt. Man übersieht uns eben leicht, weil wir immer da sind. Tag für Tag, Stunde für Stunde. Man nimmt uns gern für selbstverständlich. Natürlich macht uns das wütend, doch wir sind ja erwachsen und haben Verständnis dafür. Unsere Söhne haben das nicht. Sie wissen nur, dass sie Papas Aufmerksamkeit wollen. Wenn sie diese nicht bekommen, dann lehnen sie sich nicht zurück und denken, dass ihr Vater halt mal viel um die Ohren hat. Sie empfinden das vielmehr als Zurückweisung. Wenn ein Sohn zu seinem Vater läuft, um ihm eine Frage zu stellen, und dieser sich wortlos abwendet, dann glaubt er, etwas falsch gemacht zu haben. Er denkt, seine Frage war dumm. Und folglich er selbst. Da er sich künftig für dumm halten wird, hört er vielleicht ganz auf, Papas Anerkennung erringen zu wollen.

Jemand anderem Aufmerksamkeit zu schenken ist die grundlegendste Form, dem anderen seine Liebe zu zeigen. Sie können keinen Menschen küssen, ohne ihn wahrzunehmen. Eine Mutter kann ihren Sohn nicht umarmen, wenn sie nicht vorher innehält in dem, was sie tut, und ihre Arme um ihn legt. Für Ihren Sohn bedeutet Ihre Aufmerksamkeit, dass Sie ihn wahrnehmen und lieben. Und Kinder dürsten förmlich nach Aufmerksamkeit. Sie würden alles dafür tun. Wenn Papa seinen Jungen einfach nicht bemerken will, dann wird dieser zu extremen Maßnahmen greifen, um den Vater auf sich aufmerksam zu machen. Ich habe erst vor Kurzem mit einem Siebzehnjährigen gesprochen, der mir erzählte, wie das dann konkret abläuft. Seine Mutter hatte den Vater fünf Jahre zuvor verlassen, weil sie ein neues Leben mit einem anderen Mann anfangen wollte, einem Mann, der weniger mit ihr stritt und sie besser behandelte. Der Junge verstand, weshalb seine Mutter fortgegangen war, aber er war darüber nicht glücklich. Wochentags lebte er bei seiner Mutter und ihrem neuen Freund, die Wochenenden aber verbrachte er bei seinem Vater, der in einer anderen Stadt wohnte. Am Ende hatte er das Gefühl, gar keine Heimat zu haben. Und emotional fand er keinen Halt.

Da er selbst so wütend über die ganze Situation war, stritt er dauernd mit seinem Vater. Er fand neue Freunde in der Stadt seines Vaters, doch sein Vater akzeptierte sie nicht. Er traf sie trotzdem, so oft er konnte, und gestand, dass er dies letztlich nur tat, um seinen Vater zu ärgern. Am Ende bekam er Schwierigkeiten mit dem Gesetz und landete im Gefängnis, weil er betrunken Auto gefahren war. Er kam zu mir, weil man ihn nach einem Autounfall zu einer Sitzung beim Psychologen verdonnert hatte. Ich stellte ihm Fragen über den Unfall, aber er gab darauf seltsame Antworten. Statt mir die Einzelheiten des schlimmen Erlebnisses zu beschreiben, erzählte er mir immer, wie sein Vater darauf reagiert hatte.

»Waren Sie betrunken, als Sie gefahren sind, und wurden deshalb in den Unfall verwickelt?«, fragte ich.

»Was macht das schon für einen Unterschied?«, fragte er zurück. »Ich war ein paar Meilen von zu Hause entfernt, und als die Polizei kam, rief man meinen Vater an. Doch der weigerte sich, zu kommen.«

Man brachte den jungen Mann ins Krankenhaus, wo sich glücklicherweise herausstellte, dass er nicht weiter verletzt war. Als ich zu ihm sagte, er habe wohl Glück gehabt, starrte er mich nur verständnislos an: »Wen interessiert das schon? Was habe ich denn schon vom Leben? Meine Mutter lebt in einer anderen Stadt und mein Vater ist zu beschäftigt mit seinem Job. Die wollen doch mit mir gar nichts zu tun haben.« Er schaute in die Ecke.

Wenn ein Junge von seinem Vater keine Aufmerksamkeit erfährt, nimmt man ihm, was er als Mensch ist (egal, wie alt er sein mag). Ohne die Aufmerksamkeit seines Vaters hat er das Gefühl, dass sein Leben aus dem

Gleichgewicht geraten ist. Er weiß nicht, worin er gut ist, was er will oder was er tun sollte. Das Einzige, was er beherrscht, ist das, was ihm Beachtung vonseiten seines Vaters einträgt. Sogar negative Beachtung ist besser als gar keine. Bleibt selbst diese aus, geht er möglicherweise so weit, sich selbst zu schaden, nur um irgendeine Reaktion aus ihm herauszukitzeln.

Wenn wir unseren Söhnen gute Mütter sein wollen, müssen wir verstehen und akzeptieren, was wir ihnen geben können und was nicht. Wir sind kein Ersatz für den Vater, und nein, wir können ihren Vater auch nicht *ändern*. Aber das heißt nicht, dass wir unseren Partner (bzw. den Vater unseres Sohns) nicht ein bisschen beeinflussen können. Zeigen Sie ihm, wie er seinem Sohn Anerkennung, Bewunderung und Aufmerksamkeit geben kann. Erklären Sie ihm, warum das so wichtig ist. Wenn wir die männliche Dynamik in der Beziehung zwischen Vater und Sohn beachten, können wir zu einem besseren Verhältnis zwischen den beiden beitragen. Zu diesem Zweck müssen wir darauf verzichten, einen Keil zwischen Vater und Sohn zu treiben. Am besten äußern Sie sich ihm gegenüber nie negativ über den Vater. Vergessen Sie nicht, dass Ihr Sohn seinen Vater *braucht* – selbst wenn die Beziehung zwischen den beiden angespannt ist. Vielleicht sind wir selbst manchmal wütend auf unseren Partner und gehen auf Distanz zu ihm, doch unsere Söhne haben ein anderes Verhältnis zu ihm. Wir sollten unsere Gefühle stets von denen unseres Sohnes trennen. Sind wir dazu in der Lage, können wir unserem Sohn helfen, seine Gefühle dem Vater gegenüber besser einzuschätzen, sodass die beiden eine starke, gute Beziehung entwickeln können.

Väterprobleme

Vater im Orbit

Gerade während die Kinder klein sind, lastet auf den Eltern meist ohnehin ein enormer Druck. Sie versuchen vielleicht gerade, sich eine berufliche Karriere aufzubauen, das Haus abzubezahlen, sich um die Kinder zu kümmern und um die alternden Eltern. Manchmal gerät das Leben darüber außer Kontrolle. Da wir Frauen angeblich gut im Multitasking sind und diese Fähigkeit von uns öfter gefordert wird als von Männern (auch wenn wir nicht gut sind), lernen wir, die Bedürfnisse unserer Kinder schnell zu erfüllen. Wir schlafen weniger tief, weil wir immer ein Ohr bei dem Atem unserer Kinder haben. Auf dem Spielplatz hören wir die Stimme unseres Kindes aus einer ganzen Kinderbande mühelos heraus. Wir kennen den

Unterschied zwischen einem Angst- und einem Wutschrei. Wir hören den Kindern zu, während sie auf dem Rücksitz ihre Erlebnisse erzählen, wir sind nun einmal kommunikativ. Da wir mehr reden als Männer, sind wir auch gut im Zuhören.

Sogar im Beruf denken wir noch daran, was sich wohl zu Hause gerade abspielt. Ich war als Medizinerin jahrelang Partnerin meines Mannes, trotzdem habe ich in dieser Zeit den Löwenanteil der Hausarbeit erledigt, vom Einkaufen und Kochen mal ganz abgesehen. Ich habe diese Dinge in den wenigen freien Momenten in der Praxis geplant. Oft habe ich keine Mittagspause gemacht, damit ich früher gehen und fürs Abendessen einkaufen konnte. Und damit stehe ich keineswegs alleine. Die meisten Mütter machen das. Ist das falsch? Nicht für mich. Mein Mann ist kein guter Koch, und ich bin gerne mit meinen Kindern in der Küche. Wir haben in all den Jahren tiefschürfende Gespräche geführt, während wir das Essen machten. Wir haben Probleme mit dem ersten Freund gelöst, das richtige College ausgesucht, gestritten und uns versöhnt, während wir Ostereier gefärbt, Lebkuchenhäuser gebacken oder Pastapartys vorbereitet haben. Das Leben spielt sich bei uns in der Küche ab, und ich habe schon bald nach meiner Heirat beschlossen, dass ich mittendrin stehen wollte.

Mehr Mütter als Väter entscheiden sich ganz bewusst dafür, ihre ganze Zeit den Kindern zu widmen, vor allem in den ersten Jahren. Und weil die Väter wissen, dass die Mama mit den Kleinen zu Hause ist, sind sie sicher, dass es ihren Kindern gut geht, dass jemand da ist, der sich um die lieben Kleinen kümmert und den Herren der Schöpfung den Rücken für die Arbeit freihält. Eine Woche hat nun einmal nur so und so viele Arbeitsstunden. Man kann einfach nicht alles zugleich tun. Doch da es gewöhnlich die Mutter ist, die ihre Arbeit aufgibt, um Zeit für die Kinder zu haben, laufen die Väter leicht Gefahr, das Leben mit der Familie zu verpassen. Je mehr sie sich auf die Arbeit konzentrieren, desto weniger Zeit und Energie haben sie für zu Hause. Es passiert schnell, dass man sich auf einen Bereich seines Lebens konzentriert und die anderen vernachlässigt.

Manche Mütter beneiden ihre Männern darum, dass sie mehr Zeit in der Arbeit verbringen und sich nicht mit plärrenden Kleinkindern abgeben müssen. Wenn der Mann dann auch noch viel arbeitet und keine Zeit für sie und die Kinder hat, fühlen sie sich schnell vernachlässigt. Ich verstehe das. Mein Mann hat jahrelang wie ein Besessener gearbeitet, während unsere Kinder klein waren. Er wollte seine Praxis aufbauen, und das hat unsere Familie durchaus etwas gekostet. Aber ich hatte vor einigen Jahren, als ich mich um die Spezialisierung als Kinderärztin bemühte, auch wie eine

Verrückte gearbeitet, und er war bei den Kindern zu Hause geblieben. Ich kann sagen, dass ich für nichts auf der Welt auch nur eine Stunde mit meinen Kindern hätte missen wollen. Ja, der Partner, der außerhalb des Hauses arbeitet, konzentriert sich häufig zu sehr auf den Beruf und vernachlässigt die Familie, was nie richtig ist. Aber manchmal geht es einfach nicht anders. Wir Frauen, die wir die Last tragen und ignoriert werden, müssen klarmachen, was Sache ist. Wir müssen anregen, gemeinsam zu überlegen, was sich in dieser Situation machen lässt. Wenn Sie diejenige sind, die außerhalb arbeitet und sich zu sehr auf den Beruf konzentriert, sollten Sie sich das klipp und klar eingestehen. Aber Sie sollten auch etwas unternehmen, denn Sie verpassen tatsächlich etwas. Arbeit bringt Geld und stärkt unser Selbstbewusstsein. Aber unsere Beziehungen bringen uns das Leben.

Rein psychologisch gesehen haben arbeitende Väter und Mütter häufig Schwierigkeiten, sich nach der Arbeit auf zu Hause einzustellen. Physisch treten sie zwar am Ende eines Arbeitstages über die Schwelle ihres Heims, doch mit ihren Gedanken sind sie meist noch im Büro. Es gibt hier ein paar Tricks zur Abhilfe: Man kann lernen, seine Gedanken in Schubladen zu stecken. Man kann regelrecht üben, alles, was mit dem Beruf zu tun hat, am Arbeitsplatz zu lassen und sich ganz auf das zu konzentrieren, was zu Hause passiert. Wenn man dann durch die Tür tritt und die Kinder angerannt kommen, brauchen sie die Aufmerksamkeit. Ich weiß, dass das schwer ist.

Gerade in den ersten Lebensjahren der Kinder, wenn man arbeitet und an der Karriere bastelt, sind Schuldzuweisungen wohlfeil. Die Eltern streiten darüber, wer was tun sollte und warum bzw. warum nicht. Väter kritisieren Mütter, weil sie sich wahlweise nicht genug um Kinder, Beruf und Hausarbeit kümmern, und die Mütter geben mit selber Münze heraus. Jeder hat das Gefühl, dass er mehr tut als der andere. Die Wahrheit ist: In einem solchen Haushalt arbeiten beide sehr hart. Wichtig wäre, dass Sie sich als Paar eine Auszeit von solchen Vorwürfen gönnen, wenn nicht um Ihrer selbst willen, dann wegen der Kinder. Wenn wir Mütter kritisiert werden, weil wir etwas vergessen haben, wehren wir uns mit wütenden Worten. Kritisieren wir unsere Partner, weil sie nie zu Hause sind, bleiben sie nur noch länger weg. Keine dieser Reaktionen nützt der Ehe oder den Kindern, die schweigend in der Ecke sitzen und dem Pingpong der Anschuldigungen und Vorwürfe lauschen. Ein Hilfsmittel allerdings gibt es: Lassen Sie Gnade vor Recht ergehen.

Gnade vor Recht ergehen zu lassen heißt für mich: Sie sind freundlich zu jemandem, der es eigentlich nicht verdient. Wenn ein Partner das Gefühl hat, dass er die Hauptlast der Arbeit trägt, aber das für dieses Mal durchgehen lässt, dann lässt er Gnade vor Recht ergehen. Wenn einer sich nicht genügend gewürdigt fühlt, aber für dieses Mal deswegen nicht streiten will, dann lässt er Gnade vor Recht ergehen. Denken Sie an den letzten Fehler, den Sie gemacht haben. Wenn ein geliebter Mensch auf Sie zukäme und zu Ihnen sagte: »Ich weiß, dass du das verbockt hast, aber ich will dir helfen und dich nicht kritisieren.« Wie würden Sie sich fühlen? Vermutlich würden Sie auch gerne nett zu diesem Menschen sein. Sie würden mit diesem Menschen gerne mehr Zeit verbringen. Wenn eine Mutter einen Fehler in ihrem Partner sieht (oder glaubt, ihn zu sehen), aber nicht darauf reagiert, dann verändert sich die gesamte Dynamik in der Familie. Wenn Ihr Mann jeden Abend nach acht Uhr nach Hause kommt und nie dabei ist, wenn die Kinder zu Bett gebracht werden, gerät Ihr Blut vermutlich bald in Wallung. Ich verstehe das. Ich kenne dieses Problem. Aber wenn Sie hier innehalten und sich auf das Gute konzentrieren, das der Vater für die Familie tut, und nicht auf sein angebliches Versagen, dann erweisen Sie ihm eine große Gnade. Dann haben nicht nur Sie eine bessere Beziehung zu ihm, Sie geben Ihren Kindern auch ein Beispiel, an das sie sich halten können, wenn sie älter sind. (Und nebenbei bemerkt: Wenn Sie Ihrem Mann ständig unter die Nase reiben, wie gnädig Sie sind, dann ist das mit der Gnade natürlich Schall und Rauch!)

Mir ist schon klar, dass viele Frauen auf diesen Vorschlag erst einmal ärgerlich reagieren. Vielleicht denken Sie ja: »Sie haben einfach keine Ahnung, wie schrecklich mein Leben ist. Mein Mann ist Alkoholiker, und ich sehe gar nicht ein, dass ich ihm das verzeihe.« Möglicherweise verletzt Ihr Mann auch Ihre Grenzen. Er schreit Sie und die Kinder an und verliert mitunter total die Kontrolle. Ich bin nicht der Ansicht, dass man schlechtes Benehmen wie dieses tolerieren sollte – vor allem, wenn es den Kindern schadet. Ich rede hier eher von Situationen, in denen ein ansonsten guter Partner und Vater versucht, sein Bestes zu tun. Dann helfen wir Frauen ihm eher, wenn wir uns auf seine Leistungen konzentrieren statt auf das, was er im Moment einfach nicht geben kann. Aber auch dazu ist eine bewusste Entscheidung nötig, denn natürlich werden wir erst einmal wütend, wenn wir das Gefühl haben, ausgenützt zu werden.

Eine recht einfache Übung kann hier weiterhelfen. Wenn wir merken, dass wir einen kritischen Gedanken über unseren Partner (oder Expartner) hegen – zum Beispiel, dass er uns im Stich lässt –, geben wir diesem Gedanken dann nach und beklagen uns, oder ersetzen wir ihn durch einen weniger kritischen? Manchmal haben wir keine Wahl. Wenn ein Vater wirklich beleidigend oder übergriffig wird, müssen wir uns wehren, aber das ist ja nicht der Normalfall. Meist geht es um weniger gravierende Dinge. Sie kommen uns nur so vor, weil wir erschöpft sind. Oder wir lassen uns von den Emotionen des Augenblicks hinreißen, weil uns der Blick aufs größere Ganze fehlt. Allerdings bringt der Großteil unserer Kritik weder uns noch unseren Kindern eine Verbesserung, sondern macht nur allen Beteiligten das Leben schwerer. Wenn wir aber beschließen, unserem Partner Güte und Verständnis entgegenzubringen und unsere negativen Gedanken unter Kontrolle bringen, dann profitieren davon auch unsere Söhne.

Wächst ein Junge in einem Umfeld auf, in dem sein Vater sich irgendwie immer nur in einer äußeren Umlaufbahn um sein Heim befindet, nur spätabends nach Hause kommt, wenn er schon eingeschlafen ist, und morgens, wenn er aufsteht, schon wieder weg ist, dann wird er dies als Verlust empfinden. Dasselbe gilt übrigens für mangelnde Aufmerksamkeit eines ansonsten anwesenden Vaters. Viele Väter leben sozusagen in der Peripherie ihrer Familien, entweder weil sie lange arbeiten müssen, oder weil sie ihre Rolle zu Hause einfach nicht verinnerlicht haben. Manche Väter wissen gar nicht, was sie mit ihren Kindern anfangen sollen. (Möglicherweise hatten sie ja selbst eine schwierige Elternbeziehung.) Sie fühlen sich in der Rolle des Vaters unwohl. Wenn Männer unsicher sind, wie sie als Vater auftreten sollen, dann ziehen sie sich zurück. Ich habe dies schon häufig erlebt, wenn es um die Beziehung zwischen Vätern und Töchtern geht. Wenn Töchter in die Pubertät kommen, wissen Väter häufig nicht, was sie tun sollen und was nicht. Statt also das Risiko einzugehen, dass sich ihre Handlungen irgendwie als falsch erweisen, tun sie lieber gar nichts. Sie hören auf, mit der Tochter zu reden. Sie nehmen sie nicht mehr in den Arm. Das Mädchen, das in dieser Zeit mit sich ohnehin nicht gerade glücklich ist, fühlt sich noch schlechter, weil sie das Gefühl hat, ihr Vater liebt sie nicht mehr. Sie können förmlich zusehen, wie sich die Beziehung verschlechtert – nur weil der Vater sich zurückzieht, obwohl er doch gerade in diesem Moment gebraucht wird.

Dasselbe gilt für Väter in den Kinderjahren ihrer Söhne. Viele Väter wissen einfach nicht, dass sie auch in dieser Zeit gebraucht werden. Sie wissen nicht, wie sie mit uns als Mütter umgehen sollen, und manchmal sind sie sogar ein bisschen eifersüchtig. Ich kenne viele Väter, die sich dieselbe Nähe zu den Kindern wünschen, die ihre Frauen haben. Und das ist durchaus drin! Häufig nämlich kreisen Väter tatenlos im Orbit, nicht weil sie das wollen, sondern weil sie nicht wissen, ob ihre Kinder sie brauchen und was von ihnen verlangt wird. Wenn wir wollen, dass unser Partner eine bessere Beziehung zu seinen Kindern aufbaut, sollten wir ihre Unsicherheit, ihr Zögern akzeptieren und auch ihre Geschichte kennen. Viele Väter hätten gerne eine bessere Beziehung zu ihrem Sohn, haben aber Angst, ihre Zuneigung auf liebevolle Weise zu zeigen, da man sie ja sonst für schwach halten könnte. Andere wollen mit ihren Söhnen reden, wissen aber nicht, wie. So einfache Gründe können die Ursachen sein. Häufig können Väter mit ihren Söhnen nicht umgehen, weil ihre eigenen Eltern keine innige Beziehung zu ihnen hatten. Wir Mütter können hier durchaus etwas beitragen, indem wir den Herren der Schöpfung den ein oder anderen Hinweis geben.

Jeder Vater hatte selbst einen Vater

Mittlerweile wissen wir, was ein Junge von seinem Vater braucht, um zu emotionaler Ausgeglichenheit zu finden. Vermutlich ist Ihnen mittlerweile klar, warum sich Ihr Partner seinem Jungen gegenüber so verhält, wie er es tut. Wenn er nie den Segen seines Vaters bekommen hat, ist er vermutlich höchst unsicher. Erfuhr er von seinem Vater eher Ablehnung als Bestätigung, wirkt sich das auf seinen Sohn aus. Möglicherweise kritisiert er andere ständig (vor allem seinen Sohn, der ihn an sich als Kind erinnert). Oder er arbeitet wie besessen, um zu beweisen, dass er mit seinen Fähigkeiten sehr wohl Erfolg haben kann. Ein Mann, der von seinem Vater nie genug Aufmerksamkeit bekommen hat, braucht vielleicht körperlich und seelisch Beweise der Zuneigung, um seine innere Leere zu füllen. Bei vielen Männern sucht sich der Schmerz über die negative Beziehung zu ihrem Vater ein nicht auf den ersten Blick erkennbares Ventil. Möglicherweise kennt Ihr Partner selbst die Ursache seiner Wut nicht, aber vielleicht sieht er ja eines Tages ein, dass er nur Angst hat, dass auch Sie ihn eines Tages zurückweisen könnten. Fängt er vielleicht in Gegenwart älterer Männer gerne zu prahlen an? Fischt er nach Komplimenten, weil er immer noch das Gefühl hat, sonst nichts wert zu sein? Beobachten Sie Ihren Mann genau, dann werden Sie bald erkennen, welches Motiv hinter seinem Verhalten steckt. In einigen Fällen wird es wohl auch mit Wunden der Vergangenheit zu tun haben, die sein Vater ihm zugefügt hat.

Das ist wichtig zu wissen, denn häufig führen wir das Tun und Treiben unserer Partner auf unser eigenes Verhalten zurück. Wir nehmen an, dass sie uns schlecht behandeln, weil wir etwas falsch gemacht haben. Dabei hat es meist gar nichts mit uns zu tun. Dasselbe gilt für unsere Söhne. Wenn der Vater seinen Sohn schimpft oder kritisiert, liegt das vielleicht daran, dass er von seinem Vater genauso behandelt wurde, und hat mit dem Kind gar nichts zu tun. Männer handeln nach gewohntem Muster. Als Mutter können Sie das Verhalten Ihres Partners gegenüber Ihrem Sohn beobachten. Welche seiner Verhaltensweisen tun dem Kind gut? Welche wurzeln ganz offensichtlich in seiner Vergangenheit? Natürlich möchten Sie Ihren Mann nicht mit Psycho-Blabla zuschütten. Sie sind ja auch nicht der Hauspsychologe der Familie. Aber Sie können Ihrem Partner helfen, ein besserer Vater zu werden, wenn Sie ihn beobachten und ihm zuhören und begreifen, inwiefern sein Verhältnis zu seinem Sohn das zu seinem Vater widerspiegelt. Sie werden staunen, wie klar Sie bald erkennen werden, welche Verhaltensweisen Ihres Mannes denen seines eigenen Vaters gleichen.

Sie tun Ihrem Sohn also einen echten Gefallen, wenn Sie mit Ihrem Mann über die Beziehung zu seinem Vater reden. Natürlich müssen Sie auch hier behutsam vorgehen. War die Beziehung eher angespannt, dann kann es sein, dass Ihr Mann sich verschließt wie eine Muschel. Stellen Sie unverfängliche Fragen wie: »Was hast du eigentlich mit deinem Vater so gemacht, als du in der Pubertät warst?« Oder: »Hast du viel Zeit mit deinem Vater verbracht, als du noch klein warst?« An seinen Antworten werden Sie seine Gefühlslage ablesen können. Möglicherweise spricht er mit warmen Worten von seinem Vater, oder aber er verschließt sich emotional sofort. Hat sein Vater, ihn nicht beachtet, werden Sie den Schmerz in seinem Gesicht sehen. Sehen Sie genau hin und lassen Sie sich von seinem Gefühlsausdruck leiten. Fragen Sie nur weiter, wenn er bereit ist zu antworten. Wenn Ihr Partner über das Verhältnis zu seinem Vater spricht, erhalten Sie nicht nur Einblick in seine Erfahrungen. Sie werden auch schnell erkennen, welche Art Vater er hatte und ob er dessen Muster im Umgang mit seinem Sohn wiederholt.

Alyce war eine kluge Mutter. Als ihr Sohn Kyle vierzehn Jahre alt war, brachte sie ihn zu mir, weil sie den Verdacht hatte, er könnte Depressionen haben. Zu Beginn der neunten Klasse war er in eine neue Schule gekommen, die dreimal so groß war wie seine alte. Dort ließen seine Noten nach und er lernte eine Menge neuer Freunde kennen, mit denen er nach der Schule gerne herumhing. Gegen den ausdrücklichen Willen seiner Eltern ließ er sich am Knöchel tätowieren. Und er zog sich ganz anders an als früher. Statt seiner üblichen Khakihosen trug er jetzt Baggypants, aus denen seine Hinterbacken zur Hälfte herausschauten.

»Ich weiß nicht, was mit meinem Jungen los ist«, jammerte Alyce. »Ich habe das Gefühl, er ist über Nacht ausgetauscht worden. Er kommt erst spätabends nach Hause, macht seine Hausaufgaben nicht mehr, und wenn ich ihn frage, was nicht stimmt, schaut er mich nur an, als wäre ich ein Geist aus einem Horrorfilm.«

Ich beobachtete Kyle, während Alyce sprach. Er saß mit versteinertem Gesicht neben seiner Mutter und war offensichtlich peinlich berührt und ziemlich aufgeregt. Als ich ihn fragte, was denn los sei, gab er mir keine Antwort. Gute fünfundvierzig Minuten lang sagte er kein Wort, nicht einmal, als ich seine Mutter bat, den Raum zu verlassen, damit ich mich mit ihm allein unterhalten konnte. Am Ende der Sitzung bat ich seine Mutter um ein bisschen Detektivarbeit. Was ging in der Schule vor? Hatte er eine Freundin? Nahm er vielleicht Drogen? Im Grunde riet ich Alyce, außerhalb der Schule nach Hinweisen für Kyles Verhalten zu suchen. Ich vermutete, dass der eigentliche Grund für seine Veränderungen in seinem Freundeskreis oder in der Schule zu suchen war. Vielleicht war er ja schikaniert worden. Ich versuchte, alle Möglichkeiten zu bedenken. Glücklicherweise dachte Alyce weniger in vorgefassten Bahnen als ich.

Als sie ein paar Wochen später wieder mit Kyle bei mir war, berichtete sie, was sie herausgefunden hatte. Kyle galt in der Schule als netter Junge. Seine Lehrer hatten keine Klagen über ihn, man bemängelte nur eine gewisse Antriebslosigkeit. Andererseits versicherte man Alyce, dass das in diesem Alter recht häufig sei. Offensichtlich hatte Kyle nur wenig Freunde, von denen einige Gras rauchten, andere nicht. Offensichtlich waren weder Alkohol noch harte Drogen im Spiel. Keine Freundin, keine Mitschüler, die ihn drangsalierten. Und soweit Alyce feststellen konnte, war Kyle weder jetzt noch früher Opfer von Gewalt geworden.

Aber etwas anderes war ihr aufgefallen. »Kyles Vater Carl ist in letzter Zeit anders als sonst«, erzählte sie. »Carls Vater ist vor wenigen Monaten gestorben, aber er redet einfach nicht darüber. Carl hat nie getrunken, aber in letzter Zeit kommt er öfter mal mit ein paar Bier in der Krone nach Hause. Er ist nicht total betrunken oder so, aber wenn er getrunken hat, wird er immer ein wenig gemein.«

Ich sah Kyle an, während Alyce erzählte, und tatsächlich traten Tränen in seine Augen. Ich fragte Alyce, was sie damit meinte. »Wenn wir abends zu dritt zu Hause sind, hält Carl unserem Sohn manchmal Vorträge. Er sagt ihm, dass aus ihm nie etwas werden wird, wenn er seine Hausaufgaben nicht macht. Wenn Kyle spät nach Hause kommt, geht Carl in sein Zimmer und beschuldigt ihn, Drogen zu nehmen oder mit Mädchen herumzuvögeln. Ich kapier's einfach nicht. So etwas hat er noch nie getan.«

Über Kyles Wangen ergoss sich bei diesen Worten ein Strom von Tränen. Die Tränen tropften ihm auf die Hose, und er machte keinerlei Anstalten, sie abzuwischen. Auf einmal sah er aus, als wäre er sechs Jahre alt und nicht vierzehn.

»Kyle, schreit dein Vater dich oft an?«, fragte ich.

»Ich weiß nicht«, antwortete er. Ich fragte, ob er mit mir allein sprechen wollte, aber er schüttelte nur den Kopf.

»Was habt ihr, du und dein Vater, denn früher so gemacht, wenn ihr Spaß haben wolltet?«, fragte ich weiter.

Er schien erleichtert, dass ich ihm eine so simple Frage stellte. »Oh, so allerhand. Nichts Großartiges. Am Wochenende sind wir oft zum Rennen gegangen. Wir haben einen alten Wagen miteinander hergerichtet, der bei uns im Schuppen stand. So Zeug halt.«

Ich fragte, was er und sein Vater jetzt gemeinsam unternahmen. Kyles Blick heftete sich fest an die Wand.

»Nichts. Er kann mich nicht ausstehen«, schnaubte er.

»Warum glaubst du, dass dein Vater dich nicht mehr mag?«

»Warum sollte er?«

»Wieso? Was hast du denn getan?«, hakte ich nach.

»Ich weiß nicht. Es ist ja auch egal. Nichts, was ich mache, ist richtig. Ich muss gar nichts tun, damit ich meinem Vater auf die Nerven gehe.« Und tatsächlich hatte Kyle eigentlich gar nichts angestellt. Sein Problem war, dass er der Sohn eines Vaters war, der offensichtlich mit dem Tod seines eigenen Vaters nicht zurechtkam. Vor der zweiten Sitzung hatte Alyce ihre Schwägerin angerufen und sie gefragt, warum Carl den Tod seines Vaters so schwernahm. Sie erfuhr, dass Carls Vater seinen Sohn ständig kritisiert hatte. Er sei eigentlich ein gutes Kind gewesen, erzählte die Schwägerin, doch ihr Vater habe ihn nie gelobt. Stattdessen hielt er Carl jeden Fehler, den er machte, unbarmherzig vor und sagte ihm ständig, wenn er sich nicht mehr anstrenge, würde er es nie zu etwas bringen. Die Beziehung war für Carl so schlimm gewesen, dass er später jeden Kontakt abbrach. Bevor sein Vater starb, hatte Carl seiner Frau tatsächlich nicht einmal von ihm erzählt.

»Kann es sein, dass Carl seinen Schmerz über seinen eigenen Vater auf Kyle ablädt?«, fragte mich Alyce.

»Ja, das sieht ganz so aus. Glauben Sie, Sie können mit Carl darüber sprechen?«, antwortete ich.

Alyce fuhr nach Hause und redete mit Carl. Später erzählte sie mir, sie habe ihn ganz vorsichtig gefragt, wie es ihm nach dem Tod seines Vaters jetzt gehe, und ihm angeboten, er könne jederzeit mit ihr darüber reden. Klugerweise sprach Alyce Carl nicht darauf an, wie schlecht er Kyle gerade behandelte, sondern signalisierte, dass sie den Schmerz ihres Mannes durchaus verstand. Als sie dann vorsichtig nachhakte, kam sie dahinter, dass Carl sich furchtbar schuldig fühlte. Er hatte seinen Vater wirklich leidenschaftlich gehasst. Das hatte er Alyce nie gesagt, aber jetzt hielt er damit nicht länger hinter dem Berg. Als sein Vater starb, fühlte sich Carl schuldig, weil er nie versucht hatte, sich mit seinem Vater zu versöhnen oder nett zu ihm zu sein. Auch finanziell war er seinem Vater nicht beigesprungen, obwohl er fand, er hätte es tun sollen.

In den nächsten Wochen hörte Alyce ihrem Mann einfach zu. Doch sie sagte ihm auch, wie sehr Kyle im Moment litt. Auch er brauchte seinen Vater. Er brauchte keine besseren Lehrer, andere Freunde oder eine andere Sportart. Er brauchte einzig und allein seinen Vater. Sobald Carl merkte, dass er seinen Zorn auf sich selbst und seinen Vater an Kyle ausgelassen hatte, suchte er das Gespräch mit seinem Sohn, um ihm das zu erklären.

Den Rest der Geschichte können Sie sich vermutlich denken. Kyles Noten besserten sich. Sein Verhalten wandelte sich fast über Nacht, seine Niedergeschlagenheit verflog. Manchmal ist die Antwort auf die Probleme unserer Kinder offensichtlich, aber wenn wir die Augen nicht offen halten, übersehen wir sie. Und das Schönste ist: Manchmal sind die Probleme einfacher zu lösen, als wir glauben. Kyle brauchte keinen Psychologen oder Sozialpädagogen. Er wollte nur einfach seinen Vater wiederhaben. Und seine Mutter sorgte dafür, dass er genau den bekam.

Es gibt vieles, was sich zwischen Väter und Söhne schieben kann. Manchmal erkennt keiner der Beteiligten den Grund für die plötzliche Entfremdung. In Alyces Fall war das anders. Manchmal sehen wir Mütter einfach Dinge, die Väter nicht bemerken. Und dazu braucht es keinen Doktortitel in Psychologie, sondern einfach nur eine gewisse Offenheit. Doch das ist das Schwierigste. Denn normalerweise neigen wir dazu, unserem Partner die Schuld zu geben, statt einfach mal darüber nachzudenken, was unserem Sohn jetzt am meisten helfen würde. Wir wollen, dass unser Partner sich *ändert,* damit unser Leben besser wird. Aber wir sollten uns nicht darauf versteifen, weil es nicht wahrscheinlich ist, dass das passiert. Wenn es um unseren Sohn geht, sollten dessen Bedürfnisse an erster Stelle stehen. Dazu aber müssen wir die Beziehung zu seinem Vater stärken. Wenn dies unser oberstes Ziel ist, dann wird das Leben für alle angenehmer. Und was können wir nun konkret dafür tun?

Was wir Mütter tun müssen

Binden Sie die Familie ein

Sobald unser Kind auf der Welt ist, senden wir eine Botschaft aus, nach der wir uns und unser Leben auch selbst richten: Wir sind die einzige Quelle alles Guten, das unser Kind im Leben erfährt. Aber ist es denn wirklich so klug zu glauben, dass Sie keine gute Mutter sind, wenn Sie – sagen wir mal – nicht mindestens ein Jahr lang stillen? Wir hören von Freunden und wohlmeinenden Ärzten immer wieder, dass die beste Mutter die ist, die ihrem Kind alles gibt, immer und überall. Wenn es schreit, nehmen wir Mütter es auf den Arm. Schließlich wollen wir ja alle emotionalen Bedürfnisse des Kleinen befriedigen. Wenn das Söhnchen dann zwei Jahre ist, dürfen wir nicht Nein sagen, wenn es unsinnige Wünsche äußert, sondern müssen seine Interessen so umdirigieren, dass es nichts Negatives von unseren Lippen kommen hört. Wir müssen sein Selbstbewusstsein stärken, leckere Bio-Mahlzeiten (ohne Fertignahrung selbstverständlich) zubereiten und sicherstellen, dass unser Kleiner schon in der zweiten Klasse in die Lese-Exzellenzgruppe kommt. (Wenn nicht, braucht er einen erstklassigen Nachhilfelehrer.) Wir nehmen einen zusätzlichen Job an, damit wir seine teuren Sneakers und Jeans bezahlen können. Wir sind die coole Mom, die ihr Haus allen Teenies öffnet, die darin abhängen wollen. Und wir sind sehr darum bemüht, zu unserem Kind ein erstklassiges Verhältnis zu haben. Immer. Und überall. Wir sind die Happy-Sunshine-Truppe und tun das Menschenmögliche, um unser Kind bei guter Laune zu halten. Wenn ein Auslandsjahr hilfreich für den Sprössling ist, dann finanzieren wir das. Eine neue Sportausrüstung, weil er ausprobieren möchte, ob er damit nicht doch besser ist als mit der alten? Kein Problem.

Wenn Ihnen all das übertrieben vorkommt, dann hat das einen einfachen Grund: weil es genau das ist. Wir wollen unsere Kinder unbedingt glücklich machen und sind auf diesen irren Zug aufgesprungen. Ich verstehe das. Schließlich habe ich es genauso gemacht. Aber ich bin es allmählich leid. Und ich wette, Sie auch. Es wird Zeit, dass wir Mütter merken, dass wir nicht alles *tun*, alles *kaufen* können. Und dass die einzige Zutat zum Leben unseres Kindes, die genauso wichtig ist wie wir selbst, sein Vater ist.

Wir sollten uns klarmachen, dass unser Sohn Teil der Familie ist. Er gehört nicht nur seiner Mutter, sondern auch anderen Menschen – seinem Vater, seinen Großeltern, seinen Onkeln und Tanten, seinen Cousins, Cousinen und Geschwistern. Er braucht sie anders, als er seine Mutter braucht, doch sind sie deshalb nicht weniger wichtig. Wenn wir unsere Mutterrolle so anlegen, als wären alle anderen uninteressant, dann sichern wir uns quasi die Exklusivrechte. Unbewusst berauben wir unseren Sohn dadurch jedoch einer wichtigen Quelle von Liebe und Unterstützung. Damit nehmen wir ihm etwas. Wenn wir einen anderen Blickwinkel einnehmen und andere mit einbeziehen, steht er auf der Gewinnerseite. Und wir auch.

Was heißt es nun, die Familie mit einzubeziehen? Betrachten wir einmal das erste Lebensjahr Ihres Sohnes. Sie haben sich entweder fürs Stillen entschieden, oder Sie pumpen ab oder Sie geben ihm die Flasche. So kann Ihr Mann tagsüber oder nachts beim Füttern helfen. Auf diese Weise haben Vater und Mutter Gelegenheit, ein inniges Band zu knüpfen. Sie können ja vielleicht auch Ihre Arbeitszeiten ändern, damit Sie sich mit Ihrem Mann in der Kinderbetreuung abwechseln können. Dann verbringt Ihr Mann mehr Zeit mit dem Kind, während Sie in der Arbeit sind. Wenn Sie ein bisschen Zeit für sich brauchen, lässt sich das auch regeln. Lassen Sie die beiden doch mal einen Abend allein. Gerade wenn es um wichtige Entscheidungen geht, sollten Sie die Hilfe anderer nicht ablehnen, nur weil Sie glauben, Sie wüssten alles besser, was »Ihr« Kind betrifft.

Anders gesagt: Andere mit einzubeziehen heißt vor allem, die Kontrolle über das Leben unseres Sohnes abzugeben. Es heißt, dass wir akzeptieren müssen, dass die Dinge nicht immer so laufen, wie wir uns das vorstellen. Und dass wir anderen – vor allem seinem Vater – zutrauen müssen, alles genauso gut zu machen wie wir. Viele Mütter behaupten ja, sie wünschten sich nichts anderes. Aber ihre Körpersprache verrät sie. Mir ging es da nicht anders. Ich verlangte von meinem Mann, dass er mehr Zeit mit den Kindern verbringen müsse, und zwar in einer Form, die ihm mit Sicherheit das Gefühl gab, seinen Anteil an der Kindererziehung nicht zu erbringen. Wenn er dann die Kinder auf einen Ausflug mitnehmen wollte, maulte ich, dass man sie so angezogen schließlich nicht aus dem Haus lassen könne. Ich meckerte über alles und jedes an seinem Plan. Da er nicht streitbar veranlagt ist, schüttelte er nur einfach den Kopf und gab auf. Ich lernte dabei vor allem eines: Ich wollte zwar, dass er mehr mit den Kindern unternahm, doch ich benahm mich, als wüsste ich als Einzige, wie man mit ihnen umzugehen hatte. Warum also sollte er da noch versuchen, auf meine Wünsche einzugehen?

Es mag sein, dass dies eine Verallgemeinerung ist, aber ich glaube, Frauen sind herrischer als Männer. Und sie sind die größeren Kontrollfreaks. Die meisten von uns wollen, dass alles perfekt ist. Wir müssen also lernen, dass unsere Methode nicht immer die beste ist. Manchmal verstecken wir uns hinter dem Schutzschild der guten Mutter, weil wir uns bedroht fühlen. Wir befürchten, dass wir unseren Sohn verlieren, wenn er sich seinem Vater mehr anschließt. Wir fühlen uns von dem Band, das die beiden eint, ausgeschlossen. Aber alles, was passiert, wenn Ihr Sohn eine bessere Beziehung zu seinem Vater entwickelt, ist, dass er auch eine bessere Beziehung zu Ihnen haben wird. Sie müssen nicht mit seinem Vater konkurrieren. Ihr Sohn ist Ihnen in Liebe verbunden. Seine Bindung an Sie fühlt sich ganz anders an als seine Liebe zu seinem Vater. Sie müssen sich also nicht bedroht fühlen. Wenn ein Junge eine gute Beziehung zu seinem Vater hat, dann kommt er besser mit dem Leben zurecht. Er ist glücklicher, und das verstärkt auch das Band zu Ihnen. Gibt ihm sein Vater das, was er braucht, dann wird Ihr Sohn nicht versuchen, diese Dinge von Ihnen zu bekommen. So sind Sie frei und müssen nur eines sein: seine Mutter.

Sie sollten wissen, dass er und Sie vom ersten Tag an eine einzigartige Bindung haben – sie bilden sozusagen eine Gemeinschaft. Sein Vater gehört zu dieser Gemeinschaft, und Ihr Sohn möchte, dass sie alle zusammengehören. Er will seinen Vater dabeihaben. Und völlig ungeachtet dessen, wie Sie zu ihm stehen, Ihrer aller Leben wird deutlich einfacher, wenn Sie Ihrem Sohn das ermöglichen.

Manchmal heißt, andere einzubeziehen, einfach auch nur, dass wir Mütter uns zurückziehen. Sorgen Sie dafür, dass die Meinung des Vaters Berücksichtigung findet, wenn es um Ihren Sohn geht. Ihr Sohn soll merken, dass Sie darauf Wert legen und die Meinung seines Vaters zu schätzen wissen.

Lehren Sie Ihren Sohn, sich an seinen Vater zu wenden

Viele gewissenhafte Mütter sabotieren die Beziehung ihres Jungen zu seinem Vater, weil sie dessen Rolle übernehmen. Ich habe an mir zum Beispiel häufig bemerkt, dass ich meinen Mann unterbreche, wenn er mit unserem Sohn über wichtige Themen spricht. Ich hörte, wie die beiden über etwas diskutierten, und war mit dem, was mein Mann sagte, nicht einverstanden. Husch, war ich da, drängte mich ins Gespräch, und meine ganze Haltung sagte meinem Mann nur eines: »Lass mich mal, ich mach das. Ich weiß es ohnehin besser als du.«

Haben Sie schon mal ein an sich gutes Gespräch zwischen Vater und Sohn unterbrochen? Oder wichtige Entscheidungen – zum Beispiel über seine künftige Schule – gleichsam an sich gerissen? Oder geglaubt, ohne Ihren

Rat könne Ihr Sohn keine Entscheidungen im Hinblick auf Mädchen, Alkohol oder Sex treffen? Natürlich sollten wir Mütter unseren Jungs beistehen. Das ist unsere Aufgabe. Doch manchmal unterminieren wir den Einfluss unseres Partners, weil wir alle Fragen unseres Sohnes beantworten und ständig für seine Bedürfnisse da sein wollen. Wenn wir möchten, dass unser Sohn eine engere Bindung an seinen Vater entwickelt, dann müssen wir unseren guten Rat halt einfach mal für uns behalten und ihn bitten, doch seinen Vater zu fragen. Damit schlagen wir drei Fliegen mit einer Klappe.

Erstens machen wir unserem Sohn klar, dass sein Vater wichtig ist. Er lernt, dass sein Dad gute Ratschläge auf Lager hat, denen er vertrauen kann. Dann sieht er zu seinem Vater auf, was dazu führt, dass er sich in seiner Haut auch wohler fühlt.

Zweitens reden die beiden miteinander. Wenn sie gemeinsam ein Problem durchgehen und sich darüber austauschen, verstärkt dies wiederum ihre Bindung und legt ein gutes Fundament für die Zukunft.

Drittens wird sich der Partner dadurch gebraucht fühlen. Wenn ein Vater merkt, dass sein Kind ihn braucht, füllt er seine Rolle besser aus, weil er mehr Vertrauen in seine Fähigkeiten als Vater entwickelt. Das gilt vor allem für Familien mit einer willensstarken Mutter. Viele Väter fühlen sich ihrer Rolle nicht gewachsen. Meiner Erfahrung nach verschmelzen Väter sozusagen mit der Tapete, wenn sie nicht sicher sind, ob sie das Richtige tun. Diese Art der Unsicherheit aber wird vom Sohn häufig als Interesselosigkeit oder mangelnde Zuneigung missdeutet. Und das ist ja wohl das Letzte, was Sie wollen.

Was aber tun, wenn der Vater nicht da ist? Viele Mütter haben in dieser Hinsicht keine Wahl: Sie müssen sich allein mit den Problemen ihrer Söhne auseinandersetzen. Wenn Ihr Sohn heranwächst und sich einen Vater wünscht, der ihm helfen soll, sagen Sie ihm: »Ich möchte wetten, jetzt hättest du gerne einen Vater, mit dem du reden kannst. Es tut mir wirklich leid, dass das nicht möglich ist.« Wenn Sie die Möglichkeit haben, einen netten Mann zu bitten, als Vertretung für seinen Vater einzuspringen, dann tun Sie das. Ihr Sohn wird Ihnen ewig dankbar sein. Wenn ein Onkel, Großvater, Pastor, Jugendgruppenleiter, Freund einen gefestigten Charakter zeigt, fragen Sie ihn, ob er nicht ein bisschen Zeit mit Ihrem Sohn verbringen könnte. Das kommt Ihnen vielleicht ein wenig merkwürdig vor, aber tun Sie es trotzdem. Viele Männer finden es toll, wenn man sie bittet, sich um Kinder zu kümmern. Dann spüren sie nämlich, dass Sie viel von ihnen halten, und fühlen sich anerkannt.

Ein bisschen Applaus schadet nicht

Viele Mütter geizen mit Beifall, wenn es um die Männer in ihrem Leben geht. Das ist kein Wunder: Wir Mütter sind müde, wir arbeiten viel, und wenn wir keine Hilfe haben, sind wir frustriert. Gerade alleinerziehende Mütter haben Tag für Tag das Gefühl, dass ihnen alles über den Kopf wächst. Arbeitende Mütter werden sauer, wenn der Ehemann nicht arbeitet oder zu viel arbeitet. Und umgekehrt. Wir sind sauer, traurig und angefressen – das ist normal. Bedauerlicherweise zahlen gerade die Menschen, die wir lieben, den Preis für unsere Frustration. Unsere Kollegen brüllen wir nicht an, wir schreien stattdessen mit den Kindern. Wir kritisieren nicht etwa unsere Freundin, weil sie uns warten lässt, sondern unseren Mann, weil er zum Essen zu spät kommt. Unsere Lieben müssen nun mal mit unseren guten *und* unseren schlechten Seiten zurechtkommen, denn zu Hause sind wir ganz wir selbst.

Viele Mütter geben sich wirklich Mühe, ihren Frust nicht an den Kindern auszulassen. Ja, gelegentlich verlieren sie auch die Geduld, doch sie versuchen wenigstens, sich am Riemen zu reißen. Mit den Partnern ist das schon etwas anderes. Die vergessen, den Klodeckel zuzuklappen. Sie baden die Kinder nicht regelmäßig. Oder überhaupt nicht. Sie übernehmen keine ehrenamtlichen Aufgaben in der Schule. Sie machen weniger Hausarbeit als wir Mütter. Und so weiter und so fort. Erschöpfte Frauen beschweren sich quasi mit jedem Atemzug. Das Einhacken auf Ehemänner ist geradezu zum Nationalsport geworden. Wie viele Internetwitze über faule, dumme oder betrunkene Männer gibt es? Oder versuchen Sie mal, eine halbwegs nette Karte zum Vatertag zu finden. Davon gibt es nämlich nur zwei Typen: die mit Blümchen und verquasten Sprüchen über perfekte Väter. Und die mit dicken Couch-Potatoes, die von der Fernbedienung nicht wegkommen und ständig *Sportschau* gucken. Diese Stereotypen färben natürlich auch auf unsere Söhne und ihr Vaterbild ab.

Fragen Sie sich einmal, wie Sie derartige Witze über uns Mütter finden würden. Zum Beispiel auf Muttertagskarten: Frauen, die dauernd shoppen gehen, ständig am Telefon hängen oder dümmliche Fernsehshows sehen. Also ich wäre sauer!

Lob statt Kritik für unsere Männer macht auch uns Frauen glücklich. Versuchen Sie's mal. Wenn Sie Positives sagen, werden Sie sich auch positiv fühlen. Wie wär's mit einer Wette mit sich selbst? Sie versuchen es zwei Wochen lang und achten darauf, ob das Zusammenleben dann besser klappt. Sobald Sie wieder ein kritisches Wort über Ihren Partner auf der

Zunge haben, halten Sie inne. Sagen Sie stattdessen etwas Nettes zu ihm. Überlegen Sie sich ein paar Komplimente. Und wenn Sie echt Ärger mit ihm haben, reden Sie mit einer Freundin. Ich kann Ihnen garantieren: Mit der Zeit werden die Komplimente an Ihren Partner ihn auch zu einem besseren Vater machen.

Deirdres Leben hat sich mit dieser Methode jedenfalls von Grund auf gewandelt. Sie war fünfzehn Jahre verheiratet, hatte drei Kinder und einen Vollzeitjob als Briefträgerin. Sie war Anfang vierzig und mit ihrem Leben zutiefst unglücklich. Tagsüber träumte sie von einer Scheidung. Manchmal stellte sie sich vor, wie sie ein Flugticket kaufte und ins sonnige Kalifornien abrauschte, um dort alleine zu leben. Bei diesem Gedanken fühlte sie sich auch zutiefst schuldig.

Eines Tages sprachen wir über ihre Depressionen, und ich fragte sie nach ihrem Mann und ihren Kindern. »Es geht allen prima. Die Kinder haben gute Noten, sind im Sport gut, und mein Mann hat einen guten Job. Aber das Leben zu Hause interessiert ihn halt gar nicht. Weißt du, was ich meine?«

»Natürlich«, antwortete ich. »Was macht ihr denn am Wochenende so miteinander? Habt ihr Zeit, um etwas gemeinsam zu unternehmen?«

»Das ist es ja!«, stöhnte sie. »Matt steht schon in aller Frühe auf, weil er mit seinen Freunden fischen gehen will. Er ist wirklich total egoistisch. Und ich kann sehen, wie ich die Kinder zum Fußball, zu Freunden oder sonst wohin bringe.« Deirdre klang, als würde ihr allmählich die Energie ausgehen.

»Bist du Matt gegenüber verbittert?«, hakte ich nach.

»Verbittert? Darüber bin ich längst hinaus. Wir haben so oft über seine Fischerei gestritten, dass er mir nicht einmal mehr zuhört. Anschreien funktioniert nicht. Drohungen, ihn zu verlassen, bewirken gar nichts. Ich habe sogar die Kinder gebeten, mit ihm darüber zu reden und ihn zu bitten, am Wochenende mit ihnen etwas zu unternehmen.«

Ich mochte Deirdre. Sie war eine schwer arbeitende Frau und eine gute Mutter, die wohl das Gefühl hatte, in einer Sackgasse zu stecken. Ich kannte Matt auch und fragte mich, warum in aller Welt er sich so selbstsüchtig verhielt. Warum ließ ein Mann jeden Samstag seine Familie allein, um den ganzen Tag fischen zu gehen, und kümmerte sich kein bisschen um seine Kinder? War er in Wirklichkeit ein Ignorant?

Wir tranken unseren Kaffee aus, und ich schlug Deirdre vor, etwas gegen ihre Depression zu unternehmen. Sie war tatsächlich in einer Abwärtsspirale gefangen, die sich noch verschlimmern würde, wenn sie jetzt nicht das Steuer herumriss.

»Ich hätte dir da einen Handel vorzuschlagen«, sagte ich. »Du hast Depressionen. Ich kenne dich jetzt schon recht lange, und du hast mir dein Leben noch nie so negativ geschildert, ob es nun um die Kinder geht, um dich selbst oder um Matt. Du hast allerhand Gutes in deinem Leben geschafft, aber im Moment kannst du das wohl nicht sehen. Ja, dein Mann verhält sich unglaublich selbstsüchtig, aber das kannst du im Augenblick sowieso nicht ändern. Du brauchst Hilfe. Ich kenne einige gute Psychologen, die dir helfen können, einen Ausweg zu finden. Du kannst auch eine Zeit lang Medikamente nehmen, die deine Stimmung aufbessern. Bis diese Maßnahmen greifen, würde ich dir vorschlagen, dass du dich jeden Tag auf das konzentrierst, was an deinem Leben schön ist. So kommst du besser durch den Tag. Mach eine Liste. Schreib diese Dinge auf. Zum Beispiel: ›Meine Kinder sind in der Schule gut.‹ ›Ich habe ein schönes Heim.‹ ›Mein Hund liebt mich.‹«

Deirdre kicherte, aber sie hatte verstanden, was ich meinte. Als sie an jenem Tag die Praxis verließ, sollte ich sie für einige Monate nicht mehr sehen. Wir hatten einfach diese Art von Beziehung, die sich über Zeit und Raum erstreckte. Wir mussten uns nicht jeden Tag oder jede Woche unterhalten. Einige Monate später griffen wir das Gespräch dort auf, wo wir letztes Mal aufgehört hatten.

»Ich finde, meine Depressionen haben sich enorm gebessert«, sagte sie. Wir kamen immer gleich zur Sache, ohne groß herumzureden.

»Toll«, meinte ich. »Wie kam das denn?«

»Ich habe deinen Rat befolgt und bin zum Psychologen gegangen. Ich habe mir von meinem Arzt auch Medikamente verschreiben lassen. Das war alles gut, aber die erstaunlichste Wandlung ging mit Matt vor sich. Ich glaube, er hat einfach gesehen, dass ich nicht mehr konnte. Ich habe aufgeschrieben, wofür ich dankbar bin, weil ich sehen wollte, ob es funktioniert. Dann bin ich einen Schritt weitergegangen. Ich habe versucht, etwas Positives an Matt zu finden und ihm das jeden Tag zu sagen. Oder jeden zweiten. Ich habe ihm zum Beispiel gesagt, dass er ein guter Zuhörer ist (wenn er mal zuhört, aber den Teil habe ich dann doch weggelassen). Vor allem bei den Kindern. Ich sagte ihm, dass wir ihn gerne bei uns gehabt hätten, als wir am Samstag nach dem Fußballspiel miteinander Eis essen waren. Ich habe das wirklich so gemeint – und es nicht gesagt, damit er sich schuldig fühlt. Und er schien nach Ablauf einer Woche tatsächlich darauf zu reagieren, also habe ich weitergemacht, immer noch eine Woche und noch eine.«

Deirdre schenkte Matt Anerkennung. Sie lobte ihn, obwohl sie auf ihn wütend und verbittert war, weil er jedes Wochenende seiner Wege ging. Ich konnte so viel Selbstdisziplin nur bewundern.

»Das muss ganz schön schwierig gewesen sein«, sagte ich. »Wenn man so sauer und fertig ist, noch nette Dinge zu sagen. Obwohl es dich so genervt hat, dass er nie zu Hause war.«

»Ja, es war richtig anstrengend. Aber das Gute war, dass ich nichts zu verlieren hatte. Ich hatte es ja mit Streiten probiert, aber da ging er nur noch öfter zum Fischen. Also versuchte ich, mir seine positiven Qualitäten klarzumachen. Er ist ein netter Mensch. Er hat Geduld mit den Kindern, und wenn er mit ihnen zusammen ist, ist er wirklich ein großartiger Vater. Also sagte ich ihm das. Und als ich einmal damit angefangen hatte, fand ich es gar nicht mehr so schwierig. Und ich mochte ihn auch wieder lieber. Kannst du dir das vorstellen?«

»Ja, natürlich.«

»So ging es uns allmählich wieder besser. Und du wirst es nicht glauben: Sechs Wochen später standen wir am Samstagmorgen auf, und Matt war noch da. Er war in der Garage und bastelte an seinem Wagen herum. Als eines der Kinder fragte, warum er nicht beim Fischen sei, antwortete er: ›Ach, mir war heute nicht danach.‹ Und um die Wahrheit zu sagen: Er ging mir total auf die Nerven. Ich war so daran gewöhnt, dass er samstags weg war, dass mir die Umstellung Schwierigkeiten machte! Anfangs ertappte ich mich sogar bei dem Gedanken: ›Was will er denn zu Hause, an *unserem* Samstag?‹«

Wenn wir verändern, was wir sagen, verändern wir unser Empfinden. Aber das ist noch nicht alles: Wir können damit tatsächlich das Verhalten anderer ändern. Ich möchte wetten, wenn wir Matts Geschichte kennen würden, würden wir schnell herausfinden, dass er gar nicht fischen ging, weil er ein selbstsüchtiger Ignorant war. Vielleicht hatte er nur das Gefühl, nicht willkommen zu sein oder nicht gebraucht zu werden. Ich weiß es nicht. Aber ich weiß, dass Deirdre ihre Beziehung zu Matt und die der Kinder zu ihrem Vater verbesserte, indem sie diese einfache, aber schwer durchzuführende Änderung vornahm: Sie konzentrierte sich auf die positiven Dinge in ihrem Leben und fing an, ihren Mann regelmäßig zu loben.

Wenn wir den Vätern unserer Söhne Beifall zollen, verwandelt sie das. Männer, die sich bestärkt fühlen, sind bessere Väter als solche, die bei jeder Gelegenheit Kritik ernten. Ja, natürlich sind wir Frauen die besseren Kommunikatoren. Die Frage ist nur, *wie* wir mit unseren Familienmitgliedern kommunizieren. Es ist eines der schönsten Geschenke, die wir unseren Söhnen machen können, wenn wir ihre Väter loben. Ein glücklicher Vater macht einen glücklichen Sohn, und das ist schließlich unser Ziel als Mutter.

Viele Mütter allerdings ziehen ihre Kinder unter erschwerten Bedingungen groß. Nicht wenige erziehen ihre Kinder ganz alleine. Andere haben sich von ihrem Partner getrennt und erfahren keinerlei Unterstützung von seiner Seite. Manche Mütter sind auch mit dem Lebensstil ihres Expartners nicht einverstanden und wollen nicht, dass ihr Sohn mitbekommt, wie dieser trinkt und eine Frau nach der anderen aufgabelt. Andere Mütter müssen ihre Söhne vor prügelnden Ehemännern schützen. Es ist manchmal nicht leicht, den Sohn vor schlechtem Einfluss zu bewahren. Daher finden Sie im Folgenden eine Reihe von Tipps für schwierige Situationen wie die genannten.

Tipps für alleinerziehende Mütter

Viele Mütter haben mit den Vätern ihrer Söhne schwerwiegende Probleme. Vielleicht ist ihr Partner ja nicht greifbar oder er ist zwar da, übt aber keinen guten Einfluss auf den Sohn aus. Wenn dies der Fall sein sollte, sollten sich diese Mütter ein Herz fassen. Sie sind nicht alleine, und es gibt verschiedene Möglichkeiten, wie sie ihrem Sohn wirklich helfen können. Was zum Beispiel können sie tun, wenn der Vater des Jungen nicht verfügbar ist?

Machen Sie nicht alles allein!

Sind Sie alleinerziehend, versuchen Sie vermutlich, Ihrem Sohn beides zu sein – Vater und Mutter. Hören Sie auf damit. Sie können ohnehin nur eine gute Mutter sein. Das reicht schon, damit Ihr Sohn sich prächtig entwickelt. Viele große Männer wurden nur von ihrer Mutter erzogen. Sie sollten einfach akzeptieren, dass Sie nicht alles sein können. Und ganz gleichgültig, wie gut Sie als Mutter sind: Ihr Sohn braucht auch eine gesunde Beziehung zu einem Mann. Seine Kumpel zählen da nicht. Er braucht erwachsene Männer, die er live beobachten kann. Das kann ein Großvater sein, ein Onkel, Trainer, Pfarrer oder Lehrer, dem Sie vertrauen.

Stellen Sie sicher, dass Sie den Mann gut kennen, bevor Sie ihn um Hilfe bitten, denn Sie wollen ja nicht, dass Ihr Sohn Zeit mit jemandem verbringt, der ihm schadet. Und dann suchen Sie nach Möglichkeiten, was

Ihr Sohn mit diesem Mann unternehmen kann. Laden Sie ihn zum Essen ein. Fragen Sie ihn, ob er Ihren Sohn zum Zelten mitnimmt oder zu anderen Dingen, die beide mögen. Danach sollten Sie mit Ihrem Sohn über diesen Mann reden. Halten Sie das Bild dieses Mannes im Kopf Ihres Sohnes lebendig. Wenn es Schwierigkeiten gibt, fragen Sie Ihren Sohn, was dieser Mann jetzt wohl tun würde. Was würde er sagen? Wie würde er entscheiden, was am besten ist? So helfen Sie Ihrem Sohn, ein Männerbild zu formen, in dem Integrität, Mut, Güte und Entschlossenheit die Hauptrolle spielen (oder andere Qualitäten, die Sie einem »richtigen« Mann zuschreiben). Auf dieses Bild kann er als Heranwachsender stets zurückgreifen.

Viele alleinerziehende Mütter fühlen sich ihrem Sohn gegenüber schuldig, weil es keinen Mann in seinem Leben gibt. Ist das auch bei Ihnen der Fall, sollten Sie Ihr Bestes tun, damit Ihr Sohn Umgang mit einem Mann hat, den Sie respektieren. Finden Sie in Ihrem unmittelbaren Umfeld niemanden, der infrage kommt, dann denken Sie daran, dass Ihr Sohn trotzdem Männer braucht, zu denen er aufschauen kann. Jungs sind visuelle Geschöpfe, sie brauchen ein geistiges Bild von dem Mann, den sie bewundern. Wenn er sich mit seiner Vorstellung begnügen muss, dann helfen Sie ihm dabei, eine solche zu schaffen. Fragen Sie ihn, wie ein kluger Mann wohl diese oder jene Entscheidung treffen würde, was ein geduldiger oder ein mutiger Mann in dieser oder jener Situation tun würde. Lädt einer seiner Freunde ihn zu einer Party ein, bei der getrunken wird, und er weiß, dass er das nicht sollte, fragen Sie ihn, was ein mutiger Mann jetzt wohl sagen würde. Wenn seine Freundin mit ihm Schluss macht, fragen Sie ihn, was ein Mann wohl tun würde, der anderen vergeben kann. Auf diese Weise werden Sie bald immer mehr Gelegenheiten finden, Ihrem Sohn ein starkes Männerbild zu vermitteln.

Sie können dieses Spiel auch mit einem seiner Vorbilder durchexerzieren. Bewundert er zum Beispiel einen bestimmten Politiker oder eine Gestalt aus einem Film bzw. Roman, dann fragen Sie ihn, wie diese Figur jetzt reagieren würde. Aber Vorsicht! Viele Jungs sehen zu Männern auf, die Sie als Mutter nicht unbedingt als gutes Vorbild bezeichnen würden. Sie verehren Schauspieler, Sportler oder Musiker, die oft keinen Respekt verdienen. Also ermuntern Sie Ihren Sohn nicht, deren Beispiel zu folgen. Wenn er es trotzdem tut (was wahrscheinlich ist), dann bringen Sie die Sprache auch mal auf andere Männer, die charakterlich mehr zu bieten haben, ohne dabei sein Idol zu kritisieren. Erwähnen Sie nur gelegentlich mal andere Männer, die Bewundernswertes leisten.

Achten Sie darauf, wie Sie über seinen Vater reden!

Und über Männer im Allgemeinen. Viele Mütter, die von Ihrem Partner verlassen wurden, stehen der Männerwelt nicht gerade positiv gegenüber. Das ist nur natürlich. Aber vergessen Sie nicht, dass Ihr Sohn Ihre Gedanken und Gefühle verinnerlicht. Wenn er Sie immer wieder negativ über seinen Vater und andere Männer reden hört, wird er ein negatives Männerbild entwickeln. Und das hat Einfluss auf seine eigene Männlichkeit, was zu seelischen Problemen führen kann. Wenn Sie also gerade eine richtige Wut auf Männer haben, dann machen Sie ihr nicht gerade vor Ihrem Sohn Luft.

Akzeptieren Sie, dass Ihr Sohn seinen Vater braucht

Eines der schlimmsten Dinge, die man als alleinerziehende Mutter einem Sohn antun kann, ist, ihm einzureden, dass er nur seine Mutter braucht und sonst nichts. Denn er merkt schnell, dass er sich tief drin nach der Zuneigung seines Vaters sehnt, und wird sich automatisch fragen, ob mit ihm etwas nicht stimmt. Mütter sind Erwachsene. In den Augen unseres Sohnes haben wir also immer recht. Wenn wir ihm signalisieren, dass er außer uns nichts braucht und prima ohne Vater zurechtkommt, sagen wir ihm im Grunde, dass sein Wunsch nach der väterlichen Liebe Blödsinn und obendrein falsch ist.

Sagen Sie Ihrem Sohn vielmehr, dass Sie seinen Wunsch verstehen. Sagen Sie ihm, es täte Ihnen leid, dass sein Vater nicht für ihn da sein kann. Reden Sie mit ihm darüber, wie es wäre, wenn jetzt sein Vater dabei wäre. Haben Sie keine Angst, seine tieferen Bedürfnisse ans Tageslicht zu bringen. Nur so können Sie ihm helfen, sich diesen Bedürfnissen zu stellen und sie heilen zu lassen. Wenn er seine Gefühle und Neigungen vor sich verbirgt, macht ihn das krank, das kann im späteren Leben zu Depressionen führen. Wenn Sie eine außerordentliche Mutter sein wollen, müssen Sie Ihrem Sohn helfen, seine Bedürfnisse zu verstehen und anzuerkennen. Müssen sie unerfüllt bleiben, helfen Sie ihm, über seine Trauer hinwegzukommen. Und Sie können ihm zu der Einsicht verhelfen, dass sein Vater vielleicht für ihn nicht verfügbar ist, aber dass er doch väterliche Freunde hat: Onkel Michael zum Beispiel, seinen Pastor oder seinen Trainer. Sagen Sie ihm, dass diese Männer zwar nicht sein Vater sind und diesen auch nicht ersetzen können, dass sie ihn aber trotzdem lieben und schätzen.

Tipps für Mütter, deren Partner einen schlechten Einfluss ausüben

Achten Sie darauf, welche Schlachten Sie schlagen wollen

Mütter, die ihren Sohn zusammen mit einem Mann erziehen, dessen Verhalten sie nicht billigen, haben es schwer. Einige Dinge aber können sie doch tun, damit es besser läuft. Eine meiner besten Freundinnen hat sich von ihrem Mann getrennt. Der gemeinsame Sohn lebt bei ihr, der Vater hat ebenfalls das Sorgerecht. Der Vater spielt und hat öfter seine jeweiligen Freundinnen bei sich, wenn der Sohn bei ihm übernachtet. Also hat meine Freundin versucht, sich mit ihrem ehemaligen Partner zu einigen. Sie beschloss für sich, in Güte mit ihrem Exmann auszuhandeln, was er dem gemeinsamen Sohn zumutet, wenn er bei ihm ist. Bei einem Gespräch mit ihm fragte sie ihn dann, ob er bestimmte Wünsche habe, wie sie mit ihrem Sohn umgehen solle, wenn er bei ihr sei. Da sie ohnehin keinen Einfluss darauf hatte, wie sich sein Vater verhielt, wenn sein Sohn bei ihm war, setzte sie auf das Bedürfnis ihres früheren Partners, sich von seinem Sohn respektiert zu sehen. Als ihr Exmann tatsächlich diesen Wunsch äußerte, meinte sie, sie würde ihren Sohn dahingehend bestärken, wenn er seinerseits etwas für *sie* tun würde. Sie bat ihn, seine Freundinnen anderswo übernachten zu lassen, während der Sohn sich bei ihm aufhielt, und in dieser Zeit auch nicht ins Casino zu gehen.

Da sie ihrem Exmann zu verstehen gegeben hatte, dass es durchaus legitime Wünsche seinerseits gab, die er an sie als Mutter seines Sohnes hatte, ging er auch auf ihre Wünsche ein.

Es kann das Leben sehr viel einfacher machen, wenn Sie auf diese respektvolle Weise miteinander umgehen. Und für die Kinder, die bei Scheidungen zwischen die Fronten geraten, bedeutet es auf jeden Fall weniger Stress. Daher ist eine der wichtigsten Regeln in diesem Fall, sich gut zu überlegen, wofür Sie in den Ring steigen wollen. Stellen Sie eine Liste von drei (in etwa) Forderungen auf, die Ihnen wichtig sind. Zum Beispiel: Sie hätten gerne, dass Ihr Expartner während der gemeinsamen Zeit mit Ihrem gemeinsamen Sohn aufs Trinken verzichtet, auf Frauenbesuch, der über Nacht bleibt, auf harsche Kritik an dem Jungen oder auf gemeinsame Casino-Besuche wie im Fall meiner Freundin. Um welche Forderungen es konkret geht, wissen Sie selbst am besten. Dann bitten Sie Ihren ehemaligen Partner, mit Ihnen diese Forderungen zu besprechen. Zeigen Sie ihm Ihre Liste und bieten Sie ihm an, Ihrerseits bestimmte Punkte im Umgang mit dem Jungen zu beachten, wenn er bei Ihnen ist. Zeigen Sie ihm, dass

Sie bereit sind, mit ihm zusammenzuarbeiten, weil Sie ihn als Vater Ihres Kindes respektieren.

Respektieren Sie das Bedürfnis Ihres Sohnes nach seinem abwesenden Vater

Ein Sohn kann einen Vater haben, der greifbar wäre, sich aber nicht um ihn kümmert. Oder er ist zwar da, aber lässt sich emotional auf nichts ein. Wie auch immer: Ihr Sohn muss wissen, dass Sie sein Bedürfnis nach Zuneigung vonseiten seines Vaters anerkennen, da er mit seinem Vater Zeit seines Lebens verbunden bleiben wird. Ganz egal, wie negativ sich sein Vater verhalten hat, der Sohn wird ihn immer vermissen. Selbst wenn er ihn hassen möchte, vielleicht weil er Sie schlecht behandelt hat, dann kann er das nicht, weil er seinen Vater einfach braucht. Möglicherweise wird er das, was er braucht, nie bekommen, aber er wird dieses Problem nicht lösen können, wenn er von Ihnen immer nur hört, dass sein Vater ein Versager ist. Oder wenn Ihre eigenen Gefühle es unmöglich machen, die Gefühle Ihres Sohnes zu akzeptieren.

Ihr Sohn weiß, was Ihr ehemaliger Partner getan hat (oder immer noch tut). Sie müssen ihm das nicht ständig vorbeten. Es wäre für ihn viel wichtiger, mit Ihnen über seine eigene Enttäuschung sprechen zu können. Wenn Sie ständig nur über *Ihre* Gefühle reden, geht er schnell in die Defensive. Dann wird er für seinen Vater kämpfen, statt Ihnen seine Wunden zu zeigen.

Wenn Ihr Expartner Probleme macht, kritisieren Sie sein Verhalten, nicht seine Person

Das ist nicht leicht, doch Sie sollten sich darin üben. Ihr Sohn muss wissen, dass sich sein Vater vielleicht mies verhält, dass er aber deswegen nicht der letzte Mensch ist. Wenn negative Dinge passieren, reden Sie mit Ihrem Sohn darüber. Erklären Sie ihm, dass das Verhalten seines Vaters vollkommen unangemessen war, dass Ihr Sohn aber in keiner Weise dafür verantwortlich ist.

Wenn ein Vater Frau und Kinder verlässt und sich danach eine Reihe von Mädchen anlacht, die er mit nach Hause bringt, wird das Ihren Sohn vermutlich verstören. Das ist verständlich. Solche Verhaltensweisen passen zu einem Jugendlichen, nicht zu einem verantwortungsbewussten, erwachsenen Mann. Wenn Sie mit ihm über seinen Vater reden, wird er das Thema vermutlich ansprechen. Dann könnten Sie zum Beispiel sagen: »Was dein Vater im Moment tut, ist nicht gut. Es schadet ihm und dir genauso. Ich bin damit nicht einverstanden. Er ist im Grunde ein guter Kerl, aber was er da im Moment macht, ist nicht richtig.« Und dabei können Sie es dann belassen. Bekommt Ihr Sohn nämlich das Gefühl, dass Sie seinen Vater abstoßend finden, wird er anfangen, Entschuldigungen für Papas Verhalten zu finden. Es wäre wichtig, dass Ihr Sohn nie glaubt, seinen Vater verteidigen zu müssen. Dafür können Sie so einiges tun.

Unseren Söhnen zu helfen, großartige Männer zu werden, ist keine Aufgabe für Heulsusen. Glücklicherweise sind wir alles andere als das. Es braucht Mumm, Zähigkeit und eine ordentliche Portion Mutterwitz, um einen starken Mann zu erziehen. Andererseits ist das auch der spannende Teil daran, Mutter eines Sohnes zu sein. Daher ist es eines der mutigsten Dinge, die wir für unsere Söhne tun können, zu akzeptieren, dass sie ihren Vater (oder einen anderen guten Mann) brauchen. Und ihnen Gelegenheit zu geben, eine gute Beziehung zu ihm aufzubauen.

Kapitel 8

Sex im Kopf und was meine Mama dazu meint

Sie glauben, Sie könnten als Mutter die Entscheidungen, die Ihr Teenie-Sohn in puncto Sex trifft, nicht beeinflussen? Glauben Sie das wirklich? Was Sie über Sex denken und was Sie Ihrem Sohn diesbezüglich beibringen, ist wichtiger, als Sie glauben. Alle Mütter sollten sich eines bewusst machen: Wie Ihr Sohn Sexualität lebt, was er über sich denkt und wie er sich sieht, wird immer auch davon abhängen, was Sie denken und was Sie ihm gesagt haben. Die Heranbildung seiner sexuellen Identität und seine Ansichten darüber sind geprägt von dem, was Sie ihn über seinen Selbstwert und seine Männlichkeit gelehrt haben.

Unsere Jungen und ihre Sexualität

Die sexuelle Entwicklung eines Jungen ist ein komplizierter Prozess. Wir Mütter hätten gern, dass er ganz geradlinig verläuft, doch wie jede gesunde seelische Entwicklung ist die Entwicklung der männlichen Sexualität abhängig von den Genen, der Einstellung nahestehender Menschen, sozialem Druck, lebensweltlichen Erfahrungen (auch negativen wie Missbrauch) und vielen anderen Faktoren. Dr. Armand Nicholi, Professor für Medizin an der Harvard Medical School und ein sehr weiser Mann (der unter anderem das Buch *The Harvard Guide to Psychiatry* geschrieben hat), hat mir einmal gesagt, er glaube, die sexuelle Entwicklung von Menschen sei erst am Ende der Teenie-Jahre völlig abgeschlossen. Denn es handelt sich dabei um einen wunderschönen und vielschichtigen Prozess, der zahllose seelische Dimensionen mit einschließt. Wenn ich meine fünfundzwanzigjährige Erfahrung mit Jungen in der Pubertät Revue passieren lasse, kann ich Dr. Nicholis Einschätzung nur beipflichten.

Die sexuelle Identität eines Mannes definiert sich dadurch, wie er sich als sexuelles Wesen erlebt. Das ist nicht ganz dasselbe wie seine Identität als Mann, die ihn als Person definiert. Männer sehen sich als sexuelle Wesen, die Interesse an sexuellen Kontakten haben, die sie emotional, körperlich und intellektuell mit ihren Partnern verbinden. Zu ihrer umfassenderen Identität als Mann gehören die sexuelle Identität sowie die anderen Aspekte ihres Daseins. So kann sich ein Mann als Sohn seines Vaters sehen, als Ingenieur, als liebender Vater und treuer Ehemann. Innerhalb dieses Kontexts ist er ein Mann, der durch seine Sexualität eine tiefe Bindung zu seiner Frau hat. Nun stellen wir uns einmal vor, dass dieser Mann aus medizinischen Gründen keinen Sex mehr haben kann und keine sexuellen Gelüste mehr hat. Wäre seine Identität als Mann bedroht, weil er seine Sexualität beschädigt sieht? Nein. Seine Identität als Vater, Ehemann, Ingenieur et cetera würde ihm als Mann weiterhin einen Wert zusprechen.

Jungen beginnen in der Pubertät allmählich zu sehen, wer sie als Mann sind, auch wenn sich ihre Sexualität erst noch entwickelt. Die meisten Jungs kämpfen in den Teenagerjahren täglich damit, wer sie als sexuelles Wesen sind. Das ist der Lauf der Natur. Es ist nun mal nicht so, dass Ihr Junge eines Tages aufwacht und weiß, wo er sexuell steht. Wie die Identität Ihres Sohnes braucht auch seine Sexualität Zeit zur Entwicklung. Die Sexualität des Jungen ist verknüpft mit seiner Fähigkeit, anderen zu vertrauen, sie zu lieben, sich auszudrücken und sich selbst zu mögen. Und sie hat mit seinem Charakter zu tun: Ist er geduldig, wird er auch in der Sexualität Geduld haben. Ist er liebevoll, wird er sich auch beim Sex so verhalten. Hat er andererseits Probleme mit Wut, dann äußert sich dies auch in der Sexualität. Sein sexuelles Selbstvertrauen wird seine gesamte Persönlichkeit prägen. Wenn er sich mit seiner Sexualität gut fühlt, wird Ihr Sohn auch andere Dinge mit mehr Selbstsicherheit anpacken. Tatsächlich lassen sich charakterliche Aspekte und Sexualität kaum trennen. Wenn wir also prachtvolle Söhne erziehen wollen, geht das nur, wenn wir ihnen helfen, ein gesundes sexuelles Selbstvertrauen zu entwickeln. Die Frage ist nur: Wie schaffen wir das?

Zunächst einmal müssen wir akzeptieren, dass wir in unserer Rolle als Mütter – ob wir das nun wollen oder nicht – die Sexualität unseres Sohnes beeinflussen *werden*. Das passiert einfach, ob wir uns mit diesem Thema nun auseinandersetzen oder nicht. Daher bin ich der Meinung, wir sollten lernen, unseren Einfluss auf sinnvolle, positive Weise zu nutzen. Das Schöne ist: Es ist einfacher, als man denkt. Zunächst einmal wird es für uns leichter sein als für seinen Vater, denn unser Sohn wird seine Männlichkeit nie mit uns vergleichen. Wir sind Frauen, unsere Jungs werden uns nie als »Konkurrenz« empfinden, daher können sie unsere Meinung auch leichter akzeptieren. Dazu reicht es, dass wir seine Männlichkeit mögen, leiten, fordern und bestärken. Und das ist nicht mal so schwer.

Und das geht schon los, wenn unsere Jungen geboren werden. Sobald er in unsere Welt eintritt, wird er wissen, ob wir ihn lieben und akzeptieren oder ablehnen. Wenn wir ihn aufnehmen und er unsere Haut riecht, lernt er, dass dieser Geruch »Mama« heißt und ihn beruhigt. Der Geruch bedeutet Sicherheit, denn wenn er schreit, kommen wir. Immer. Als Kleinkind läuft er weg, weil er sehen will, ob wir ihm nachlaufen. Er verschwindet um die nächste Ecke und will, dass wir ihn rufen. Wenn wir das tun, fühlt er sich geliebt und läuft (je nach Temperament) weiter weg, um uns noch mal auf die Probe zu stellen. Oder er kommt zurück und lässt sich trösten. Alles, was er wissen will, ist, ob wir ihm auch genügend Aufmerksamkeit zollen. Passen wir auf ihn auf, lernt er, dass er ein Mensch ist, der es wert ist, dass man sich um ihn kümmert.

Kommt er dann schön langsam ins Grundschulalter, verändert sich seine Welt Tag für Tag. Er lernt, dass er nicht mehr mit uns auf die Damentoilette darf. Für viele Mütter ist dies ein schwieriger Moment. Als mein Sohn in der zweiten Klasse war, flogen wir nach Boston und mussten in Detroit zwischenlanden. Ich bat ihn, doch vorher noch im Flugzeug auf die Toilette zu gehen, aber er meinte, er müsse nicht. Natürlich stiegen wir in Detroit aus, und kurz darauf hieß es, er müsse mal. Wie es sich gehört, weigerte er sich, mit mir auf die Damentoilette zu gehen (obwohl ich ihm dafür fünf Dollar bot), und bestand darauf, die Herrentoilette zu benutzen. Ich schickte ein Stoßgebet zum Himmel und schärfte ihm genauestens ein, was er tun musste, wenn ein Fremder ihn ansprechen sollte. Zum ersten Mal in seinem Leben ging er allein auf die Herrentoilette. Das Blinklicht in seinen Sneakers zwinkerte mir gleichsam zu, als er verschwand. Ich postierte mich so nah am Eingang, wie die Schicklichkeit es erlaubte, und rief ihm nach: »Wie geht es denn?« Zehn Sekunden vergingen. »Brauchst du Hilfe?« Weitere zehn Sekunden. »Ähm, entschuldige, ich wollte nicht … Nimm dir nur Zeit.«

Das arme Kind. Es ist ein Wunder, dass er überhaupt pinkeln konnte. Als er wieder herauskam, machte ich ein strenges Gesicht und fragte ihn, ob er sich auch die Hände gewaschen habe. Er schüttelte den Kopf. Nun, jetzt hatte ich ein Problem. Sollte ich ihn zurückschicken und noch mal wie auf glühenden Kohlen warten? Ich fand ein Hygienetüchlein in meiner Tasche. Das musste für dieses Mal reichen.

Als er älter war, fragte ich meinen Sohn, ob er sich noch daran erinnere, wie nervös ich gewesen sei, als er das erste Mal allein die Herrentoilette benutzt hatte. Er meinte, daran würde er sich mit Sicherheit erinnern. In allen Einzelheiten. Er meinte, es wäre ihm wirklich peinlich gewesen, aber ich hätte ihm ja alles erklärt. Mittlerweile verstünde er, warum ich damals solche Ängste ausgestanden hatte. Hatte ich seiner Unabhängigkeit und Männlichkeit geschadet? Wohl nicht. Zumindest sagt er das jetzt. Und wir lachen gemeinsam darüber.

Die Männlichkeit unseres Sohnes wird nicht von dem einen Gespräch geprägt, bei dem wir ihm erklären, was wir für gut und richtig halten. Sie formt sich vielmehr im Kontext seiner Alltagserfahrungen. Wenn unsere Söhne sehen, wie wir unter den verschiedensten Umständen reagieren – ob wir sie zum Beispiel öffentliche Herrentoiletten benutzen lassen –, dann lernen sie daraus etwas über ihre Sexualität. Mit acht Jahren hatte mein Sohn schon den klaren Eindruck, dass er ein Junge war und nicht zu den Mädchen gehörte. Er benutzte ein Urinal. Toiletten waren für *Mädchen*. Er wollte sich von mir abnabeln, und ich vertraute seinem Sinn für Unabhängigkeit. Er wurde reifer und lernte, dass es gut war, anders zu sein als ich. Dadurch fühlte er sich stärker. Er wurde dadurch zum Jungen. Ich hatte bei seinem ersten (und einigen folgenden) Besuchen auf der Herrentoilette vielleicht ungeschickt reagiert, weil ich zuließ, dass meine Ängste stärker wurden als das Vertrauen in meinen Sohn. Doch mit der Zeit lernte ich, ihn einfach gehen zu lassen. Schließlich war alles in Ordnung mit ihm. Ich war die mit dem Problem. Nachdem ich gelernt hatte, das zu akzeptieren, lernte ich auch, mich damit abzufinden.

Während sie heranwachsen, durchlaufen unsere Söhne emotional und körperlich die verschiedensten Stadien. Wir müssen lernen, sie ihre eigenen Schritte in die Welt der Männer tun zu lassen. Ich weiß nicht, ob ich je eine Mutter kennengelernt habe, die damit keine Schwierigkeiten hatte, aber eines ist sicher: Wir müssen unsere Ängste beiseiteschieben und sie das tun lassen, was für sie am besten ist. Andernfalls signalisieren wir nämlich unseren Söhnen, dass männlich zu sein erschreckend und gefährlich ist. Diese Botschaft kann sich auch auf die Sexualität unserer Jungen schädlich auswirken. Wenn sie also ihre ersten Schritte in die männliche Welt tun, suchen wir uns am besten einen Platz in den Kulissen und begleiten ihren Weg, indem wir sie unterstützen, lieben und ihnen vertrauen.

Unsere Söhne im Kreuzfeuer der Medien

Natürlich hatte ich bei meinen Töchtern mehr Angst, dass in der Highschool etwas passieren könnte, als bei meinem Sohn. Ich zitterte, dass ein Mann ihnen etwas in den Drink kippen und sie vergewaltigen könnte. Ich hatte Ängste, man könnte sie belästigen oder bedrängen. Meine Töchter, die durchaus über ein selbstbewusstes Auftreten verfügen, schienen mir jedenfalls sehr viel gefährdeter zu sein als mein Sohn. Als er in die Highschool kam, fand ich schon seine Körpergröße von fast 1,90 Meter sehr beruhigend. Also entspannte ich mich. Aber ich war auf die Auswirkungen der zahllosen Botschaften nicht gefasst, mit denen junge Männer Tag für Tag bombardiert werden – und die häufig ihre Sexualität betreffen.

Nehmen wir nur mal die übersexualisierte und gewaltgeladene Bildsprache der Videospiele. Jungen im Teenageralter lieben diese Spiele. Die ständigen sexuellen Anspielungen sind schon schlimm genug, aber wenn sich Sex auch noch mit Gewalt paart, dann können Jungs daraus nur einen Schluss ziehen: dass es in Ordnung ist, Frauen schlecht zu behandeln. Nun argumentieren die meisten Jungs und auch manche Eltern damit, dass das nur Spiele seien. Dass sie schon wüssten, dass das nicht real sei, daher hätten die Spiele auf sie keinerlei Einfluss. Ich glaube nicht, dass das stimmt.

Jungs sind nun mal wie alle Männer visuell stark ansprechbar. Mädchen sehen weg, wenn sie sexuelle Bilder sehen, Jungs betrachten sie wie gebannt. Pornografie, aber auch bestimmte Filme und Videospiele für Erwachsene können Jungs so in ihren Bann schlagen, dass sie dazu fast ein Suchtverhältnis entwickeln. Leider sind sexuell aufgeladene visuelle Botschaften heute allgegenwärtig. Ob in der Fernsehwerbung oder in Videoclips, in Filmen oder im Internet – alles, was an den Mann gebracht werden soll, wird mit spärlich bekleideten Damen beworben. Für jeden Zwölfjährigen sind Pornofilmchen nur einen Mausklick entfernt. Häufig werden die Jungs süchtig, ohne es überhaupt zu merken.

Wenn ich Vorträge vor pubertierenden Jungs halte – was ich recht häufig tue –, sage ich ihnen frank und frei, wie sie ticken. Und dass sie mit Bildern dieser Art vorsichtig sein sollen. Erwachsene denken vielleicht, dass ein durchschnittlicher Siebzehnjähriger dabei nur mit den Augen rollt, aber weit gefehlt. Die meisten hören mir gerne zu, weil es nicht allzu viele Erwachsene gibt, die ihre Erfahrung mit Sex in den Medien ernst nehmen. Ich hingegen sage ihnen, warum Pornofilmchen sie anmachen. Ich sage ihnen, wie schnell man danach süchtig werden kann und welche Konsequenzen das für ihr reales Leben hat.

Ehe ich diesen Punkt abschließe, möchte ich Ihnen von einem interessanten Gespräch erzählen, das ich mit dem Kinderpsychologen Dr. James Dobson führte. Wir unterhielten uns über ein Interview, das er vor Jahren mit dem Serienmörder und Vergewaltiger Ted Bundy geführt hatte, der 1979 zum Tode verurteilt wurde. Vor dessen Hinrichtung sprach Dr. Dobson noch einmal mit ihm. Er erzählte mir, dass er nie vergessen würde, was Bundy über Pornografie gesagt hatte. Bundy sei überzeugt gewesen, dass seine Pornosucht der Anfang seiner krankhaft sadistischen Entwicklung gewesen sei.

Natürlich war Bundy eine offensichtlich abnorme Persönlichkeit. Machen Pornofilme unsere Jungs also zum Serienkiller? Nein. Doch sie können einen negativen Einfluss ausüben, den man nicht verharmlosen sollte, wie schwach ausgeprägt er auch sein mag.

Außerdem können Jungen nach Videospielen süchtig werden, ob diese nun mit einer sexuellen Bilderwelt arbeiten oder nicht. (Allerdings ist das Suchtpotenzial im ersteren Fall höher.) Auch hier ist die grundlegende visuelle Orientierung unserer Söhne die Hauptursache. Meist gleiten sie langsam in die Sucht. Sie kommen von der Schule nach Hause und spielen ein oder zwei Stunden, um »herunterzukommen«. Dann werden aus den ein, zwei Stunden allmählich drei oder vier. Wenn die Eltern nicht aufpassen, spielen ihre Kinder am Ende acht oder zehn Stunden und merken es noch nicht einmal.

Ich habe in den letzten Jahren beobachtet, dass die Anzahl videospielsüchtiger Jungen stetig zunimmt, was auch Forschungsarbeiten bestätigen. Eine wissenschaftliche Studie geht davon aus, dass fast ein Zehntel der Kinder und Jugendlichen, die Videospiele spielen, süchtig sind.[30] Das heißt, sie müssen immer länger spielen, um Befriedigung zu finden. Manche spielen bis in die Nacht und reagieren ausgesprochen zornig, wenn man ihnen ihr Spiel wegnimmt. Ob es die Bilder, die Geräusche, die Gewalt oder das Spiel selbst sind, die süchtig machen, ist nicht bekannt. Doch Ärzte werden immer häufiger Zeuge des Phänomens, dass Jungs von ihren Spielekonsolen und Bildschirmen kaum noch loszueisen sind. Für uns Mütter ist dies ohnehin nicht nachvollziehbar, daher müssen wir uns über die Gefahren solcher Spiele klar werden und versuchen, entsprechend vorzubeugen.

Söhne, Sex und die Jahre vor der Pubertät

Jungs fangen meist schon mit zehn Jahren an, eine gewisse Neugier im Hinblick auf ihren Körper zu zeigen. Sie haben die ersten Erektionen, verspüren zum ersten Mal sexuelle Empfindungen und fragen sich, was das wohl ist. Es kommt vor, dass sie einen Freund bitten, ihren Penis zu berühren oder gar zu küssen, wenn niemand zusieht. Da solche »Doktorspiele« häufig vorkommen, sollten Sie als Mutter wissen, wie Sie sich in solch einer Situation am besten verhalten, denn Ihre Reaktion hat einen starken Einfluss auf Ihren Sohn. Oder sollten Sie das Ganze überhaupt besser an den Vater delegieren? Ich glaube nicht, denn gewöhnlich sind Sie es, die mit der empörten Mutter seines Freundes sprechen muss oder mit dem Lehrer. Außerdem ist Ihr Sohn vermutlich weniger peinlich berührt, wenn er mit Ihnen darüber spricht, weil wir Frauen ja körperlich ganz anders gebaut sind.

Sollte Ihr Sohn also die Anatomie eines anderen Jungen untersucht haben, gilt: Nur nicht gleich ausrasten! Ziehen Sie keine übereilten Fehlschlüsse. Jungs sind neugierig auf ihren Körper. Ein oder zwei Begegnungen mit anderen Jungs, die im selben Alter und einverstanden sind, sind kein Problem. Es heißt einfach nur, dass die Jungs mit ihrem Körper herumgespielt haben. Wenn Sie gelassen reagieren und mit Ihrem Sohn in verständnisvollem Ton darüber sprechen, wird er Ihnen zuhören. Werden Sie hingegen wütend und schreien ihn an, wird er sich schämen. Scham über das natürliche sexuelle Interesse am eigenen Körper ist für kein Kind gut. Ich empfehle Müttern immer, ihren Söhnen zu sagen, dass sich das ja vermutlich gut angefühlt habe und Neugier grundsätzlich gut sei. Aber ihr Körper gehöre in ihre Privatsphäre, die man schützen müsse. Sagen Sie ihm, dass er noch tolle sexuelle oder andere körperliche Erfahrungen machen werde, doch dass er sie in diesem Alter noch nicht mit anderen Jungs oder Mädchen teilen sollte.

Wenn Sie als Mutter auf positive, liebevolle und verständnisvolle Weise auf die sexuelle Neugier Ihres Kindes reagieren, wird sie sich vermutlich bald legen. Allerdings kommt es später, wenn die Jungs älter werden, zu zahlreichen anderen Situationen, die irgendwie mit Sex zu tun haben. Auch hier können Sie die Ärmel hochkrempeln und die Gelegenheit nützen, ihm positive Botschaften über seine Sexualität zu vermitteln. Unterschätzen Sie außerdem nie, welche Bedeutung das allgemeine Bild hat, das Sie Ihrem Sohn von sich selbst vermitteln, solange er noch klein ist. Du bist stark. Du kannst das. Du bist unabhängig. All diese Botschaften prägen später seine sexuelle Identität.

Möglicherweise bewerte ich diese Erfahrungen ja über, aber meiner Ansicht nach ist die Zeit zwischen dem zehnten und zwölften Lebensjahr für Jungen wichtiger als die eigentliche Pubertät. In diesem Alter sind sie noch nicht besonders groß. Sie rasieren sich noch nicht. Ihre Stimme ist noch die eines Kindes. Manchmal haben sie das Gefühl, sie klingen wie Mädchen. Sie wollen nicht mehr mit ihrer Mutter gesehen werden, sind aber doch ganz gern bei ihr zu Hause, weil man sich dort sicher und vertraut fühlen kann. Das Leben macht manchmal Angst, Mama nicht. Die Welt, die sich unseren Söhnen in diesem Alter schon in all ihrer Vielfalt zeigt, ist verwirrend und manchmal auch abstoßend. Sexuelle Bilder und Botschaften, die sie auffangen, lösen in diesem Alter noch nicht dieses gewisse Prickeln aus – sie sind ungewohnt und chaotisch. Ein Junge in diesem Alter weiß, dass das Ganze mit Sex zu tun hat, irgendwie, aber er weiß noch nicht, was das bedeutet. Diese Reife fehlt ihm einfach noch. Sein Testosteronspiegel ist noch so niedrig, dass das Verlangen noch nicht mit Macht von ihm Besitz ergreift. Und doch: Wenn er sich noch nicht für Sex interessiert, hat er das Gefühl, dass irgendetwas mit ihm nicht stimmt, weil er sich ja schließlich dafür interessieren sollte.

Auch Gewaltdarstellungen sind Jungs in diesem Alter schon ausgesetzt. Selbst wenn er bis jetzt gern Cowboy und Indianer oder Krieg gespielt hat, verunsichert es ihn doch, dass die Gewalt, die jetzt viel expliziter im Fernsehen oder in Videospielen gezeigt wird, irgendetwas in ihm anspricht. Der Kampf zwischen dem Wissen, dass etwas schlecht ist für uns, und dem mächtigen Verlangen danach ist entbrannt. Er weiß, dass *Sie* die Dinge nicht gutheißen, die er sieht oder von denen in Songs die Rede ist, aber er mag sie und fühlt sich schlecht deshalb. Aber er weiß auch, dass Sie nicht wirklich verstehen, wie es ihm damit geht, weil Sie nun mal zu den Mädchen gehören. Vielleicht hat er ja recht und Sie unrecht. Mit einem Mal sind Sie der Feind. Aber auch das fühlt sich falsch an, denn als er noch klein war (was noch nicht so lange her ist), waren Sie nicht der Feind, sondern einfach nur die Mama, mit der er so gerne einkaufen ging.

Es wäre tausend Mal einfacher, unsere Jungs durch die Vorpubertät und die Zeit danach zu lotsen, wenn es kein Fernsehen, keine iPods oder Smartphones gäbe. Aber diese Dinge existieren nun mal. Sie repräsentieren eine Art »Anti-Mama«-Stimme. Das Problem ist, dass diese Stimme von nun an dauernd unseren Jungen ins Ohr flüstert. Manches, was sie sagt, ist ja auch gut. Andererseits macht sie vieles kaputt, was wir sie gelehrt haben. Die Stimme ist stark. Aber wir sind stärker. Das dürfen wir *niemals* vergessen. Nichtsdestotrotz müssen wir klare Regeln für den Umgang mit elektronischem Spielzeug aufstellen. Mein Vorschlag lautet: Machen Sie alle Handys zu »Familienhandys«, die jeder benutzen darf, also auch Eltern oder Geschwister. Zumindest, bis die Jugendlichen in der elften oder zwölften Klasse sind. So lernt Ihr Junge, dass sein Handy nicht privat ist. Zweitens sollten die Eltern immer freien Zugriff auf alle Bild- und Textnachrichten auf dem Handy haben. Machen Sie deutlich, dass das nichts mit mangelndem Vertrauen zu tun hat. Es geht einfach nur darum, ihm Ärger zu ersparen. Drittens sollten Sie klare Zeitlimits setzen, wenn es um Videospiele, Fernsehen oder alle anderen Aktivitäten vor dem Bildschirm geht. So könnten Sie zum Beispiel für Computerspiele etc. täglich zwei Stunden Maximum vereinbaren. Viele Jungs brauchen den Computer für die Schule, alles andere sollten Sie einschränken. Ich verspreche Ihnen, er wird es Ihnen später danken. Zu guter Letzt möchte ich Ihnen noch eines ans Herz legen: Wenn Ihr Junge einen Computer hat, sollte er ihn nach Möglichkeit nur in Ihrer Hörweite benutzen. Lassen Sie ihn das gute Stück nicht in sein Zimmer schleppen, wo er dann Stunden vor dem Bildschirm hängt. Die Versuchung, sich auf riskantes Gebiet zu begeben, ist viel zu groß – für jeden Jungen.

Viele Jungen messen ihr »Erwachsensein« und ihre Coolness daran, welche Filme sie ansehen dürfen. Wenn sie zwölf sind, wollen sie unbedingt Filme sehen, die erst ab sechzehn Jahren freigegeben sind. Filme mit einer Altersfreigabe ab zwölf gelten sowieso als Kinderkram. Wenn er doch *fast* dreizehn ist (Und welches Kind hält sich nicht für »sehr reif für sein Alter«?), dann findet er grundsätzlich, dass er ruhig die Filme für Sechzehnjährige sehen kann. Aber überlegen Sie, was in solchen Filmen vorkommen kann: eben nicht nur Sex und Gewalt, sondern Rechtfertigung von Gewalt und Sex ohne Liebe. Dasselbe gilt für Videospiele. Jungs fangen mit zehn Jahren an, die ersten Games zu spielen, die auch Sex und Gewalt zum Inhalt haben. Doch wenn sie zwölf oder dreizehn sind, müssen die Sex- und Gewaltdarstellungen schon intensiver sein. Diese massiven visuellen Reize prägen sich ein und beeinflussen ihre sexuelle Entwicklung. Wer kann einem Jungen in diesem Alter helfen, diese Erfahrungen zu sortieren? Niemand. Mit seinen Freunden kann er darüber nicht reden. Er ist mit seinen Gefühlen und Empfindungen allein, und in seinem formbaren, jungen Geist mischt sich alles zu einer schwindelerregenden Karussellfahrt.

Ich würde Ihnen empfehlen, dass Sie immer mal wieder das Gespräch mit Ihrem Sohn suchen. Sagen Sie ihm, Sie wüssten, dass Jungs in seinem Alter in Filmen et cetera immer wieder auf Darstellungen von Sexualität stoßen und dass sie davon beeinflusst würden, ohne es selbst zu merken. Reden Sie nicht von oben herab mit ihm, sondern in einem Ton, der ihm zeigt, dass Sie ihn verstehen. Anders gesagt: Hinter Ihren Worten sollten sich keine Anklagen verbergen wie: »Ihr Kinder heute seid wirklich zu nichts mehr zu gebrauchen. Sogar Sexfilme seht ihr euch an.« Besser wäre: »Mir ist klar, dass ihr das in eurem Alter macht. Ich möchte dir helfen herauszufinden, inwieweit dir das guttut.«

Erklären Sie ihm, warum er auf diese Dinge so versessen ist. (Das ist die Sache mit der Ansprechbarkeit auf visuelle Reize.) Sie können ihn ja fragen, was er von solchen Darstellungen in Filmen hält. Glaubt er, dass sie auf ihn und seine Freunde eine schlechte Wirkung haben? Und wenn ja, warum? Natürlich werden die meisten Dreizehnjährigen solche Fragen nicht begeistert mit Ihnen diskutieren. Das Letzte, was Ihr Sohn in diesem Alter will, ist, mit Ihnen über Sex zu reden. Erwarten Sie also nicht, dass er sich Ihnen vertrauensvoll öffnet. Aber lassen Sie sich von dem offenkundig mangelnden Interesse Ihres Sohnes nicht davon abhalten, ihm zumindest klarzumachen, was Sie darüber denken. Das bleibt hängen, auch wenn er nichts dazu erwidert. Sagen Sie ihm, Sie möchten nicht, dass er sich so etwas ansieht, weil es ihm Ihrer Ansicht nach nicht guttut. Dass ihn Darstellungen von Sex dazu bringen können, sich selbst und Frauen als Objekt zu sehen. Dass sie ihm den falschen Eindruck vermitteln, Sex habe bei Männern nichts mit Gefühl zu tun. Sagen Sie ihm, er sei ein hochsensibler, denkender junger Mann, während gerade Männerdarstellungen in den Medien ihm vermitteln wollen, dass er das eben nicht sei. Selbst wenn er nicht antwortet, wird er sich danach über eines im Klaren sein: Dass diese Botschaften seine Integrität als junger Mann untergraben.

In der fünften Klasse haben Jungs meist schon Aufklärungsunterricht. Als Kinderärztin und Beraterin für Jugendliche habe ich viele Schulen im Land besucht, wo man mich oft bittet, den Lehrplan diesbezüglich durchzusehen. Im Allgemeinen sind die Unterrichtsmaterialen veraltet, vor allem an öffentlichen Schulen. Es dauert eine Zeit, bis neues Lehrmaterial wirklich an die Schulen gelangt, weil die Prüfung und Zulassung recht langwierig ist. In einer Welt, in der Statistiken über sexuelle Aktivitäten von Jahr zu Jahr etwas anderes sagen, können Schulen da häufig nicht mithalten. Und selbst wenn, gibt es da immer noch den großen Krieg zwischen Eltern und Schulen über das, was im Aufklärungsunterricht stattfinden sollte. Manche Eltern finden, man solle ihre Kinder zu sexueller Enthaltsamkeit ermahnen. Andere wollen, dass man sie über die gängigen Verhütungspraktiken aufklärt. Unsere Söhne bemerken solche Diskrepanzen natürlich und fragen sich, warum gerade beim Thema Sexualität solche Glaubenskriege toben. Daher ist es für sie wichtig zu wissen, was ihre Mutter darüber denkt. Denn das bedeutet ihnen immer noch mehr als das, was sie in Büchern und an der Tafel lesen.

Ich persönlich finde, dass sexuelle Aufklärung einfach vermittelt werden und Spaß machen sollte. Meiner Erfahrung nach halten wir Mütter (und auch die Väter, falls sie dafür zur Verfügung stehen) da alle Karten in der

Hand. So weit, so gut. Trotzdem sollten Sie wissen, was man Ihrem Sohn in der Schule beibringt. Lassen Sie sich die Lehrbücher zeigen, in denen das Kapitel Aufklärung aufgeführt ist, oder sprechen Sie mit der Lehrkraft. Reden Sie mit Ihrem Kind darüber, was in den Büchern steht. Und greifen Sie korrigierend ein, wenn Sie das für nötig halten.

Die meisten Mütter und Väter (etwa 99 Prozent), die ich kennengelernt habe, reden mit ihren Kindern nicht gerne über Sex, egal, in welchem Alter. Daher fragen sie mich häufig, wie sie das am besten anstellen sollen. Sollte der Vater mit den Söhnen reden und die Mutter mit den Mädchen? Sollten beide mit den Kindern reden? Jeder Partner denkt grundsätzlich, dass der andere das besser machen würde. Mein Rat ist folgender: Beide Eltern sind ein wenig ängstlich, wenn es um dieses Gespräch geht, aber ein Elternteil hat davor meistens noch größeren Horror als der andere. Ich empfehle Ihnen, dass der Elternteil, der weniger Bammel hat als der andere, das Gespräch führt. Es ist nicht wichtig, ob dies die Mutter oder der Vater ist. Entscheidend ist, dass ein lockerer Ton angeschlagen wird. Das Gespräch mit Ihren Kindern sollte frei von Spannungen verlaufen. Wenn nämlich der Elternteil, der mit dem Kind redet, Scham, Geringschätzung oder gar Abscheu vermittelt, wird das Kind vor allem eines lernen: dass Sex ein unangenehmes, negativ besetztes Thema ist. Und dass jedes Interesse an Sex und die dazugehörigen Gefühle »schlecht« sind. Oder dass man, zumindest mit den Eltern, nicht darüber sprechen sollte.

Natürlich kann jeder Elternteil diese lockere Haltung haben, aber meiner Erfahrung nach ist es doch meist die Mutter, die mehr mit ihren Kindern redet. Also keine Scheu! Atmen Sie einmal tief durch und sagen Sie Ihrem Sohn, dass er in der Schule ja sicher vieles über Sex höre. Vielleicht hätte er ja schon Kids in seinem Alter gesehen, die ein bisschen herumfummeln, sich küssen oder gar Sex haben. Auf jeden Fall stoße er im Fernsehen oder im Internet häufig auf Sexdarstellungen. Und dass er dabei auch einiges aufschnappe, was nicht stimme. Wenn er deshalb Fragen habe, könne er immer zu Ihnen kommen. Sagen Sie ihm, Sie wüssten, was richtig ist, weil Sie *alt* sind. Und dass Sie ihm helfen könnten, seine Verwirrung zu klären. Sagen Sie ihm, dass er Sie jederzeit fragen könne und Sie seine Fragen beantworten würden, so gut Sie könnten. Selbst wenn Ihnen das peinlich ist, müssen Sie das in diesem Moment überspielen. Das ist wichtig, denn mit Sicherheit wird Ihr Sohn peinlich berührt sein. Wenn Sie beide sich vor Peinlichkeit winden, kommt kein Dialog zustande, und eben das wollen Sie ja vermeiden.

Zwischen zehn und dreizehn hört Ihr Sohn noch auf das, was Sie sagen, weil er noch nicht glaubt, schon alles zu wissen, vor allem, wenn es um Sex geht. Die Zeit wird kommen, da Ihr Sohn davon überzeugt ist, dass Ihre Ansichten von gestern sind und er klüger ist als Sie. Es wäre wichtig, den Dialog anzukurbeln, bevor es so weit ist.

Bei Heather jedenfalls hat das funktioniert. Als Sean zwölf war, waren er und der dreizehnjährige Julio beste Freunde. Heather und Julios Mutter Jessica waren ebenfalls gut befreundet. Beide waren alleinerziehende Mütter und unterstützten sich gegenseitig, indem sie auf die Kinder aufpassten, während die andere arbeitete. Mit den Jahren wurde das Band zwischen Sean und Julio immer enger, sodass sie sich häufig eher wie Brüder verhielten. Wenn Heather Nachtschicht im Krankenhaus hatte, schlief Sean oft in Jessicas Haus bei Julio und dessen zwei jüngeren Brüdern. Sean sagte seiner Mutter, als Einzelkind möge er den ganzen Aufruhr dort.

Beide Frauen schätzten ihre Freundschaft sehr. Einmal, weil so jede jemanden hatte, mit dem sie ihre Probleme besprechen konnte, zum anderen sparten sie dadurch Geld für die Kinderbetreuung und mussten sich keine Sorgen machen, dass ihre Kinder bei Fremden vielleicht nicht gut aufgehoben seien. Das Arrangement war fast zu schön, um wahr zu sein.

Als Sean in die siebte Klasse ging, nahm Heather ihn in den Osterferien auf einen Wochenendausflug mit. Beide freuten sich darauf, endlich mal Schule, Arbeit und die tägliche Routine hinter sich zu lassen. Sie fuhren am Samstagmorgen los in eine nahe gelegene Stadt. Heather hatte einen Plan gemacht, weil es dort allerhand Museen und Theater gab, die sie mit ihrem Sohn besuchen wollte. Außerdem wollte sie Freunde treffen. Sie erzählte mir, die Fahrt im Auto sei sehr lustig gewesen. Als sie im Hotel ankamen, beschlossen sie, im Restaurant dort schön zu Abend zu essen. Erst beim Abendessen bemerkte sie, dass Sean sich seltsam verhielt. Er war sehr still und in sich gekehrt, sodass Heather begann, sich Sorgen zu machen. Nach dem Essen fing sie an, ein wenig zu bohren. Anfangs behauptete Sean, dass er nicht anders sei wie immer, doch je mehr er sie davon zu überzeugen suchte, desto misstrauischer wurde Heather. Er benahm sich, als habe er etwas ausgefressen und wolle sich nicht verraten. Außerdem war er zornig. Aber sie kam nicht dahinter, was der Grund dafür sein mochte.

Heather beschloss, das Beste sei, nicht mehr länger in Sean zu dringen. Also wechselte sie das Thema. Später am selben Abend noch fing Sean an, herumzudrucksen. Er stotterte etwas von einer bestimmten Sache, wegen der er sich Sorgen mache, wollte aber immer noch nicht mit der Sprache herausrücken. Nach ein paar Minuten sagte Heather, er solle doch einfach ausspucken, was los sei. Daraufhin erzählte ihr Sean, er habe mit Julio vier sexuelle Erlebnisse gehabt. Er wollte nicht ins Detail gehen, hatte aber offensichtlich das Bedürfnis, mit ihr darüber zu sprechen. Klugerweise drängte Heather ihren Jungen nicht, mehr preiszugeben, als er von sich aus wollte. Sie blieb ruhig und hörte ihrem Sohn zu, als er ihr erzählte, was genau ihn nun bedrückte.

Sean erzählte seiner Mutter, dass er und Julio sich berührt hätten und »andere Sachen« gemacht hätten. (Später setzte sie die Puzzlestücke zusammen und kam zu dem Schluss, dass sie wohl Oralsex praktiziert hatten.) Seans größte Sorge war, dass er körperlich irgendwie geschädigt worden sei. Er hatte Angst, künftig keine Kinder mehr haben zu können und sich vielleicht Krankheiten eingefangen zu haben.

»Mein Herz klopfte bis zum Hals«, sagte sie, als sie mir von jenem Samstagabend erzählte. »In meinem Kopf ging alles durcheinander. Hatte Julio sich Sean irgendwie aufgedrängt? Empfand Sean Scham und Angst? War er gar traumatisiert? Was sollte ich ihm sagen?«

»Und was haben Sie ihm gesagt?«, wollte ich wissen.

»Anfangs gar nichts«, antwortete sie. »Ich sah ihn einfach nur an. Ich war sauer und erschrocken zugleich. Als wäre das Ganze mein Fehler als Mutter. Aber ich wollte nichts sagen, was ihn vielleicht dazu veranlasst hätte, das Gespräch abzubrechen. Für mich war es schon ein Wunder, dass er überhaupt mit mir darüber redete. Also versuchte ich, ihn zu verstehen. In mir aber hatte ich wirklich das Gefühl, als würde man mir einen Tiefschlag in den Magen versetzen.«

Obwohl das Gespräch schon vor zwei Monaten stattgefunden hatte, war Heather immer noch der Schmerz ins Gesicht geschrieben, als sie die Geschichte erzählte. Mit unseren Kindern über Sex zu sprechen ist heikel genug, doch mit dem eigenen Sohn über eine sexuelle Begegnung zu sprechen ist eine besonders schwierige Erfahrung. Ich gratulierte Heather, weil sie einen kühlen Kopf behalten hatte. Sie hatte eine außerordentlich schwierige Situation gut im Griff behalten. Ich fragte nach, wie sie für den Rest der gemeinsamen Ferien mit ihrem Sohn umgegangen war.

»Nun«, antwortete sie, »ich habe eigentlich hauptsächlich zugehört. Sean erzählte mir, was er und Julio gemacht hatten, und ich fragte ihn, ob er dabei Angst gehabt habe. Er sagte Nein. Dann fragte ich, ob sie beide es gewollt hatten oder ob es mehr von einem von ihnen ausgegangen sei. Anfangs meinte er noch, es sei hauptsächlich Julios Idee gewesen, doch dann gab er zu, dass er zugestimmt hätte, weil es ihm einfach guttat. Das war es, was mich am meisten beschäftigte: Ob er sich in irgendeiner Form vergewaltigt gefühlt hatte oder ob das Ganze wirklich einvernehmlich passiert war.«

Heather lag mit ihrer Sorge richtig. Es war tatsächlich ein entscheidender Punkt, ob sich Sean zu irgendeiner Zeit als Opfer gefühlt hatte oder ob er freiwillig mitgemacht hatte. Sie kam zu dem Schluss, dass beide Jungs die sexuellen Spiele gewollt hatten und keiner den anderen gedrängt oder gezwungen hatte. Das zu wissen ist wichtig, weil sich viele kleinere Jungen in einer solchen Situation körperlich oder sexuell bedroht fühlen. Die seelischen Auswirkungen eines solchen Erlebnisses können weitreichende Folgen haben. Wird ein kleinerer Junge von einem älteren zu sexuellen Handlungen gedrängt, kann dies zu tief sitzenden Traumen führen. Viele Jungs reden über diese Vorfälle nicht (nicht einmal mit ihrer Mutter), weil sie sich schämen. Mir persönlich sind in meiner Praxis schon Jungen begegnet, die alle Anzeichen einer sexuellen Traumatisierung aufwiesen, obwohl der Vorfall an sich nicht als gravierend betrachtet wurde. Man drängte sie zum Beispiel, die Hose auszuziehen, weiteren physischen Kontakt gab es nicht. Es geht also weniger um das, was passiert ist, als um die psychosoziale Dynamik zwischen den Beteiligten. Wenn sich ein Junge – seelisch und körperlich – so stark fühlt wie der andere, wird er es nicht als Missbrauch empfinden, wenn es zu sexuellen Handlungen kommt. Ist der andere der Dominante, wird er sich als Opfer fühlen, selbst wenn weiter nichts Schlimmeres passiert ist. Heather achtete auf Zeichen von sexuellem Missbrauch bei ihrem Sohn – Rückzug, Trauer, Depressionen, schlechte Noten oder Wutanfälle – und beobachtete glücklicherweise nichts dergleichen. Er fühlte sich auch in Julios Gegenwart immer noch wohl und hatte auch nichts dagegen, weiterhin Zeit mit ihm zu verbringen. Daher gelangte Heather zu dem Schluss, dass Sean die Wahrheit sagte, was die Einvernehmlichkeit ihrer sexuellen Handlungen anging.

Der nächste Punkt, den Heather richtig machte, war, dass sie über das, was Sean ihr erzählte, nicht urteilte. Hätte sie das getan, hätte Sean wohl sofort aufgehört, mit ihr zu sprechen. Er hätte sich geschämt, und diese Scham hätte ihm wohl tiefere Wunden zugefügt. Heather war dies bewusst, und so reagierte sie ruhig und verständnisvoll. Sie erzählte, Sean habe geschluchzt, nachdem er ihr alles erzählt hatte.

»Mir brach wirklich das Herz«, sagte sie. »Da erzählte er mir von all diesen an sich erwachsenen Dingen, die er trieb, und schluchzte wie ein kleiner Junge. Ich nahm ihn einfach in den Arm und blieb bei ihm sitzen.«

Heather war zu mir gekommen, weil sie sich Sorgen machte, dass Sean vielleicht auf Dauer doch Probleme davontragen könnte. Und sie wollte über diese Sorge mit einem Experten sprechen. Sie fragte sich, ob sie richtig gehandelt hatte, und ich versicherte ihr, dass man es wohl nicht besser hätte machen können. Lassen Sie mich zusammenfassen, was Heather so gut gemacht hat:

Erstens nahm sie sich Zeit für ihren Sohn und gab ihm dem Raum, um über etwas zu reden, was ihm offensichtlich Sorgen bereitete. Wir Mütter halten uns ja meist mit Multitasking über Wasser, daher sind wir manchmal zu beschäftigt, das zu sehen, was im Moment wirklich ansteht. Wir sollten aber zwischendrin mal innehalten und uns (und unsere Söhne) fragen, wie es ihnen geht. Wenn wir mit ihnen reden, sollten wir darauf achten, dass wir wirklich ganz bei der Sache sind, entspannt und bereit, ihnen zuzuhören. Heather hatte Glück, dass sie gerade diese gemeinsamen Ferien geplant hatte. So bekam Sean die Möglichkeit, ein derart intimes Gespräch mit seiner Mutter zu führen. Auch wenn man keine Ferien hat, sollte doch hin und wieder Zeit sein für eine echte Begegnung mit Ihrem Sohn – von Herz zu Herz sozusagen. Das kann sehr sinnvoll sein.

Zweitens hatte Heather ihrem Sohn über die Jahre bewiesen, dass er ihr vertrauen konnte. Offensichtlich traute er sich, mit ihr über etwas zu reden, was für einen Jungen in diesem Alter meist schwierig ist. Manche Jungen haben keine Probleme mit solchen Gesprächen, aber sie sind eher die Ausnahme. Daher ist es wichtig, dass Sie als Mutter Ihren Sohn schon in jungen Jahren wissen lassen, dass er immer und egal womit zu Ihnen kommen kann.

Als Sean seiner Mutter von seinen sexuellen Experimenten erzählte, hörte Heather ihm ruhig zu und fragte zuallererst, wie es *ihm* damit ging. Statt ihm zu sagen, was er hätte tun sollen oder nicht, lockte sie ihren Sohn weiter aus der Reserve, indem sie ihn fragte, was *er* empfand. Das Gespräch kreiste also um den Jungen und verlagerte sich nicht etwa auf Heather, was vermutlich schnell zum Ende des Dialogs geführt hätte.

Zu guter Letzt versicherte Heather ihrem Sohn, dass er sicher keinen lebenslangen körperlichen Schaden davongetragen hatte. Gerade Jungs glauben alle möglichen Mythen über Sex, die sie irgendwo aufschnappen. Sean zum Beispiel dachte, die Tatsache, dass ein anderer Junge seine Genitalien berührt, ja geküsst hatte, würde dazu führen, dass er keine Kinder mehr zeugen konnte. Ich hatte schon Jungen in Seans Alter in meiner Praxis, die mich fragten, ob Masturbation ihren Penis kaputtmache. Andere dachten, sie kämen in die Hölle, wenn sie an sich herumspielten. Es ist wichtig, dass die Jungs erfahren, was ihnen medizinisch schadet und was nicht. Das hilft ihnen nicht nur, falsche Schamgefühle abzulegen, sondern nimmt ihnen auch völlig überflüssige Sorgen. Ich bin keine Theologin, doch ich nehme mir die Freiheit, Jungen zu sagen, dass sie nicht in die Hölle kommen, wenn sie masturbieren. Ich erzähle ihnen, dass die meisten Jungs feuchte Träume haben, wenn sie älter werden. Und wenn Gott Jungen und ihre sexuellen Funktionen geschaffen habe, wäre er wohl ein ziemlicher Heuchler, wenn er sie dafür dann in die Hölle schickte.

Sex bei Jungen in der Pubertät: Was jede Mutter wissen muss

Etwas passiert mit unseren Jungen, wenn sie die Vorpubertät hinter sich lassen und ins Teenageralter kommen. Die Hormone spielen verrückt, der seelische Reifungsprozess und die kognitiven Veränderungen führen dazu, dass sich unsere Söhne in dieser Zeit häufig von uns Müttern zurückziehen, um mit ihrem sich rapide entwickelnden Geist und Körper klarzukommen. Aus diesem Grund ist es so wichtig, dass Gespräche über Sex schon stattfinden, wenn die Jungs noch offen sind und mit ihrer Mutter reden wollen – und zuhören. Ist Ihr Sohn bereits im kritischen Alter und hat Ihnen unmissverständlich kundgetan, dass er keinerlei Absicht hat, mit Ihnen über Sex, Mädchen und seine Sexualität im Besonderen zu reden, müssen Sie sich deswegen auch keine Sorgen machen. Es gibt das ein oder andere, was Sie tun können, um zu ihm durchzudringen. Davon gleich mehr.

Zunächst einmal aber wollen wir uns ein paar Fakten über Sex im heutigen Leben in den USA ansehen. Die Statistiken des *US Center for Disease Control and Prevention* besagen:

- In den Vereinigten Staaten erkranken 20 Millionen Amerikaner jedes Jahr an einer sexuell übertragbaren Infektion.[31] 50 Prozent dieser Infektionen treten bei jungen Leuten im Alter von 15 bis 24 Jahren auf. Dieselbe Altersgruppe stellt 25 Prozent der Bevölkerung mit sexuellen Erfahrungen. Junge Menschen sind also überdurchschnittlich häufig betroffen.[32]
- Junge Leute im Alter von 15 bis 24 Jahren haben fünfmal so häufig Chlamydien wie der Rest der Bevölkerung.[33]
- Jungen zwischen 15 und 19 Jahren haben den zweithöchsten Anteil bei Gonorrhö-Neuerkrankungen.[34]

Diese Zahlen sind erschreckend, doch es ist wichtig, dass wir darüber Bescheid wissen, denn sie machen uns deutlich, wie unsere Kinder wirklich leben. Wenn wir unseren Jungen durch die Teenagerzeit helfen wollen, müssen wir Mütter wissen, wovor sie sich schützen müssen, wenn sie sich entscheiden, Sex zu haben. Wir sind vermutlich die Einzigen, die sie darauf aufmerksam machen. Denn im Aufklärungsunterricht, von ihren Freunden, aus dem Fernsehen oder den verschiedensten Filmchen erfahren sie so etwas nicht.

Teenager und Sex ist ein schwieriges Thema. Ich habe in einer Anhörung vor dem Kongress zum Thema sexuell übertragbare Krankheiten gesprochen und selbst viele Artikel zum Thema verfasst. Ich habe mit Tausenden Teenagern über Sex gesprochen und mir angehört, was sie darüber dachten. Doch das Traurigste ist: Die meisten Erwachsenen in ihrem Leben tun das *nicht*. Ich verstehe das. Sex ist ein heikles Thema. Die meisten Erwachsenen wollen sich damit erst gar nicht beschäftigen.

Wenn wir uns tatsächlich auf die Frage der sexuellen Gesundheit unserer Jungen einlassen, müssen wir uns auch mit den Unternehmen auseinandersetzen, die Sex als Vermarktungsstrategie für ihre Produkte benutzen. Würde man diese Firmen in die Pflicht nehmen (wie wir es ja auch mit den Herstellern von Zigaretten tun), dann würden sie Milliarden Dollar Umsatz verlieren. Doch traurigerweise leben wir in einer Welt, in der es mehr um den Profit geht als um die Gesundheit unserer Kinder. Abercrombie & Fitch zum Beispiel benutzt den Sex-Appeal junger Männer (welche in den meisten Anzeigen nur halb bekleidet sind), um ihre Mode an Teens zu verkaufen. Das tun die meisten Modelabels für junge Leute. Auch Hollywood weiß, dass Sexszenen in einem Film mehr Kids (und Erwachsene) ins Kino locken.

Sex, Jungs und Herzgeflüster

Wenn ich mit Teenagern über Sex rede (und das sind meist gemischtgeschlechtliche Gruppen), spreche ich über Gefühle. Ich frage die Kids, ob sie gerne Sex haben und wie sie sich danach fühlen. Bei diesen Gesprächen ist mir etwas aufgefallen: Kaum stelle ich diese Fragen, sitzen auf einmal beide Gruppen – Jungs und Mädchen – aufrecht und mit gespitzten Ohren da. Normalerweise halten sich die älteren Jungs gehäuft auf den hinteren Bänken auf, und wenn ich die Sprache darauf bringe, wie sich ein Junge fühlt, wenn der Sex nicht gut läuft, sehe ich, wie sie unruhig auf ihrem Stuhl hin und her rutschen. Ich erzähle ihnen von den »Bindungshormonen«, die bei Jungen und Mädchen während einer sexuellen Erfahrung frei werden, und wie sie die Beziehung zwischen den Sexualpartnern beeinflussen. Ich rede mit den Jungs darüber, warum sie sich schlecht fühlen, wenn sie viele Sexualpartner haben. Ich erkläre ihnen, woher depressive Verstimmungen kommen und wie Sex mit vielen Partnern solche auslösen kann. Auch damit finde ich unter den jungen Männern gespannte Zuhörer. Es sieht meist so aus, als würde ihnen endlich ein Licht aufgehen. Die meisten hatten noch nie Gelegenheit, mit jemandem über Gefühle und Sex zu sprechen. Nach meinen Vorträgen kommen Jungs aus der elften und zwölften Klasse auf mich zu und sagen mir, dass noch niemand mit ihnen über ihre Gefühle beim Sex gesprochen hätte. Es ist, als würden sie aufatmen, weil da jemand ist, der sie als fühlende, denkende Wesen behandelt. Dies mit anzusehen ist nicht mit Geld aufzuwiegen. Ich wünschte, jede Mutter könnte ihren Jungen einmal so erleben. Jungen *müssen* über ihre Gefühle reden können. Sex beeindruckt sie maßlos, sie sehnen sich nach Romantik und fragen sich, wie sie beides unter einen Hut bringen sollen. Sie verlieben sich, sie bedauern manches, was sie tun, und nach einer Trennung geht es Jungs meist genauso schlecht wie Mädchen – oder noch schlechter.

In *Hooked* beschreiben Joe S. McIlhaney und Freda McKissic Bush, beide Ärzte und Geburtshelfer, was im Gehirn passiert, wenn Menschen Sex haben.[35] Sie belegen, dass während sexueller Aktivitäten Hormone und Neurotransmitter freigesetzt werden, die das Gehirn eines Jungen in bestimmter Weise beeinflussen. Das Dopamin – auch das »Glückshormon« genannt – wird mehr und signalisiert, dass die Erfahrung lustvoll ist. Dieses Hormon wird auch frei, wenn ein Junge die Bestnote bekommt oder ein Fußballspiel gewinnt. Manchmal steigt der Dopaminspiegel so stark an, dass man von einem echten »High« sprechen kann.

Darüber hinaus wird beim Sex Vasopressin ausgeschüttet. Vasopressin sagt einem Jungen, dass er sich mit der Person, mit der er Sex hat, bindet. Wenn Dopamin und Vasopressin zusammenwirken, spürt der junge Mann, dass diese Bindung für ihn auf körperlicher und emotionaler Ebene wichtig ist. Nach dem Akt drängt ihn sein Gehirn, diese Erfahrung unbedingt zu wiederholen. Wissenschaftler glauben, dass das Zusammenspiel dieser Hormone dem Überleben der menschlichen Art dient, weil es dafür sorgt, dass sich Männer mit demselben Individuum wieder verbinden wollen – was die Chancen für eine Schwangerschaft erhöht. Die Neurowissenschaften bestätigen also, was Mütter schon wissen: Dass unsere Jungs auch in puncto Sex sensible, emotionale Geschöpfe sind.

Nun möchte man meinen, dass es mit diesen enormen Hormonschüben während der sexuellen Begegnung hinterher doch gar nicht zu Depressionen kommen kann. Doch tatsächlich zeigen Studien, dass Jungen, die sexuell aktiver sind, eher depressiv werden.[36] Eine Statistik belegt, dass sexuell aktive Jungen im Teenageralter zweimal so häufig Depressionen bekommen als Jungen, die keine sexuellen Aktivitäten haben. Auch sind Selbstmordversuche bei diesen Jungen achtmal häufiger.[37] Das passt zu dem, was ich in meiner Praxis immer wieder erlebe. Depressionen sind immer schwierig zu behandeln, vor allem, wenn sie mit sexuellen Aktivitäten zusammenhängen. Was dabei nämlich passiert, ist Folgendes:

Bei Depressionen geht es häufig um Verluste, die nie richtig betrauert werden. Mit der Zeit bleiben diese Verluste gleichsam im Herzen »stecken«, wenn man so will. Verlusterfahrung lagert sich über Verlusterfahrung, bis es langsam zu viele werden. Für viele Jungen hat Sex etwas mit Verlust zu tun. Hat ein Junge Sex mit einem Mädchen und macht diese sich danach mit ihren Freundinnen über ihn lustig, fühlt er sich verletzt. Er verliert an Selbstachtung. Jungen haben häufig die Vorstellung, Sex sollte so oder so sein bzw. in einer bestimmten Art und Weise ablaufen. (Manchmal vergleichen sie sich gar mit jemandem wie Brad Pitt oder einem richtigen Macho-Helden aus dem Fußball.) Dann haben sie realen Sex und stellen fest, dass die Erfahrung nicht so war, wie sie (ihren Vorstellungen zufolge) sein sollte. Insofern machen sie sich Vorwürfe, weil sie nicht »gut genug« sind. Und das demontiert das Selbstvertrauen noch mehr. Hat ein Junge eine negative sexuelle Erfahrung, denkt er vielleicht, es ist sein Fehler, dass er sich nicht so toll fühlt, wie seiner Ansicht nach seine Freunde es nach dem Sex tun. Auch dies ist eine Verlusterfahrung.

Außerdem bin ich der Ansicht, dass Jungs eine Trennung härter nehmen als Mädchen. Wenn sie sexuelle Erfahrungen hatten – und ihr Gehirn sagt ihnen schließlich, dass diese gut und wichtig sind –, dann verlieren sie mit der Trennung auch die Möglichkeit, sich diese Erfahrungen zu verschaffen. Und so leiden sie noch mehr. Möglicherweise liebt der Junge das Mädchen ja von ganzem Herzen (vor allem, wenn es seine erste Liebesgeschichte ist). Wenn die beiden Sex miteinander hatten und es zur Trennung kommt, ist das für ihn ein schwerer Verlust. Häufig geht dabei auch das Selbstvertrauen verloren. Aber weil es sich eben um Jungs handelt, reden sie nicht über ihre Gefühle. Und angesichts der Tatsache, wie ihre Freunde und Altersgenossen über Sex reden, ist die Vorstellung, dass Sex überhaupt negative Emotionen verursachen kann, für einen Jungen in der Pubertät ungewohnt. Also verbirgt er seine Gefühle, bis sie am Ende zur Depression führen.

Was können Sie als Mutter also tun? Wissenschaftliche Studien zeigen, dass Jungen, die mit ihren Eltern reden, ihre ersten sexuellen Erfahrungen eher noch aufschieben und auch weniger Sexualpartner haben als andere.[38] Jungen, die ein gutes Verhältnis zu ihren Eltern haben, sind auch weniger anfällig für riskante Verhaltensweisen im Zusammenhang mit Sex, Drogen oder Alkohol.[39] Viele Eltern glauben, Sex sei kein riskantes Verhalten, solange der Junge ein Kondom benutzt, aber das ist nicht richtig. Unter Medizinern gelten sexuelle Erfahrungen von Teenagern als Risikoverhalten, weil Kondome zum Beispiel nicht gegen alle Infektionen schützen. (Mehr dazu finden Sie in meinem Buch *Your Kids at Risk*.)

Was Ihr Sohn tun oder nicht tun wird, wenn es um Sex geht, hängt letztlich damit zusammen, was Sie persönlich denken, wie Sie Ihren Sohn einbinden, was Sie über ihn denken und was Sie ihm im Gespräch vermitteln. Wir Mütter können es uns nicht leisten, einfach nur mit den Schultern zu zucken und das Beste zu hoffen, denn wenn etwas schiefgeht, können unsere Söhne tiefe emotionale Wunden davontragen oder sich eine Infektion holen, die ihnen noch jahrelang zu schaffen macht.

Fassen Sie sich ein Herz und reden Sie mit ihm

Zuerst einmal müssen Sie sich klar dafür entscheiden, dass Sie mit Ihrem Sohn über seine sexuelle Entwicklung reden wollen. Sicher sind seine Entscheidungen im Endeffekt seine Sache, doch Sie können sich ja mal darüber Gedanken machen, wie Sie seine Einstellung am besten beeinflussen können. Sie fragen sich vermutlich: Soll ich ihn nun bestärken, Sex zu haben, solange er für Verhütung sorgt? Oder soll ich ihm besser nahelegen, noch zu warten?

Aus rein medizinischer Sicht kann ich dazu Folgendes sagen: Wir wissen, dass Teenager, die mit ihrer ersten sexuellen Erfahrung warten, bis sie sechzehn sind, auch im späteren Leben meist weniger Sexualpartner haben. Und dadurch sinkt rein statistisch die Gefahr, dass sie sich eine sexuell übertragbare Krankheit holen.[40] Wenn es also um die Vermeidung von Krankheiten geht, zählen vor allem zwei Dinge: so lange wie möglich mit der ersten sexuellen Erfahrung warten und die Anzahl der Partner gering halten. Natürlich wird Ihr Sohn selbst entscheiden, was er tut und wann, doch es schadet ihm ja nicht, ein paar Fakten zu kennen.

Jungen in diesem Alter wissen immer »irgendwie«, dass sie sich in gefährliches Fahrwasser begeben, wenn sie mit dem Sex anfangen. Sie hören viel über AIDS und HIV. Man sagt ihnen, sie sollten immer Kondome benutzen. Man geht heute unter Ärzten davon aus, dass junge Menschen sexuell aktiv sind, bevor sie heiraten. Und sexuell aktive junge Männer können ihre Partnerin beispielsweise mit HPV, den Humanen Papillomaviren, anstecken – bei Mädchen kann das Virus Gebärmutterhalskrebs verursachen. Eine Ansteckung mit diesen Viren kann beispielsweise verhindert werden, wenn Sie Ihrem Sohn erklären, wie diese Krankheit übertragen wird. Unsere Möglichkeiten als Ärzte, Jungs vom Sex abzuhalten, sind nun einmal begrenzt. Viele Ärzte – und Eltern – sind der Ansicht, dass »Jungs nun mal Jungs sind« und es ihr Recht sei, sexuell aktiv zu sein. Ich finde, man sollte sie durchaus über die Risiken aufklären, denen sie ihre Partnerinnen aussetzen. Dann können sie sich zumindest bewusst entscheiden.

Ich jedenfalls halte es mit meinen Patienten so: Ich rede mit den jungen Männern offen über Sex. Ich mache sie mit den Daten bekannt, die ich oben aufgeführt habe. (Obwohl Zahlen im Gehirn von Jungs nicht unbedingt anzukommen scheinen.) Und dann frage ich, wie sie darüber denken. Was denken sie über Sex? Was wünschen sie sich? Womit haben sie Probleme? Und anders, als Sie jetzt vielleicht glauben, antworten die Jungen mir auch. Viele sagen, dass sie einfach nicht wissen, wie sie mit ihrer Sexualität umgehen sollen. Sie sind verwirrt, glauben aber, dass »alle« ihre Freunde es tun, also sollten sie wohl nicht abseitsstehen. Sie machen sich Sorgen, was sexuell übertragbare Krankheiten angeht, lesen alles, was sie darüber im Internet finden, aber sie haben immer noch Fragen. Oft höre ich von ihnen, dass niemand ihre Fragen beantwortet, weil die meisten Erwachsenen nicht gerne über Sex reden. Also rede ich mit ihren Eltern und erkläre ihnen, dass die Jungs einen Ansprechpartner brauchen. Jemand, der ihnen ihre Fragen beantwortet und auch über Sex mit ihnen spricht. Es ist nicht weiter wichtig, ob das nun Mama oder Papa macht. Das Einzige, was zählt, ist, dass die Jungs die gewünschten Antworten erhalten.

Steigen Sie früh ein und bleiben Sie dabei

Sobald Sie die Entscheidung getroffen haben, dass dieses schwierige Thema angesprochen wird, brauchen Sie ein paar »narrensichere« Methoden, wie Sie Ihrem Sohn helfen können. Wenn Sie mit Ihrem zauberhaften Dreijährigen am Strand sind, lassen Sie ihn eine Badehose anziehen. Wenn er sie auszieht, sagen Sie ihm, dass er sie tragen muss, weil sein Körper nun mal Privatsache ist. Er sollte schon als Kind lernen, dass es bestimmte Körperteile gibt, die andere nicht sehen sollten, weil sie eben »privat« sind. Mit dieser Erklärung fühlt er sich gut und merkt, dass es, was den Körper angeht, gewisse Grenzen gibt. Dies ist der erste Schritt zur Sexualerziehung. Sie müssen kein medizinisch korrektes Fachvokabular benutzen, wenn Sie über seinen Körper sprechen, aber wenn Sie sich damit wohler fühlen, dann nur zu. Entscheidend ist, dass er merkt, dass hier eine gewisse Zurückhaltung und Reserve angebracht ist, einfach nur, weil sein Körper gut, gesund und eben *seiner* ist – was gar nichts Beschämendes an sich hat.

Wenn er älter wird, können Sie ihm noch mehr über seinen Körper beibringen. Zum Beispiel, dass er im Kindergarten allein auf die Toilette geht. Und dass nur Mama, Papa und vielleicht noch der Arzt diese höchstpersönlichen Teile seines Körpers zu Gesicht bekommen sollten. Wenn er bei einzelnen Verrichtungen, zum Beispiel auf der Toilette, Hilfe braucht, dann möge er doch seine Erzieherin darum bitten, nicht seine Freunde. Damit verankern Sie in seinem Kopf den Gedanken, dass es etwas auf sich hat, wenn andere Kinder oder Erwachsene ihn auffordern, diese privaten Körperbereiche zu zeigen. Wenn Sie bereits wissen, dass er Hilfe braucht, sollten Sie selbst seine Erzieherinnen ansprechen. Dann können Sie Ihrem Sohn gleich sagen, an wen er sich wenden kann.

Irgendwann einmal – meist in der zweiten Klasse – wird Ihr Sohn etwas über »Geschlechtsverkehr« hören. Wenn er ältere Geschwister hat, passiert dies vielleicht schon früher. Mütter fragen oft, in welchem Alter man denn die Söhne am besten aufklären sollte. Der beste Zeitpunkt ist gekommen, wenn sich bestimmte Fragen Ihres Sohnes häufen. Nun ist er bereit für die Antworten. An diesem Punkt sollten Sie einhaken. Atmen Sie tief durch und eröffnen Sie den Dialog. Manche Mütter sind erleichtert, wenn ihr Sohn Fragen über Sex stellt, andere empfinden es fast als Schlag ins Gesicht. Nun ja, für Sie ist es gut und schlecht zugleich. Zum einen ist es erfreulich, dass Ihr Sohn so viel Vertrauen zu seiner Mutter hat, zum anderen heißt das vielleicht, dass Sie mit ihm sprechen müssen. Keine Sorge – wenn das der Fall sein sollte, wird es vermutlich viel einfacher, als Sie denken.

Ich würde so anfangen: »Tommy, möglicherweise hast du in der Schule schon Dinge darüber gehört, was Mama und Papa (oder Papa und Papa bzw. Mama und Mama) tun, wenn sie sich lieben. Zum Beispiel küssen sie sich. Wenn du Dinge hörst, die du nicht verstehst, kannst du jederzeit zu mir kommen. Ich erkläre dir das gerne. Ich weiß alles über diese Erwachsenensachen und möchte dir selbst Antwort auf deine Frage geben, damit du nichts falsch verstehst. Glaubst du, du kommst damit klar?« So erlauben Sie Ihrem Sohn, anderen Kindern zuzuhören, und signalisieren ihm gleichzeitig, dass es bei der Frage, woher die Babys kommen, vielleicht Dinge gibt, die ihn beunruhigen könnten. So ist er weniger verwirrt, wenn er tatsächlich etwas aufschnappt. (In jeder Klasse gibt es ein Kind, das ältere Geschwister hat und gerne seine Klassenkameraden schockiert.) Und Sie sagen ihm gleichzeitig, dass er mit all seinen Fragen über Sex zu Ihnen kommen kann.

Gewöhnlich reagieren kleine Jungen mit einem gewissen Quantum Abscheu, wenn sie die Details des Liebesaktes zum ersten Mal hören. Ihr Sohn streckt möglicherweise angewidert die Zunge raus, würgt oder läuft aus dem Zimmer. Vielleicht sagt er Ihnen auch, er wolle davon nichts mehr hören. Das ist ganz normal und heißt nicht, dass mit ihm etwas nicht stimmt oder Sie etwas falsch gemacht haben. Es ist nur alles ein bisschen viel für ihn. Bei Mädchen ist das übrigens genauso. Wenn Ihr Sohn ein Gesicht zieht, können Sie sagen: »Tommy, ich weiß, dass sich das komisch anhört. In deinem Alter fand ich es auch seltsam. Wenn es dir unangenehm ist, dann rede ich einfach nur so lange, wie du magst. Und dann reden wir später noch mal drüber.«

Kommt er in die dritte Klasse, bleiben Sie am Ball. Sagen Sie ihm, dass er vermutlich in der Schule, auf dem Spielplatz oder beim Fußball merkwürdige Dinge über Sex zu hören bekommt. Erwarten Sie nicht, dass er nach Hause kommt und Ihnen einfach alles frei von der Leber weg erzählt. Die meisten Jungs tun das nicht. Sie wissen, dass Ihr Junge unweigerlich immer wieder Sachen über Sex erfährt, und daher müssen Sie versuchen, mit ihm ins Gespräch zu kommen. Versuchen Sie es öfter und signalisieren Sie ihm, dass Sie für ihn da sind. Er braucht die Informationen, die Sie ihm geben können, auch wenn Sie denken, dass er dafür viel zu klein ist.

In den folgenden Schuljahren sollten Sie ihn immer mal wieder fragen, was seine Freunde so treiben. Ist er zum Beispiel in der fünften Klasse, könnten Sie ihn fragen: »Tommy, interessieren sich deine Freunde eigentlich schon für Mädchen?« Wenn er Nein sagt und weiter nicht reagiert, lassen Sie ihn. Sagt er Ja, und Sie vermuten, dass er von sich selbst redet, können Sie weiter nachhaken: »Was tun denn deine Freunde mit den Mädchen? Gehen sie miteinander aus? Reden sie einfach nur in der Schule oder gehen sie mit den Mädchen nach Hause?« Genauere Informationen sind hier wichtig, weil »sich für Mädchen interessieren« für jeden Jungen etwas anderes bedeutet. Für einen Fünftklässler kann »etwas mit Mädchen machen« heißen, dass er SMS schreibt. Der andere hat eine »Freundin«, mit der ins Kino geht. Interessiert Ihr Sohn sich schon für Mädchen, reden Sie mit ihm darüber, dass es schön ist, Mädchen besser kennenzulernen, bevor man sich eine »Freundin« zulegt. Mädchen können nämlich auch tolle

Kumpel sein. Als Kumpel lernt man sie besser kennen, als wenn man gleich »mit einer geht«.

Von der siebten bis zur zehnten Klasse wird Ihr Sohn Freunde haben, die sich kein bisschen für Mädchen interessieren, während andere schon sexuell aktiv sind. In diesem Alter gibt es enorme Unterschiede, was das sexuelle Interesse angeht. Und vergessen Sie nicht: Es ist wichtig, dass Sie stets auf der Seite Ihres Sohnes stehen, wenn es um seine Freunde, Mädchen, Dating und Sex geht. Mit anderen Worten: Zeigen Sie ihm stimmlich und verbal, dass Sie nicht fragen, weil Sie den Verdacht haben, er stelle etwas an. Machen Sie ihm vielmehr klar, dass das Leben nicht immer leicht ist und Sie für ihn da sind. Sie können klar sagen, was Sie diesbezüglich gut finden und was nicht, doch er sollte wissen, dass Sie hier keine Buchungen auf dem Schuldgefühlkonto vornehmen. Meiner Erfahrung nach ist dies der Bereich, in dem Mütter die meisten Fehler begehen. Sie reden mit ihren Söhnen, als hätten diese nur Unfug im Sinn, und wundern sich dann, weshalb die Jungs auf diese Art Gespräch nicht scharf sind.

Ich habe bereits erwähnt, dass Ihr Junge sich recht unvermittelt von Ihnen zurückziehen wird, wenn er so um die elf, zwölf Jahre alt ist. Wenn die Pubertät einsetzt, wollen Jungs mit ihrer Mutter nichts zu tun haben, weil sie selbst dahinterkommen wollen, was es mit dem Mannsein so auf sich hat. In dieser Zeit wird Ihr Sohn also nicht mit Ihnen über das reden wollen, was in seinem Leben vorgeht. Nehmen Sie das nicht persönlich, aber kehren Sie ihm auch nicht Ihrerseits den Rücken zu. Die Entscheidungen, die er jetzt über seine Sexualität trifft, sind für ihn wichtig. Sie müssen also eine Möglichkeit finden, wie Sie Ihren Finger am Puls seines Lebens behalten. Am besten achten Sie darauf, was seine Freunde machen, denn wenn sich diese noch nicht mit Mädchen abgeben, tut er es vermutlich auch nicht. Umgekehrt: Wenn seine Freunde schon sexuelle Erfahrungen sammeln, tut er es vermutlich auch. Jungs wollen immer mit ihren Freunden gleichziehen. Also fragen Sie ihn ruhig, womit sich seine Freunde die Zeit vertreiben. Auch hier sollten Sie nicht den Verhörton anschlagen. Zeigen Sie einfach Interesse.

Mit fünfzehn wollen Jungs eines ganz sicher nicht: mit ihrer Mutter über Sex reden. Sie müssen sich also etwas Neues ausdenken. Wenn Sie früher dieses Thema nie angeschnitten haben: Es ist nie zu spät, solange Sie wissen, wie Sie es am besten anpacken. Auch hier ist es gut, sich gelegentlich nach dem Tun und Lassen von Freunden, Mädchen und seiner Clique zu erkundigen. Wenn Sie dann mal einen guten Moment erwischen, erklären Sie ihm, was Sie sich für ihn wünschen würden und was nicht.

Möglicherweise antwortet er nicht und tut, als hätte er Sie gar nicht gehört, aber zumindest ist dann gesagt, was gesagt werden musste. Wenn die Jungs merken, dass ihre Mutter immer noch eine gesunde Verantwortung für sie übernimmt, fühlen sie sich geliebt und werden sich merken, was sie gesagt haben. Im Film *Die große Chance* gibt es einen Moment, in dem der blinde Protagonist Michael zu seinem ersten Jahr am College aufbricht.[41] Seine Adoptivmutter Leigh Anne Tuohy liebt ihren Sohn über alles und will ihm weiterhin helfen, auch wenn er das Haus verlässt. Wir sehen diesen gewaltigen Koloss von einem Mann, wie er sich von seiner Mutter verabschiedet. Und sie sagt ganz tapfer: »Und Michael, wenn du ein Mädchen schwängerst, fahre ich runter und schneide dir den Pimmel ab.« Ein bisschen drastisch vielleicht, aber Sie verstehen vermutlich, was ich meine. Leigh Anne teilte ihrem Sohn auf derbe, aber effektive Weise mit, dass ihre Standards für ihn weiterhin galten. Sie wollte nicht, dass er seine berufliche Karriere ruinierte, weil er sich nicht kontrollieren konnte. Michael lächelte. Er wusste, was seine Mutter ihm sagen wollte: »Dein Leben und deine Zukunft sind mir wichtig. Ich glaube, dass du etwas zuwege bringen kannst, und will, dass du keinen Blödsinn machst.«

In dieser Szene spüren wir so richtig, wie sehr sich Michael von seiner Mutter geliebt fühlt. Er weiß, dass sie ihm diese Worte mit auf den Weg gegeben hat, weil er ihr wichtig ist. Genauso sollte Ihr Sohn sich fühlen, wenn Sie ihm sagen, was Sie sich in puncto Sexualität für ihn wünschen. Sie können ihm also noch mit achtzehn Jahren, wenn er längst schon loszieht, sagen, wie Sie über all das denken. Machen Sie das nie vor seinen Freunden, sondern nur dann, wenn Sie zusammen eine ruhige Minute haben. Er wird Ihnen zuhören. Wenn Ihre Worte von Herzen kommen, fühlt er sich angenommen, wie er ist.

Bleiben Sie positiv

Stellen Sie sich vor, Sie sind ein siebzehnjähriger junger Mann. Sie fahren ein geiles Moped, lernen fleißig in der Schule und spielen sogar in der besten Mannschaft Fußball. Sie haben recht gute Noten und kommen meistens ganz gut mit Ihrer Familie zurecht. Nach der Schule gehen Sie ins Training, dann kommen Sie heim, essen zu Abend und machen auf dem Laptop Ihre Hausaufgaben. Bevor Sie loslegen, sehen Sie sich noch ein paar Videoclips an. Madonna und Lady Gaga rekeln sich aufreizend auf Ihrem Bildschirm. Sie hoppen von Seite zu Seite und spielen dann noch ein Videospiel, bevor Sie sich an die Arbeit machen. Während Sie spielen, schalten Sie den iPod ein, damit Sie ein bisschen Musik haben. Im Videospiel knallen Sie ein paar Feinde ab und retten Frauen, die nicht viel anhaben. Die Musik in Ihrem Ohr sagt Ihnen: »You are sexy and you know it.« Nach fünfzehn Minuten fangen Sie mit den Hausaufgaben an.

In diesen fünfzehn Minuten haben Sie folgende Botschaft empfangen: Sie sind sexy, und das ist wichtig. Sex ist großartig. Sie finden das auch. Sie fangen mit Mathe an und kommen mit der Aufgabe nicht zurecht. Ihre Lehrerin hat Ihnen schon mehrfach gesagt, dass Sie in Mathe gut sein könnten, wenn Sie sich nur mehr anstrengen. Tief drin glauben Sie ihr ja. Ihr Trainer drängt Sie auch, härter zu trainieren, weil er denkt, Sie haben eine Chance, zu einem guten Verein zu kommen. Ihre Eltern vertrauen darauf, dass Sie wissen, was Sie tun, wenn Sie am Wochenende weggehen. Und dazu haben sie auch allen Grund, denn schließlich rauchen und kiffen Sie nicht wie Ihre Freunde. Sie genehmigen sich höchstens mal ein Bier. Sie verstehen sich ganz gut mit Ihrer Mutter und trinken schon deshalb nicht, weil Sie wissen, dass sie sich dann wirklich Sorgen machen würde.

An jeder Ecke Ihres Lebens steht also ein Erwachsener, der Ihnen sagt, dass Sie Verantwortung übernehmen können. Sie spielen gut, wenn Sie auf dem Platz stehen, haben Erfolg in der Schule und lassen Ihre Finger von Alkohol und Drogen. Jeder glaubt an Sie, und das trägt dazu bei, dass Sie selbst auch an sich glauben. Aber wenn es um Sex geht, was bekommen Sie dann im Allgemeinen zu hören? Die Massenkultur signalisiert, dass Sex super ist. Was sagen denn die Erwachsenen in Ihrem Leben? Finden sie das auch? Oder machen sie sich Sorgen um Sie? Finden sie, dass Sex für Sie in Ordnung ist? Oder erwarten sie von Ihnen Zurückhaltung? Niemand redet da viel drüber. Was Sie über Sex wissen, erfahren Sie von Sängern, Schauspielern oder Videospielen. Und *da* heißt es: Sex ist super. Wie aber denken Ihre Mutter und Ihr Vater darüber? Diesbezüglich tappen Sie im Dunkeln. Alles in allem denken Erwachsene offensichtlich, wenn es um Sex geht, könne man ohnehin nichts kontrollieren, denn »alle Teenager wollen Sex«. Aha! Das ist es, was Sie von den erwachsenen Vorbildern so hören. Wenn Sie jetzt dieser siebzehnjährige junge Mann wären, wie würden Sie sich mit diesen widersprüchlichen Botschaften fühlen? Ich wäre jedenfalls ziemlich durcheinander. Aus diesem Grund braucht Ihr Sohn Ihre Hilfe.

Wenn es um Sex geht, hören Jungs ja meist nur, dass sie ihren Sexualtrieb sowieso nicht unter Kontrolle bringen können. Zumindest hielt mir das der berühmte Fernsehmoderator Bill O'Reilly entgegen, als ich in seiner Sendung zu Gast war. Es ging um Teenager und Sex. Er sagte mehr oder weniger Folgendes: Wenn ich (die ich seit mehr als zwanzig Jahren mit Teenagern arbeite) erwartete, dass Jungs im Teenageralter nicht sexuell aktiv sein würden, dann lebe ich wohl noch in Wunderland. (Ich habe hier eine höfliche Umschreibung für seine Worte gewählt.) Seine Ansicht war klar: Wenn es um Sex geht, kann sich ein männlicher Teenager nicht kontrollieren. Wie würden Sie sich fühlen, wenn Sie ein Teenager wären und bekämen nichts anderes zu hören? Ist es nicht deprimierend, wenn man Ihnen sagt, Sie könnten jeden Aspekt Ihres Lebens in den Griff bekommen, nur nicht Ihre Sexualität? Ich glaube, dass das aus mehreren Gründen falsch ist.

Erstens muss ein Junge, der sich zu einem gesunden Mann entwickeln soll, lernen, unabhängig zu sein. Das passiert, wenn er Selbstkontrolle entwickelt, und zwar nicht nur in Bezug auf einzelne Aspekte seines Lebens, sondern schon auf *alle*. Wenn er nun erfährt, dass ein sehr wichtiger dieser Aspekte – nämlich seine Sexualität – unkontrollierbar ist, verwirrt ihn das nur und schadet seiner seelischen Entwicklung. Natürlich haben Männer in bedeutenden Positionen (Bill Clinton, Tiger Woods, David Howell Petraeus) ihren Familien Schmerz zugefügt, ihren Ruf ruiniert und ihren Job verloren, weil sie ihre sexuellen Triebe nicht kontrollieren konnten. Aber ist es nicht beschämend für einen Mann, wenn er hört, dass ihm gar nichts anderes übrig bleibt?

Zweitens haben Teenager ohnehin meist den Eindruck, dass sie keine Wahl haben und so bald wie möglich Sex haben sollten. Vor dreißig Jahren war das noch anders. Damals lernten Jungs, dass sie mit ihrer Freundin Sex haben konnten, dass mit ihnen aber auch alles in Ordnung war, wenn sie das nicht taten. Heute ist das anders. Viele Jungen glauben, sie müssten so früh wie möglich sexuelle Erfahrungen haben, wenn sie ein Mann sein wollen. Ob die Erfahrung gut oder schlecht ist, ob sie ihnen geschadet hat oder nicht, ist nicht von Belang. Nur dass der Akt vollzogen wurde, zählt.

Ihre Stimme sollte die Stimme der Vernunft sein, und die sagt ihm, dass er die Entscheidungen trifft, wenn es um seine Sexualität geht – und niemand sonst. Unseren Töchtern sagen wir das immer wieder – warum nicht auch unseren Söhnen? Vielleicht fürchten wir tief drinnen ja selbst, dass sie sich vielleicht nicht kontrollieren können. Wir müssen diese Angst überwinden. Reden Sie nicht mit Ihrem Sohn, als wäre es eine ausgemachte Sache, dass er Sex hat und deshalb am besten immer ein Kondom einstecken sollte. Wenn Sie über sexuelle Entscheidungen sprechen, dann signalisieren Sie ihm, dass er die Kontrolle hat. Machen Sie ihm klar, dass sexuelle Empfindungen sehr stark sind und daher richtig toll, aber dass sie trotzdem nicht sein Leben bestimmen sollten.

Sie als Mutter sind der positive Leitstrahl in seiner Welt. Sie können ihn lehren, gegen den Strom zu schwimmen in einer Umgebung, die nicht über den Trieb als solchen hinaussieht und ihn damit einschränkt. Wenn Sie Ihren Sohn diesbezüglich unterstützen, werden Sie stolz auf ihn sein. Das kann ich Ihnen versprechen. Vor einigen Jahren wurde eine breit angelegte Studie abgeschlossen, die den Titel *ADD Health Study* trägt (National Longitudinal Study of Adolescent to Adult Health, mehr als 90 000 Jugendliche wurden befragt). Es ging darum, welche Einflüsse im Leben eines Teenagers ihn von verfrühtem Sex, Drogen und Alkohol abhalten könnten. Und der wichtigste Faktor, so stellte sich heraus, war ein gutes Verhältnis zu den Eltern.[42] Wenn Ihr Sohn also anfängt, Sex zu haben, macht das, was Sie ihn darüber gelehrt haben, für ihn enorm viel aus.

Machen Sie's simpel

Viele Mütter denken, sie hätten nicht das Rüstzeug dazu, um mit ihrem Sohn über Sex zu reden. Doch Ihr Sohn will in erster Linie wissen, was seine Mutter darüber denkt, denn klammheimlich möchte er ja doch nichts tun, was ihr missfällt. Und ein klein bisschen möchte er auch so sein wie sie. Sie müssen gar nicht alles wissen über Infektionen, Kondome, Geburtenkontrolle et cetera. Ihr Sohn erwartet nicht, dass Sie sich als »Sexexpertin« gerieren. Das möchte er sowieso nicht.

Eine der meistgestellten Fragen von Eltern ist: »Ich war als Teenager echt wild drauf. Wie viel von meiner Erfahrung soll und kann ich meinem Jungen erzählen?« Meine Antwort darauf ist immer die Gleiche: »Zunächst einmal geht es hier nicht um Sie, sondern um ihn. Und natürlich können Sie Ihrem Sohn von Ihren Erfahrungen erzählen, aber vermutlich will er das gar nicht wissen. In seinem Kopf haben zwei Menschen in seinem Leben niemals Sex, und einer davon ist seine Mutter.«

Ihr Sohn will vielmehr wissen, was Sie von *ihm* halten, sich für ihn wünschen und ob Sie den Mann, der er allmählich wird, mögen oder nicht. Ihre Reaktionen auf diese Fragen sollten klar und positiv ausfallen. Vermitteln Sie ihm, dass Sie ihn für stark halten und dass seine Gefühle, seine Sexualität und sein Körper wohlüberlegte Entscheidungen verdienen. Bringen Sie ihm bei, dass seine Sexualität etwas Wunderbares und Vielschichtiges ist, das sich noch in der Entwicklung befindet. Machen Sie ihm klar, dass er sich um seinen Körper mehr kümmern sollte als um sein iPad. Sagen Sie ihm, dass Sie sich eine gesunde Sexualität für ihn wünschen. Und dass Sie schon deshalb nicht wollen, dass er sich Infektionen holt. Da Sie ihm zu einem erfüllten und guten Sexualleben verhelfen möchten, empfehlen Sie ihm vielleicht, mit sexuellen Erfahrungen noch ein bisschen zu warten. Es macht keinen Unterschied, ob er heterosexuell oder homosexuell ist. Er sollte einfach warten, weil das Risiko, emotional oder körperlich geschädigt zu werden, viel zu hoch ist, um unter den Tisch gekehrt zu werden.

Auch über Kondome sollten Sie ihn rückhaltlos aufklären, denn in der Schule hört er so dies und das darüber. Leider ist das meiste davon Unfug oder zumindest medizinisch ungenau. Wenn Sie Informationen bei Ärzten einholen, werden Sie nie die allgegenwärtige Formulierung »Safe Sex« hören. Es geht hier genauer um »Saf*er* Sex«, also um die Verminderung des Risikos. Kondome reduzieren das Ansteckungsrisiko ganz unterschiedlich, je nach Krankheit. Das ist wichtig zu wissen, weil sich Jungs im Teenageralter meist ohnehin unverwundbar fühlen. Wenn sie glauben, sie müssten nur ein Kondom überstreifen, um auf der sicheren Seite zu sein, dann passen sie überhaupt nicht mehr auf. Eine hochinteressante Studie belegt, dass die Wahrscheinlichkeit, dass ein Junge ein Kondom benutzt, mit zunehmender Beziehungsdauer sinkt.[43] Was eigentlich nicht verwunderlich ist, wenn man es sich genauer überlegt. Je länger ein Junge mit seiner Partnerin zusammen ist, desto sicherer fühlt er sich. Und da er ja schließlich keine Infektionen hat (Achtung: viele Jungen zeigen trotz Infektion keinerlei Symptome), denkt er, er brauche kein Kondom mehr. In meiner Praxis begegnet mir das recht häufig. Im Grunde lässt sich das Thema wie folgt zusammenfassen: Jungen sollten wissen, dass der Gebrauch von Kondomen, wenn auch mit Einschränkungen, immer noch mehr Sicherheit gibt, als keine zu benutzen. Aber einen Freifahrtschein gibt es auch mit Kondom nicht.

Jungs, die alt genug sind, um Sex zu haben, müssen meiner Ansicht nach unbedingt wissen, dass sie sich trotz Kondom infizieren können. Bei diesem Hinweis geht es nicht darum, ihnen das Gefühl zu vermitteln, dass Sex etwas Schmutziges ist. Ganz im Gegenteil: Wenn sie beschließen, sexuell aktiv zu werden, wissen sie wenigstens, was eventuell auf sie zukommen kann. Und wenn sie diese Erfahrungen freiwillig noch hinausschieben wollen, wissen sie, was sie sich möglicherweise ersparen.

Mein Freund Jake hat diese Informationen von niemandem bekommen. Als Teenager war er ziemlich wild. Er liebte Mädchen und erzählte, zwischen seinem fünfzehnten und achtzehnten Lebensjahr habe er die unterschiedlichsten Spielarten von Sex mit zehn verschiedenen Mädchen ausprobiert. Drogen oder Alkohol interessierten ihn nicht – er hatte nur einfach gern Sex. In seinen frühen Zwanzigern hörte er dann aus freien Stücken mit dem beliebigen Sex auf.

Als er fünfundzwanzig war, lernte Jake Monique kennen, die Frau seiner Träume. Glücklicherweise verliebte sie sich auch in Jake, und schon ein Jahr, nachdem sie sich kennengelernt hatten, waren sie verheiratet. Vor der Heirat rief Monique mich an. Sie war genauso alt wie Jake, und wir kannten uns schon seit Jahren. Als sie in die Grundschule kam, war sie meine Patientin. Sie meinte, sie müsse mit mir sprechen, also traf ich mich mit ihr auf einen Kaffee. Sie erzählte mir von Jakes Abenteuern als junger Mann und meinte, sie liebe ihn wirklich, aber sie mache sich doch Sorgen, was sie sich beim Verkehr mit ihm vielleicht holen könne. Ich riet ihr, dass sie und Jake sich testen lassen sollten. Der einzige Weg zu einer guten Ehe sei ohnehin die totale Ehrlichkeit. Also machten die beiden das auch, und eine Zeit lang lief tatsächlich alles bestens.

Zwei Jahre später waren Jake und Monique auf Reisen, als mein Handy plötzlich klingelte. Es war Monique, ganz in Tränen aufgelöst. Sie hätte starke Schmerzen im Genitalbereich und wüsste nicht, was mit ihr los sei. Die Symptome, die sie beschrieb, hörten sich nach Genitalherpes an. Ich bat sie also, eine Notfallambulanz aufzusuchen, was sie auch tat. Man gab ihr die richtigen Medikamente, und es ging ihr bald besser.

Nachdem die beiden wieder zu Hause angekommen waren, bat mich Jake um ein Gespräch. Als ich mich mit ihm traf, war er völlig fertig. Er liebte seine Frau.

»Ich weiß, dass das nicht leicht für Sie ist«, sagte ich ihm an jenem Nachmittag. »Aber das lässt sich regeln. Monique packt das schon. Sie müssen nur sicherstellen, dass Sie behandelt werden – Sie beide. Vor allem, wenn Sie Kinder wollen.«

»Scheiße«, brach es aus ihm heraus. »Wie konnte ich damals nur so blöd sein? Es ist eine Sache, wenn nur ich betroffen bin, aber eine andere, dass es jetzt auch Monique trifft. Sie ist einfach wunderbar. Das ist überhaupt das Schlimmste für mich: dass ich ihr das antun konnte.«

Jakes Geschichte ist leider kein Einzelfall. Tatsächlich hatte er mehr unter dem Herpes zu leiden als seine Frau, weil bei ihm die Schuldgefühle dazukamen, dass er seine Frau angesteckt hatte. Die Millionenfrage ist nun: Hätte seine Mutter ihm helfen können, das Problem zu vermeiden? Ich wollte es wissen, also fragte ich ihn einfach. »Jake, ich hätte eine Frage an Sie und möchte gerne, dass Sie ehrlich antworten: Sie hatten doch stets eine gute Beziehung zu Ihrer Mutter, nicht wahr?« Er nickte.

»Wenn Ihre Mutter Ihnen geraten hätte, mit dem Sex noch zu warten, bis Sie älter waren oder vielleicht sogar bis zur Ehe, hätte das einen Unterschied gemacht?«

Seine Antwort kam wie aus der Pistole geschossen. »Natürlich! Ich bewunderte meine Mutter. Auch heute noch. Aber wir haben nie über Sex gesprochen. Sie hat mir zwar gesagt, dass ich kein Mädchen schwängern soll, aber das war's dann schon. Sie war eine alleinerziehende Mutter und wusste, ehrlich gesagt, auch nicht, wie gefährlich Sex mittlerweile sein kann. Und sie wusste wohl nicht, wie sie das Thema anschneiden sollte. Eigentlich komisch, wir reden sonst über alles.«

Das Problem für Jake und seine Mutter war, dass sie einfach nicht wusste, welche Untiefen die sexuelle Landschaft mittlerweile für ihren Sohn bereithielt. Sie sagte ihm zwar, er solle Kondome benutzen, doch Kondome können nicht in jedem Fall vor Herpes schützen. Die Effizienz von Kondomen ist ein schwieriges Thema. Teenager fragen mich ständig, ob Kondome funktionieren. Die Antwort ist: Das hängt ganz davon ab.

Zunächst einmal schützen Kondome vor allem vor Krankheiten, die durch Körperflüssigkeiten übertragen werden, wie AIDS, Gonorrhö und Chlamydien. Wenn der Junge sie ständig benutzt (was viele Jungs nicht tun) und sie korrekt benutzt (manchmal rutschen sie), dann sind sie hier ein guter Schutz. Mit anderen Infektionen aber, zum Beispiel mit Herpesviren oder dem Humanen Papillomavirus, ist es schon schwieriger, da diese Viren durch Hautkontakt übertragen werden. Außerdem wissen wir mittlerweile, dass junge Männer immer weniger Kondome benutzen, je länger sie sexuell aktiv sind. Je mehr Sex die Herren hatten, ohne dass ein Mädchen dabei schwanger wurde oder sie sich eine Infektion holten, desto unbesiegbarer fühlen sie sich. Das ist gefährlich, weil es reine Fantasie ist: Viele Infektionen bleiben symptomlos. Der junge Mann hat vielleicht eine Infektion, weiß es aber nicht.

Daher gilt: Jungen sollten unbedingt Kondome benutzen. Doch damit sie wirklich gesund bleiben, müssen wir ihnen mehr beibringen, als nur »Safer Sex« zu haben. Denn wie ich bereits sagte, um Ihren Sohn auf der sicheren Seite zu wissen, sind zwei Dinge nötig: den Beginn der sexuellen Aktivitäten hinauszuschieben und die Anzahl der Sexualpartner zu verringern.

Machen Sie's locker

Nachdem Sie all diese Informationen aufgenommen und vielleicht noch nicht verdaut haben, werden Sie sich bei dieser Überschrift wohl an den Kopf fassen: »Locker? Machen Sie Witze?« Aber das Lockere ist durchaus machbar. Wenn Sie mit Ihrem Sohn über Sex, Mädchen, Liebe und all das reden, sollte es ihm Spaß machen. Ja, es gibt da ein paar gravierende Probleme. Und ja, Ihr Sohn ist Botschaften ausgesetzt, die Ihnen vermutlich die Haare zu Berge stehen lassen. Doch davon dürfen Sie sich nicht abschrecken lassen, denn ihn mit den Irrungen und Wirrungen des Sexuallebens vertraut zu machen, ist Teil Ihrer Aufgabe als Mutter. Und glauben Sie mir: Sobald der Dialog einmal in Gang gekommen ist, wird es leichter. Oder lockerer.

Das Tolle an Kindern (und Teenagern) ist: Sie wollen eigentlich immer etwas über Sex hören. Ehrlich. Sie wollen nur keine Vorträge und nicht dauernd irgendwelche Statistiken an den Kopf geknallt bekommen. Aber sie wollen über ihr Leben und ihre Zukunft sprechen. Und sie hören gern, wie viel besser das Leben wird, wenn sie älter werden. Soll ich Ihnen ein Geheimnis verraten? Jungs glauben, dass sie den besten Sex ihres Lebens vor fünfundzwanzig haben. Danach geht ihrer Meinung nach ohnehin alles den Bach runter. Und daher rede ich mit all meinen männlichen Patienten über ihre sexuelle Langlebigkeit. Das macht Hoffnung.

Wenn Sie Ihrem Sohn vermitteln, dass der Ärger mit der Sexualität zwar eine ganz reale Gefahr ist, dass diese ihn aber nicht treffen muss, hört er Ihnen sicher gerne zu. Vermutlich stellt er die harten Fragen in der Vorpubertät. Geben Sie ihm Antwort, auch wenn Sie das Gefühl haben, dass es zu früh ist. Wenn Sie die Antwort auf eine seiner Fragen nicht wissen, sagen Sie ihm das und versprechen Sie ihm, dass Sie alles recherchieren werden. Wenn Sie diese Gespräche so locker und nebenbei wie möglich führen, wird er sie gerne wiederholen wollen. Werden diese Gespräche aber mühselig und machen ihn irgendwie mürbe, wird er sie künftig vermeiden.

Ich kann mich noch an eine Klassenfahrt erinnern. Ich war mit meiner Tochter unterwegs, die damals in der zwölften Klasse war, und passte zusammen mit anderen Eltern auf die Kids auf. Ihre Klasse war klein. Wenn wir einen Ausflug machten, passten wir alle in einen Bus. Ich kannte die meisten Kinder aus der Klasse, und diese wussten über meine berufliche Tätigkeit Bescheid. (Ich hielt in der ganzen Stadt Vorträge über Teenager und Sex.) Und so kam es, dass ein besonders übermütiger Klassenkamerad von ihr mir ein paar Fragen stellte, während wir gemeinsam im Bus saßen. Ich saß ganz vorne, er ganz hinten. Seine Stimme tönte also durch den ganzen Bus: »Nun, Dr. Meg, was ist denn da jetzt dran an den Geschichten über Jungs und Tripper? Warum kriegen wir ihn öfter als Mädels?«

Alle kicherten. Und dann warteten sie gespannt, daher beantwortete ich die Frage. Dann kam eine zweite Frage, und dann noch eine. Ein paar Kinder stellten absichtlich doofe Fragen, weil sie sich mit dem Thema nicht recht wohlfühlten, dann lachten wir alle. Andere hingegen stellten absolut tolle Fragen, und als wir ankamen, hatte jeder eine Menge Spaß gehabt. Wir hatten zwar über ernsthafte Dinge gesprochen, doch auf eine lockere Weise. Und so fühlte sich am Ende jeder wohl. Das Frage-Antwort-Spiel ergab sich zufällig und entwickelte eine gewisse Eigendynamik. Anfangs fragte nur ein Kind etwas, und ich beantwortete seine Frage, aber dann redeten die Kinder auch unter sich über Sex, und nicht bloß mit mir.

Ich habe dies oft erlebt. Vor einigen Jahren sollte ich an einer Highschool in Los Angeles einen Vortrag halten, in der vergleichsweise viele Mädchen im Teenageralter schwanger wurden. Viele der Schüler kamen aus dysfunktionalen Familien, und es gab auch häufig Fälle von Drogenmissbrauch. In der Woche vor meinem Vortrag waren zwei Jungs von Schulgangs getötet worden. Ich gebe zu, ich war ein bisschen eingeschüchtert. Ob diese Schüler einer Ärztin und Mutter in Pumps und mittleren Jahren wirklich zuhören würden? Doch sobald ich den Kids Fragen stellte, mich nach ihren Gedanken, ihren Gefühlen erkundigte, war das Eis gebrochen, und sie hörten gar nicht mehr auf zu reden. Ein junger Mann erzählte, wie er und seine Gefährten die »wilden Mädchen« erlebten, und plötzlich sprangen ein paar Mädchen auf und verboten ihm den Mund. Die Mädchen konnten einfach nicht glauben, was sie da zu hören bekamen. Sie fragten: Wie konnten diese Jungs es wagen, sie zu verachten? Dann setzte eine richtige Debatte ein, und alle beteiligten sich daran.

Gespräche über Sex und Mädchen verlaufen nur dann locker, wenn Sie Ihren Sohn schon in jungen Jahren daran gewöhnen und das Thema immer mal wieder anschneiden. Ist er solche Gespräche mit Ihnen gewohnt, dann verliert das Thema jeden geheimnisvollen Touch. Dann kann man plötzlich über alles reden. Am besten ist es, Sie fangen damit schon an, bevor er elf wird, denn sobald er in der Pubertät ist, wird es für ihn schwieriger, über Sex zu sprechen.

Die Sexualität Ihres Sohnes ist eines der kostbarsten Güter, die er besitzt. Jetzt wissen Sie, wie wichtig Ihre Rolle bei seiner Entwicklung ist. Tun Sie also, was ich getan habe, als ich damals nach Los Angeles fuhr. Ich war verschüchtert und fühlte mich alt und irgendwie fehl am Platz. (Ich war nie an einem Ort, wo es Gangs gab.) Ich war überzeugt, die Teenies würden mir nie zuhören. Aber ich bin trotzdem in diesen Raum gegangen. Und die Zeit, die ich mit diesen Kids verbrachte, gehört zu den wertvollsten meines Lebens. Also gehen auch Sie einfach drauflos. Fangen Sie das Gespräch mit Ihrem Sohn an. Zeigen Sie ihm, dass Sie für ihn da sein und immer hinter ihm stehen werden. Und fragen Sie sich: Wie anders wäre das Leben für Ihren Mann, Bruder oder Freund gelaufen, wenn seine Mutter schon von Kindesbeinen an mit ihm über Sex gesprochen und ihm vermittelt hätte, dass man sich bestimmte Dinge doch besser gründlich überlegt? Wie viele Frauen kennen Sie, die allerhand zu leiden haben, weil ihr Mann keine sexuelle Selbstkontrolle kennt – entweder vor oder nach der Heirat? Viele Frauen haben Probleme mit den früheren Sexualpartnern ihrer Männer – und umgekehrt. Lassen Sie Ihren Sohn nicht in diese Falle tappen, wenn er älter wird.

Wie ich das sehe, haben Sie das härteste Stück des Wegs schon hinter sich. Sie haben ein Kapitel gelesen, das viele Themen anschnitt, über die Sie vielleicht gar nichts lesen wollten. Aber jetzt wissen Sie, was sich in der Welt Ihres Sohnes abspielt. Und Sie wissen, wie wichtig Sie für seine Zukunft sind. Wenn Ihnen immer noch mulmig ist, denken Sie einmal über Folgendes nach: Wie wird es Ihrem Sohn ergehen, wenn Sie ihn über die Schönheit und den Ernst sexueller Erfahrungen im Unklaren lassen? Nehmen Sie diese Mühe auf sich. Ich verspreche Ihnen: Wenn er erst fünfundzwanzig ist, wird er Sie deshalb nur umso mehr lieben.

Kapitel 9

Weisheit und Verantwortung – zwei kostbare Güter, die Sie Ihrem Sohn mitgeben können

Weisheit ist eine merkwürdige Sache. Es handelt sich dabei nicht um Wissen oder Urteilsvermögen, nicht um Intelligenz, Einsicht oder die Bereitschaft, zu tun, was richtig ist. Andererseits ist Weisheit auch keine Gabe, die uns nur von Gott verliehen werden kann. Irgendwie ist sie all das auf einmal. Gute Eltern brauchen jede Menge Weisheit. Alle Eltern möchten weise sein und diese Weisheit an ihre Kinder weitergeben. Als Mütter können wir sicherstellen, dass unsere Sprösslinge etwas zum Anziehen haben, eine Schulausbildung bekommen und Liebe erfahren. Wir können ihnen alles Mögliche schenken. Lehren wir sie aber Weisheit, dann geben wir ihnen die Möglichkeit, mit den Widrigkeiten des Lebens fertigzuwerden. Weisheit hilft ihnen, ihre persönlichen Ressourcen zu nutzen: Ausdauer, Geduld, Durchsetzungsvermögen. Unsere Söhne in die mütterliche Weisheit einzuweihen kann trotzdem schwierig sein. Wie in aller Welt sollen wir das anstellen? Vielleicht sind wir ja gar nicht weise genug, um sie Weisheit zu lehren? Mit den Jahren habe ich die Sorgen von Tausenden Müttern kennengelernt, und wissen Sie was? Wenn ich eins gelernt habe, dann dies: Sie wissen instinktiv, was für ihren Sohn gut und richtig ist.

Unsere mütterliche Weisheit besteht eben auch darin: in diesem angeborenen, intuitiven Gespür für unsere Kinder. Wir können diese Weisheit pflegen – sie nähren und hochpäppeln. Oder wir können sie ignorieren, dann verkümmert sie im hintersten Winkel unseres Seins. Letztlich hängt es davon ab, ob wir willens sind, die Kunst des Zuhörens zu lernen und unseren mütterlichen Instinkten zu lauschen. Bei den meisten Müttern ist Angst der größte Feind der Weisheit. Angst hindert uns vielfach daran, unseren Kindern gute Eltern zu sein, vor allem, wenn wir uns fürchten zu tun, was unser Herz uns rät, und wir stattdessen tun, was alle machen. Wenn wir dem Herdentrieb erliegen, dann vergleichen wir uns ständig mit anderen Müttern. Wir arbeiten mehr, um unseren Kindern noch schickere Sachen zu kaufen, sie auf bessere Schulen zu schicken und ihnen tolle, hypergesunde Mahlzeiten zuzubereiten. Wir haben eine Liste im Kopf, auf der alles vermerkt ist, was eine »gute« Mutter zu tun hat. Und dann leisten wir echte Knochenarbeit, um das alles zu verwirklichen.

Geht Ihr Sohn gerade in die zweite Klasse, könnte die Liste so aussehen: Ihn pünktlich in der Schule abliefern, dafür sorgen, dass er beim Lesen nicht in die Fördergruppe kommt (und wenn doch, sofort einen Nachhilfelehrer engagieren), ihn zwei verschiedene Sportarten trainieren lassen, damit seine Talente auch ja entsprechend gefördert werden, mit ihm Hausaufgaben machen, darauf achten, dass er sich dabei auch ordentlich konzentriert (wenn er ADHS hat, müssen Sie die Erste sein, die das merkt), tolle Mahlzeiten auf den Tisch bringen (natürlich bio), ihn dazu bringen, sein Zimmer aufzuräumen, und wenn er das nicht tut, eine Putzfrau einstellen (die verlangt, dass Sie vor ihrem Eintreffen das schlimmste Chaos beseitigen), und ihn rechtzeitig zu Bett bringen, damit er ausreichend Schlaf bekommt. Wenn Sie mit dieser Liste durch sind, müssen Sie noch erledigen, was Sie im Büro nicht geschafft haben (wenn Sie einen Job haben, was Ihnen – nebenbei bemerkt – auch allerlei Schuldgefühle einträgt), und dann ist da ja noch Ihr Ehemann, der sich wünscht, dass Sie mehr Zeit für ihn haben.

So sieht das Leben in der Tretmühle aus. Jede Mutter hat ein Bild von sich als perfekte Mutter im Kopf. Und sie versucht Tag für Tag, diesem Bild gerecht zu werden. Das Problem ist nur: Niemand ist vollkommen. Dieses Bild lässt Sie nur jeden Abend frustriert zu Bett gehen, weil Sie wieder mal nicht die »ideale« Mutter waren. Besonders weise ist das nicht, und gesund schon gar nicht. Wir Mütter lassen uns von der Angst, nicht zu genügen, bestimmen. Warum aber tun wir so etwas? Weil wir in einer Kultur leben, die dieses unerreichbare Bild von der perfekten Mutter immer mehr und mehr propagiert. Wir begegnen ihm in Ratgebern für Eltern, in Artikeln in entsprechenden Zeitschriften. Unsere Freunde und Verwandten konfrontieren uns ständig damit, obwohl sie selbst ja auch nicht perfekt sind. Auch sie haben sich die Vollkommenheit zum Ziel gesetzt und halten an diesem Ideal fest, auch wenn sie scheitern. Wie wir. Gehen Sie die oben aufgeführte Liste noch einmal durch, und wenn Ihnen das ein oder andere bekannt vorkommt, so fragen Sie sich, warum. Warum strampeln Sie sich so ab? Trifft es zu, dass Sie all das für Ihren Sohn tun, weil Sie Angst haben, er könnte sich sonst schlecht entwickeln und Sie würden als schlechte Mutter dastehen?

Ich fordere Sie jetzt und hier dazu auf, Ihre persönliche Liste durchzugehen und eine ehrliche Antwort auf die Frage zu geben, welcher dieser Punkte Ihnen und Ihrem Sohn wirklich etwas bringt. Stellt sich die Sache als nützlich heraus – super! Kommen Sie jedoch zu dem Ergebnis, dass etwas davon Ihnen oder Ihrem Sohn schadet und das Leben vermiest – dann sollten Sie wirklich auf die leise Stimme in Ihrem Herzen hören, die Ihnen sagt, dass es doch einen anderen und besseren Weg geben muss. Eine Tretmühle ist kein geeigneter Aufenthaltsort für Mütter. Für Söhne übrigens auch nicht. Und wieder werde ich Ihnen hier ein Geheimnis über Ihren Sohn verraten: Jungs hassen es, wenn ihre Mütter für sie Leistung erbringen. Sie wollen weniger von all dem Zeug, das Sie *für sie* tun, und mehr von *Ihnen*. Es ist tatsächlich so simpel.

Damit Ihr Sohn mehr von *Ihnen* hat, müssen Sie sich lossagen von all den Dingen, die Sie angeblich tun sollten. Hören Sie auf Ihr Herz und auf Ihre Instinkte. Dort liegt Ihre Weisheit als Mutter. Jede Mutter hat ein angeborenes Gespür für ihr Kind, von dem sie sich leiten lassen kann. Wenn Sie allerdings ängstlich, erschöpft und nervös sind, werden Sie diese Stimme nicht hören. Schalten Sie einen Gang herunter und hören Sie auf sich selbst. Sie werden feststellen, dass Ihre Erfahrungen als Mutter und Frau, Ihre Intuition, Ihre ethische Einstellung, Ihr Urteilsvermögen und Ihr Herz Ihnen genau sagen, was richtig für Ihren Sohn ist.

Es ist möglich, dass Sie als Mutter zwar hochintelligent, aber trotzdem nicht weise sind. Auch hervorragend ausgebildeten Müttern mit Spitzenjob fehlt es manchmal an Weisheit. Umgekehrt brauchen Sie eben keinen Spitzenjob und Bestnoten im Studium, um mit Ihren Kindern umgehen zu können. Eine weise Mutter ist eine Frau, die ihren Überzeugungen, ihrem Glauben, ihrem Instinkt und ihrem Gefühl vertraut, um ihrem Sohn ein schützendes und fürsorgliches Heim zu bereiten. Das Interessante an der Weisheit ist eben, dass eine Mutter, um weise zu sein, nicht unbedingt Wissen braucht. Sie braucht vielmehr klare ethische Grundsätze, eine tiefe Bindung zu ihren Kindern und die Fähigkeit, sich selbst und andere kritisch, aber ehrlich zu betrachten. Und die Bereitschaft, danach zu handeln. Weisheit bedeutet auch, dass wir uns Gott öffnen und ihn um Hilfe bitten, denn manchmal sind auch wir Mütter mit unserem Latein am Ende. Manchmal wissen wir nicht, was wir tun oder sagen sollen. Wir können bestimmte Entscheidungen nicht für unsere Söhne treffen. Dann brauchen wir Hilfe von einer Instanz, die größer ist als wir – von Gott.

Als mein Sohn in der Highschool war, betete ich immer wieder für ihn. Immer wenn er in ein Auto stieg und irgendwo hinfuhr, schickte ich ein Stoßgebet zum Himmel und bat um eine sichere Heimkehr. Wenn er abends mit Freunden ausging, bat ich Gott, über ihn zu wachen, damit er keinen Blödsinn anstellt. Der Glaube war mir persönlich eine enorme Hilfe auf dem Weg zur mütterlichen Weisheit.

Eine weise Mutter ist kein Weichei. Sie tut nicht, was alle tun, nur damit sie nicht aus dem Rahmen fällt. Sie kennt sich selbst und handelt nach dem, was sie für richtig hält. Damit ihre Familie glücklich und gesund bleibt. Eine weise Mutter weiß: Das Beste, was sie für ihre Familie tun kann, ist, dafür zu sorgen, dass sie selbst geistig und emotional stabil bleibt, dass sie glücklich ist.

Unsere Söhne in die Kunst des weisen Lebens einzuführen ist ein Geschenk, das wir ihnen machen. Eines der schönsten. Was aber, wenn wir uns in einer bestimmten Situation nicht besonders weise fühlen? Wie können wir unsere Intuition nutzen, wenn wir mitten in einem heftigen Streit stecken, bei dem die Emotionen auf allen Seiten hochkochen? Nun, da gibt es einen Trick: Wir handeln erst mal weise. Dann stellt sich die Weisheit von selbst ein. Wenn Sie einen Streit mit einer Freundin oder einem Familienmitglied haben, ist es dann besser, herumzuschreien, oder sich das, was der andere zu sagen hat, anzuhören und ruhig darauf einzugehen? Wenn Sie sich für die zweite Option entscheiden, sieht Ihr Sohn gelebte Weisheit und lernt daraus. Verhalten Sie sich ihm gegenüber genauso, dann geben Sie ihm damit Gelegenheit zum Nachdenken. Und er versteift sich nicht mehr auf Kampf und Rebellion.

Ich habe vorher schon beschrieben, wie sich die Identität bei Jungen ausbildet. Sie beobachten ihre Mutter. Jede einzelne Bewegung, jeder Tonfall, jeder Teil ihrer Körpersprache wird unter die Lupe genommen, weil er lernen will, wie er sein soll. Wenn wir eine gute Beziehung zu unseren Söhnen haben, ahmen sie unser Verhalten nach. Sie ziehen sich unsere Verhaltensweisen quasi über und probieren sie an. Wenn ihnen gefällt, was sie tun, verinnerlichen sie das. Anders ausgedrückt: Was sie häufig an uns beobachten, wird Teil ihrer Persönlichkeit. Kinder fühlen sich zur Weisheit ganz natürlich hingezogen, weil sie irgendwie wissen, dass Intelligenz zwar praktisch ist, aber nicht so wichtig wie Weisheit. Wenn unsere Söhne sehen, dass wir aus Angst dieses und jenes tun, werden sie daraus den Schluss ziehen, dass man dem Leben mit Angst begegnen muss. Söhne ahmen uns nach, und zwar von Kindesbeinen an, bis sie ausgewachsene Männer sind. Sie tun das instinktiv, weil sie so viel Zeit mit uns verbringen. Wenn sie uns ruhig und offen reagieren sehen, lernen sie, diese Eigenschaften auch in ihrem Leben anzuwenden.

Verantwortung

Doch unsere Söhne lernen von uns nicht nur Weisheit. Sie müssen auch erfahren, was persönliche Verantwortung bedeutet.

Diese beiden Eigenschaften zusammen sind sozusagen die Garantie für ein glückliches, gesundes und erfolgreiches Leben. Verantwortung ist etwas, was die Kinder im Regelfall zu Hause lernen. In der Schule bekommen unsere Kinder beigebracht, wie sie sich dem Wettbewerb stellen: Sie sollten die besten Noten bekommen, das andere Team beim Fußball schlagen und so weiter. Mitunter fördert die Schule diese Art Wettbewerbsfähigkeit auf Kosten schwächerer Kinder. Wir Mütter sind der Stabilisator im Familiengefüge, daher ist es an uns, unseren Söhnen Verantwortungsgefühl beizubringen. Schließlich ist es meist Mama, die kontrolliert, ob der Sicherheitsgurt angelegt ist, der Junge beim Fahrradfahren seinen Helm trägt, pünktlich ist, ihn zu Schulveranstaltungen kutschiert und darauf achtet, dass die Hausaufgaben gemacht werden. Mit anderen Worten: Wir Mütter sind das Vorbild für unsere Söhne, was die Verantwortung im täglichen Leben angeht.

Bedauerlicherweise fördert unsere Kultur den Sinn für persönliche Verantwortung nicht. Einige der Grundschullehrer in meinem Bekanntenkreis erzählen, dass Eltern, wenn man sie in die Schule bestellt, weil ihr Kind andere verprügelt oder ähnliche Dinge tut, das Kind in Schutz nehmen und auf den Lehrer losgehen. Was lernen wir daraus? Unser Kind hat immer recht. Und das wiederum lernen Kinder nur allzu schnell. Dann denken sie, es sei ganz in Ordnung, anderen auf die Zehen zu treten, um vorwärtszukommen, oder die eigenen Fehler auf andere abzuwälzen. Auch in Film und Fernsehen wird das Hohelied der Manipulation gesungen. Jeder – ob Mensch oder Unternehmen – darf alles tun, wenn er selbst dadurch vorwärtskommt. Manche meiner Patienten im Teenageralter sagen mir schlicht, sie könnten nicht anders, wenn ich sie frage, warum sie ihre Eltern anschreien. Erst gestern hatte ich ein Gespräch mit einem Dreizehnjährigen, der seiner Mutter zufolge diese »unerklärlichen Wutanfälle« hat. Wenn sie ihm sein iPhone wegnimmt, tritt er gegen die Tür und beschimpft sie laut. Manchmal schlägt er in seinem Zimmer alles kurz und klein. Sie wollte wissen, ob es dagegen Medikamente gibt. Er könne ja anscheinend nichts dafür. Nun ja: Er kann etwas dagegen tun. Und sie muss ihm dabei helfen.

Dieser Mangel an persönlicher Verantwortungsbereitschaft und die Anonymität des Internets haben Mobbing heute zu einem alltäglichen Phänomen gemacht. (Siehe dazu Kapitel 6.) Bösartige Kinder finden ganz leicht Opfer. Sie wissen, dass Erwachsene nicht merken, was sie tun. Sie glauben, das Recht zu haben, andere Kinder in jeder Form zu demütigen. Schließlich gibt es ja da diese großartigen Songs, die ungestraft Gewalt verherrlichen. So etwas ermuntert Kinder, gemein zu anderen zu sein. Medien und Prominente zeigen unseren Söhnen, dass es einfacher ist, mit dem Finger auf andere zu deuten als auf sich selbst. Und so lernen sie, sich wortreich zu rechtfertigen, statt für ihre Fehler einzustehen. Eine ehrlich gemeinte Entschuldigung geht ihnen nicht mehr über die Lippen. Und dafür sind sie wirklich nur zum Teil verantwortlich, denn das ist tatsächlich eine Zeitkrankheit: Wir leben in einer Kultur, in der man mit dem Finger auf andere zeigt.

Wir Mütter müssen unseren Söhnen beibringen, dass es durchaus von Wert ist, wenn man aufsteht und sagt: »Ich war das.« Wir müssen mit gutem Beispiel vorangehen und unseren Söhnen zeigen, wie befreiend es ist, einen Fehler zuzugeben und zu begreifen, *warum* etwas falsch war. Wir müssen unsere Söhne lehren, wie sie sich verhalten sollten, wenn sie Mist gebaut haben, und wie sie mit ihren Schamgefühlen umgehen können. Es wäre grausam, ihnen hier nicht beizustehen. Denn dann wachsen unsere Söhne zu Männern heran, die keine Fehler zugeben können (und davon gibt es viele), die niemals sagen können: »Es tut mir leid.« Dabei sind das die befreiendsten Worte, die unsere Sprache uns schenkt. Zeigen Sie Ihrem Sohn, was gut daran ist.

Ein starkes Duo: Weisheit und Verantwortungsgefühl

Weisheit und Verantwortungsgefühl sind ein starkes Paar, weil sie Hand in Hand gehen. Weise Mütter sind verantwortungsbewusst, und verantwortungsbewusste Mütter sind weise. Eines geht nicht ohne das andere. Aber diese beiden wunderbaren Eigenschaften auch unseren Kindern zu vermitteln ist manchmal, als würde man gegen den Strom schwimmen. Vor allem, wenn das, was wir uns für unsere Söhne im Normalfall wünschen, dem widerspricht, was wir ihnen in einer bestimmten Situation wünschen. Wir möchten zum Beispiel, dass unser Sohn Gleichaltrige behandelt, wie er selbst behandelt werden möchte. Wenn er aber an einen typischen Rowdy gerät, wollen wir nur, dass ihm nichts passiert. Wir wollen, dass unser Junge Respekt zeigt, doch wir möchten auch, dass er sich einmischt, wenn er Zeuge inakzeptabler Vorfälle wird. Wir wollen, dass er wie seine Freunde wird, aber gleichzeitig soll er dem Gruppendruck nicht nachgeben, wenn die Freunde trinken oder Drogen nehmen. Es ist doch seltsam: Wir ermöglichen unseren Söhnen, sich genauso anzuziehen wie ihre Klassenkameraden. (Wir kaufen ihnen zum Beispiel die Schuhe, die gerade alle tragen.)

Wir fahren sie zu allen Schulveranstaltungen und ermutigen sie, sich einen großen Freundeskreis aufzubauen. Doch dann sagen wir ihnen, dass sie nicht immer alles genauso machen sollen wie die anderen. Wie passt das zusammen? Wie können wir sie in einer Minute ermutigen, sich an ihren Freunden ein Beispiel zu nehmen, und ihnen in der nächsten sagen, dass sie Gruppendruck widerstehen sollen?

Wenn Sie solche Fragen schon verwirrend finden, dann Ihre Kinder noch viel mehr. Ich empfehle Ihnen daher: Lehren Sie Ihren Sohn, weise zu handeln. Bringen Sie ihm schon in jungen Jahren bei, wo der Unterschied zwischen gut und böse, richtig und falsch, gesund und ungesund liegt. Das Schöne an der Weisheit ist, dass Sie ohne Wenn und Aber Farbe bekennen müssen. Eine Mutter kann nicht weise sein und gleichzeitig nicht wissen, was sie für richtig hält. Weisheit hat die wunderbare Eigenschaft, die Grauzonen im Leben auszuleuchten und Klarheit in wichtigen Dingen zu schaffen. Daher müssen Sie Ihrem Sohn schon von Kindesbeinen an beibringen, was Weisheit ist.

Mir ist durchaus klar, dass Weisheit ein zu komplexes Thema ist, um daraus Ratschläge zu destillieren. Ich habe es aber trotzdem versucht. Hier meine Tipps für die weise Mutter.

Vertrauen Sie Ihrem Instinkt

Wenn wir unsere Söhne zur Weisheit erziehen wollen, müssen wir schon anfangen, wenn sie noch Kleinkinder sind. Und es wird nur klappen, wenn wir selbst weise handeln. Das sollten Sie im Hinterkopf behalten. Aber was heißt das nun: weise handeln? Lassen Sie uns die Weisheit einmal kurz sezieren.

Wie ich bereits sagte: Weisheit hat viele Wurzeln und ist die Frucht vieler Kräfte. Zunächst einmal erwächst Weisheit aus dem Zusammenwirken von Lebenserfahrung, Gefühlen, Wissen, Intuition und Urteilsvermögen. Wenn wir gerade Mutter geworden sind, haben wir zunächst einmal keinerlei Erfahrung. Es gibt kein »Mütterpraktikum«. Wenn wir unseren Jungen zum ersten Mal im Arm halten, sehen wir ihn an, und uns wird klar, dass wir dieses Geschöpf kein bisschen kennen. Ob wir ihn neun Monate in unserem Bauch herumgetragen oder ihn aus einem anderen Land adoptiert haben, macht da keinen Unterschied. In diesen ersten Monaten mit ihm müssen wir herausfinden, wer er ist und was er braucht. Sollen wir ihn nur stillen oder ihm auch hin und wieder die Flasche geben? Ist es okay, ihm den Schnuller zu geben? Wir würden ihn gerne zu uns ins Bett holen, aber ist das auch sicher? Bücher sagen dies, Freunde jenes, dabei wollen wir doch nur eines wissen: Was unser Sohn wirklich braucht. Und was will er ausdrücken, wenn er schreit? Hat er Angst? Ist er zornig? Oder nur müde?

Wenn unser Sohn heranwächst, bekommen wir allmählich mit, was ihn glücklich macht. Wir lernen, seine Bedürfnisse gleichsam zu lesen: was er braucht, was er fürchtet und was ihm wehtut. Wir tun unser Bestes, um seine Bedürfnisse zu erfüllen und ihm unangenehme Erfahrungen zu ersparen. Aber es gibt Zeiten, in denen wir alles getan haben und er lernen muss, selbst zurechtzukommen. Das ist eine wichtige Lektion für sein späteres Leben. Eine gute Mutter zu sein kann manchmal schmerzhaft sein. Denn wir müssen mitunter Dinge tun, die uns selbst wehtun. Manchmal werden Kinder beispielsweise so müde, dass sie nicht mehr einschlafen können. Sie schlafen fünfzehn Minuten, und dann wachen sie auf und schreien. Wir nehmen sie auf, gehen ein paar Schritte mit ihnen und legen sie dann wieder zum Schlafen hin. Immer und immer wieder. Wir versuchen, sie zum Einschlafen zu bringen, aber es hilft nichts. Schließlich haben wir keine andere Wahl mehr: Wir müssen sie ins Bett legen und dort liegen lassen, auch wenn sie schreien. Das fühlt sich schrecklich an. Ich weiß das, weil ich eine Tochter habe, die als Baby einfach nicht schlafen konnte. Ich wusste, wo das Problem lag: Sie war einfach übermüdet. Und ich kannte die Lösung: Sie schreien lassen. Aber es war jedes Mal gleich schrecklich für mich. Zum Glück (für mich) schrie sie ein paar Mal sehr lange und laut, und danach löste sich das Schlafproblem in nichts auf. Dann hatte sie endlich genug Schlaf abbekommen und konnte wieder ganz normal schlafen. (Hört sich merkwürdig an, war aber so.)

Ich fand es unerträglich, meine Tochter schreien zu hören, aber mir war auch klar, dass ich nichts anderes tun konnte. In der Rückschau habe ich begriffen, dass sie nur schrie, weil sie so frustriert war. Sie war ja todmüde. Sie schrie nicht, weil ich ihre Bedürfnisse nicht erfüllt hatte. Sie schrie, weil sie so mit ihren Gefühlen besser fertigwurde. Zunächst folgte ich meinem Instinkt und stand jede Nacht auf, um sie zu beruhigen und sie stundenlang herumzutragen, damit sie nicht schrie. Dann aber merkte ich, dass ich klug vorgehen musste und dass mir das nicht leichtfallen würde. Die Weisheit gab mir ein, was in dieser Situation richtig war. Und das war nicht schön. Aber am Ende hat es meinem Kind gutgetan, weil von da an alles anders wurde. Meine Tochter entwickelte danach ein viel gesünderes Schlafmuster.

Ein anderes Beispiel: Lana ist eine großartige Mutter, aber sie musste erst auf die harte Tour lernen, weise zu sein und ihren mütterlichen Instinkten zu vertrauen. Als ihr Sohn Pete neun Jahre alt war, lud man ihn zu einer Pyjama-Party ein. Pete war erst seit ein paar Monaten an einer neuen Schule, daher freute sich Lana über die Einladung. Wenigstens hatte ihr Sohn schon Freunde gefunden. An seiner alten Schule hatte er öfter Schwierigkeiten mit Rowdys gehabt, die ihn drangsaliert hatten. Lana wollte alles in ihrer Macht Stehende tun, damit Pete endlich Freunde fand. Aber sie hatte sich auch geschworen, dafür zu sorgen, dass ihn niemand mehr drangsalieren würde. Dies hatte sie zu ihrer Mission erklärt.

Lana rief die Mutter an, die die Pyjama-Party veranstaltete, weil sie wissen wollte, was so geplant war. Die Jungs würden auf dem nahe gelegenen Feld Baseball spielen, erfuhr sie, zum Abendessen nach Hause kommen, einen Film ansehen und schlafen gehen. Die andere Mutter meinte, sie würde die Bande um elf Uhr abends ins Bett schicken. Das hörte sich toll an.

In den nächsten paar Tagen in der Schule bekam Pete mit, wie der Junge, der ihn eingeladen hatte, seine Mutter fragte, ob sie denn einen Rambo-Film sehen dürften, der erst ab sechzehn Jahren freigegeben war. Pete wusste, dass Lana ihm nie erlaubte, solche Filme zu sehen. Da er unbedingt dabei sein wollte, sagte er seiner Mutter nichts davon. Am Tag vor der Party aber sprudelte es dann doch aus ihm heraus. Er mochte Gewaltfilme nicht, sie machten ihm Angst. Allerdings wollte er nicht, dass die anderen Jungs das spitzbekamen. Da die Party ihn schön langsam nervös machte, sagte er seiner Mutter Bescheid.

Als Pete Lana erzählte, was die Jungs da ansehen wollten, war ihr, als habe ihr jemand einen Schlag versetzt. Warum sollte jemand seine Kinder einen für ihr Alter nicht geeigneten und brutalen Film ansehen lassen? Hätte ich in diesem Moment mit ihr reden können, hätte ich ihr gesagt: Das liegt einfach daran, dass fast jede Mutter ihren Sohn für reifer hält als seine Freunde. Und denkt, dass er schon wüsste, was er tut. Und es gibt noch einen weiteren Grund: Jede Mutter möchte ein Heim haben, in das andere Kinder gerne kommen. Darum gestatten wir Kindern manchmal Dinge, die andere Eltern nicht erlauben. Das begegnet mir in meiner Praxis immer wieder.

Lana wusste nicht, was sie tun sollte. Nach reiflicher Überlegung aber beschloss sie, Pete trotzdem zu der Party gehen zu lassen. Sie fragte sich, ob sie die andere Mutter anrufen und bitten sollte, doch einen weniger gewalttätigen Film anzusehen, aber Pete wollte nicht, dass sie das tat. Er sagte, damit würde sie ihn nur in Verlegenheit bringen. Die anderen Jungs würden ihn dann als Weichei verspotten. Das wollte sie schon gar nicht, also rief sie wider besseres Wissen nicht an. Die Jungs spielten wie geplant Baseball, aßen zu Abend und machten es sich dann im Schlafsack gemütlich, um *Rambo* zu gucken. Pete hatte so viel Angst, dass er fast die ganze Zeit die Augen zukniff. Doch wie sich herausstellen sollte, bekam er immer noch genug vom Film mit. Als er am nächsten Tag nach Hause kam, sagte er zu Lana, es sei super gewesen und er sei prima mit den anderen Jungs ausgekommen. Doch dann fingen die Albträume an.

In den nächsten zwei Monaten fand Pete kaum noch Schlaf, weil er so schreckliche Träume hatte. Nacht für Nacht kam er ins Zimmer seiner Mutter und kletterte in ihr Bett. Nach zwei Monaten kamen sie deswegen in meine Praxis. Pete war in der Schule ständig müde. Seine Noten wurden schlechter, weil er sich nicht konzentrieren konnte. Doch das war noch längst nicht alles, denn Müdigkeit macht auch den gesündesten Neunjährigen fertig.

Lana musste auf diese Weise lernen, welche Folgen es haben kann, wenn eine Mutter nicht auf ihren Instinkt – und den ihres Sohnes – hört. Sie hatte befürchtet, dass seine Freunde Pete als Muttersöhnchen ansehen würden, wenn sie ihm verbot, an der Party teilzunehmen. Und natürlich fürchtete sie auch, dass ihr Sohn dann ziemlich sauer auf sie sein würde. Pete hatte Angst gehabt, den Film anzuschauen, noch mehr Angst aber hatte er, darüber zu reden. Schließlich wollte er nicht für eine Memme gehalten werden.

Hätte Lana ihrem Bauchgefühl vertraut und Pete gesagt, dass er nicht zu der Party gehen könne, dann hätte sie Pete damit geholfen. Erstens hätte sie ihm die vielen schlaflosen Nächte danach erspart. Ihre Erfahrung als Mutter sagte ihr, dass Pete sehr sensibel war und mit Gewaltdarstellungen nicht gut umgehen konnte. (Das gilt für die meisten Neunjährigen, aber das gibt natürlich keiner von ihnen zu.) Ihr Herz riet ihr, ihn vor dieser traumatischen Erfahrung zu schützen. Ihre Intuition sagte ihr, dass es nicht besonders klug war, ihn gehen zu lassen. Und ihr Verstand betrachtete den Konsum solcher Filme ohnehin als falsch. Pete war zu jung. Tatsächlich waren alle Teilnehmer dieser Party zu jung für den Film. Ihre Erfahrung, ihr Herz, ihre Intuition und ihr Verstand rieten ihr, ihn nicht gehen zu lassen. Doch sie horchte nicht auf ihre innere Weisheit. Warum? Weil sie Angst hatte. Sie hatte Angst, weise zu sein, wo andere Mütter töricht handelten.

Zweitens hätte sie Pete mit dem Verbot ein schönes Beispiel dafür gegeben, wie man weise handelt und denkt. Weisheit in Aktion sozusagen. Natürlich wäre er auf sie wütend gewesen. Möglicherweise wäre er türenschlagend in sein Zimmer gerannt und hätte sie wüst beschimpft. Ein paar Tage lang hätte sie einen muffligen Jungen ertragen müssen, dann wäre das Leben weitergegangen.

Und drittens hätte sie Pete gelehrt, seinen eigenen Instinkten zu folgen. Er wusste, dass er den Film nicht sehen wollte. Indem er ihr davon erzählte, gab er ihr ja quasi Gelegenheit, an seiner Stelle einzugreifen. Später hätte er ihr dafür gedankt. Möglicherweise erst, wenn er sehr viel älter gewesen wäre, aber er hätte es sicher getan. Wir Mütter fahren den Lohn für unsere Mühen häufig erst ein, wenn wir und unsere Söhne älter geworden sind. Pete hätte als Erwachsener wohl gemerkt, dass seine Mutter weise gehandelt hatte. Er hätte aus ihrem Verhalten gelernt und den Mut gefunden, auch mal unpopuläre Entscheidungen zu treffen, wenn sein Instinkt ihm dies eingab. Und das hätte ihm ganz sicher besser getan.

Hätte Lana Nein zu ihrem Sohn gesagt, wäre Pete vielleicht tatsächlich in der Klasse verspottet worden. Vermutlich hätte man ihn »Mamasöhnchen« und »Feigling« genannt. Was ihn sicher verletzt hätte. Aber gegen derlei Spott hätte Lana ihn wappnen können. Sie hätte ihn darauf vorbereiten und ihm helfen können, die Sticheleien zu ignorieren. Das wäre nicht leicht geworden, aber sicher leichter als die Albträume. Hätte Lana hier ein Machtwort gesprochen, hätte dies zum Startschuss für eine neue Entwicklung werden können. Die Mütter der anderen Jungs hätten die Erfahrung gemacht, dass hier jemand den Mut hatte zu tun, was richtig ist. Vielleicht wären sie sogar ihrem Beispiel gefolgt. Sicher waren mehrere Mütter nicht begeistert, dass ihre Söhne in diesem Alter *Rambo* gucken durften. Aber sie hatten nicht den Mumm, Nein zu sagen. Lana hätte hier etwas bewirkt. Wer weiß, wie viele andere blöde Partys dadurch verhindert worden wären.

Traurigerweise kommen immer wieder Mütter zu mir und wollen von mir quasi die Genehmigung, etwas zu tun, was nicht gut für ihre Kinder ist. Meist geht es dabei um Gruppenaktivitäten, an denen die Kinder unbedingt teilnehmen wollen. Viele Kinder werden zu Partys eingeladen, auf denen sie mit ungeeigneten Filmen, Alkohol oder Sex in Kontakt kommen. Was mich am meisten stört, ist, dass andere Eltern sehr häufig dagegen keinerlei Einwände haben.

Wenn die Eltern der Freunde Ihres Sohnes der Gruppe Dinge erlauben, die Sie nicht billigen, dann lassen Sie sich nicht aus der Ruhe bringen und handeln Sie so, wie Sie es für richtig halten. Die Weisheit lehrt uns, auf unsere Instinkte zu hören. Und auf Dauer ist es für Ihr Kind das Beste, wenn Sie der Weisheit lauschen, auch wenn das in einem bestimmten Moment schwierig scheint.

Glauben Sie als Mutter an sich selbst

Es ist kein Zufall, dass ausgerechnet Sie die Mutter Ihres Sohnes sind. Seine Mutter ist nicht Ihre beste Freundin, *Sie* sind es. Sie haben eine Verbindung zu Ihrem Sohn, die niemand sonst hat. Sie verstehen ihn, wie keine andere Frau dies tut. Ihr Problem (wenn Sie als Mutter im Moment eines haben) ist vielleicht nicht, dass Sie nicht wissen, was Sie tun sollen. Ihr Problem ist, dass Sie nicht an sich glauben. Sie haben das Gefühl, sich dauernd entschuldigen zu müssen. Am besten fangen Sie jetzt an, das zu unterlassen. Matthews Mutter jedenfalls ist diesen Weg gegangen, und sie war danach eine sehr viel glücklichere und bessere Mutter.

Als ich Matthew nach seiner Mutter fragte, war er hell begeistert. Er wuchs mit sieben Brüdern auf und war der viertälteste. Matthew verehrte seine Mutter. In seinen Augen war sie eine weise, starke Frau. Als ich die Begeisterung in seinen Worten spürte, fragte ich ihn, was sie denn getan hätte, um so viel Bewunderung zu verdienen. Matthew meinte: »Sie war als Mutter recht einfallsreich.« Da ich nicht genau wusste, was er damit meinte, hakte ich nach. »Sie war stark und ließ sich von dem, was andere dachten, nicht irritieren«, antwortete er.

»Woher wissen Sie, dass sie auf die Meinung anderer nichts gab?«, fragte ich wieder. Eine vernünftige Frage, fand ich, denn schließlich war er jetzt erwachsen, und seine Perspektive war nicht die des Jungen von damals. Wie hätte er wissen sollen, dass seine Mutter sich um die Ansichten anderer nicht scherte?

»Ganz einfach«, gab er zurück. »Meine Mutter blieb bei uns Kindern zu Hause und wurde von anderen Müttern oft gefragt, wieso sie nicht arbeiten ginge. Sie sah, dass andere Frauen einen Job hatten und so zum Familieneinkommen beitrugen. Viele Mütter in meinem Bekanntenkreis arbeiteten. Aber meine Mutter hatte überhaupt kein Interesse an einer Tätigkeit außer Haus. Sie war stolz, Mutter zu sein. Sie war ihrer selbst so sicher, dass sie ihrem Instinkt mehr vertraute als irgendetwas sonst. Sie sagte immer, was sie dachte, und zog nie den Kopf ein. Ich weiß noch, wie sie mir eines Tages erlaubte, von der Schule daheimzubleiben, weil ich noch lernen musste. Ich hatte allerhand zu tun und wusste, dass ich mich in der Schule nicht konzentrieren könnte. Also ließ sie mich zu Hause lernen. Am nächsten Tag schickte sie mich mit einer Entschuldigung in die Schule, auf der einfach nur stand, ich sei an jenem Tag zu Hause geblieben. Der Direktor rief sie an und sagte ihr, das sei keine Entschuldigung. Er müsse wissen, weshalb ich zu Hause geblieben sei. Meine Mutter war damit nicht einverstanden. Als ich das nächste Mal von der Schule zu Hause blieb, weil ich lernen musste, schrieb sie auf die Entschuldigung: ›Matthew ist heute zu Hause geblieben, weil er einen eingewachsenen Zehennagel hat.‹« Als Matthew mir davon erzählte, musste er lachen, als hielte er die »Entschuldigung« noch in der Hand.

Ich fragte Matthew, was wohl das größte Geschenk sei, das seine Mutter ihm gemacht habe. Er sagte: »Das größte Geschenk war wohl, dass sie genau wusste, wer sie war. Sie wurde darin auch nie wankend. Das hat mich inspiriert, meiner Linie zu folgen und dabei zu bleiben. Letztlich also das zu tun, woran mir am meisten liegt.«

Matthews Mutter war wirklich eine weise Frau. Ihre Weisheit hat dazu beigetragen, dass Matthew der Mann wurde, der er heute ist. Wir Mütter verwenden immer so viel Energie darauf, für unsere Kinder Dinge zu tun, dass wir vergessen, was ihren Charakter wirklich prägt: *unser* Charakter. Weise Mütter wissen, dass es besser ist, für ihre Söhne *weniger zu tun* und ihnen *mehr zu sein*.

Handeln Sie nach Ihren Überzeugungen

Kürzlich bat man mich, einen Vortrag vor Eltern einer wohlhabenden Vorortgemeinde zu halten. Diese Gemeinde hatte allerdings auch eine enorm hohe Rate von Drogen- bzw. Alkoholmissbrauch unter Teenagern. Einige Monate vor meinem Vortrag hatten drei Teenager Selbstmord begangen. In der Stadt brodelte es. Eltern, Lehrer, Pädagogen, Pastoren und Psychologen wünschten sich Rat und Hilfe. Meine Aufgabe war nicht, ihnen zu sagen, was falsch gelaufen war. Ich wollte ihnen vielmehr helfen, eine ehrliche Antwort auf die Frage zu finden, was mit ihren Kindern los war und was sie in den Abgrund trieb. Ich hatte meinen Vortrag, wie Eltern erkennen, dass ihre Kinder trinken oder Drogen nehmen, und was sie dagegen tun können, eben beendet, als eine Mutter Mitte vierzig die Hand hob. Sie war sehr gut gekleidet und drückte sich gewählt aus. »Dr. Meeker«, fing sie an. »Ich habe eine fünfzehnjährige Tochter, die in die zehnte Klasse der Highschool geht. Am Wochenende will sie zu Partys gehen, bei denen, wie ich weiß, viel getrunken wird. Was soll ich tun?«

Ich antwortete mit einer Gegenfrage: »Was möchten Sie denn gerne tun?« Sie sah mich an, als habe ich gerade eine völlig unsinnige Frage gestellt.

»Meiner Ansicht nach ist Alkohol schlecht. Ich meine, ich finde nicht, dass sie trinken sollte, aber was kann ich denn tun?«, gab sie zurück.

»Behalten Sie sie zu Hause und unternehmen Sie etwas anderes mit ihr. Gehen Sie mit ihr ins Kino, einkaufen oder in ein Restaurant«, antwortete ich.

»Das würde nicht funktionieren. Sie würde mich dafür hassen. Sie würde mich anschreien. Ich möchte nicht, dass sie aufhört, mit mir zu reden. Ich finde, es ist wichtig, dass wir einen guten Draht zueinander haben. Außerdem finde ich, sie sollte lernen, wie man mit Alkohol verantwortungsvoll umgeht, bevor sie ans College geht. Sie muss lernen, mit Alkohol und mit dem Druck von ihren Altersgenossen zurechtzukommen. Ich möchte nicht, dass sie trinkt, aber ich glaube, alle Eltern hier in der Gemeinde lassen ihre Kinder am Wochenende trinken, weil sie wie ich möchten, dass ihre Kinder mit Alkohol umzugehen lernen.« Offensichtlich sah sie keinen anderen Ausweg aus ihrer Situation, als ihre Tochter zu rechtfertigen. Und ich gedachte nicht, ihr dabei zu helfen!

»Ich verstehe Ihre Argumente, Ihre Situation und Ihre Ängste«, sagte ich. Und das war richtig. Ich hatte schließlich selbst vier Kinder großgezogen. »Doch: Erstens ist Ihre Tochter fünfzehn und nicht zwanzig. Es ist unmöglich, ihr ›verantwortungsvolles‹ Trinken beizubringen. Sie kann das nicht. Ihr Gehirn ist noch nicht so weit. Sie hat noch nicht die nötige kognitive Entwicklungsstufe erreicht. Zweitens erreichen Sie mit dieser Methode nur eines: Sie setzen ihre Alkoholtoleranz herauf. Jetzt braucht sie zwei Bier, um betrunken zu werden. Wenn sie erst ins College geht, sind es schon vier oder fünf Bier. Am Ende wird sie das Bier stehen lassen und zum Schnaps greifen. Und das tun viele Teenager. Drittens bringen Sie ihr auf diese Weise nur bei, dass Gesetze da sind, um gebrochen zu werden. Das Gesetz verbietet, dass sie Alkohol trinkt. Im Restaurant bekommt sie keinen. Und zu Hause gilt das Gesetz nicht? Ist es das, was Sie ihr beibringen möchten?« Ich sprach eine deutliche Sprache.

»Nein, aber ich habe doch keine Wahl. Das ist in unserer Gemeinde einfach die Norm. Kinder gehen nun mal zu Partys im Heim anderer Eltern und trinken. Man nimmt ihnen die Autoschlüssel weg, und dann müssen sie ja dort übernachten«, antwortete sie. Ich merkte, dass sie mir nicht zuhören wollte. Sie würde weitermachen wie bisher. Ihre Tochter ging zu den Partys, obwohl sie noch keinen Führerschein hatte. Punkt. Die Mutter hatte längst resigniert.

Hier war also ein fünfzehnjähriges kluges Mädchen, das in eine der besten Schulen Amerikas ging, möglicherweise an einem der großen Mädchencolleges der Ivy League studieren würde. Und sie ging jedes Wochenende mit Einverständnis ihrer Eltern zu den Partys ihrer Freunde und betrank sich dort. Immerhin hatte man mich gebeten, dort einen Vortrag zu halten, weil die Teenager immer wieder bei Alkohol- und Drogenmissbrauch ertappt worden waren, sodass die Gemeinde mittlerweile eine der höchsten Raten in den ganzen USA hatte. Und die Eltern servierten ihnen den Alkohol noch! Sehen Sie, wie verrückt diese Situation letztlich ist? Die Eltern wussten, dass es da ein Problem gab, doch sie waren so verwirrt im Hinblick auf das, was für ihre Kinder das Richtige war, dass sie vollkommen gegen ihre eigene Intuition handelten. Interessanter war da schon, was ich beobachten konnte, während ich mit dieser Mutter sprach. Die anderen Eltern hörten ganz genau zu. Offensichtlich ging es ihnen ähnlich. Alle waren sie auf diesen Zug aufgesprungen, alle wollten runter, aber keiner traute sich, als Erster zu springen. Das war natürlich Pech, denn irgendjemand musste den Mut aufbringen, die Angst zu überwinden. Jemand musste endlich eine klare Linie finden und so handeln, wie er es für richtig hielt. Hier herrschte nur überhaupt keine Klarheit, was richtig und was falsch war. Allen sagte ihr Instinkt, sie sollten ihren Kindern nicht erlauben zu trinken. Aber alle folgten ihren Ängsten, die ihnen weismachten: Wenn ich als Einziger meinem Kind das verbiete, verliere ich es vielleicht. Was sie nicht erkannten, war, dass sie so ihre Kinder ohnehin verlieren würden.

An jenem Abend ging ich mit dem schrecklichen Gefühl zu Bett, meine Zeit verschwendet zu haben. Schlimmer noch: Das, was in dieser Gemeinde falsch lief, würde sich wohl nie ändern. Die Kids würden weiter trinken, und die Eltern würden dem weiterhin keinen Riegel vorschieben, weil sie zu viel Angst hatten. Sie waren sich ihrer Prinzipien nicht sicher und konnten daher nicht tun, was für ihre Kinder richtig war. Ich war wirklich geknickt an jenem Abend.

Am nächsten Tag sprach ich nur vor den Müttern. Einige Hundert Frauen hatten sich zum Frühstück eingefunden, aber ich war nicht sicher, was ich sagen sollte. Alles Wichtige hatte ich am Vortag schon gesagt. Ein wenig bedrückt begann ich, über die Unterschiede zwischen angstbesetztem und starkem elterlichem Handeln zu reden. Ich konnte sehen, dass viele Mütter genau zuhörten. Schließlich hob eine Mutter die Hand und meldete sich zu Wort: »Ich bin vollkommen Ihrer Ansicht. Ich spüre den Druck förmlich, meine Söhne Dinge tun zu lassen, die ich für falsch halte. Also habe ich Folgendes getan: Ich habe mich an vier andere Mütter gewandt, deren Söhne mit meinem Sohn befreundet sind und von denen ich wusste, dass es ihnen genauso geht wie mir. Sie wollen auch nicht, dass ihre Söhne am Wochenende trinken. Wir haben also eine Art ›Müttereinsatztruppe‹ gebildet, wenn Sie so wollen. Wir nehmen also ihren Protest in Kauf. Wenn sich einer unserer Söhne beschwert, dass er nicht zu den Säuferpartys gehen darf, sagen wir ihm, dass seine Freunde (deren Mütter bei uns mitmachen) das auch nicht können. Dann fühlen die Jungen sich wenigstens nicht völlig ausgeschlossen.«

Mein Herz machte einen Freudensprung. Ich fand es toll, was diese Mutter da auf die Beine stellte. Ich bat sie, doch weiterzuerzählen: »Und wir tun noch etwas. Wir bieten den Jungs an, am Wochenende zu Fußball- oder Baseballspielen der Profiligen zu fahren. Die Väter nehmen sie mit zum Fischen oder ins Kino. Egal, was ... wir wollen nur, dass sie attraktive Alternativen haben, damit sie in der Klasse nicht dastehen wie die totalen Loser, weil sie nicht jedes Wochenende weggehen und sich besaufen. Und das Tolle ist, es funktioniert tatsächlich! Andere Mütter haben jetzt angefangen, dasselbe zu machen. Ich weiß, dass es am Wochenende wahrscheinlich immer Partys mit Alkohol geben wird, aber zumindest wissen unsere Jungs jetzt, dass wir das nicht wollen. Und ich glaube, das ist gut so.«

Ja, das war wirklich gut. Diese Mutter war echt gut drauf. Sie wusste, dass sie klein beigeben und damit zum Teil des Problems werden könnte. Stattdessen hörte sie auf ihr Bauchgefühl. Wie hätte sie etwas mitmachen können, von dem sie wusste, dass es falsch war und ihrem Sohn schadete, und wie hätte sie mit sich selbst noch leben können? Sie tat es nicht und machte stattdessen, was weise Mütter tun: Sie holte sich Unterstützung. Sie brauchte ja nur ein paar andere Mütter, insgesamt fünf vielleicht, die ebenfalls nicht die Waffen strecken wollten. Und dann ließen sich die jugendlichen Alkoholexzesse in ihrer Gemeinde möglicherweise eindämmen. Diese Versammlung verließ ich glücklich und zufrieden. Ich hatte eine neue Heldin gefunden. Es bestand Hoffnung, dass andere Mütter ihrem Beispiel folgen würden. Und ich behalte diese kleine Stadt im Blick. Möglicherweise ändern sich die Zahlen ja doch noch, weil eine Handvoll Mütter wagt, etwas Unpopuläres zu tun.

Leben Sie selbst verantwortungsbewusst

Die einen Kinder empören sich immer mal wieder, die anderen (zum Beispiel der Bruder) hätten die Cornflakes verschüttet. Die anderen halten dagegen, die Ersteren hätten schon wieder ein Fenster zerdeppert. – Es liegt in der Natur eines Kindes, dass es zuerst einmal mit dem Finger auf andere zeigt und einen Sündenbock sucht, bevor es damit rausrückt, was es falsch gemacht hat. Die Herausforderung für uns Mütter besteht nun darin, herauszufinden, wer die Wahrheit sagt! Wir sind so daran gewöhnt, dass ein Kind dem anderen die Schuld zuschiebt, dass viele Mütter beide Kinder bestrafen, weil es zu mühselig ist zu eruieren, wer nun wirklich was angestellt hat. Doch das ist ein Fehler.

Unsere Kinder sollten schon von Kindesbeinen an Verantwortungsbewusstsein lernen. Das ist für uns Mütter nicht einfach, weil uns die Gesellschaft etwas anderes suggeriert. Möglicherweise wollen wir unsere Jungen ja zur Verantwortung erziehen, doch wenn ihre Freunde nicht dasselbe lernen, ist das gar nicht so einfach. Denn wir verlangen dann von unseren Jungs etwas, was ihnen gegen ihre innere Natur geht und was ihre Freunde auch nicht tun.

Ich glaube, Jungen und Mädchen sind von Geburt an verschieden, und Jungen ist eine gewisse Angriffslust eigen. Sie setzen sich viel öfter durch als Mädchen. Daher wirken sie auch selbstsüchtiger als unsere Töchter. Sie sind körperbetont und genießen Sportarten und Spiele, bei denen sie gegeneinander antreten können. Und wenn unser Söhne etwas angestellt haben, erzählen sie gerne Lügengeschichten. Erwischen wir unseren Sohn dabei, wie er seine Schwester an den Haaren zieht, bekommen wir vermutlich irgendeine wilde Story zu hören: Sie wollte unbedingt eine neue Frisur, aber seine Finger waren voller Marmelade, und so blieb er an ihrer Haarsträhne hängen. Er wird steif und fest behaupten, er habe nur seine Finger wegziehen wollen, aber sie müsse ja unbedingt plärren. Was tun wir nun als Mütter, wenn unsere Jungs uns immer wieder solche Geschichten auftischen? Wie können wir unserem Sohn beibringen, sich nicht immer irgendwie herauszuwinden, sondern Verantwortung für die eigenen Fehler zu übernehmen, ohne seinem Temperament Gewalt anzutun? Wenn Sie ein paar Tricks kennen, ist das gar nicht so schwer.

Ein Beispiel: Vor einigen Jahren wollte ich an einem Geldautomaten in einem Kaufhaus Bargeld abheben. Mein Sohn war damals acht Jahre alt, und er ging mit zum Geld holen. Ich tippte ein, dass ich sechzig Dollar von meinem Konto abheben wollte. Er lernte damals gerade Addieren und fragte, ob er das Geld herausnehmen und zählen dürfe. Ich dachte, das sei eine gute Übung, denn normalerweise spuckte die Maschine Zwanzig-Dollar-Scheine aus. Das Zählen wäre also nicht so schwer. Ich fühlte mich als tolle Mutter, weil ich ihm ermöglichte, sein Können zu festigen.

Als sich das Geldausgabefach öffnete, lagen darin achtzig Dollar statt sechzig. Und mein Sohn brüllte aufgeregt: »Sieh mal, Mama, du hast den Jackpot gewonnen. Du wolltest sechzig Dollar, und die Maschine hat dir achtzig gegeben. Kann ich die zwanzig Dollar haben?«

In der ersten Sekunde freute ich mich auch über das Geld. Wer würde das nicht tun? Ich fühlte mich, als hätte ich am Automaten gespielt und gewonnen. Schließlich würde das Geld ja ohnehin meinem Konto belastet werden. Also gab ich meinem Sohn die zwanzig Dollar, und wir gingen im Laden einkaufen. Dann meldete sich allmählich mein Gehirn. Und meine Schuldgefühle. Was, wenn das Geld jemand anderem gehörte? Bang! Vielleicht hatte jemand den Schein beim Abheben und Geldrausnehmen vergessen, und es würde meinem Konto gar nicht belastet werden? Schließlich hatte ich eindeutig »60« eingetippt. Ich beschloss, es einem Verkäufer zu übergeben. Er sollte warten, ob sich jemand meldete. Das aber hieß, dass ich es meinem Sohn wegnehmen musste, der schon wusste, was er sich dafür kaufen wollte. Ich nahm den Zwanzig-Dollar-Schein. Er fing zu schreien an: »Aber Mamma, du hast gesagt, dass ich es bekomme!« Wieder fühlte ich mich schuldig. Ich hatte meinen süßen, vertrauensvollen Buben zum Weinen gebracht. Was war ich nur für eine Mutter?

Er versuchte, aus dem Laden zu rennen, zum Auto, wo mein Mann wartete, aber ich hielt ihn fest. »Nein«, sagte ich. »Es tut mir leid. Ich habe einen Fehler gemacht. Ich wollte das Geld behalten und es dir geben, aber das war falsch. Wir wissen noch nicht, ob das unser Geld ist. Also müssen wir es abgeben.« Er heulte weiter. Die Leute drehten sich nach uns um. Vermutlich dachten sie, ich kugle ihm den Arm aus, weil er so laut schrie.

Noch schlimmer war es, als wir den nächsten Verkäufer ansprachen. Ich erklärte ihm, was vorgefallen war, und er lächelte. Er wusste nicht, wer dort abgehoben hatte, aber er dankte mir, dass ich es »zurückgegeben« hätte. Mein Sohn sah den Mann lächeln. Als wir weggingen, drehte ich mich um und sah, wie der Mann das Geld in die Tasche steckte. Mein Sohn sah es auch. »Mama, das ist einfach nicht fair«, sagte er, als wir den Laden verließen.

Obwohl der Mann das Geld vermutlich für sich selbst genommen hat, bin ich immer noch der Ansicht, dass ich richtig gehandelt habe. Der entscheidende Punkt ist, dass wir Mütter uns schon auf die Hinterbeine stellen müssen, wenn es darum geht zu verteidigen, was richtig ist und was falsch. So, wie wir jede Kritik an unseren Kindern durch sieben Komplimente ausgleichen sollten (wie ein amerikanisches Sprichwort uns ans Herz legt), so müssen wir für jeden Fehler, den wir machen, siebenmal mehr Verantwortung übernehmen. Interessanterweise erinnern sich unsere Söhne viel eher an das, was wir falsch gemacht haben, als an all das, was richtig war. (Fragen Sie mal Ihren Sohn! Er wird Ihnen jeden Ihrer Fehler bis ins Detail beschreiben können!) Wollen wir, dass unsere Söhne zu integren, aufrichtigen Männern heranwachsen, müssen wir bei uns selbst anfangen. Und dabei können wir uns nicht mit dem begnügen, was wir vor unseren Jungs tun oder sagen. Überlegen Sie nur mal, wie viel Zeit unsere Söhne mit uns verbringen. Sie sehen uns ja ständig in Aktion. Vergessen Sie nicht: Es ist unser Charakter, der sie zu den Männern macht, die sie einmal werden. Würden sie uns nicht zusehen, wie wir mit dem Leben umgehen, könnten sie auch unser Verhalten nicht nachahmen.

Wie Sie Ihren Sohn lehren, weise und verantwortungsbewusst zu sein

In einer Kultur, in der Erfolg mehr zählt als Weisheit, Status mehr als Verantwortungsbewusstsein, haben wir Mütter einen harten Job. Unseren Söhnen diese beiden Tugenden zu vermitteln fühlt sich manchmal an, als würde man gegen den Strom schwimmen. Das geht mir nicht anders. In den Elternratgebern steht immer, wir sollten unseren Söhnen Selbstvertrauen vermitteln und ihnen zeigen, wie man Erster wird. Erfolg sei das Wichtigste, predigt man uns. Ganz egal, wie dieser Erfolg erreicht wird. Damit bin ich nicht einverstanden. Ich habe in meiner Praxis die Beobachtung gemacht, dass die glücklichsten Männer jene sind, die bei ihren Entscheidungen die Bedürfnisse anderer berücksichtigen. Das gesündeste Selbstbewusstsein haben Männer, die für ihr eigenes Verhalten einstehen, ob es nun gut oder schlecht war. Weisheit und Verantwortungsbewusstsein sind die Kennzeichen guter Männer und Frauen.

Wir müssen unseren Söhnen also diese beiden Tugenden vorleben (was schwer genug ist). Und wir müssen sie dazu anregen, unserem Beispiel zu folgen. Manchmal müssen wir ihnen sagen, dass die Entscheidungen, die sie treffen wollen, falsch sind. Wir müssen ihnen sagen, dass wir ihre Verbündeten sind, nicht ihre Feinde, und dass wir gerade deshalb sagen müssen, was wir denken. Wir wollen, dass sie in die richtige Richtung marschieren, und sind deshalb immer für sie da, auch wenn es manchmal nicht diesen Eindruck macht. Wenn Jungen begreifen, dass wir ihretwillen streng sind, werden sie unsere Regeln eher akzeptieren. Viele Mütter scheuen sich, ihren Söhnen Grenzen zu setzen, weil sie glauben, dass Jungs Regeln hassen. Aber das stimmt nicht. Jungen akzeptieren fast jede Regel, und sei sie noch so hart, wenn sie begreifen, dass wir ihnen diese Grenzen setzen, weil wir uns um sie sorgen. Wenn sie glauben, dass wir sie lieben und deshalb streng zu ihnen sind, werden sie das annehmen. Spürt ein Junge aber, dass seine Mutter denkt, er habe nichts Gutes im Sinn, ja, er sei nicht gut, und ihm deshalb Regeln auferlegen will, dann wird er unweigerlich rebellieren. Jungen folgen Müttern, die so sehr an sie glauben, dass sie sie an hohen Standards messen. Das zeigt den Jungs, dass ihre Mütter sie als Männer sehen und glauben, dass sie diesen Standards gerecht werden können.

Wir Mütter machen häufig den Fehler, zu denken, dass wir nett zu unseren Söhnen sein müssen. Und dass sie uns nahe bleiben, wenn wir ihnen keine Grenzen setzen. Meist erreichen wir damit genau das Gegenteil. Wenn unsere Söhne unsere Autorität nicht akzeptieren, werden sie uns nie vertrauen. Wenn wir dauernd Ja sagen und von ihnen kein verantwortungsbewusstes Verhalten verlangen, wenn wir sie stets machen lassen, was sie wollen, werden sie den Respekt verlieren und sich von uns entfernen. Möglicherweise sagt ihnen ja sogar ihr eigener Instinkt, dass unsere Duldung jeglichen Fehlverhaltens für sie gefährlich und falsch ist. Warum sollten sie uns zutrauen, sie zu starken Männern erziehen zu können, wenn wir nicht einmal das schaffen?

Wir müssen ihnen klarmachen, dass es unsere Aufgabe als Mutter ist, sie zur Weisheit zu erziehen. Falls Ihr Sohn Sport hasst und deswegen auch keinen betreibt, aber all seine Freunde Fußball spielen, loben Sie ihn dafür, dass er weiß, was gut für ihn ist, und fragen Sie ihn als Nächstes, was er stattdessen gerne machen würde. Ermutigen Sie ihn. Ein Teil seiner selbst will anders sein – also lassen Sie ihn. Jungen müssen lernen, kühn zu sein, um ihr eigenes Leben führen zu können. Und schließlich sind Mütter sowieso immer die Ersten, die erkennen, dass ihr Kind anders ist und dass es sich von der Herde lösen will.

Unsere Söhne werden Verantwortungsbewusstsein lernen, wenn sie mitbekommen, dass wir ihnen (ihrem Alter angemessen) vertrauen. Suchen Sie für Ihren Sohn eine Arbeit im Haus oder Garten und sorgen Sie dafür, dass er sie erledigt. Jungen entwickeln ein besseres Selbstgefühl, wenn sie Aufgaben haben. Dadurch macht Ihr Sohn zudem die Erfahrung, dass er fähig ist, Verantwortung zu übernehmen. Das stärkt sein Selbstvertrauen. Er lernt, dass er verlässlich ist und andere auf ihn zählen können, und fühlt sich reif. Er erfüllt seine Pflichten, weil ihm das ein gutes Gefühl gibt. Das ist quasi das positive Gegenstück zum Teufelskreis. Eine der klassischen Mütterfallen ist es, dass wir unseren Jungs gerne abnehmen, was sie gut selbst erledigen können. Wir bilden uns meist ein, eine liebende Mutter müsse das tun. Aber wenn wir zu viel für unsere Söhne machen, berauben wir sie der Möglichkeit, zu erfahren, wie sehr es die Selbstachtung stärkt, wenn man Erfahrung übernimmt.

Das Tolle am Verantwortungsbewusstsein ist, dass es einem Jungen ein Gefühl von Macht gibt. Und Jungs mögen Macht – vor allem, wenn diese ihre Wurzeln in ihnen hat. Das große Thema beim Übergang von der Pubertät zum Erwachsensein ist doch, dass ein Junge lernt, für seine Gefühle und sein Handeln selbst einzustehen. Verantwortungsbewusstsein ist ein wichtiger Schritt auf diesem Weg. Ein Junge, dem man eine Aufgabe überträgt, die er selbstständig ausführen kann, und dem man dann sagt, dass er den Erfolg ganz allein seinen Fähigkeiten zuzuschreiben hat, merkt, dass er Kontrolle über sein Leben hat. Das ist vor allem in der Pubertät wichtig, wo alles andere eben *außer* Kontrolle zu sein scheint. Je mehr ein Junge dieses Gefühl hat, desto mehr lernt er, sich auf sich selbst zu verlassen und nicht auf andere. Er lernt seine Stärken und Schwächen kennen und beginnt Stück für Stück, sich selbst Grenzen aufzuerlegen. Dann müssen die Eltern das nicht mehr tun. Sie sehen also, dass Verantwortungsbewusstsein ein zentraler Schritt auf dem Weg Ihres Sohnes zum Mann ist.

Stellen Sie Fragen

Eine praktikable Möglichkeit, unsere Söhne zu weisen Entscheidungen anzuleiten, ist, ihnen Fragen zu stellen. Wenn Ihr Sohn beispielsweise den Pfadfindern beitreten möchte, obwohl er schon in einer Band spielt und Fußball trainiert, fragen Sie ihn, ob es wohl klug sei, noch etwas anfangen zu wollen. Bitten Sie ihn, doch ein oder zwei Tage darüber nachzudenken, was er dafür aufgeben will – schlafen, zu Hause abhängen, mit der Familie zu Abend essen. Fragen Sie ihn aber nie, ob seine Entscheidung wohl klug oder dumm ist, denn dann fühlt er sich als Versager. Wenn er »falsche« Entscheidungen trifft, fühlt er sich dumm. Überhaupt sind Aussagen, die Urteile über sein Tun und Lassen beinhalten, kontraproduktiv. Formulieren Sie Ihre Fragen so, dass es keine »richtigen« oder »falschen« Antworten gibt. Als möchten Sie ihn nur dazu bringen, alle Optionen und die Folgen seiner Entscheidungen gründlich zu durchdenken. Und machen Sie klar, dass Sie seine Entscheidung respektieren werden.

Wenn er langsam einsichtiger wird, wird er merken, dass weise Entscheidungen nicht nur mit dem Verstand getroffen werden können. Lehren Sie ihn, was Weisheit bedeutet: Das, was man für richtig hält, abzuwägen gegen das, was man für falsch hält. Und zwar aufgrund der bisher gemachten

Erfahrungen. (Hat er das Gleiche vielleicht schon einmal getan und sich dabei die Finger verbrannt?) Weisheit zeigt sich auch darin, dass ein Junge sich unter anderem auf die eigenen Instinkte als Junge (oder Mann) verlässt und sich nicht schämt, auch um Hilfe (vielleicht von Gott) zu bitten. Als ich, wie ich bereits erzählt habe, in der Highschool für meinen Sohn gebetet habe, habe ich ihm das gesagt. Ich wollte, dass er weiß, wie sehr ich mich auf Hilfe angewiesen fühlte. Der Glaube ist ein wichtiger Teil der Weisheit, denn Jungen brauchen (wie wir alle) eine Instanz, an die sie sich wenden können, wenn sie das Gefühl haben, mit etwas nicht mehr fertigzuwerden. Weisheit erwächst in uns aus vielen unterschiedlichen Erfahrungen, aber ein Teil von ihr ist nun einmal nicht »hausgemacht«. Wenn wir unsere Söhne zu weisen Entscheidungen statt zu »zielführenden« ermutigen, lernen sie vielleicht auch, dass es da außerhalb ihrer selbst noch etwas gibt, auf das sie sich verlassen können.

Daher sollten wir unsere Fragen so stellen, dass sie sich nicht nur auf die momentan anstehende Entscheidung beziehen. Berücksichtigen Sie auch, was er glaubt, erfahren hat und empfindet. Wenn Ihr Sohn nicht in die erste Mannschaft seines Fußballvereins aufgerückt ist, fragen Sie ihn, wie es ihm dabei geht. Und dann hören Sie ihm zu. Natürlich fühlt er sich mies, aber Sie können ihn ja dazu bringen, seine Gefühle ein bisschen mehr zu erklären. Falls einer seiner Klassenkameraden gegen ein Gesetz verstoßen hat (zum Beispiel geklaut hat), aber nicht erwischt wurde, fragen Sie Ihren Sohn, was er darüber denkt. Was sollte seiner Meinung nach mit seinem Klassenkameraden passieren? Damit regen Sie ihn zum einen zum kritischen Denken an, zum anderen helfen Sie ihm, sich über seine Ansichten klar zu werden. Oder das Fehlen klarer Standpunkte zu bemerken. Wenn er noch klein ist, sollten Sie ihm einfache Fragen stellen. Ist er schon älter, dann dürfen sie ruhig komplexer werden. So könnten Sie zum Beispiel fragen: »Was denkst du darüber, wenn dein Trainer Jungs spielen lässt, obwohl sie die Teamregeln gebrochen haben?« Oder, schon schwieriger: »Glaubst du, dass Gott auf unsere Gebete reagiert?«

Wenn Sie Ihrem Sohn Fragen stellen, die sein kritisches Denkvermögen anregen, möchte ich Ihnen eines ans Herz legen: Hören Sie ihm viermal so lange zu, wie Sie selbst reden. Geben Sie ihm Zeit, sich seine Antwort genau zu überlegen. Widerstehen Sie dem Impuls, ihn zu unterbrechen oder zu korrigieren. Ihre Frage hat ihn vielleicht berührt, und er überlegt sich zum ersten Mal, wie er zu dem Thema steht. Er braucht Raum, um seine Antwort im Lauf des Gesprächs zu finden. Wenn Sie mit dieser nicht einverstanden sind, lassen Sie ihn trotzdem ausreden. Und kommen Sie ein oder zwei Tage später noch mal darauf zu sprechen. Wenn Sie ihn mitten im Gespräch korrigieren, wird er nicht auf Sie hören. Wenn er aber merkt, dass Sie über seine Worte nachgedacht haben, wird er Ihren Einwand respektieren.

Arbeiten Sie zu zweit

Es liegt in der Verantwortung der Mütter, sich jeden Tag um ihre Kinder zu kümmern. Daher ist es gut, wenn unsere Söhne das auch merken. Wenn Sie etwas zu erledigen haben, bitten Sie Ihren Sohn um Hilfe. Ob es nun um das Falten der Wäsche geht oder um die Mülltrennung – tun Sie es gemeinsam. Möglicherweise zickt er ja zuerst ein bisschen herum, aber ich garantiere Ihnen, auf Dauer wird er Ihnen dankbar sein. Jungs leisten gern ihren Beitrag. Wenn Sie also Arbeit für ihn haben, dann darf er die ruhig erledigen. Außerdem gibt es allerhand Schönes zu teilen, wenn Sie auf diese Weise Zeit mit Ihrem Sohn verbringen. Meist ergeben sich interessante Gespräche. Denken Sie mal über die besonderen Momente nach, die Sie mit Ihrer Mutter erlebt haben. Vermutlich haben sich die wenigsten bei besonderen Anlässen ergeben, sondern eher im Alltag. Sorgen Sie also dafür, dass Ihr Sohn sieht, wie viel Sie leisten, und Sie dabei regelmäßig unterstützt. Zwar braucht er seinen eigenen kleinen Aufgabenbereich, aber es ist auch gut, ihn in Ihre Arbeit einzubinden. Kann er verlässlich Fahrrad fahren, schicken Sie ihn zum Einkaufen. Wenn Sie sauber machen, bitten Sie ihn, Staub zu saugen. Am Ende wird es ihm gefallen, Ihnen zur Hand zu gehen. Denken Sie daran: Jungs schließen bei gemeinsamen Aktivitäten Freundschaft. Die gemeinsame Arbeit bringt Sie vielleicht einander näher!

Die Arbeit lehrt Ihren Sohn nicht nur verantwortungsvolles Verhalten. Er gewinnt dadurch auch an Selbstsicherheit. Natürlich wird er Fehler machen. Er mäht den Rasen vielleicht nicht richtig, schüttet das Waschpulver aus oder rammt beim Einkaufen ein Regal. Wenn Sie dabei sind, können Sie ihm helfen, mit den Fehlern richtig umzugehen. Wenn er merkt, dass Sie über so etwas auch lachen können, wird er sich bei Fehlern nicht mehr blöd verkommen. Hört er Sie sagen: »Uuups, so ein Mist, dass du das Waschpulver ausgeschüttet hast!« und sieht, wie Sie ihm helfen, die Bescherung zu beseitigen, wird es ihm künftig sehr viel leichter fallen, Verantwortung für seine Fehler zu übernehmen. Denn Jungs geben Fehler häufig auch deshalb nicht zu, weil sie Angst vor der elterlichen Reaktion haben. Sie fürchten, die Eltern werden wütend oder halten sie für dumm.

Für Jungs kann das eine erschreckende Aussicht sein (wobei sie die Reaktion des Vaters meist mehr fürchten als die der Mutter). Behandeln wir Eltern sie nicht fair, wenn sie einen Fehler machen, werden sie auch später ihr Fehlverhalten nie eingestehen. Erledigen Sie mit Ihrem Sohn gemeinsame Arbeiten, können Sie ihm zeigen, dass er vor Fehlern keine Angst zu haben braucht. Sobald er merkt, dass Sie auch Fehler akzeptieren, wird er das auch tun. Er gesteht eventuelle Fehler ein, schafft Abhilfe und macht weiter.

Zeigen Sie ihm, wie man betet

Was hat das Gebet damit zu tun, dass wir unsere Söhne zu verantwortungsbewussten und weisen Menschen erziehen wollen? Nun, ziemlich viel.

Plato war es, der Weisheit als Tugend bezeichnete. Tatsächlich stand die Weisheit an höchster Stelle in seinem Tugendkanon: Mäßigung, Mut, Gerechtigkeit und Weisheit. Sokrates, einer der klügsten Männer seiner Zeit, lehrte seine Schüler, dass kein Mensch wirklich weise sei. Nur Gott sei es. Die Philosophen, die Liebhaber der Weisheit, gingen davon aus, dass Weisheit viele Wurzeln hat. Meiner Ansicht nach gibt es zwei verschiedene Formen der Weisheit: Weisheit auf der praktischen Ebene, die Müttern – wie wir sehen konnten – aus den verschiedensten Quellen erwächst. Und Weisheit, die – wie die Philosophen aller Zeiten wussten – von Gott kommt. Diese Weisheit ist eine spirituelle.

Unsere Söhne sollten lernen, dass sie Unterstützung haben. Natürlich sind da Mutter und Vater, aber auch die machen ja schließlich Fehler, was die Söhne unweigerlich mitbekommen. Und diese Fehler erschüttern sie manchmal. Vielleicht wird ein Junge Zeuge, wie seine Mutter den Vater anbrüllt oder sein Vater gefeuert wird, weil er in der Arbeit einen Fehler gemacht hat. Wenn Eltern Fehler machen, reagieren die Kinder verstört und verlieren manchmal das Vertrauen in sie. Es ist also gut für die Eltern und für sie, wenn sie noch eine andere Quelle kennen, aus der Hilfe kommen kann.

Machen wir Eltern einen Fehler, sollten wir das eingestehen. Wir könnten unseren Kindern sagen, dass wir uns ehrlich bemüht haben, aber dass auch wir manchmal Unterstützung brauchen. Sagen Sie Ihrem Sohn, dass Sie Gott um Unterstützung bitten in Ihrem Streben nach einem besseren Leben für sich und ihn. Und fragen Sie ihn, ob er mit Ihnen beten möchte, wenn Sie für ihn beten.

Für viele Söhne ist das ein entscheidender Moment im Leben: Ihre Mutter gesteht ein, dass sie alles Menschenmögliche versucht, aber das, was sie sich vorgenommen hat, trotzdem nicht schafft und deshalb Hilfe braucht. In diesem Augenblick erkennt der Sohn, dass seine Mutter auch nur ein Mensch ist. Sieht er, dass selbst seine Mutter Hilfe braucht, fällt es ihm möglicherweise leichter, selbst um Hilfe zu bitten. Und er wird sich stark fühlen, wenn er mitwirken kann. Er muss sich auch keine Sorgen mehr um Sie machen, wenn er Ihnen nicht helfen kann (was er sowieso nicht kann). Er lernt nun seinerseits, sich auf Gott zu verlassen, der seiner Mutter hilft.

Manche Mütter mögen es nicht, mit ihren Söhnen zu beten. Das ist auch in Ordnung. Bitten Sie ihn einfach, für Sie zu beten. Wenn Sie wollen, können Sie auch genauer sagen, worum es geht. Wenn Sie gern mehr Geduld hätten, weniger reizbar wären oder nicht wissen, was Sie in einer bestimmten Situation tun bzw. sagen sollen, bitten Sie Ihren Sohn, doch für Sie mit Gott zu reden. Achten Sie darauf, was sich in Ihrer Beziehung zu dem Jungen tut, wenn Sie das machen. Sie werden feststellen, dass sich die Bindung vertieft. Ihr Sohn wird mitfühlender werden. Er wird Trost finden und ruhiger werden, wenn er betet. Im Gebet hat er Gelegenheit, zur Ruhe zu kommen und sich der Kontemplation hinzugeben. Das ist im heutigen Leben sonst kaum noch zu schaffen.

Und noch einen positiven Effekt gibt es: Wenn Sie Ihren Sohn bitten, für Sie (oder mit Ihnen) zu beten, zeigen Sie ihm, wie er näher zu Gott kommt. Sie stärken sein spirituelles Selbst und seinen Charakter. Man denkt ja immer, Mädchen seien für solche Dinge wie Glauben und Spiritualität offener, doch das stimmt nicht. Auch ein Junge kann tiefen Glauben entwickeln. Sobald er gelernt hat zu beten, können Sie ihm vorschlagen, Gott um Weisheit zu bitten. Machen Sie ihm klar, dass große Philosophen, Theologen und Denker die Quelle der Weisheit außerhalb des menschlichen Seins sahen. Für einen Jungen von sieben, dreizehn oder siebzehn Jahren, der mit Selbstzweifeln, der Schule oder persönlichen Problemen kämpft, ist dies eine beflügelnde Vorstellung. Überantworten Sie ihn der Macht eines liebenden, gütigen Gottes, eines weisen Gottes, der ihm ebenfalls zur Weisheit verhilft. Das ist eines der schönsten Geschenke, die Sie als Mutter Ihrem Sohn machen können. Im Brief des Jakobus heißt es: »Fehlt es aber einem von euch an Weisheit, dann soll er sie von Gott erbitten; Gott wird sie ihm geben, denn er gibt allen gern und macht niemand einen Vorwurf.« (Jak 1, 5)[44] Dann fährt Jakobus fort und zeigt uns, wie diese Weisheit aussieht: »Doch die Weisheit von oben [vom Himmel] ist erstens heilig, sodann friedlich, freundlich, gehorsam, voll Erbarmen und reich an guten

Früchten. Sie ist unparteiisch, sie heuchelt nicht.« (Jak 3, 17) Und im Buch der Sprichwörter heißt es: »Weisheit erwerben ist besser als Gold, Einsicht erwerben vortrefflicher als Silber.« (Sprichwörter 16, 16)[45]

Diese Verse bringen auf den Punkt, was die Philosophen aller Zeiten gelehrt haben: dass wahre Weisheit nur von Gott kommen kann. Die Bibel lehrt uns, dass Gottesfurcht der Beginn aller Weisheit ist. Natürlich kann dieser Begriff leicht missverstanden werden. Es handelt sich nicht um »Furcht« im eigentlichen Sinne, sondern um den Respekt, der dazu veranlasst, sich Gott zuzuwenden und sich nicht von ihm abzukehren. Furcht im eigentlichen Sinne veranlasst ja zur Flucht, Gottesfurcht aber bewirkt genau das Gegenteil.

Selbst wenn Sie nicht besonders religiös sind, sollte der folgende Auszug aus Leo Tolstois Meisterwerk *Krieg und Frieden* Sie zum Nachdenken anregen. Es handelt sich um ein Gespräch zwischen einem jungen Mann namens Pierre, der gesteht, er glaube nicht an Gott, und einem älteren Mann, den Tolstoi den »Freimaurer« nennt, weil er einer Freimaurer-Loge angehört. Sie unterhalten sich darüber, wie man Wissen erlangt, und Pierre ist verwirrt von den Ausführungen des Freimaurers.

Pierre: »Ich verstehe nur nicht, weshalb der menschliche Verstand nicht fähig sein soll, zu der Erkenntnis zu gelangen, von der Sie reden.«

Der Freimaurer lächelte in seiner milden, väterlichen Weise: »Die höchste Weisheit und Wahrheit ist gleichsam eine ganz reine Flüssigkeit, die wir in uns aufzunehmen wünschen [...] Die höchste Wahrheit beruht nicht auf dem Verstand allein, nicht auf den weltlichen Wissenschaften wie Physik, Geschichte, Chemie und so weiter, in welche das Verstandeswissen zerfällt. Die höchste Weisheit ist eine einheitliche. Die höchste Weisheit umfasst nur eine Wissenschaft, die Wissenschaft des Alls, diejenige Wissenschaft, die den ganzen Weltenbau erklärt und den Platz, den darin der Mensch einnimmt. Um diese Wissenschaft in sich aufzunehmen, ist es notwendig, seinen inneren Menschen zu reinigen und zu erneuern [...] Und damit wir diese Ziele erreichen können, ist in unsere Seele ein göttliches Licht gelegt, welches Gewissen genannt wird.«[46]

Gott allein, so Tolstoi, ist im Besitz der höchsten Weisheit. Wenn Sie Ihrem Sohn zeigen, wie man betet, dann machen Sie diese Weisheit für ihn verfügbar. Denn wenn er Gott bittet, ihn anzuhören und zu ihm zu sprechen, dann wird dieser Austausch einen tiefen Glauben in ihm erwecken. Das Gebet hilft ihm, an Gott zu glauben (wie Tolstoi sagt) und sich mit dem Bewusstsein zu verbinden, das Gott ihm schenkte. Das Gebet knüpft ein enges Band zwischen beidem. Wenn Sie Ihr Kind bitten, für Sie zu beten, gestehen Sie ein, dass Sie nicht vollkommen sind. Und das macht Ihrem Kind Mut, weil es ja weiß, dass es ebenso wenig perfekt ist.

Lehren Sie ihn die Kunst der Vergebung

Auf die Gefahr hin, Ihnen auf die Nerven zu gehen, möchte ich noch einmal darauf hinweisen, wie stark der gesellschaftliche Druck auf uns Mütter ist, wenn es um die Erziehung unserer Söhne zu »ganzen Männern« geht. Unsere Söhne sollen kompetent sein, stark, Siegertypen eben. Sie bekommen Medaillen, weil sie schnell gelaufen sind, und Trophäen, weil sie Bälle in Tore dreschen. Das ist super. Doch wenn wir es versäumen, unseren Söhnen klarzumachen, dass sie nicht immer gewinnen können, dass sie manchmal auch verlieren werden und mitansehen müssen, wie jemand anderer die Trophäe holt, dann erwecken wir in ihnen die Illusion, dass sie immer siegen werden. Wenn sie das glauben, entwickeln sie sich zu wahren Ungeheuern. Überlegen Sie mal: Wären Sie gern mit einem Mann zusammen, der denkt, dass er immer recht hat und sich niemals irrt? Ich nicht.

Es ist nur natürlich, dass wir unseren Söhnen Schmach ersparen wollen, wenn sie Fehler machen. Wir möchten, dass sie ein gesundes Selbstbewusstsein haben. Doch Selbstbewusstsein zeigt sich eher darin, dass jemand auch mal einen Fehler eingestehen kann und nicht immer recht haben muss. Unsere Söhne werden Fehler machen und keineswegs immer richtigliegen. Wir können ihnen also zeigen, wie man mit Fehlern umgeht, oder wir tun so, als wären sie ohne Fehl und Tadel, und werfen sie auf diese Weise den Wölfen zum Fraß vor, wenn sie erst ins College gehen oder einen Beruf ergreifen. Ein Junge, der nie gelernt hat, seine Fehler einzusehen, wird bei der leisesten Kritik seinen Job hinwerfen, das College oder die Mannschaft verlassen, in der er spielt. Erwachsene, die nie gelernt haben, Verantwortung für ihre Fehler zu übernehmen, sind leicht zu erkennen: Es sind die Menschen, die für alles, was sie tun, anderen die Schuld geben.

Lassen Sie Ihren Sohn also Fehler machen, solange er noch jung ist. Zeigen Sie ihm, wie man damit umgeht, wenn man etwas falsch gemacht hat. Wenn er sich schlecht benimmt, bringen Sie ihm bei, es zuzugeben und sich zu entschuldigen. Und nehmen Sie seine Entschuldigung freundlich an. Am besten ist es, er sieht, wie Sie selbst sich bei einer anderen Person entschuldigen. Dann lernt er, welche Macht in diesen Worten steckt. Sollte sich hierzu keine Gelegenheit ergeben, erzählen Sie ihm von einem Fehler, den Sie gemacht haben, etwa wie Sie die Gefühle einer Freundin verletzt haben. Und wie es sich angefühlt hat, als Sie sich bei ihr entschuldigt haben.

Häufig weigern sich Mütter, ihren Jungs beizubringen, dass man sich entschuldigt, solange sie noch klein sind. Sie fürchten, dass der Junge es nicht ernst meinen könnte, und halten eine solche Entschuldigung für wertlos. Hier bin ich anderer Meinung. Wer von uns ist denn je hundertprozentig von seinen Worten überzeugt, wenn er sagt, dass ihm etwas leidtut? Ich habe mich häufig entschuldigt, wenn ich im Grunde meines Herzens noch vor Wut gekocht habe. Wir lernen, uns zu entschuldigen, weil es richtig ist, nicht, weil es sich so toll anfühlt. Außerdem folgt das Fühlen immer dem Tun. Wenn wir lernen, das Richtige zu *tun*, werden wir am Ende auch das Richtige *fühlen*. Und uns für unsere Fehler zu entschuldigen macht uns einfach zu netteren Menschen.

Sie um Entschuldigung zu bitten lehrt Ihren Sohn, wie es sich anfühlt, wenn einem vergeben wird. Damit lernt auch er zu vergeben, was ein ganz wichtiger Schritt auf dem Weg zu einem glücklichen Dasein ist. Wenn Jungs nicht lernen zu vergeben, geben sie den Menschen Macht über sie, die ihnen Unrecht getan haben. Wer schwere Zeiten durchlebt hat, weiß, dass die Menschen, die einem wehtun, einfach mit ihrem Leben fortfahren, man selbst aber leidet immer noch. Unseren Söhnen wird genau das Gleiche widerfahren. Wenn sie sich weigern, jenen Menschen zu vergeben, werden diese immer Macht über sie haben. Lehren wir sie aber zu vergeben, werden sie zu glücklicheren, gesünderen Menschen.

Weisheit und Verantwortungsbewusstsein sind zwei wichtige Kräfte für ein Leben in Ausgeglichenheit. Wie wir sehen konnten, sind diese beiden Eigenschaften für unsere Söhne keineswegs selbstverständlich. Wir müssen sie dies lehren – bewusst und gezielt. Gerade diese beiden Eigenschaften sind nicht leicht zu lehren. Manche Mütter drücken sich davor – aus eben diesem Grund. Doch starke Frauen kämpfen für ihre Söhne.

Niemand außer Ihnen weiß, was das Beste für Ihr Kind ist. Sie haben alles, was Sie brauchen, und mehr, um Ihren Sohn zu einem disziplinierten Leben in Weisheit und Verantwortung zu erziehen. Und keine Sorge, wenn Sie zwischendrin vom Kurs abkommen. Gott ist immer da und hilft Ihnen, wenn Sie es aus eigener Kraft nicht mehr schaffen.

Kapitel 10

Lassen Sie Ihren Sohn los – damit er zurückkommen kann

Die Neurowissenschaften haben belegt, dass das Gehirn eines Mannes erst völlig entwickelt ist, wenn er so um die zwanzig ist.[47] Das bedeutet, dass er etwa bis zum fünfundzwanzigsten Lebensjahr immer noch beträchtliche kognitive (und emotionale) Veränderungen durchlebt. Für eine Mutter eines Sohnes ist das eine gute und zugleich eine schlechte Nachricht. Gut, denn wenn Sie mit einem starrsinnigen, aufsässigen Fünfzehnjährigen zu kämpfen haben, bleiben Ihnen immerhin noch zehn Jahre, um aus ihm einen zivilisierten Menschen zu machen. Schlecht, weil das zehn Jahre Schwerstarbeit bedeutet. In diesem Stadium ist ein Teil von Ihnen doch schon recht erschöpft, und Sie fragen sich wahrscheinlich, ob Sie das überhaupt noch länger durchhalten können. Seien Sie beruhigt: Sie können. Sie müssen nur lernen, ein bisschen langsamer zu machen. Denn ein weitverbreitetes Problem unter uns eifrigen, hingebungsvollen Müttern ist: Wir steigen mit so viel Energie und Begeisterung ins Elterndasein ein, dass wir, wenn die schwierigen Jahre der Pubertät kommen, schon knapp vor dem Burn-out stehen. Wenn Sie also dieses Buch lesen, während Ihr süßer zweijähriger Junge auf Ihrem Schoß sitzt, sollten Sie meinen Rat beherzigen und sich ein klein wenig zurücklehnen. Es bleiben Ihnen noch viele Jahre, um alles ins Lot zu bringen.

Nehmen Sie sich mal eine Minute Zeit und stellen Sie sich Ihren Sohn mit fünfundzwanzig vor. Wie sollte er Ihrer Ansicht nach in diesem Alter sein? Wenn Sie sind wie ich, dann wünschen Sie sich vor allem, dass er immer noch Lust auf Ihre Gesellschaft hat. Wäre es nicht herrlich, wenn Ihr fünfundzwanzigjähriger Sohn Sie anriefe und sagte: »Mama? Was machst du denn heute Abend? Hättest du nicht Lust, mit mir essen zu gehen?« Und dann würden Sie einen wunderschönen Abend miteinander verbringen. Er würde Ihnen von seinem Leben erzählen, von dem neuen Job, den er so toll findet, von seinen Freunden und seiner neuen großen Liebe. Er wäre nett und fürsorglich. Er würde Sie nach Ihrer Meinung fragen, aber natürlich trotzdem tun, was er für richtig hält, weil er eben selbstsicher ist. Wenn Sie das Restaurant verlassen, küssen Sie ihn liebevoll auf die Wange. Sie sind beide froh, dass Sie sich mal wieder gesehen haben. Sie sind ein bisschen geknickt, wenn Sie sich verabschieden, aber nicht, weil Sie wünschen, er wäre wieder vier. Sie sind glücklich, dass er mit seinem Leben zufrieden ist und nicht das dringende Bedürfnis hat, seine Kindheit aufzuarbeiten. Denn Leute, die immer meinen, Kindheitsprobleme »bearbeiten« und zu neuen »Einsichten« kommen zu müssen, können doch keine gute Kindheit gehabt haben. Und vermutlich geht es ihnen auch nicht besonders. Ihr Sohn aber ist glücklich. Er braucht keine neuen »Einsichten«. Offensichtlich ist er zufrieden mit dem, was seine Kindheit ihm gegeben hat.

Spinnen wir das schöne Bild Ihres fünfundzwanzigjährigen Sohnes noch ein bisschen weiter: Sie hätten gern, dass er seine Kollegen respektiert. Er soll freundlich sein, aber bestimmt, auf eigenen Beinen stehen und Sie nicht dauernd um Geld bitten müssen. Eigentlich hoffen Sie, dass Ihr Job getan ist und dass er in Zukunft *Ihnen* helfen wird, wenn es nötig sein sollte. Doch es besteht weder von Ihrer noch von seiner Seite irgendeine Form von Bedürftigkeit. Er genießt sein Leben, ist sozial aktiv und hat ein paar gute Freunde. Er weiß, dass Sie ihn ganz und gar akzeptieren und ihn für das, was er ist, bewundern.

Die Millionen-Frage für die Mutter eines ein-, zehn- oder achtzehnjährigen Jungen lautet nun: Wie kriege ich es hin, meinen Sohn zu einem tollen Fünfundzwanzigjährigen zu erziehen?

Zuallererst: Sie können ihn anleiten, ein großartiger Erwachsener zu werden. Wie nervenaufreibend Ihre momentane Beziehung auch sein mag, es wird die Zeit kommen, in der Sie diese verbessern können. Die Zeit arbeitet für Sie. Um an diesen Punkt zu gelangen, brauchen Sie eigentlich nur zwei Dinge: Konzentrieren Sie sich darauf, sein Bild von Ihnen zu ändern. Und glauben Sie an sich selbst. Sobald Sie sich mit seinen Augen sehen lernen und Ihre Erziehung an seinen Bedürfnissen ausrichten und nicht an Ihrem Bild von ihm, sobald Sie lernen, Ihren Instinkten zu vertrauen, sind Sie auf dem besten Weg. Einen Schritt allerdings gilt es noch zu meistern: die Kunst, ihn loszulassen.

Dies ist ein schwieriger Prozess, der wohlbedacht werden will. Denn Sie müssen mit Bedacht vorgehen, damit es nicht zu Missverständnissen kommt.

Warum Loslassen so wichtig ist

Die gesündeste Einstellung, die wir als Mütter mitbringen können, ist, dass wir nicht für unsere Söhne verantwortlich sind. Ob Sie es nun Vorsehung, Schicksal, Glück oder – wie ich – Gott nennen: Irgendetwas hält das Leben Ihres Sohnes in seiner Hand. Wir entscheiden nicht, wann unsere Kinder geboren werden oder sterben. Und wir können nur teilweise kontrollieren, was in dieser Zeitspanne mit ihnen geschieht. Wir Menschen glauben gewöhnlich, dass wir mehr Kontrolle über unser Leben haben, als dies tatsächlich der Fall ist. Darum glaube ich, je wahrhaftiger wir leben, desto glücklicher sind wir. Gerade, wenn es um die Erziehung unserer Kinder geht.

Das Loslassen von unserem Sohn beginnt in dem Moment, in dem er geboren wird. In diesem Augenblick merken wir, wie hilflos wir vor unserer Aufgabe stehen: Wir wollen ihn vor jedem Leid behüten und wünschen ihm nur Gutes. Doch selbst in diesem Moment müssen wir einsehen, dass wir diesen Wunsch loslassen müssen. Wir müssen begreifen, dass wir ihn nicht immer beschützen können. Dass wir ihn seine eigenen Erfahrungen in der Welt machen lassen und akzeptieren müssen, dass er auch mal auf die Nase fällt. Hier fängt der Prozess des Loslassens an. Wir legen ihn anfangs vielleicht seinem Vater zum Füttern in den Arm. Dann sehen wir zu, wie ihn seine Geschwister auf der Schaukel anschubsen. Wir vertrauen ihn einem Babysitter an, wenn wir weg sind. Wenn wir ihn auf den Spielplatz lassen, beeinflussen andere Kinder sein Denken. Wenn er zur Schule geht, sollen die Lehrer ihm das Rechnen beibringen. Wir lassen unseren Sohn sich seine Freunde und später seine Freundinnen aussuchen. Wenn er den Führerschein macht, zeigt ihm jemand anderer, wie er einparken muss. – Machen all diese Leute ihren Job richtig? Wir wissen es nicht und können nur das Beste hoffen.

Kinder zu haben heißt zu akzeptieren, dass Elternsein 10 Prozent Kontrolle und 90 Prozent Loslassen bedeutet. Glücklicherweise können wir Schritt für Schritt lernen, wie wir mit dem Schmerz des Loslassens fertigwerden.

Viele Eltern wissen, dass ihre Jungen zu Männern heranwachsen werden und dass man sie zu diesem Zweck langsam, aber sicher aus dem Nest schubsen muss. Doch wir Eltern müssen auch begreifen, dass das Loslassen auch gut für uns ist. Wenn wir auf natürliche Weise und zur rechten Zeit loslassen können, wird unser Leben reicher, und die Beziehung zu unseren Kindern vertieft sich. Und doch fühlt es sich manchmal falsch an, unseren Sohn gehen zu lassen. Wir wissen ja, dass wir für unseren Sohne da sein sollen, aber was heißt das nun genau? Wie wir in den vorangehenden Kapiteln sehen konnten, bedeutet es, dass wir unsere Gedanken und Gefühle mit ihm teilen, sodass die Zeit der gegenseitigen Abhängigkeit für beide gedeihlich verläuft. Doch mitunter überschreiten wir dabei Grenzen, sodass die Nähe zu unserem Sohn ein ungesundes Ausmaß annimmt. Es wird ja behauptet, eine gute Mutter interessiere sich für alle Aspekte im Leben ihres Sohnes – Schule, Sport, Freundin, Freizeit. Auch hier gilt: Allzu viel ist ungesund. Manchmal halten wir Mütter uns für so unentbehrlich, dass wir unser ganzes Leben auf unseren Sohn ausrichten. Er braucht uns doch, wir müssen für ihn da sein. Nun ja, in manchen Situationen stimmt das, in vielen anderen nicht.

Wir meinen es gut. Wir wollen gute Mütter sein und machen uns Gedanken über die Fehler anderer Eltern. Wir schwören uns, dass uns das mit unseren Kindern nicht passieren wird. Wenn unsere eigenen Eltern immer eine gewisse Distanz gehalten haben, beschließen wir, stets für unsere Kinder da zu sein. Wenn unsere Eltern kein Interesse an unseren Aktivitäten gezeigt haben, geben wir uns Mühe, genau das Gegenteil zu tun, manchmal um jeden Preis. Wir lesen uns durch alle populären Psychologiebücher und studieren Eltern-Zeitschriften. Manches ist super, manches Bockmist. Wir tauschen uns mit Freunden aus, um schlechte Verhaltensweisen abzulegen. Wir wollen ja offen und ehrlich sein. Wir wollen unserem Sohn eine gute Freundin sein.

Ich glaube, es gab noch nie so viele gute Mütter wie heute. Aber all unsere Bemühungen machen den letzten Schritt nur umso schwerer: uns einfach mal zurückzulehnen und unser Kind machen zu lassen.

Und doch ist es für uns aus drei Gründen wichtig, unseren Sohn freizugeben. Erstens wird er sonst nie zum Mann. Er wird zwar älter, bleibt aber ewig Kind. Zweitens können Sie keine gesunde Erwachsenenbeziehung aufbauen, wenn Sie nicht beide loslassen. Und schließlich macht dieser letzte Schritt Sie beide zu glücklichen Menschen. Ich bin sicher, Sie haben Freunde, die mit ihrem Kind zusammenglucken, als hätte dieses nie das Haus verlassen. Vielleicht haben Sie ja selbst so eine Beziehung zu Ihren Eltern und wissen aus erster Hand, wie erstickend so etwas sein kann. Dazu wird es nicht kommen, wenn Sie den Prozess des Loslassens einfach geschehen lassen.

Unsere Söhne sind nicht unser Eigentum

Wiederum ein Beispiel: John Riccardo wurde in einem reichen Vorort von Detroit groß. Als Sohn eines Vorstandsvorsitzenden hatte John ein Leben, um das ihn viele beneideten. Als ich ihn nach seinen frühen Jahren fragte, merkte ich bald, dass er keine normale Kindheit gehabt hatte – und zwar nicht deswegen, weil seine Familie reich war, sondern wegen seiner Mutter.

Johns Mutter war nach seiner Geburt sieben Jahre lang Invalidin. Sie musste mehrere Rückenoperationen über sich ergehen lassen, was sie zwang, ihre Tage in einem Pflegebett im Wohnzimmer zu verbringen. Ihre Schmerzen hinderten sie daran, an Johns Leben aktiv teilzunehmen wie andere Mütter: Sie konnte ihn nicht zur Schule fahren, ihm keinen Kuchen backen und keine Geburtstagspartys für ihn veranstalten.

Als John sieben war, geschah sozusagen ein Wunder. Johns Schwester hörte bei einer Veranstaltung der Kirchengemeinde den Pfarrer über jemanden sprechen, der schreckliche Rückenprobleme habe. Der Betreffende, sagte der Mann, werde geheilt werden. Johns Schwester war überzeugt, der Pfarrer spreche von ihrer Mutter. Sie ging nach Hause und erzählte ihrer Mutter, was der Pfarrer gesagt hatte. Johns Mutter las regelmäßig die Bibel und glaubte an Christus, doch sie war keine leidenschaftlich gläubige Frau. Doch sie beschloss, ihrer Tochter zu glauben. Vielleicht hatte der Pfarrer ja wirklich über sie gesprochen. Einen Monat später, erzählte John, habe Gott an seiner Mutter ein Wunder gewirkt. Sie wurde plötzlich gesund und konnte später sogar wieder Tennis spielen.

Die nächsten vierzehn Jahre führte seine Mutter ein mehr als aktives Dasein: Sie genoss es, mit ihm, seiner Schwester und anderen Menschen am Leben teilzunehmen. Das Wunder bestand ja nicht nur darin, dass sie endlich schmerzfrei gehen konnte. Sie konnte nun ihr Leben mit ihren Kindern teilen. Emotional erlebte sie buchstäblich eine Wiederauferstehung, weil sie anderen gerne half. Da sie nun wieder gesund war, konnte sie endlich *leben*.

Ich lernte John kennen, als er schon Priester war. Er war einverstanden, mir übers Telefon ein paar Fragen über seine Beziehung zu seiner Mutter zu beantworten. Zu Beginn unseres Gesprächs fragte ich ihn: »Was war die wichtigste Lektion, die Sie von Ihrer Mutter gelernt haben und die Ihnen half, der Mensch zu werden, der Sie heute sind?« Schweigen am anderen Ende der Leitung. Ich fragte mich, was ihm durch den Kopf ging. Hatte sie ihn zu vieles gelehrt? Oder zu wenig? Oder konnte er nicht sagen, was es eigentlich war? John beantwortete die Frage nicht direkt, sondern begann, mir vom Leben seiner Mutter zu erzählen.

»Wenn ich an meine Mutter denke, fällt mir automatisch das Wort *Klasse* ein. Sie hatte Klasse in jeder Hinsicht. Sie sprach gut, sie zog sich schön an, ohne zu übertreiben. Sie war einfach hübsch. Ich weiß noch, wie sie morgens am Küchentisch saß und die Bibel las. Manchmal erzählte sie mir, was sie gerade gelesen hatte, aber nicht immer. Auf unserem Küchentisch lag immer etwas herum, was sie gerade anschaute oder las. Und man konnte sich immer einfach dazusetzen. Wir hatten ein offenes Haus, und meine Mutter bekam viel Besuch von Freunden.«

In der Stimme dieses Mannes in mittleren Jahren drückte sich viel Zärtlichkeit und Bewunderung für seine Mutter aus. Offensichtlich handelte es sich um eine bemerkenswerte Frau.

»Als Kind hatte ich das Gefühl, dass die Menschen meine Mutter um ihrer Bedürfnisse willen aufsuchten. Sie kamen und setzten sich zu ihr, und sie hörte zu, wenn sie redeten. Ganz egal, wie es ihnen ging, als sie durch die Tür traten, sie fühlten sich immer besser, wenn sie unser Haus wieder verließen. Sie besaß einfach diese Gabe. Die Menschen kamen zur Ruhe, wenn sie mit ihr zusammen waren, sie gab ihnen sozusagen ihren Segen. Ich fand das toll. War es das, was sie sagte? Oder das Essen, das sie ihnen gab? Ich glaube nicht. Sie hatte einfach eine Art, die allen Menschen ein gutes Gefühl schenkte. Die Menschen spürten, dass sie sie mochte und ihr Schicksal meiner Mutter wirklich am Herzen lag.«

Ich konnte beinahe hören, wie er lächelte. Was dieser Mann über seine Mutter sagte, berührte mich tief. Ich fragte mich, ob meine Kinder dasselbe über mich sagen könnten. Wie erlebten meine Kinder meinen Umgang mit Freunden? War ich eine Frau, die anderen Ruhe und Frieden finden half?

»Aber ich muss Ihnen auch etwas über meinen Vater erzählen«, fügte er hinzu. »Als Vorstandsvorsitzender war er natürlich viel auf Reisen, häufig war er in Washington. Das Erstaunliche war, dass er trotzdem jeden Tag nach Hause kam. Sogar, wenn er den ganzen Tag in Washington verbracht hatte.«

»Sie meinen, er flog jeden Abend nach Hause?«, fragte ich erstaunt.

»Ja. Selbst wenn er die ganze Woche in Washington zu tun hatte, flog er trotzdem jeden Abend heim, nur um die Nacht bei meiner Mutter zu verbringen.«

Nun dachte ich natürlich an meinen eigenen Mann. Würde er das für mich tun? Ich beschloss, die Frage offenzulassen.

»Meine Mutter war und ist ein Mensch, der betet. Sie sagte mir von Beginn an, dass ich nicht ihr gehöre, sondern Gott. Das machte mir keine Angst. Ich fühlte mich vielmehr geborgen. Sie sagte mir, sie habe mich im Herzen und bete ständig für mich. Natürlich betete sie auch für meine vier älteren Geschwister, aber ich hatte immer das Gefühl, dass ihre Gebete für mich etwas Besonderes waren.« Er hielt kurz inne. »Ob wir uns heute noch nahestehen? Ja, das würde ich sagen. Ich glaube, zwischen Mutter und Sohn gibt es ein magisches Band. Da ich nicht verheiratet bin, nimmt meine Mutter in meinem Herzen einen Platz ein, wie er für andere Männer vielleicht nicht nachvollziehbar ist. Wir beten immer noch füreinander. Wenn jemand in meiner Gemeinde krank ist, betet sie für ihn. Wir sind auf diese Weise spirituell miteinander verbunden.

Ich weiß, dass ich meiner Mutter einige graue Haare verursacht habe. Während ich an der University of Michigan studiert habe, habe ich so einiges getrieben, was ihr vermutlich wenig Freude bereitet hat. Doch nach meinem Abschluss hatte ich plötzlich das Gefühl, Gott rufe mich. Er nahm mein Herz und begann mich zu ändern.« (Nachdem John seinen Abschluss am College erworben hatte, trat er ins Priesterseminar ein und wurde Priester.)

Nun stellte ich ihm eine Frage, die mich ein wenig Überwindung kostete, doch ich musste es einfach wissen: »War es schwer für Ihre Mutter, dass Sie Priester wurden? Dass Sie nie heiraten und ihr keine Enkelkinder schenken würden?«

»Mich Gott zu geben war ein Opfer für sie. Sie wusste das. Sie wusste, dass ich zu Weihnachten und bei anderen Festen nicht zu Hause sein würde. Das schmerzte sie, aber Sie müssen eines wissen: Nachdem meine Mutter mich Gott übergeben hatte, veränderte sich unsere Beziehung dramatisch. Wir kamen uns wieder näher. Und plötzlich war da eine Intimität zwischen uns, die es vorher so nicht gegeben hatte. Ich kann das fast nicht beschreiben. Ich kann nur sagen: Als meine Mutter mich Gott schenkte, gab sie Ihm die Möglichkeit, unseren Schmerz zu sehen. Und Er gab uns dafür eine innigere Nähe. Ich meine, wir denken öfter aneinander als die meisten Mütter und Söhne. Wir pflegen diese Nähe. Sie schreibt mir, und ich erzähle ihr alles über die Menschen, die unser Gebet brauchen. Und sie betet für sie voller Glauben.«

Meine nächste Frage an John klang vor diesem Hintergrund geradezu banal: Was hatte sie getan, damit er zu dem Mann wurde, der er heute war? Die Antwort erschließt sich von selbst: Sie trugen einander im Herzen, und die Essenz ihres Lebens wurde zu seiner. Sie lehrte ihn ohne Worte, wie man Menschen Frieden schenken kann. Sie lebte ihm ihre innere Haltung, ihren Glauben vor, und das machte ihn zu einem guten Priester. Die Kirche seiner Gemeinde platzt förmlich aus allen Nähten. Und das ist zu einem gewissen Teil auch das Verdienst seiner Mutter.

Unsere Söhne loszulassen – auch wenn wir sie nicht Gott schenken – bringt uns auf geheimnisvolle Weise ihnen näher. Vielleicht, weil das Loslassen das ungesunde Gespinst des Brauchens auflöst. Vielleicht, weil dann beide lernen, als Erwachsene zu leben, die sich einander ohne Zwang zuwenden können. Wir Mütter müssen sein wie Johns Mutter. Wir müssen tief im Herzen verstehen, dass wir unsere Söhne nicht besitzen. Wir können und sollen ihnen nicht alles sein. In diesem kurzen Leben können wir sie nur wie verrückt lieben und sie sachte, aber bestimmt in eine gesunde Richtung schubsen und dann beten, während wir unser eigenes Leben führen. Wenn sie dann erwachsen geworden sind, können wir ihnen unseren Rat geben (wenn wir darum gebeten werden) und sie ermutigen, ein eigenständiges Leben frei von Angst zu führen. Das Allerwichtigste aber ist, ihnen deutlich zu zeigen, dass wir an sie glauben – und daran, dass sie auch ohne uns zurechtkommen.

Worum es beim Loslassen geht

Wenn wir unsere Söhne loslassen, heißt das nicht, dass wir ihnen den Schutzmantel unserer Liebe entziehen. Wir legen nur die Verantwortung für ihr Leben auf ihre eigenen Schultern. Denken Sie mal an den ersten Schultag Ihres Sohnes zurück. Liegt dieser schon hinter Ihnen, dann wissen Sie, dass Ihr Herz mit ihm geht, aber Ihr Körper nicht. Genau darum geht es beim Loslassen. Um die Beständigkeit der Liebe inmitten aller Irrungen und Wirrungen, die das Leben so mit sich bringt. Und während Ihr Sohn allmählich heranreift, verstärkt sich dieser Prozess noch, weil der Abstand immer größer wird – emotional, geistig und körperlich. Ihre Liebe zu ihm aber vertieft sich. Da beides zugleich wächst – die Distanz und die Liebe –, fällt uns das Loslassen so schwer.

Die Dynamik dieser Bewegung scheint geradezu paradox. Warum sollte unsere Liebe sich vertiefen, wenn unsere Söhne sich immer weiter von uns entfernen? Ganz einfach: Wenn sie allmählich unabhängig werden, sehen wir endlich die Früchte all unserer Mühen. Wir sehen sie reifen und Erfolg haben, und der Zyklus des Lebens nimmt seinen gewollten Verlauf. Unglücklicherweise widersetzen sich dem viele Mütter, eben weil das Loslassen nicht gerade einfach ist. Und das macht die Situation schwierig für sie und ihre Söhne.

Loslassen ist ein Vorgang, der sich auf zwei Ebenen vollzieht. Zunächst einmal erlauben wir unseren Söhnen, seelisch unabhängig zu werden. Das ist wohl der schwierigste Schritt für uns Mütter, weil wir uns damit von unserem eigenen Bedürfnis verabschieden müssen, unsere Jungs zu kontrollieren und ihr Leben zu managen. Tatsächlich sind unsere Eingriffe in ihr Dasein gut, solange sie noch klein sind. Sie brauchen ja schließlich Hilfe. Einen Dreijährigen zu managen ist gut. Kontrolle im Leben eines Jungen, der gemobbt wird, ist keineswegs fehl am Platz. Entscheidend ist, dass wir verstehen, wo unser Eingreifen gesund ist und wo es Grenzen überschreitet und unseren Söhnen schadet. Das Gute ist, dass wir lange Zeit zum Üben haben. Und wenn wir doch mal Grenzen überschreiten und unsere Söhne nerven, bekommen wir meist eine zweite Chance. Dann können wir einen Gang zurückschalten und unsere Söhne ihre eigenen Entscheidungen treffen lassen. Ich zum Beispiel habe Freunde, die so erpicht darauf sind, dass ihr Sohn endlich die richtige Frau heiratet, dass sie Heiratsvermittler spielen. Das ist eines der ganz großen »Finger weg«-Dinger, weil es im Regelfall schiefgeht. Und für eine Menge Spannungen in der Beziehung zwischen Mutter und Sohn sorgt. Ich muss zugeben, ich war bei meinem Sohn auch schwer in Versuchung. Aber jedes Mal, wenn ich meinte, da gäbe es ein Mädchen, das er unbedingt kennenlernen sollte, redeten mir meine Töchter ins Gewissen. Wir Mütter denken meist, da wir unsere Söhne besser kennen als sie sich selbst (was sogar stimmen kann), wäre es unser Job, für die richtigen Mädchen in seinem Leben zu sorgen. Unsere Söhne erleben das allerdings als Einmischung, und das zu Recht. Als junge Männer müssen sie lernen, ihren Instinkten in puncto Frauen zu vertrauen. Wenn wir uns hier einmischen, signalisieren wir ihnen nur, dass sie nicht in der Lage sind, derart wichtige Entscheidungen selbst zu treffen.

Wenn unsere Söhne zur Welt kommen, haben wir plötzlich einen neuen Lebenssinn, wenn wir in ihr pausbäckiges Gesicht blicken. Wir begreifen, dass wir auf der Welt sind, um uns um dieses kleine Geschöpf zu kümmern. Das fühlt sich toll an. Doch wenn sie älter werden, müssen wir dieses Gefühl, gebraucht zu werden, allmählich loslassen, damit eine andere Beziehung zu unserem Sohn entstehen kann. Für viele Mütter ist dies ein Trauma. Manche Mütter erleben eine tiefe Krise, wenn sie feststellen, dass ihr dreizehnjähriger Sohn sie nicht mehr im selben Maß braucht wie als Fünfjähriger. »Und was jetzt?«, fragen sie sich. »Wer bin ich? Und was soll nun aus mir werden?«

Dieses Gefühl der Ablösung erleben Mütter in ganz unterschiedlichen Momenten. Manche erleben es am stärksten, wenn ihr Sohn in die erste Klasse kommt, andere eher, wenn er zum Studieren weggeht oder seine erste eigene Wohnung bezieht. Doch jede Mutter erlebt diese Trennung an irgendeinem wichtigen Punkt im Leben ihres Sohnes. So schwierig es ist, meiner Ansicht nach ist dies ein wichtiger Bestandteil des Elternseins. Erleben wir die Trennung nicht als solche, stehen wir unseren Söhnen vielleicht nicht wirklich nahe. Ein gesundes Loslassen bereitet uns anfangs vielleicht Kummer, doch am Ende gewinnen wir mehr Freiheit dadurch. Und zwar nicht nur für uns. Auch unser Sohn spürt die neue Freiheit. Und unsere Beziehung zu ihm vertieft sich.

Der zweite Schritt des Loslassen ist konkreter, denn dabei geben wir Schritt für Schritt die Abhängigkeitsbeziehung auf. Ihr Sohn lernt, sich auf sich selbst zu verlassen statt auf Sie. Wenn er drei ist, bringen wir ihm das Laufradfahren bei. Wenn er fünf wird, geht er in den Kindergarten. Mit achtzehn fährt er dann schon Auto. Jahr um Jahr bringen wir unserem Sohn bei, Dinge ohne uns zu tun. Meist schätzen Mütter dies, weil es für sie weniger Arbeit bedeutet. Aber insgeheim wollen sie doch gebraucht werden und weigern sich unbewusst, ihm die ganze Verantwortung zu überlassen. Manche Mütter erlauben ihren Söhnen während der Highschool zwar, zu arbeiten, sind aber dagegen, dass sie sich schon mit Mädchen treffen. Hier hat jeder seine eigenen Vorstellungen vom Loslassen, die einen mitunter zu seltsamen Verhaltensweisen verführen. Eine Freundin von mir hielt ihren Sohn an, genug Geld für ein eigenes Auto zu sparen und die Versicherung selbst zu bezahlen, aber sie ließ ihn nie sein eigenes Bett machen oder sein Zimmer aufräumen. Lieber beschwerte sie sich, dass er so schlampig sei. Offensichtlich bewunderte sie sein Arbeitsethos, forderte es aber daheim nicht ein, weil sie zumindest zum Aufräumen *gebraucht* werden wollte. Und natürlich übersah sie diese Inkonsequenz recht konsequent, weil ihr Handeln als Mutter ja von ihren eigenen Unsicherheiten und ihrer persönlichen Geschichte geprägt war (wie bei uns allen).

Die Kunst des Loslassens ist ein schwieriger Balanceakt. Um diesen vernünftig hinzubekommen, müssen wir zuerst einmal einsehen, dass er Teil einer gesunden Mutter-Sohn-Beziehung ist. Und dann müssen wir uns Regeln setzen. Das ist nicht so einfach, weil wir dabei ein wenig Motivforschung betreiben müssen, was unser Dasein als Mutter angeht. Tun wir etwas für unsere Söhne, weil wir es für uns selbst brauchen, oder weil es gut für unsere Söhne ist? Ich persönlich habe vieles getan, weil ich unbedingt eine gute Mutter sein wollte. Meine eigene Mutter hat immer meine Sachen gewaschen, wenn ich vom College heimkam, und ich liebte meine Mutter heiß und innig. Raten Sie mal, was in unserem Haus abläuft, wenn mein Sohn einen Packen Wäsche vom College mit nach Hause bringt? Genau. Ich sortiere sie zunächst in Bunt- und Weißwäsche (was er nie tut) und stecke sie dann in die Maschine. Wenn alles hübsch sauber und trocken ist, falte ich alles so, dass er es nur noch einpacken muss. Und obwohl mein Sohn schon mit vierzehn seine eigene Wäsche machen konnte, fühle ich mich immer noch als bessere Mutter, wenn ich für ihn wasche, wenn er in den Ferien nach Hause kommt. Sie machen das vielleicht nicht mit der Wäsche, aber ich denke mal, wenn wir zusammen Kaffee trinken würden, käme wohl heraus, dass auch Sie Dinge für Ihren Sohn tun, die er eigentlich selbst erledigen könnte. Sie machen das, weil Sie sich dabei besser fühlen. Keine Angst, ich sag's nicht weiter.

Hier und da einzuspringen ist in Ordnung. Doch wenn er mal in die Teenager- und Erwachsenenjahre kommt, müssen wir Mütter uns emotional den Spiegel vorhalten und uns fragen: »Mache ich das, was ich tue, weil ich mich dann als bessere Mutter fühle, oder weil es ihn zu einem besseren Mann macht?« Lautet die Antwort, dass er dadurch stärker wird, dann fahren Sie fort wie gewohnt. Wenn Sie aber auch nur ein Fünklein Selbstsucht in sich finden, dann lassen Sie es. Ich verspreche Ihnen: Sie werden beide glücklicher.

Gelegentlich können wir auch zwei Fliegen mit einer Klappe schlagen. Wir können etwas für unseren Sohn tun und uns dabei als bessere Mutter fühlen. Aber das ist eher die Ausnahme als die Regel. Wichtig ist nur, dass wir immer unsere Beweggründe sondieren, wenn wir etwas für unsere Söhne tun. Und wenn wir ganz ehrlich sind, ist es ein bisschen erschreckend, wie oft wir etwas tun, nur weil wir uns dann als bessere Mutter fühlen.

Was mit Loslassen nichts zu tun hat

Wir sind alle nur Menschen. Aus diesem Grund übertreiben wir mit dem Loslassen gern in die eine oder andere Richtung. Manche Mütter haben Probleme, die Kontrolle über ihre Söhne aufzugeben. Andere lassen ihre Söhne viel zu früh los, zum Teil auf Drängen der Väter, die nicht wollen, dass ihr Sohn ein »Mamabubi« wird. Ich kenne Väter, die ihren Sohn schon in der zweiten Klasse zum Mann machen wollen und ihm verbieten, zur Mama zu kommen, wenn er Probleme hat. Diese Väter liegen einfach falsch.

Ich bin felsenfest der Meinung, dass kleine Jungs eine gewisse emotionale Nähe zur Mutter brauchen. Keine Mutter sollte einen Keil zwischen Vater und Sohn treiben, doch es stimmt einfach, dass Mütter einem Kind das Gefühl der Geborgenheit in einem Ausmaß vermitteln können, wie Väter das nicht können. – Viele Väter gehen ohnehin auf Distanz zu ihren Kindern, weil sie es nicht besser gelernt haben. Sie geben ihre eigenen Erfahrungen an ihre Kinder weiter, obwohl sie als Kinder auch darunter gelitten haben, und zwar, weil sie es nicht anders kennen, nicht, weil sie es für richtig halten. Trifft dies auf Ihren Sohn und seinen Vater zu, tun Sie Ihr Möglichstes, damit die beiden zueinanderfinden. Am besten ist es, Sie sagen Ihrem Partner (oder Expartner), dass sein Sohn ihn braucht und er gerne mehr von seinem Vater hätte. Wenn er nicht weiß, wie er das anstellen soll, kann er ja einfach mehr Zeit mit ihm verbringen, selbst wenn sie nur kleine Sachen miteinander machen, wie zum Beispiel zusammen den Müll rausbringen. Männer stellen Bindungen über gemeinsame Aktivitäten her, Frauen durch Kommunikation. Er muss also nur ein bisschen was mit seinem Sohn unternehmen, um den Ball ins Rollen zu bringen.[48] Wenn sich Väter ihrer Aufgabe nicht gewachsen fühlen, dann müssen wir Mütter ihr Selbstbewusstsein stärken und sie ermutigen. Unsere Söhne werden es uns danken, weil sie eine stabile Beziehung zu ihrem Vater brauchen.

Zahlreiche Studien zeigen, dass Jungen mit einer guten Mutterbindung psychologisch gesünder, ja sogar mutiger sind. Sie haben mehr Selbstbewusstsein, bekommen bessere Noten und entwickeln seltener Verhaltensstörungen.[49] Wie wir in dem Kapitel über die Sprache der Gefühle gesehen haben, heißt Loslassen nicht, dass wir uns emotional von unseren Kindern distanzieren sollen. Jungs müssen wissen, dass die Liebe ihrer Mutter zu ihnen stark und unverbrüchlich ist und dass sie immer für ihn da ist. Wenn wir unsere Söhne nicht weinen lassen (egal, wie alt sie sind) oder sie zwingen, mit ihren Emotionen selbst fertigzuwerden, oder sie nicht trösten, wenn sie Angst haben, dann ist das nicht nur falsch, sondern grausam.

Zeigen wir unseren Söhnen, wie sie ihre Gefühle erkennen und mit ihnen umgehen können, helfen wir ihnen, als reife Menschen die richtigen Entscheidungen zu treffen und sich nicht auf uns zu verlassen. Ein starkes, von uns unabhängiges emotionales Leben ist der Beweis, dass sie ein emotionales Vokabular entwickelt haben. Loslassen heißt auch, dass sie lernen, ihren Instinkten zu vertrauen. Es hat nichts damit zu tun, dass wir unsere Gefühle nicht mehr mit ihnen teilen oder wir ihre Gefühle ignorieren sollen, indem wir ihnen vermitteln, dass ein Junge »so was« nicht haben dürfe. (Genau das tun Sie, wenn Sie einem Achtjährigen sagen, er solle nicht weinen.)

Loslassen heißt, dass wir unsere Jungs nicht nur machen lassen, ohne dass wir uns einmischen, sondern auch, dass sie die Verantwortung übernehmen für das, was sie tun. Deshalb dürfen wir ihnen nicht zu früh zu viel Unabhängigkeit »zumuten«. Zu viel Verantwortung tut unseren Jungen nicht gut. Gerade in den Teenagerjahren sind wir geneigt, sie hier zu überfordern. Wir hören, wie sich die Stimme unseres Sohnes verändert, sehen, wie sich sein Bartwuchs verstärkt, und nehmen an, dass er schon wie ein Mann denkt, einfach weil er jetzt männlich *aussieht*. Das ist nicht der Fall, und es gilt zu bedenken, dass unsere Jungen heute immer eher in die Pubertät kommen, teils schon mit neun Jahren.[50] In der dritten oder vierten Klasse also! Natürlich haben diese Jungs Probleme mit ihren körperlichen Veränderungen. Die Eltern auch. Daher sollten wir im Hinterkopf behalten, dass der äußere Anschein nicht unbedingt dem entspricht, was im Gehirn unseres Sohnes passiert. Und wir müssen unser Handeln als Eltern auf seine geistige Reife abstellen, nicht auf seine körperliche.

Auch soziale Gegebenheiten verführen uns manchmal dazu, unseren Teenagern zu viel Verantwortung zu überlassen. Mädchen halten wir meist länger unter unseren Fittichen, aber bei den Söhnen machen sich die meisten Mütter weniger Sorgen. Söhne werden ja nicht schwanger und auch selten Opfer einer Vergewaltigung, was den Töchtern eher passieren kann. Daher neigen wir dazu, unseren Söhnen mehr Freiheit zu lassen, beispielsweise indem sie später nach Hause kommen dürfen (wenn sie überhaupt eine Uhrzeit genannt bekommen). Sie sehen ja stark, verantwortungsbewusst und kräftig aus, und wir behandeln sie so. Doch Jungen beizeiten loszulassen heißt nicht, ihnen freie Bahn zu lassen. Leider beobachte ich das immer wieder bei Müttern, die glauben, ihr Sohn sei »ein guter Junge«. Das mag auf ihn tatsächlich zutreffen, aber ein paar seiner Bekannten sind vielleicht weniger »gute Jungs«. Und die genießen es förmlich, im Leben der guten Jungs Unfug anzurichten. Auch Lena musste erst durch Schaden klug werden.

Lena ist eine alleinerziehende Mutter und hat drei Söhne, die alle Fußball spielen. Ihr ältester, Eddie, stand ihr sehr nahe. Sein Vater starb an Bauchspeicheldrüsenkrebs, als Eddie acht Jahre alt war. Seit dieser Zeit fühlte er sich als Mann im Haus. Und Lena sagte ihm das auch gelegentlich. Als Eddie siebzehn und im vorletzten Jahr der Highschool war, ergab es sich, dass er ein Heimspiel hatte, seine beiden Brüder aber Auswärtsspiele. Lena sprach also mit Eddie ab, was zu tun sei. Ihr war mulmig, ihn allein zu Hause zu lassen, erzählte sie mir später, nicht, weil sie ihm nicht vertraute, sondern weil sie dachte, dass seine Freunde die Situation möglicherweise ausnützen könnten. Und Eddie stünde dann da und müsste ihnen erklären, dass er keine sturmfreie Bude hatte. Doch Eddie war ein prima Schüler und hatte ihr nie Schwierigkeiten gemacht, also beschlossen die beiden, dass er am Wochenende allein zu Hause bleiben würde. Er versprach ihr, dass alles gut gehen würde.

Am Freitagabend lud er einen Freund zu sich nach Hause ein und sie sahen sich zusammen einen Film an. Am Samstag war sein Fußballspiel, und Eddie war super drauf, weil sein Team gewonnen hatte. Der Sieg qualifizierte sie für die Landesmeisterschaft. Also marschierte er am Samstagabend nach Hause, warf eine Tiefkühlpizza ins Backrohr und lud einen Freund ein. Um neun Uhr abends sahen sich die beiden gerade einen Film an, als es an der Tür läutete. Draußen standen zwei Mädchen, von denen eine in Eddies Freund verliebt war. Ein Vögelchen habe ihnen verraten, dass die Jungs ganz allein zu Hause seien, und sie wollten ihnen Gesellschaft leisten. Innerhalb einer halben Stunde standen fünf weitere Klassenkameraden vor der Tür, denn eines der Mädchen hatte ihrer Freundin eine SMS geschrieben und sie eingeladen. Sie wusste, dass Eddie nichts dagegen haben würde. Nette Jungs sind halt so. Innerhalb einer Stunde waren vierzig Teenager bei Eddie zu Hause. Sie tranken Bier, spielten Billard und parkten auf dem Rasen. Um Mitternacht riefen die Nachbarn die Polizei. Als die Beamten kamen, versteckten sich die Kids. Die Polizisten durchsuchten das Haus und fanden in jedem Zimmer Teenies. Sie verteilten mehr als zehn Verwarnungen an Minderjährige wegen Alkoholbesitzes – sogar an Eddie, der wirklich so gut wie nie Alkohol trank. Er hatte das Bier auch nicht besorgt, aber das spielte keine Rolle, weil die Polizei es bei ihm zu Hause fand.

Als Lena am Sonntagmorgen nach Hause kam, hatte Eddie das Haus einigermaßen gesäubert, doch auf dem Sofa und dem Teppich im Wohnzimmer waren immer noch Flecken. Der Stoff auf dem Billardtisch war zerrissen, der Rasen war von Reifenspuren zerpflügt. Lena war stocksauer. Sie war wütend auf Eddie und die anderen Teenies. Sie rief alle Eltern an. Neun von zehn verteidigten ihre Kinder mit Ausreden wie: »John hätte Ihren Teppich niemals ruiniert.« Oder: »Alicia war bei ihrer Freundin, sie war ganz sicher nicht bei Ihnen.« Lena musste mehrere Hundert Dollar für die Reinigung von Sofa und Teppich ausgeben. Nur fünf Eltern der Klassenkameraden ihres Sohnes entschuldigten sich bei ihr.

Wer also trägt die Schuld? Eddie? Lena? Das verliebte Mädchen? Oder die Eltern, die ihre Kinder rechtfertigten? Letztlich wohl alle zusammen. Auch gute, kluge und gewissenhafte Kinder brauchen eine führende Hand. Lena hätte für Eddie ein paar Vorsichtsmaßnahmen treffen müssen. Sie hat ihm zu viel Verantwortung übertragen. Eddie hätte die Mädchen nicht ins Haus lassen sollen. Er wusste, dass sie Handys hatten und dass Teenager in seinem Alter eine Party machen, wenn sie zusammen sind. Die Mädchen hätten einen netten Jungen wie Eddie nicht ausnützen dürfen. Und die Teenies, die ins Haus kamen, haben sich wirklich völlig danebenbenommen. Selbst höchst verantwortungsbewusste Kids drehen durch, wenn sie getrunken haben und mit ihren Altersgenossen Party feiern. Aber auch die Eltern, die ihre Kinder nicht für die Schäden in Lenas Haus zur Verantwortung zogen, tragen Schuld. Sie hätten dafür sorgen sollen, dass ihre Kinder wieder in Ordnung bringen, was sie angestellt haben.

Nichtsdestotrotz trägt die Hauptschuld wohl Lena, weil sie das Ganze ermöglicht hat. Sie dachte nur daran, welch braven Sohn sie hatte. Wie jung er noch war, entging ihr dabei völlig. Ja, ihr Sohn war ein guter Junge, aber klugen Eltern sollte klar sein, dass wir in einer schwierigen Welt leben, in der auch gute Jungs und Mädchen gelegentlich in Schwierigkeiten geraten – die recht schnell zu denen von uns Eltern werden können. Das Klügste wäre wohl gewesen, Lena hätte einen Erwachsenen gebeten, übers Wochenende nach Eddie zu schauen. Dann hätte der Ärger vermieden werden können. Sie hätte Eddie auch zu einem Freund schicken können (dessen Eltern zu Hause waren). Ein einziger Telefonanruf hätte ihnen allen eine Menge Ärger erspart.

Wie die meisten Mütter, so dachte auch Lena, dass sie sich keine Sorgen machen müsse, weil Eddie ja der sprichwörtliche »gute Junge« war. Vor dreißig Jahren mag das noch gestimmt haben, heute ist das nicht mehr so. Man sollte Teenager wirklich nie allein zu Hause lassen, egal, in welchem Land sie leben oder in welche Schule der Junge geht. Die heutige Welt hält viel zu viele Versuchungen für sie und ihre Freunde bereit, viel zu viele Gelegenheiten für unverantwortliches Handeln. Ich wiederhole hier noch mal ausdrücklich: Unsere Söhne sollten nicht tagelang alleine zu Hause bleiben, ganz egal, welchen Charakter, Notendurchschnitt, Reifegrad oder sonstige gute Absichten sie haben. Nicht, weil man ihnen nicht vertrauen könnte, sondern weil sie andere Teens (oder nicht mehr Teens) kennen, die Gelegenheiten suchen, es so richtig krachen zu lassen. Außerdem fühlen sich Jungs, die häufig alleingelassen werden, sehr einsam. Wir sehen sie als stark und unerschrocken, aber in Wirklichkeit wird ihnen mitunter doch recht mulmig, wenn sie allein zu Hause sind. Also lassen Sie Ihren Sohn diese Erfahrung gar nicht erst machen.

Die Gratwanderung

Andererseits ist es nicht minder gefährlich, wenn wir uns zu sehr ins Leben unserer Kinder drängen. Letztlich erwartet uns also eine Gratwanderung: Wir dürfen ihnen nicht zu viel Raum geben und sie andererseits nicht ersticken.

Dieses Thema wird von mehreren Autoren kompetent behandelt. Ein sehr schönes Beispiel liefert Dr. Kenneth Adams in *When He's Married to Mom* (Wenn er mit seiner Mutter verheiratet ist).[51] Er stellt folgende Fragen an die Söhne von sehr aktiven Müttern:

- Machen Sie sich häufig Sorgen, weil Ihre Mutter so unglücklich ist und so ein schweres Leben hat?
- Sind Sie der wichtigste Mensch im Leben Ihrer Mutter?
- Stehen Sie Ihrem Vater nicht so nahe?
- Begleiten Sie Ihre Mutter häufig zu irgendwelchen gesellschaftlichen Ereignissen oder haben Sie dies früher getan?

Auf den ersten Blick wirken diese Fragen recht unschuldig. Was ist denn schon dabei, wenn eine Mutter mit ihrem Sohn zu einer Feierlichkeit geht? Warum sollte ein Sohn nicht das Gefühl haben, der wichtigste Mensch im Leben seiner Mutter zu sein? Ist es denn nicht gut, wenn sich ein Sohn so bedeutend fühlen kann?

Die Antwort ist: Nein. Natürlich sollen unsere Söhne wissen, dass sie uns etwas bedeuten, doch wenn sie sich als Mittelpunkt unseres Lebens sehen, haben wir eine Grenze überschritten. Wenn ich in meiner Praxis mit Jungen spreche und ihnen Fragen über ihre Mutter stelle, spüre ich schon nach wenigen Minuten, wenn die Verflechtungen mit ihr zu stark sind. Dann können sie nicht mehr unterscheiden, wo die Gefühle ihrer Mutter aufhören und ihre eigenen beginnen. Sind Jungen mit ihrer Mutter zu eng verbunden, stellen sie deren Bedürfnisse über ihre eigenen. Meist denken sie dann auch, sie müssten ihrer Mutter gefallen oder gute Leistungen erbringen, um die Mutter glücklich zu machen. Ist eine Mutter zu abhängig von ihrem Sohn, verursacht dies häufig Probleme.

Erst kürzlich hielt ich in einer Gemeinde einen Vortrag über Eltern-Kind-Beziehungen, als eine etwas weinerliche Dame eine Frage stellte. »Dr. Meeker«, meinte sie. »Mein Mann und ich haben uns scheiden lassen, als mein Sohn sieben Jahre alt war. Nachdem mein Mann gegangen war, habe ich mir natürlich große Sorgen um meinen Sohn und meine fünfjährige Tochter gemacht. Aber mein Junge hat gleich zu mir gesagt, ich müsse mich nicht sorgen, er sei jetzt der ›Mann im Haus‹. Als ich ihn das sagen hörte, brach mir schier das Herz. Ich antwortete ihm, dass er recht habe. Er sei nun der Mann im Haus. Ich dachte, er würde sich dann besser fühlen. Habe ich das richtig gemacht?«

Natürlich wollte ich nicht, dass sie sich schlecht fühlte oder Schuldgefühle bekam, aber so gut ihre Absichten auch gewesen sein mochten, ich sagte ihr, dass das für ihren Sohn keine gute Lösung war. Wenn wir unseren Sohn eine Bürde schultern lassen, die er noch nicht bewältigen kann, ist der auf ihm lastende Druck zu groß. Dann muss er scheitern, weil er die Aufgabe einfach nicht bewältigen kann. Und es ist nicht die Aufgabe unserer Söhne, sich um uns Mütter zu kümmern. Der Junge dieser Frau hat es sicherlich gut gemeint, aber er war viel zu jung, um absehen zu können, was das für ihn bedeutet. Keine Mutter sollte ihrem Sohn erlauben, so etwas zu tun, denn das schadet der Beziehung nur. Ich sagte der Dame also, sie müsse die Zügel wieder selbst in die Hand nehmen, denn sie trüge die Verantwortung, nicht ihr Sohn. Ein Sohn sollte sich nicht um seine Mutter kümmern müssen. Und sie müsste aufhören, sich auf ihn zu stützen.

Sie sehen also, dass es leicht zu Verstrickungen kommen kann, wenn wir versuchen, das Beste zu tun. Sicher wollte die Dame einfach nur eine gute Mutter sein – aber es war nötig, dass sie ihren Sohn losließ. Sie musste sich aus ihrer Abhängigkeit lösen und ihm vermitteln, dass er keine Verantwortung für sie zu übernehmen braucht.

Wenn unsere Söhne zu Männern heranreifen, müssen wir uns unbequeme Fragen stellen wie die, die Dr. Adams herausgearbeitet hat. Wenn Ihr Sohn vier ist, sollten Sie sich fragen, ob er eine gute Beziehung zu seinem Vater hat. Wenn nicht: Versuchen Sie diese vielleicht zu verhindern? Wenn Sie diese Frage mit Ja beantworten, dann sind Sie schon dabei, den Grundstein für eine ungesunde Abhängigkeit zu legen. Gute Mütter halten ihre Kinder nicht von anderen Beziehungen ab – vor allem nicht zum Vater!

Ist er sieben, fragen Sie sich, ob Ihr Sohn sich zu viel um Sie sorgt. Viele Jungs in der ersten und zweiten Klasse haben Angst, dass ihre Mutter sterben könnte. Das ist ganz normal. Aber wenn er sich dauernd um Ihre Gesundheit oder Ihr Wohlbefinden sorgt, dann sollten Ihre Alarmglocken schrillen. Signalisieren Sie ihm irgendwie, dass es Ihnen nicht gut geht? Wenn sich eine Mutter ins Leben ihres Kindes drängt, verwischt sie die Grenzen zwischen diesem und sich selbst. Viele übereifrige Mütter verwenden ihre gesamte freie Zeit darauf, ihre Kinder quer durchs Land zu irgendwelchen Sportveranstaltungen zu kutschieren, oder helfen ihnen jeden Abend bei den Hausaufgaben. Auch damit belasten Sie Ihren Sohn eher, weil er dann das Gefühl bekommt, dass er Mutters ganze Welt ist. Er glaubt, sie brauche ihn, um glücklich zu sein, und diese Bürde ist zu schwer für den Jungen.

Ist Ihr Sohn schon älter, vielleicht sogar verheiratet, überlegen Sie sich die Antwort auf folgende Fragen: Fragt er mich eher um Rat als seine Frau? Wenn ja, ist Ihre Meinung für ihn offensichtlich wichtiger als die seiner Angetrauten, und damit befinden Sie sich schon auf vermintem Gelände. Ruft er Sie jede Woche drei- bis viermal an und redet stundenlang mit Ihnen, obwohl er längst studiert oder arbeitet? Junge Männer mit einer gesunden Mutterbeziehung verlassen sich nicht in diesem Ausmaß auf ihre Mutter. Wenn sie so etwas machen, fühlen sie sich offensichtlich isoliert, haben keine guten Beziehungen zu Freunden oder anderen Familienmitgliedern. Das sollte nicht so sein.

Und natürlich sollten wir uns auch mit Fragen auseinandersetzen, die uns direkt betreffen. Dr. Margaret Paul hat in ihrem Buch *How to Become Strong Enough to Love* (Wie wir stark werden für die Liebe) ein paar Richtlinien erarbeitet, mit deren Hilfe wir zu intensive Verstrickungen ins Leben unserer Söhne erkennen können. Lesen Sie die folgenden Aussagen und überprüfen Sie, ob sie auf Sie zutreffen.

- Der Erfolg und gutes und schlechtes Verhalten meiner Kinder bestimmen meinen eigenen Wert.
- Meine Kinder sind der Mittelpunkt meines Lebens – mein ganzer Lebenssinn.
- Ich konzentriere mich ganz auf das Wohl meiner Kinder und nicht auf mein eigenes.
- Mein Glück, mein Kummer hängt von meinen Kindern ab.
- Ich mische mich ein – ich will alles wissen, was meine Kinder tun oder denken.[52]

Wenn Sie sich in einer oder mehreren dieser Aussagen wiederfinden, dann haben Sie vielleicht ein ungesundes symbiotisches Verhältnis zu Ihren Kindern. Aber was sollen Sie tun, wenn Sie tatsächlich feststellen müssen, dass Sie sich zu sehr ins Leben Ihres Sohnes einmischen? Der wichtigste Schritt zur Abhilfe ist erst einmal, dass Sie sich das eingestehen. Danach müssen Sie das eine oder andere üben. Doch wenn Sie erst mal in die richtige Richtung unterwegs sind, wird das Leben schnell besser und macht mehr Spaß – für Sie und Ihren Sohn.

Wie Sie es richtig machen

Sehen wir uns also an, wie wir unsere Kinder auf gesunde Weise loslassen können. Die erste Regel lautet: Treffen Sie Sicherheitsvorkehrungen (zumindest mental). Drei dieser Maßnahmen sind meiner Ansicht nach besonders wichtig.

Berücksichtigen Sie sein Alter

Versuchen Sie, Ihren Sohn immer mehr in die Unabhängigkeit zu entlassen, wenn er heranwächst, doch achten Sie darauf, dass Sie ihn nicht überfordern. Müttern von zweijährigen Jungs sage ich gerne, dass sie ihre Sache gut gemacht haben, wenn ihr Sohn abends noch am Leben ist. Alles, was darüber hinausgeht, ist schon das Sahnehäubchen. Offenkundig ist der einzige Lebenszweck von Jungs in diesem Alter, kreative Möglichkeiten zu finden, sich umzubringen: Steckdosen, in die man seine nassen Finger stecken kann; zu Tauen gedrehte Leintücher, die man sich möglichst eng um den Hals schlingt; ein Topf mit kochendem Wasser auf dem Herd, den man ja vielleicht zum Umkippen bringen kann, sodass man sich am ganzen Leib verbrüht. Ich hatte einen zweijährigen Patienten, der es geschafft hat, auf das Schaukelgestell im Garten zu klettern und dann auf dem obersten Querholm von rechts nach links zu robben. Schaukeln interessierte ihn gar nicht, er wollte einfach nur so hoch hinaus wie irgend möglich. Glücklicherweise konnte die Mutter ihn herunterholen, bevor er sich den Hals brach. Jungen in diesem Alter sind wandelnde Tornados, die nur auf eins aus sind: Chaos.

Wenn er drei ist, zeigen Sie ihm, wie man Laufrad fährt, aber lassen Sie ihn unter keinen Umständen damit alleine auf die Straße, selbst wenn es sich um ein verlassenes Vorortsträßchen handelt. Ist er vier, übertragen Sie ihm eine möglichst ungefährliche Aufgabe im Haus. Lassen Sie ihn nicht Rasenmähen, aber er kann Ihnen ruhig helfen, nach dem Essen den Küchenboden zu kehren. Mit fünf Jahren können Sie ihn bitten, seinen kleinen Bruder zu füttern, aber stellen Sie sicher, dass Sie dabei stets anwesend sind. Wenn Sie ihm Aufgaben geben, die er allein erledigen soll, behalten Sie ihn trotzdem immer im Auge und überlegen Sie vorher, ob er dazu körperlich und kognitiv schon in der Lage ist. Das zu wissen ist nicht einfach, denn welche Freiheiten seinem Alter angemessen sind, ist nicht immer deutlich erkennbar. Fragen Sie ruhig Ihre Freundin, deren Sohn schon ein wenig älter ist. Oder Ihre Kinderärztin, die Ihnen Auskunft geben wird. Im Zweifelsfall ist Vorsicht die Mutter der Porzellankiste. Sind Sie nicht hundertprozentig sicher, dass Ihr Sohn diese Aufgabe erfüllen kann, warten Sie lieber noch. Entscheiden Sie sich für risikoarme Projekte. Wenn er mit acht Jahren lernt, wie er seine Wäsche selbst waschen kann, ist das vielleicht eine Herausforderung für ihn, doch er kann sich oder andere dabei wenigstens nicht verletzen.

Zwischen zehn und zwölf fordert Ihr Junge vermutlich mehr Unabhängigkeit ein. Er will Freunde besuchen und mit ihnen Filme ansehen, auch wenn die Eltern nicht da sind. In dieser Phase wächst er seelisch und fühlt sich unverwundbar. Das Gefühl verstärkt sich noch, wenn er dreizehn wird. Dann ist er so sicher, dass ihm nichts passieren kann, dass er vielleicht sogar Sie überzeugt. Es ist dann Ihre Aufgabe, sich klarzumachen, dass er keineswegs Superman ist. Nur weil er dreizehn oder fünfzehn geworden ist, heißt das noch nicht, dass er unverwundbar ist. Er ist vielleicht ein heller Kopf, aber seine Fähigkeit, unglaublich dumme Sachen anzustellen, ist auch gewachsen. Wenn Sie ihm also die lange Leine gewähren, fragen Sie sich immer: »Was ist das Schlimmste, was ihm passieren kann, wenn er dabei einen Fehler macht?« Wenn sein Leben dabei nicht in Gefahr ist oder er keine tiefen seelischen Wunden davontragen würde, dann lassen Sie ihn ruhig mal gewähren.

Vertrauen Sie Ihrem Instinkt

Ich habe das in diesem Buch immer wieder betont: Mütter müssen lernen, ihrem Instinkt zu trauen! Hören Sie auf die flüsterleise Stimme in Ihrem Kopf, die Ihnen sagt, ob es Ärger geben wird. Sie wissen genau, welchen Freunden Ihres Sohnes Sie trauen können und welchen nicht. Sie wissen, ob Ihr Sohn reif genug ist, um sich mit Mädchen zu treffen, sich ein Moped zu kaufen oder die Nacht bei einem Freund zu verbringen. Andere Eltern raten Ihnen vielleicht, nicht so ängstlich zu sein. Nicht so bevormundend, nicht so streng. Hören Sie nicht auf sie. Hören Sie einzig auf Ihr Herz. Auch der Rat wohlmeinender Freunde entspringt mitunter nur deren Unsicherheit. Sie wollen doch nicht, dass Ihr Sohn dafür den Preis zahlt.

Will Ihr vierzehnjähriger Sohn die Nacht bei einem Freund verbringen, und Sie wissen, dass dessen Eltern nicht zu Hause sein werden, vergessen Sie, was man Ihnen so erzählt. Wenn Ihnen Ihr Bauchgefühl sagt, dass Sie ihn lieber zu Hause haben, ist das kein mangelndes Vertrauen in Ihren

Sohn. Sagen Sie ihm einfach, dass die Versuchung für andere, die sturmfreie Bude zu nutzen, viel zu groß ist. Und finden Sie eine Möglichkeit für ihn, sich anderweitig zu amüsieren. Bieten Sie ihm an, ihn und seinen Freund ins Kino oder ins Theater zu fahren und sie danach wieder abzuholen. Lassen Sie ihn Freunde einladen und im Keller Billard spielen, ohne dass Sie ständig ein Auge auf die Bande haben. Wenn Sie seine Meinung dazu einholen, werden Sie erstaunt sein, was ihm alles einfällt. Sicher finden Sie beide einen Weg, wie er etwas unternehmen kann, ohne als Muttersöhnchen zu gelten und ohne dass bei Ihnen die Alarmglocken schrillen.

Manchmal ist es nicht so einfach, herauszufinden, ob das, was uns da zuflüstert, tatsächlich unser Instinkt ist. Ich habe Mütter erlebt, die ihre Söhne jedes Wochenende zu einem Fußball- oder Hockeyspiel fahren lassen, sie jedoch ständig begleiten, sodass die Jungs keine Minute allein sind. Die Mütter sagen dann meist, dass sie sich eben auch für Fußball interessierten, aber tief im Innersten wissen sie, dass es ihnen hauptsächlich um Kontrolle geht. Sie trauen anderen nicht zu, sich um ihren Sohn zu kümmern. Diese Mütter haben vielleicht auch das Gefühl, auf ihren Instinkt zu hören. Ich persönlich bin da ein wenig anderer Ansicht.

Unser Instinkt sagt uns, wenn wir das Richtige aus den richtigen Gründen tun. Aber er sagt uns auch, wenn wir das Falsche aus den falschen Gründen tun. Manchmal tut man das Falsche aus den »richtigen« Gründen – aus Gründen, die unser Verstand für richtig hält. Doch wenn wir ehrlich zu uns selbst sind, merken wir schnell, dass die »richtigen« Gründe kaum je rechtfertigen, das Falsche zu tun. Finden wir beispielsweise heraus, dass unser Sohn in der Schule gemobbt wird, wäre es falsch, auf die Facebook-Seite des Mobbers ein paar saftige Bemerkungen zu posten. Selbstverständlich sagen wir uns, dass der Mobber nichts anderes verdient hat. Da unser Sohn sich nicht selbst wehrt, müssen wir tätig werden. Da aber hakt schon unser Instinkt ein (hoffe ich!) und sagt uns, dass damit niemandem gedient wäre.

Meistens sagt uns unser Instinkt, wie wir reagieren sollten, wenn es um unseren Sohn geht. Wenn Sie also eine Entscheidung treffen müssen, die Ihren Sohn betrifft, rate ich Ihnen, vor allen wohlmeinenden Ratschlägen die Ohren zu verschließen und auf die leise Stimme in Ihrem Inneren zu hören. Wenn Sie ihr Gehör schenken, wird sie sich ohnehin bald lauter vernehmen lassen. Wie oft haben Sie im Grunde schon gewusst, was zu tun war, haben Ihre innere Weisheit aber angezweifelt. Tun Sie das nicht.

Machen Sie sich lieber klar, dass niemand Ihren Sohn besser versteht als Sie. Sie wissen, womit er umgehen kann und womit nicht. Wenn er also Ihre Erlaubnis braucht, lassen Sie sich nicht beirren von dem, was alle anderen tun. Entscheiden Sie nach dem, was Ihrer Ansicht nach das Beste für Ihren Sohn ist. Wenn Sie Rat bei anderen suchen, liegt die richtige Antwort häufig schon in der Frage. (»Mein Sohn möchte unbedingt mit einem Freund ins Kino, aber ich finde den Film nicht gut. Er möchte es so gerne, und alle anderen Eltern lassen ihre Jungs gehen. Was soll ich tun?«) Also fragen Sie erst gar nicht. Sie kennen die Antwort ja schon. Sie haben nur Angst, Ihrem Instinkt zu vertrauen. Seien Sie stark. Agieren Sie als Mutter nie aus der Angst heraus. Bemühen Sie lieber Ihren gesunden Menschenverstand.

Überprüfen Sie Ihre Beweggründe

Welche Entscheidungen wir im Hinblick auf unsere Kinder auch treffen, es ist wichtig, dass unsere Motive rein sind. Auf diese Weise stellen wir sicher, dass wir eine gute Mutter sind. Es ist kein Geheimnis, dass unsere Kultur die Selbstsucht fördert. Wir hören schon als kleine Mädchen, dass wir alles haben können, wenn wir nur danach greifen. Wir können sein, was wir wollen, tun, was uns gefällt, und uns ein wunderbares Leben schaffen. Wir sollten möglichst schnell herausfinden, was uns glücklich macht, und uns dann darum kümmern. Und wenn das viele Dinge sind, sollten wir sie alle besorgen.

Als ich in den Siebzigerjahren hier aufs College ging, hieß es noch, wir könnten einen anspruchsvollen Beruf haben (mit einer Sechzig-Stunden-Woche), vier Kinder großziehen und eine gute Ehe führen. Viele Mädchen aus meinem Jahrgang haben das versucht. Das Ergebnis war eine wahre Burn-out-Epidemie. Auch wir wurden erst aus Schaden klug, als wir herausfanden, dass kein Mensch alles auf einmal haben kann. Das Streben nach dem vollkommenen Glück hatte uns aller Kräfte beraubt.

Karriere, Familie, Ehe und harte Arbeit – alles super. Und natürlich entsteht daraus Glück. Aber dass all das glücklich macht, heißt noch nicht, dass wir alles zugleich haben müssen. Und was das Leben angeht, das wir uns tatsächlich wünschen, ein Leben ohne Hindernisse und ununterbrochener Glückseligkeit: Viel Glück! Ja, wir können hart arbeiten und Erfolg haben, aber wir haben über unser Leben keineswegs die volle Kontrolle. Wir sollten begreifen, dass wir auch dann glücklich sein können, wenn wir keine Macht über unser Leben haben. Wir können das Leben genießen, wenn wir unser Bestes geben und mit dem zufrieden sind, was uns das Leben so schenkt. Wir müssen nicht alles kontrollieren. Vor allem, wenn es um unsere Söhne geht. Als Mütter müssen wir begreifen, dass unsere Söhne ein Geschenk sind. Dass wir – für kurze Zeit – das Privileg haben, sie zu lieben und ihnen alles Schöne zu geben, was in unserer Macht steht. Zu diesem Zweck müssen wir manchmal eigene Wünsche und Bedürfnisse hintanstellen. Manche Mütter bringen diese Opfer gerne, anderen fällt das schwer. Unter anderem, weil wir in einer Kultur leben, die auch Frauen ermuntert, mit Macht nach dem eigenen Glück zu streben – ohne Rücksicht auf Verluste. In der Mutterschaft aber hat Selbstsucht keinen Platz. Vor allem wird sie uns nicht zu einer positiven Bindung zu unseren Kinder verhelfen, weil die Kinder sich leicht übersehen fühlen, wenn ihre Mutter in erster Linie ihre eigenen Interessen im Auge hat.

Andererseits ist unseren Kindern auch nicht gedient, wenn wir uns auf dem Altar der Mutterschaft aufopfern. Denn es gibt Mütter, die tatsächlich nur noch für ihre Kinder leben. Wir alle kennen diesen Typ. Frauen, die als Mensch ganz in der Rolle der perfekten Mutter aufgehen, reißen die ganze Familie mit in den Abgrund, denn es tut Kindern nicht gut, wenn sie merken, dass die Existenz ihrer Mutter sich nur um sie dreht. Wie sollen sie sich je von der Mutter lösen? Wie sollen sie eine eigene Meinung vertreten? Kinder von Müttern mit Märtyrerkomplex entwickeln ein ungesundes Verantwortungsbewusstsein für ihre Mutter. Wenn sie je unabhängig werden, bleibt ihre Mutter ohne einen Lebenssinn zurück. Das ist eine viel zu schwere Bürde für diese Kinder.

Wie also schaffen wir Mütter die Gratwanderung zwischen den Opfern, die wir für unsere Söhne durchaus erbringen müssen, und einer gesunden Unabhängigkeit von ihnen? Indem wir genau auf unsere Beweggründe achten.

Ein Beispiel: Aimee war Vollzeitmutter. Sie fand es toll, dass sie zu Hause bleiben und sich um ihren Sohn Aiden kümmern konnte. Sie machte alle Schulausflüge mit, war bei allen Fußballspielen seines Teams dabei, schmierte Brote für seine Mannschaft und half jede zweite Woche in der Schule bei der Aufsicht aus.

Aiden war ihr drittes Kind und eine »Überraschung«, wie sie das nannte. Ihre beiden anderen Kinder waren schon aus dem Haus, und Aimee war nicht glücklich darüber, wie sie die beiden erzogen hatte. »Ich war damals noch jung und hatte selbst jahrelang mit Depressionen zu kämpfen, als ich sie großzog«, erzählte sie mir. »Ich war nie für sie da und fühlte mich so schuldig deshalb. Ich weiß, dass meine Depressionen der Grund dafür waren, dass keiner der beiden je sein Potenzial ausleben konnte. Sie haben beide kein schönes Heim, mein ältester Sohn hat mit fünfundzwanzig noch nicht mal einen Job. Er macht eine Gelegenheitsarbeit nach der anderen. Ich will nicht, dass Aiden dasselbe passiert.«

Um ihr »Versagen« in Bezug auf die anderen beiden Kinder wiedergutzumachen, stürzte sich Aimee ganz auf Aiden. Sie schenkte ihm schon in der ersten Klasse ein iPhone, damit er sie notfalls anrufen konnte. Wenn am Wochenende kein Fußballspiel auf dem Plan stand, fragte sie ihn, ob er Freunde einladen wolle oder ob er lieber mit ihr ins Kino und dann essen gehen wolle. Von außen betrachtet waren die meisten Mütter neidisch auf ihre enge Beziehung zu ihrem Sohn.

Eines Tages sprach ich mit Aiden über seinen Vater. Ob er zu ihm auch so ein gutes Verhältnis habe? Und was er denn mit ihm gerne unternehme? »Ich unternehme gar nicht viel mit meinem Vater. Erstens arbeitet er ständig. Und meine Mutter findet ein paar seiner Hobbys nicht so gut, also lässt sie mich nicht mitgehen, wenn er diese Dinge macht. Zum Beispiel jagen. Mein Vater liebt die Jagd, aber meine Mutter findet Gewehre zu gefährlich für mich.«

Das lief so, bis Aiden dreizehn war. Dann brachte Aimee ihn zu mir. Ihr Sohn sei vollständig »außer Kontrolle«. »Er bekommt Wutanfälle«, sagte sie zu mir. »Manchmal brüllt er so laut, dass ich fürchte, die Nachbarn holen die Polizei! Und er macht Sachen kaputt. Vor ein paar Tagen hat er ein Loch in die Kellertür getreten. Er macht mir Angst.«

Nachdem ich mit Aiden, Aimee und Aidens Vater gesprochen hatte, wurde schnell klar, dass Aiden gegen seine Mutter rebellierte. Natürlich sind Wutanfälle bei Pubertierenden an der Tagesordnung, doch seine Ausbrüche gingen weit über das übliche Maß hinaus. Warum? Seine Mutter erstickte ihn buchstäblich. In ihrem wohlmeinenden Eifer, ihm alles im Leben zu bieten, überschritt sie sämtliche Grenzen. Sein Glück war ihr ganzer Lebenssinn. Sie ignorierte sein natürliches Bedürfnis, mit seinem Vater zusammen zu sein. Aiden wusste nicht, was ihn verrückt machte, aber ihm war klar, dass seine Mutter etwas von ihm wollte, was er ihr nicht geben konnte.

Aimee glaubte, dass sie Aiden glücklich machen musste, um ihre »Fehler« (Wer weiß schon, ob sie tatsächlich Fehler machte?) mit ihren anderen Kindern auszugleichen. Sie und ich kamen bald auf den Kern der Sache. Aimee fand die Kraft, sich ihre tieferen Beweggründe offen einzugestehen. Sie war zu Hause geblieben, um ihre Schuldgefühle abzubüßen, nicht um eine bessere Mutter zu sein. Sie arbeitete in der Schule mit, weil sie es kaum ertrug, von Aiden getrennt zu sein. Als sie mit mir alles durchging, was sie in den letzten vier oder fünf Jahren für Aiden getan hatte, merkte sie, dass all das ihren Bedürfnissen entsprang. Dies einzugestehen war schwer für sie, doch nur so konnte Aimee einige wirklich wichtige Veränderungen in ihrer beider Leben vornehmen.

Aimee beschloss, von nun an Dinge zu tun, die ihr *und* ihrem Sohn guttaten. Sie nahm einen Job an einer anderen Schule an, damit sie sich emotional von ihrem Sohn lösen konnte. Dann ließ sie Aiden mit seinem Vater zur Jagd gehen. Diese beiden Veränderungen verbesserten die Beziehung zu ihrem Sohn enorm. Und raten Sie mal, wie es mit seinen Wutanfällen weiterging? Genau, sie ließen nach.

Wenn Sie den wahren Motiven hinter Ihren Bemühungen um Ihren Sohn auf den Grund gehen wollen, ist es wichtig, dass Sie sich folgende unbequeme Fragen stellen:

- Warum mache ich .... für ihn? (Hier können Sie alles Mögliche einsetzen: ihn in eine bestimmte Schule schicken, ihn im Fußballverein anmelden, ihm teure Klamotten kaufen, ihn ständig begleiten, wenn er mit Freunden unterwegs ist.)
- Tue ich bestimmte Dinge für ihn, um eine gewisse Leere in mir auszufüllen?
- Tue ich bestimmte Dinge, um mir selbst ein besseres Gefühl zu verschaffen?
- Tue ich etwas für ihn oder mit ihm, weil es für ihn am besten ist? Oder weil ich mir für mich etwas davon erhoffe?

Natürlich können Sie die Fragestellung auch umkehren:

- Wenn ich .... für ihn tue, hilft ihm das, unabhängiger zu werden?
- Wenn ich .... für ihn tue, ermuntert ihn das, ein besserer junger Mann zu werden?
- Wenn ich ihm .... erlaube, stärkt dies seinen Charakter?

Diese Fragen helfen Ihnen herauszufinden, ob Sie das Beste für Ihren Sohn wollen, wenn Sie eine bestimmte Entscheidung treffen, oder ob Sie Ihren eigenen Bedürfnissen folgen.

Wenn wir den Mut aufbringen, uns selbst gegenüber ehrlich zu sein, dann sind wir auch gute Eltern. Haben Sie Schwierigkeiten, Ihre wahren Beweggründe herauszufinden, dann bitten Sie Ihren Partner oder eine Freundin um Hilfe. Wenn diese Menschen Sie wirklich schätzen, werden Sie Ihnen helfen, ehrliche Antworten zu finden. Und vielleicht können Sie ihnen ja eines Tages auf ähnliche Weise zur Seite stehen.

Jeder Abschied ist ein neuer Anfang

Keine Mutter wird ihrem Sohn je nahekommen, wenn sie ihn nicht zuerst loslässt. Dieser Schmerz ist nur der Mutter-Sohn-Beziehung eigen. Väter müssen ihre Söhne nicht gehen lassen, weil die Söhne nicht das Bedürfnis verspüren, sich vom Vater abzunabeln. Da sie beide Männer sind, entwickeln unsere Söhne, wenn sie älter werden, eine andere Beziehung zu ihrem Vater. Wir Mütter müssen uns ja auch nicht von unseren Töchtern trennen, die ihrerseits nicht das Gefühl haben, aus der Welt der Mutter ausscheren zu müssen. Natürlich müssen auch Mädchen ihre Unabhängigkeit erobern, doch wenn wir ihre Sexualität verstehen wollen, müssen wir uns nicht auf unbekanntes Terrain begeben. Damit unser Sohn begreift, wer er als Mann ist und wie seine Sexualität funktioniert, muss er sich von seiner Mutter distanzieren. Wenn er ihr emotional zu nahe steht, erschwert ihm dies die Selbstfindung als Mann.

Wenn ein Mann heiratet, muss er die Beziehung zu seiner Mutter begrenzen, sonst kann er keine gesunde Ehe führen. Eine Tochter kann ihrer Mutter so nahe bleiben wie eh und je, ohne dass dies ihre Ehe stört. Unterhalten Sie sich nur mal mit einer Frau, die mit einem Mann verheiratet ist, der sich von seiner Mutter nicht gelöst hat. In neun von zehn Fällen werden Sie eine äußerst unglückliche Frau kennenlernen.

Unsere Söhne wachsen heran, und wir müssen sie in jeder neuen Entwicklungsphase ein Stück loslassen. So können wir üben für den Abschied am Ende, der erfolgen muss, wenn er ein junger Mann ist. Dann heiratet er womöglich oder zieht in eine andere Stadt, er nimmt eine Arbeit auf oder leistet seinen Militärdienst ab. Wie dieser endgültige Abschied aussieht, ist von Fall zu Fall verschieden, doch wir alle kennen diesen Augenblick, in dem wir merken, dass unsere Aufgabe getan ist. Wir haben geschwitzt, gebetet, geweint, gestritten und uns abgerackert, um die bestmögliche Mutter zu sein. Manche von uns gelangen an diesen Punkt unter Bedauern, so wie Aimee bei ihren älteren Kindern. Eines aber ist sicher: Wenn es Zeit ist, ganz loszulassen, ist keine von uns wirklich bereit. Es tut immer weh.

Wenn wir ihn da vor dem Altar stehen sehen, wie er auf die Liebe seines Lebens wartet, wenn wir sehen, wie er in Uniform ein Flugzeug besteigt, kommt dies immer zu früh. Unser kleiner Junge braucht uns nicht mehr. Und damit breitet sich in uns ein Gefühl der Leere aus, das uns den Atem nimmt. In diesem Augenblick kommen uns alle Küsse in den Sinn, die wir ihm gegeben haben, jedes einzelne Mal, wenn wir ihn – vielleicht auch zu Unrecht – angeschrien haben. Wir hören sein Stimmchen, wie es kichert, und erinnern uns daran, wie es war, wenn ihm die Tränen in die Augen stiegen. Und wir erkennen, dass das Leben mit unserem Sohn, wie es auch immer gewesen sein mag, nun vorüber ist. Es ist Zeit, ihn gehen zu lassen – zu einer anderen Frau, seinem neuen Job, seinem Leben, das er sich ausgesucht hat. Wir müssen ihn ziehen lassen, was es uns auch kosten mag, weil wir wissen, dass er, Gott oder ein anderes hohes Wesen nun für sein Leben verantwortlich ist. Nicht wir jedenfalls.

Das ist schmerzhaft, aber es ist auch einer der wichtigsten Riten im Leben. Alles in uns klammert sich an die Vergangenheit und wünscht sich das Leben zurück, wie es war. Aber es wird nicht wiederkehren. Die Zeit verrinnt. Sie lässt sich nicht zurückdrehen, und wir müssen mit ihr gehen. Wir können sie nicht festhalten, weil das für unseren Sohn schlecht ist. Wir klammern uns ja um unseretwillen fest, nicht um seinetwillen, nur weil es uns schmerzt loszulassen.

Wir haben sie erzogen, wir waren für sie da. Und danach kommt ein neuer Lebensabschnitt. Nun sind sie Männer, die – unter anderem – auch die Gesellschaft ihrer Mutter genießen können. Sie helfen uns, wenn wir sie brauchen. Sie wachen aus der Ferne über uns. Und sie rufen schnell mal an, weil sie wissen wollen, ob es uns gut geht.

Ich habe meinen Sohn zum Mann heranwachsen sehen und wurde von seiner Mutter allmählich zu seiner Freundin. Er hat die Teenie-Jahre hinter sich gebracht wie die meisten Jungs. Als Teenager wollte er nie, dass ich ihn in der Öffentlichkeit berühre. Er hat sich von mir in jeder nur erdenklichen – und für mich schmerzhaften – Weise distanziert. Jetzt als Erwachsener darf ich ihn umarmen, wo immer wir auch sind. Und das finde ich toll! Das Schöne an der Zeit ist, dass sie uns und unsere Söhne verändert, auch wenn wir das zunächst nicht wollen. Unsere Söhne werden erwachsen, und wir werden alt. Für junge Männer um die zwanzig ist Zuneigung nicht mehr peinlich, weil sie nun nicht mehr den Blick des Kindes haben. Sie sehen uns anders als früher. Wir sind nun kleiner als sie. Unsere Arme sind dünner als ihre. Der Unterschied in der Körperkraft ist offensichtlich. Und wenn sie das merken, fangen sie an, uns beschützen zu wollen. Mein Sohn lästert zwar, dass ich so dünne Ärmchen habe, aber ich merke auch: Er spürt, dass ich alt werde.

Ganz klar wurde es ihm, als ich und mein Mann uns um meine alternden Eltern in ihren letzten Lebensjahren kümmerten. Mein Vater litt unter einer schnell fortschreitenden Demenz. In den letzten fünf Jahren seines Lebens lebten meine Eltern in unserer Nähe. Mein Sohn blieb häufig bei meinem Vater, während ich mit meiner Mutter Besorgungen machte. Als mein Vater starb, war mein Sohn neunzehn. Er trauerte tief. Einige Monate später fiel ich von einem Anlegesteg auf einen Metallpfosten im Wasser, der mich durchbohrte. Ich kam noch aus dem Wasser heraus, verlor aber gleich darauf das Bewusstsein. Innerhalb weniger Minuten hatte mich mein Sohn auf den Arm genommen und brachte mich ins Krankenhaus. Es dauerte lange, bis ich mich erholte. Ich musste wochenlang auf dem Rücken liegen. In dieser Zeit hatte mein Sohn Semesterferien und kümmerte sich zu Hause um mich. Er hob mich vom Sofa hoch, kochte für mich und bastelte mir eine »Glocke«, indem er Kieselsteine in ein Marmeladenglas füllte und dieses zuschraubte. Er sagte mir, ich solle es schütteln, wenn ich etwas bräuchte. (Ich gab mir Mühe, mich mit dem »Läuten« zurückzuhalten!)

Sechs Monate später starb meine Mutter, und auch dieses Mal trauerte mein Sohn aufrichtig. Doch in den folgenden Monaten geschah etwas, was ich an ihm nicht kannte. Er rief viel öfter vom College aus bei uns an. Früher hatte er nur angerufen, wenn er etwas brauchte, jetzt aber meldete er sich einfach, weil er wissen wollte, wie es mir ging. »Na, Mama? Wie geht es uns denn heute?«, fragt er spitzbübisch.

Anfangs fand ich das seltsam. Schließlich war ich immer die gewesen, die sich um ihn Sorgen gemacht hatte. Kam er auch unbeschadet von der Schule heim? Hatte er nette Freunde? Und plötzlich war er es, der wissen wollte, ob ich glücklich war. Nach einer Weile hatte ich mich daran gewöhnt. Ich erzählte ihm, was ich so gemacht hatte, und achtete nicht mehr so darauf, was ich ihm erzählte, weil ich wusste, dass er auch mit meiner Trauer umgehen konnte. Als er noch jünger war, hatte ich meine Gefühle immer für mich behalten, weil ich nicht wollte, dass er sich Sorgen machte. Nun war er ein Mann. Alles war anders, und der Wandel ging von *ihm* aus.

Seit dem Tod meiner Eltern und meinem Unfall sind einige Jahre vergangen. Mein Sohn ist jetzt weit über zwanzig. Er ruft mich immer noch an, um zu fragen, wie es mir geht, aber auch, um zu erzählen, was sich bei ihm so tut. Er ist drei Monate lang nach Argentinien gegangen, und ich habe ihn schrecklich vermisst, aber ich war auch stolz auf ihn, weil er sein Leben nach seinen Vorstellungen lebte. Ich kann ehrlich sagen, dass wir uns heute näher stehen als je zuvor.

Etwas Geheimnisvolles geschieht, wenn eine Mutter ihren kleinen Jungen loslässt. Sie bekommt einen Mann zurück – nicht irgendeinen, sondern einen, der ihre Werte teilt, ihre Fehler kennt, ihre Schwächen hinnimmt und sich um sie kümmert, wie kein anderer Mann dies kann. Er ist ihr Sohn, und sie ist seine Mutter.

Und das ist mit das Schönste im Leben.

Danksagung

Viele wunderbare Menschen haben zu diesem Buch beigetragen, und ich bin jedem Einzelnen von ihnen dankbar. Zuallererst meinem Literaturagenten Dan Conaway: Danke für deine Ermutigung, deine Kritik und dafür, dass du mich bei der Stange gehalten hast. Meiner guten Freundin und Assistentin Anne Mann: Du hast mir furchtlos und nötigenfalls nervtötend in vielen Herausforderungen beigestanden, und ich werde dich deshalb für immer lieben. Meiner Lektorin Susanna Porter: Ich möchte, dass du weißt, wie viel dein editorisches Fingerspitzengefühl mir bedeutet. Marjorie Braman: Du bist vermutlich eine der geschicktesten Redakteurinnen auf Erden, und ich danke dir für deine Mühe. Vielen Dank an Shannon Litton und Mary Bernard von der A-Group: Ihr habt mir jederzeit mit gutem professionellem Rat zur Seite gestanden. Und mit eurer Freundschaft.

An alle, die mir durch die langen Geburtswehen geholfen haben – ich kann euch nicht genug danken: meine Schwester Beth und meine Freunde Dave Ramsey, Jim Dobson und Lisa Lempke. Das Geschenk des Gebets, ohne das nichts Gutes entsteht, wurde mir zuteil von Lori, Jen, Lara und Jill. Ihr vier seid die Allerbesten.

Und natürlich danke ich den Männern, die mir so großzügig ihr Herz geöffnet haben: Vater John von Our Lady of the Good Counsel – Sie haben mich mehr inspiriert als je ein Mensch sonst. Und allen anderen Männern, die mir über ihre Mutter erzählt haben. Ich werde sie hier nicht nennen, weil sie mich um Schutz ihrer Privatsphäre gebeten haben. Möge ihr Leben allen Lesern dieses Buches Segen schenken.

Und schließlich aller Dank an meine wunderbare Familie: Walt – ich danke dir von ganzem Herzen für deine Liebe und dein Verständnis. Mary und Alden, Charlott und Brandon, Laura und Walter – was wäre mein Leben ohne euch?

Über die Autorin

Meg Meeker ist Ärztin und war 25 Jahre lang als Kinderärztin und psychologische Beraterin für Teenager tätig. Sie hat vier erwachsene Kinder und lehrt im Augenblick am Munson Hospital in Nord-Michigan das Family Practice Residency Training Programm. Dr. Meeker hat mehrere Bücher geschrieben, unter anderem: *The Ten Habits of Happy Mothers* und *Boys Should Be Boys*. Ihr Buch *Starke Väter – Starke Töchter* erschien 2015 im mvg Verlag.

Quellen

1 James Dobson: *Bringing Up Boys*. Carol Stream, Ill.: Tyndale House, 2001, S. 34. Übers. v. E. Liebl (dt. Titel: *Jungs erziehen – Zukunft gestalten*, Holzgerlingen 2003)

2 Ebda.

3 In Deutschland sind von den Familien mit minderjährigen Kindern mittlerweile 20 Prozent Familien mit alleinerziehenden Müttern. Siehe: Alleinerziehende in Deutschland, Monitor Familienforschung Ausgabe 28, Bundesministerium für Familie, Senioren, Frauen und Jugend

4 Jay P. Greene, Marcus A. Winters: »Leaving Boys Behind: Public High School Graduation Rates«, in: Manhattan Institute, Civic Report No. 48, April 2006, http://www.manhattan-institute.org/html/cr_48.htm

5 William Pollack: *Jungen: Was sie vermissen, was sie brauchen*. Frankfurt a. M. 2009, S. 278

6 Pollack: *Jungen*, S. 274 ff.

7 Ebda.

8 Ebda.

9 Bureau of Labor Statistics, U. S. Department of Labor: American Time Use Surveys, 20. Juni 2013, http://www.bls.gov/news.release/atus.nr0.htm

10 Wendy Wang, Kim Parker, Paul Taylor: »Breadwinner Moms: Mothers Are the Sole or Primary Provider in Four-in-Ten Households with Children«; Public Conflicted About the Growing Trend. Pew Research: Social & Demographic Trends. https://www.pewresearch.org/social-trends/2013/05/29/breadwinner-moms/

11 America's Children: Key National Indicators of Well-Being, 2013, Family Structure and Children's Living Arrangements, https://www.childstats.gov/pdf/ac2013/ac_13.pdf

12 Fiona Macrae: »Sorry to Interrupt, Dear, but Women Really Do Talk More than Men (13,000 Words a Day More, to Be Precise)«, in: Mail Online vom 20. Februar 2013, http://www.dailymail.co.uk/sciencetech/article-2281891/Women-really-talk-men-13-000-words-day-precise.html

13 Mortimer J. Adler (Hg.): *The Great Ideas: A Synopticon of Great Books of the Western World*, Bd. 1, New York 1971, S. 690

14 Ebda, S. 962

15 Tyjen Tsai and Paola Scommegna: »U.S. Has World's Highest Incarceration Rate«, Population Reference Bureau,https://archive.prb.org/us-incarceration/

16 J. Shedler: *American Psychologist,* Februar–März 2010, Bd. 65, S. 98–109

17 http://www.fatherhood.org/media/consequences-of-father-absence-statistics

18 N. Weinfield, J. Ogawa, L. A. Sroufe: »Early Attachment as a Pathway to Adolescent Peer Competence«, in: *Journal of Research on Adolescence* 7 (1997), S. 241–65

19 »Piaget's Definition of Egocentrism in Adolescence«, Education Portal, https://study.com/academy/lesson/piagets-definition-of-egocentrism-in-adolescence-examples-quiz.html

20 Fiona Macrae: »Sorry to Interrupt, Dear, but Women Really Do Talk More than Men (13,000 Words a Day More, to Be Precise)«, Mail Online, 20. Februar 2013, http://www.dailymail.co.uk/sciencetech/article-2281891/Womenreally-talk-men-13-000-words-day-precise.html

21 Patricia M. Greenfield: »Inadvertent Exposure to Pornography on the Internet: Implications of Peer-to-peer File-Sharing Networks for Child Development and Families«, in: *Applied Developmental Psychology* 25 (2004), S. 741–50

22 Rob Jackson: »When Children View Pornography«, Focus on the Family, 2004, https://www.families.org.au/article/when-children-view-pornography

23 Sheryl Gay Stolberg: »Researchers Find a Link between Behavioral Problems and Time in Child Care«, in: *New York Times* vom 19. April 2001, S. A22

24 Peter Ernest Haiman: »Effects of Type of Attachment on Child and Adolescent Behavior«, https://www.peterhaiman.com/files/134204096.pdf

25 J. Twenge et al.: »Birth cohort increases in psychopathology among young Americans, 1938–2007: A cross-temporal meta-analysis of the MMPI«, in: *Clinical Psychology Review* 30 (2010), S. 145–54

26 Viktor Frankl: *Trotzdem Ja zum Leben sagen. Ein Psychologe überlebt das Konzentrationslager.* Kösel Verlag, München 1977, in der Verlagsgruppe Random House GmbH, S. 65

27 Craig A. Anderson and Brad J. Bushman: »Effects of Violent Video Games on Aggressive Behavior, Aggressive Cognition, Aggressive Affect, Physiological Arousal, and Prosocial Behavior: A Meta-Analytic Review of the Scientific Literature«, in: *Psychological Science* 12, Nr. 5 vom September 2001, S. 353–359

[28] Ebda.

[29] Siehe dazu folgende Statistiken: Vital and Health Statistics Serie 10, Nr. 254, U.S. Department of Health and Human Services; Centers for Disease Control and Prevention, National Center for Health Statistics, Summary Health Statistics for U.S. Children: National Health Interview Survey 2011 vom Dezember 2012, S. 11

[30] »ISU's Gentile Authors Study Finding Nearly 1 in 10 Youth Gamers Addicted to Video Games«, News Release, Iowa State University, https://www.news.iastate.edu/news/2009/apr/vgaddiction.shtml

[31] STD Trends in the United States, U.S. Centers for Disease Control and Prevention, http://www.cdc.gov/std/stats11/trends- 2011

[32] Ebda.

[33] »Most Reported Chlamydia and Gonorrhea Infections Occur Among 15–24-Year-Olds«, STD Trends in the United States, 2011 Data for Chlamydia, Syphilis, and Gonorrhea, U.S. Centers for Disease Control and Prevention, März 2013, http://www.cdc.gov/std/stats11/trends-2011, S. 2

[34] Ebda.

[35] Joe S. McIlhaney, Freda McKissic Bush: *Hooked: New Science On How Casual Sex is Affecting Our Children*. Northfield Publishing 2008

[36] Denise D. Hallfors, Martha W. Waller, Daniel Bauer, Carol A. Ford, Carolyn T. Halpern: »Which Comes First in Adolescence – Sex and Drugs or Depression?«, in: *American Journal of Preventive Medicine* 29, Nr. 3 (2005), S. 163

[37] National Longitudinal Survey of Adolescent Health, Wave II, 1996. Für eine Analyse siehe Heritage Foundation report, »Sexually Active Teenagers Are More Likely to Be Depressed and to Attempt Suicide«, Center for Data Analysis Report Nr. 03–04, 3. Juni 2003

[38] Cheryl B. Aspy et al.: »Parental Communication and Youth Sexual Behavior«, in: *Journal of Adolescence* 30, Nr. 3 (Juni 2007), S. 449–66

[39] M. D. Resnick et al.: »Protecting Adolescents from Harm«, Resultate der National Longitudinal Study on Adolescent Health, *JAMA* 278, Nr. 10 (10. September 1997), S. 823–832

[40] Robert Rector, Kirk A. Johnson, Shannan Martin, Lauren R. Noyes: »Harmful Effects of Early Sexual Activity and Multiple Sexual Partners Among Women: A Book of Charts«, WebMemo #303 on Sex Education and Abstinence, Heritage Foundation, 26. Juni 2003, http://www.heritage.org/research/reports/2003/06/harmful-effects-of-early-sexual-activity-and-multiple-sexual-partners-among-women-a-book-of-charts

[41] *Blinde Side/Die große Chance*. Regie: John Lee Hancock, USA 2009

[42] Resnick et al.: »Protecting Adolescents from Harm«, *JAMA* 278, Nr. 10, 10. September 1997

[43] L. Ku, F. L. Sonenstein und J. H. Pleck: »The Dynamics of Young Men's Condom Use During and Across Relationships«, in: *Family Planning Perspectives* 26 (1994), S. 246–51

[44] *Die Bibel*. Stuttgart 1980, S. 1360

[45] *Die Bibel*. Stuttgart 1980, S. 701

[46] Leo Tolstoi: *Krieg und Frieden*. Übers. von Hermann Röhl. In: *Tolstois Meisterromane*, Insel-Verlag, Leipzig 1922, S. 612

[47] http://www.childrenshospital.org/dream/summer08/the_teenage_brain.html

[48] »Gender Differences in Bonding and Friendship«, MarriageMoment, http://www.marriagemoment.org/2011/01/gender-differences-in-bonding-and.html

[49] William Pollack: *Jungen*, a. a. O., S. 87

[50] William Pollack: *Jungen*, a. a. O., S. 86 f.

[51] Kenneth Adam, Alexander P. Morgan: *When He's Married to Mom: How to Help Mother-Enmeshed Men Open Their Hearts to TRUE Love and Commitment*. New York 2007

[52] Margaret Paul: *How to Become Strong Enough to Love*. Indie Digital 2011

Bibliografie

Adam, K. und Morgan, A. P.: *When He's Married to Mom: How to Help Mother-Enmeshed Men Open Their Hearts to TRUE Love and Commitment.* New York 2007

Adler, J.: »Building a Better Dad«, in: *Newsweek*, 17. Juni 1996, S. 58–64

Adler, M. (Hrsg.): *The Great Ideas: A Synopticon of Great Works of the Western World.* Chicago 1952

Alexander, Eben: *Blick in die Ewigkeit.* München 2013

Allison, P. D., Furstenberg, F. F.: »How Marital Dissolution Affects Children: Variations by Age and Sex«, in: *Developmental Psychology*, 25 (4), Juli 1989, S. 540–49

American Time Use Surveys. Bureau of Labor Statistics. U.S. Department of Labor. 20. Juni 2013, http://www.bls.gov/news.release/atus.nr0.hmtl

America's Children: Key National Indicators of Well-Being, Family Structure and Children's Living Arrangements 2013, https://www.childstats.gov/pdf/ac2013/ac_13.pdf

Anderson, C. A. und Bushman, B. J.: »Effects of Violent Video Games on Aggressive Behavior, Aggressive Cognition, Aggressive Affect, Physiological Arousal, and Prosocial Behavior: A Meta-Analytic Review of the Scientific Literature«, in: *Psychological Science*, 12(5) 2001, S. 353–359

Ang, R. P.: »Dysfunctional Parenting Behaviors and Parenting Stress Among Mothers of Aggressive Boys«, in: *Child & Family Behavior Therapy* vom Dezember 2008, 30(4), S. 319–336

Ashby, S. L., Arcari, C. M., Edmonson, M. B.: »Television Viewing and Risk of Sexual Initiation by Young Adolescents«, in: *Archives of Pediatric & Adolescent Medicine* 160 (2006), S. 375–380

Aspy, C. B. et al.: »Parental Communication and Youth Sexual Behavior«, in: *Journal of Adolescence* 30, Nr. 3, Juni 2007, S. 449–66

Barkley, R. A.: *Taking Charge of ADHD.* New York 1995

Beaty, L. A.: »Effects of Parental Absence on Male Adolescents' Peer Relations and Self-Image«, in: *Adolescence*, 30 (120) 1995, S. 873–880

Belsky, J.: »Quantity counts: Amount of Child Care and Children's Socio-emotional Development«, in: *Journal of Developmental and Behavioral Pediatrics*, 23, 2002, S. 167–170

Belsky, J. und Fearon, R. M. P.: »Infant-Mother Attachment Security, Contextual Risk and Early Development: A Moderational Analysis«, in: *Development and Psychopathology*, 14, 2002, S. 293–310

Benenson, J. E., Morash, D., Petrakos, H.: »Gender Differences in Emotional Closeness Between Preschool Children and Their Mothers«, in: *Sex Roles*, 38 (11/12), Juni 1998, S. 975–985

Benn, R. K.: »Factors Promoting Secure Attachment Relationships between Employed Mothers and Their Sons«, in: *Child Development*, 57, 1986, S. 1224–1231

Bickham, D. S., Rich, M.: »Is Television Viewing Associated With Social Isolation? Roles of Exposure Time, Viewing Contest, and Violent Content«, in: *Archives of Pediatric & Adolescence Medicine*, 160, April 2006, S. 387–392

Bonkowski, S. E., Boomhower, S. J., Bequette, S. Q.: »What You Don't Know Can Hurt You: Unexpressed Fears and Feelings of Children from Divorcing Families«, in: *Journal of Divorce*, 9 (1), 1985, S. 33–45

Brody, L. R.: »Gender Differences in Emotional Development: A Review of Theories and Research«, in: *Journal of Personality*, 53, 1985, S. 14–59

Brooks, C.: »Today's Working Women Still Do More Housework than Men«, in: *Business News Daily*, Juni 2012, https://ca.news.yahoo.com/todays-working-women-still-more-housework-men-140715515.html

Brooks-Gunn, J., Petersen, A. C.: »Studying the Emergence of Depression and Depressive Symptoms During Adolescence«, in: *Journal of Youth and Adolescence*, 20 (2), 1991, S. 115–119

Brown, J. D., L'Engle, K. L., Pardun, C. J., Guo, G., Kenneavy, K., Jackson, C.: »Sexy Media Matter: Exposure to Sexual Content in Music, Movies, Television, and Magazines Predicts Black and White Adolescents' Sexual Behavior«, in: *Pediatrics*, 117, 2006, S. 1018–1027

Bush, L.: »How Black Mothers Participate in the Development of Manhood and Masculinity: What Do We Know about Black Mothers and Their Sons?«, in: *Journal of Negro Education*, 73 (4), 2004, S. 381–391

Bushweller, K.: »Turning Our Backs on Boys«, in: *American School Board Journal*, 181, 1994, S. 20–25

Coles, R.: *Kinder brauchen Werte*, Reinbek 2001

Coles, R.: *Wird Gott nass, wenn es regnet?*, München 1995

Commendador, K. A.: »Parental Influences on Adolescent Decision Making and Contraceptive Use«, in: *Pediatric Nursing*, 36 (3),2010, S. 147–156

Committee on Adolescence: »Homosexuality and Adolescence«, in: *Pediatrics*, 92 (4), 1993, S. 631–634

Covey, S.: *The 7 Habits of Highly Effective People: Powerful Lessons in Personal Change*, New York 2004 (dt.: *Die sieben Wege zur Effektivität*)

Cox, M. (Hrsg.): *Questions Kids Ask About Sex: Honest Answers for Every Age,* Grand Rapids 2005

D'Angelo, L. L., Weinberger, D. A., Feldman, S. S.: »Like Father, Like Son? Predicting Male-Adolescents' Adjustment from Parents' Distress and Self-Restraint«, in: *Developmental Psychology*, 31 (6), 1995, S. 883–896

Diamond, M. J.: »Becoming a Father: A Psychoanalytic Perspective on the Forgotten Parent«, in: *Psychoanalytic Review*, 73, 1986, S. 445–460

DiIorio, C., Kelley, M. und Hockenberry-Eaton, M.: »Communication About Sexual Issues: Mothers, Fathers, and Friends«, in: *Journal of Adolescent Health*, 24 (3), 1991, S. 181–189

Dittus, P. J., Jaccard, J. J.: »Adolescents' Perceptions of Maternal Disapproval of Sex: Relationship to Sexual Outcomes«, in: *Adolescent Health*, 26 (4), April 2000, S. 268–278

Dobson, J.: *Bringing Up Boys,* Carol Stream, Ill.: Tyndale House, 2001 (dt.: *Jungs erziehen – Zukunft gestalten,* Holzgerlingen 2003)

Drexler, P.: »Mothers and Sons: How Close Is Too Close?«, in: *Huffington Post* vom 12. November 2009

Eagly, A. H., Steffen, V. J.: »Gender and Aggressive Behavior: A Meta-Analytic Review of the Social Psychological Literature«, in: *Psychological Bulletin*, 100, 1986, S. 309–330

»The Father Factor: Data on the Consequences of Father Absence and the Benefits of Father Involvement.« National Fatherhood Initiative, https://www.fatherhood.org/father-absence-statistic

Feldman, S. S., Wentzel, K. R.: »Relations of Marital Satisfaction to Peer Outcomes in Adolescent Boys: A Longitudinal Study«, in: *Journal of Early Adolescence*, 15 (2), 1995, S. 220–237

Fergusson, D. M., Horwood, L. J., Lynskey, M. T.: »Parental Separation, Adolescent Psychopathology, and Problem Behaviors«, in: *Journal of the American Academy of Child and Adolescent Psychiatry*, 33 (8), 1994, S. 1122–1131

Fleming, D. T. et al.: »Herpes Simplex Virus Type 2 in the United States, 1976–1994«, in: *New England Journal of Medicine* 337, 1997, S. 1105–60

Forehand, R., Neighbors, B., Wierson, M.: »The Transition of Adolescence: The Role of Gender and Stress in Problem Behavior and Competence«, in: *Journal of Child Psychology and Psychiatry and Allied Disciplines*, 32 (6), 1991, S. 929–937

Frankl, V.: *Trotzdem Ja zum Leben sagen.* München 2009

Friedman, C., Downey, J.: »Homosexuality«, in: *New England Journal of Medicine*, 331 (14), 1994, S. 923–930

Gant, L. M. et al.: »Increasing Responsible Sexual Behavior Among High-Risk African-American Adolescent Males: Results of a Brief, Intensive Intervention«, in: *Journal of Multicultural Social Work*, 3 (3), 1994, S. 49–58

Gantt, A., Greif, G.: »African American Single Mothers Raising Sons: Implications for Family Therapy«, in: *Journal of Family Social Work*, 12 (3), 1994, S. 227–243

Giedd, J. N. et al.: »Puberty-Related Influences on Brain Development«, in: *Molecular and Cellular Endocrinology*, 2006, S. 254–255 und S. 154–162

Girgus, J., Nolen-Hocksema, S., Seligman, M. E.: »Why Do Sex Differences in Depression Emerge during Adolescence?«, Vortrag auf dem jährlichen Kongress der American Psychological Association, August 1989 in New Orleans

Gjerde, P. F.: »Parental Concordance on Child Rearing and the Interactive Emphases of Parents: Sex-Differentiated Relationships During the Preschool Years«, in: *Developmental Psychology*, 24 (5), 1988, 700–706

Greene, J. P., Winters, M. A.: »Leaving Boys Behind: Public High School Graduation Rates«, Civic Report, No. 48, Manhattan Institute, April 2006, http://www.manhattan-institute.org/html/cr_48.htm

Greenfield, Patricia M.: »Inadvertent Exposure to Pornography on the Internet: Implications of Peer-to-peer File-Sharing Networks for Child Development and Families«, in: *Applied Developmental Psychology*, 25, 2004, S. 741–50

Greenson, R.: »Dis-identifying from Mother: Its Special Importance for the Boy«, in: *International Journal of Psychoanalysis*, 49, 1968, S. 370–374

Grossman, F., Pollack, W. S., Golding, E.: »Fathers and Children: Predicting the Quality and Quantity of Fathering«, in: *Developmental Psychology*, 24, 1988, S. 82–91

Grossman, F., Pollack, W. S., Golding, E. R., Fedele, N. M.: »Autonomy and Affiliation in the Transition to Parenthood«, in: *Family Relations*, 36, 1988, S. 263–269

Guidubaldi, J., Cleminshaw, H. K., Perry, J. D., McLoughlin, C. S.: »The Impact of Parental Divorce on Children: Report of the Nationwide NASP Study«, in: *School Psychology Review*, 12 (3), 1983, S. 300–323

Gurian, M.: *The Wonder of Boys*, New York 2006

Haiman, P. E.: »Effects of Type of Attachment on Child and Adolescent Behavior«, https://www.peterhaiman.com/files/134204096.pdf

Hall, J. A.: »Gender Effects in Decoding Nonverbal Cues«, in: *Psychological Bulletin*, 85, 1978, S. 845–857

Hallowell, E., Ratey, J.: *Zwanghaft zerstreut*, Reinbek 1999

Halpern, D. F.: »Sex Differences in Intelligence: Implications for Education«, in: *American Psychologist*, 52 (10), 1997, S. 1091–1102

Hedges, L. V., Nowell, A.: »Sex Differences in Mental Test Scores, Variability, and Numbers of High-Scoring Individuals«, in: *Science*, 269, 1995, S. 41–45

Herzog, J.: »On Father Hunger: The Father's Role in the Modulation of Aggressive Drive and Fantasy«, in: S. Cath, A. Gurwitt, and J. Ross (Hrsg.), *Father and Child*, Boston 1982, S. 163 - 174

Hodges, W. F., Bloom, B. L.: »Parents' Report of Children Adjustment to Marital Separation: A Longitudinal Study«, in: *Journal of Divorce*, 8 (1), 1984, S. 33–50

Hoffman, M. I., Levine, I. F.: »Early Sex Differences in Empathy«, in: *Developmental Psychology*, 12, 1976, S. 557–558

Hoff Sommers, C.: *The War Against Boys*, New York 2000

Howard, S.: »The Correlation of Defensive Responses Between Mothers and Sons: An Attachment Perspective«, University of the Pacific 2004

Ishikawa, F., Sumie, S., Akiko, O., Yasuko, S.: »Psychosocial Adjustment Process of Mothers Caring for Young Men with Traumatic Brain Injury: Focusing on the Mother-Son Relationship«, in: *Journal of Neuroscience Nursing* 41 (5), Oktober 2009, S. 277

Jacklin, C. N.: »Female and Male: Issues of Gender«, in: *American Psychologist*, 44, 1989, S. 127–133

Jackson, R.: »When Children View Pornography«, Focus on the Family, 2004,https://www.families.org.au/article/when-children-view-pornography

Jenning, L. K.: »Mother Courage«, in: *Reader's Digest* 174 (1046), Juni 2009, S. 110

Johnston, C., Hommersen, P., Seipp, C. M.: »Maternal Attributions and Child Oppositional Behavior: A Longitudinal Study of Boys with and Without Attention-Deficit/Hyperactivity Disorder«, in: *Journal of Consulting and Clinical Psychology* 77 (1), S. 189–195

Jordan, E.: »Fighting Boys and Fantasy Play: The Construction of Masculinity in the Early Years of School«, in: *Gender and Education*, 7 (1), 1995, S. 69–86

Kasen, S., Cohen, P., Brook, J. S. und Hartmark, C. (1996): »A Multiple-Risk Interaction Model: Effects of Temperament and Divorce on Psychiatric Disorders in Children«, in: *Journal of Abnormal Child Psychology*, 24 (2), 121–150

Kessler, R. und McRae, J.: »Trends in the Relationship Between Sex and Psychological Distress: 1957–1976«, in: *American Sociological Review*, 46, 1989, S. 443–452

Kessler, R. und McRae, J.: »Trends in the Relationship between Sex and Attempted Suicide«, in: *Journal of Health and Social Behavior*, 24, 1983, S. 98–110

Kimura, D.: »Sex Differences in the Brain«, in: *Scientific American*, September 1992, S. 119–125

Kindlon, D. und Thompson, M.: *Raising Cain: Protecting the Emotional Life of Boys*, New York 2000

Kraut, R., Patterson, M., Lundmark, V., Kiesler, S., Mukopadhyay, T., Scherlis, W.: »Internet Paradox: A Social Technology That Reduces Social Involvement and Psychological Well-Being?«, in: *American Psychologist*, 53 (9), September 1998, S. 1017–1031

Krosnick, J. A., Anand, S. N., Hartl, S. P.: »Psychosocial Predictors of Heavy Television Viewing Among Preadolescents and Adolescents«, in: *Basic and Applied Social Psychology*, 25 (2), 2003, 87–110

Ku, L. et al.: »The Dynamics of Young Men's Condom Use During and Across Relationships«, in: *Family Planning Perspectives* 26, 1994, S. 246–51

Levant, R. F.: »Toward the Reconstruction of Masculinity«, in: *Journal of Family Psychology*, 5, 1992, S. 379–402

Lever, J. H.: »Sex Differences in the Games Children Play«, in: *Social Work*, 23, 1976, S. 78–87

Lewin, T.: »Teenagers Alter Sexual Practices, Thinking Risks Will Be Avoided«, in: *New York Times* vom 5. April 1997

Lier-Schehl, H., Turmes, L., Pinnow, M., El-Khechen, W., Kramer, M.: »Measuring Mother-Child Relationship: A German Instrument for Both Self-Assessment and Assessment by Others (SF-MKI)«, in: *Praxis der Kinderpsychologie und Kinderpsychiatrie*, 60 (3), 2011, S. 192–205

Lifford, K. J., Harold, G. T., Thapar, A.: »Parent-Child Hostility and Child ADHD Symptoms: A Genetically Sensitive and Longitudinal Analysis«, in: *Journal of Child Psychology and Psychiatry*, 50 (12), Dezember 2009, S. 1468–1476

Maccoby, E.: »Gender and Relationships: A Developmental Account«, in: *American Psychologist*, 45, 1990, S. 513–520

Maccoby, E., Jacklin, G. N.: »Sex Differences in Aggression: A Rejoinder and Reprise«, in: *Child Development*, 51, 1980, S. 964–80

Macrae, F.: »Sorry to Interrupt, Dear, but Women Really Do Talk More than Men (13,000 Words a Day More, to Be Precise)«, *Mail Online* 20. Februar 2013, http://www.dailymail.co.uk/sciencetech/article-2281891/Women-really-talk-men-13-000-words-day-precise.html

Manning, A.: »Teens Starting Substance Abuse at Younger Ages«, in: *USA Today* vom 14. August 1997

Mannuzza, S., Klein, R., Bessler, A., Malloy, P., Hynes, N.: »Educational and Occupational Outcome of Hyperactive Boys Grown-Up«, in: *Journal of the American Academy of Child and Adolescent Psychiatry*, 36 (9), 1997, S. 1222–1227

McIntosh, H.: »Research on Teenage Friendships Dispels Old Myths«, in: *American Psychological Association Monitor*, Washington, Juni 1996

McShane, K. E., Hastings, P.: »The New Friends Vignettes: Measuring Parental Psychological Control That Confers Risk for Anxious Adjustment in Preschoolers«, in: *International Journal of Behavioral Development*, 33 (6), 2009, S. 481–495

Mead, S.: »The Truth About Boys and Girls«, Juni 2006,https://www.cbsnews.com/htdocs/pdf/0626boys.pdf

Meeker, M.: *Your Kids at Risk: How Teen Sex Threatens Our Sons and Daughters*, Washington 2007

Meeker, M.: *Boys Should Be Boys: 7 Secrets to Raising Healthy Sons*, Washington 2008

Miller, K. S. und Whitaker, D. J.: »Predictors of Mother-Adolescent Discussions About Condoms: Implications for Providers Who Serve Youth«, in: *Pediatrics*, 108 (2), vom 1. August 2001, e28. doi: 10.1542/peds.108.2.e28

Moilanen, K., Shaw, D., Fitzpatrick, A.: »Self-Regulation in Early Adolescence: Relations with Mother-Son Relationship Quality and Maternal Regulatory Support and Antagonism«, in: *Journal of Youth and Adolescence* 39, September 2010, S. 1357–1367

»Mother-Son Ties Change Over Time, Influence Teen Boys' Behavior«, in: *Science Daily*, 31. August 2011

National Institute of Mental Health, »Teenage Brain: A Work in Progress«, NIH Publication No. 01-4929, 2007, https://www.psychceu.com/Brain_Basics/teenbrain.pdf

Nelson, D. A., Coyne, S. M.: »Intent Attributions and Feelings of Distress: Associations with Maternal and Paternal Parenting Practices«, in: *Journal of Abnormal Child Psychology* 37 (2), Februar 2009, S. 223–237

Nolen-Hocksema, S.: »Gender Differences in Coping with Depression across the Lifespan«, in: *Depression*, 3, 1995, S. 81–90

Nolen-Hocksema, S. und Girgus, J. S.: »The Emergence of Gender Differences in Depression During Adolescence«, in: *Psychological Bulletin*, 115 (3), 1994, S. 424-443

Nolen-Hocksema, S., Girgus, J. S., Seligman, M. E. P.: »Predictors and Consequences of Childhood Depressive Symptoms: A Five-Year Longitudinal Study«, in: *Journal of Abnormal Psychology*, 101 (3), 1992, S. 405–422

Paul, Margaret: *How to Become Strong Enough to Love*, Indie Digital 2011

Peretti, P. O., Di'Vitorrio, A.: »Effect of Loss of Father Through Divorce on the Personality of the Preschool Child«, in: *Social Behavior and Personality*, 21 (1), 1993, S. 33–38

Pleck, J., Sonenstein, F. L., Ku, L. C.: »Masculinity Ideology: Its Impact on Adolescent Males' Heterosexual Relationships«, in: *Journal of Social Issues*, 49 (3), 1993, S. 11–29

Pollack, W. S.: »Men's Development and Psychotherapy: A Psychoanalytic Perspective«, in: *Psychotherapy*, 27, 1990, S. 316–321

Pollack, W. S.: »Boys Will Be Boys: Developmental Traumas of Masculinity – Psychoanalytic Perspectives«, Vortrag auf dem Symposium »Toward a New Psychology of Men« am 100. Jahrestag der American Psychological Association, Washington 1992

Pollack, W. S.: »Reframing Masculinity: Men, Empathy and Empathy for Men«, Vortrag beim Cambridge Symposium, Cambridge, Massachusetts

Pollack, W. S.: »Becoming Whole and Good: A New Psychology of Men«, International Coalition/Boys' Schools Symposium vom Juni 1995

Pollack, W. S.: »Men's Erotic Desires: Love, Lust, Trauma, Sex, Biology, and Psychoanalysis«, Vortrag beim 103. Jahrestag der American Psychological Association, New York, im August 1995

Pollack, W. S.: »Boys' Voices: Can We Listen, Can We Respond? Toward an Empathic Empirical Agenda«, International Coalition/Boys' Schools Symposium vom Juni 1996

Pollack, W. S.: *Boys at Play: Sports and Transformation*, Hunting Valley 1996

Pollack, W. S.: »Mourning, Melancholia, and Masculinity: Recognizing and Treating Depression in Men«, in: W. S. Pollack und R. L. Levant (Hrsg.), *New Psychotherapy for Men*, New York 1998

Pollack, W. S.: *Jungen – Was sie vermissen, was sie brauchen*, Frankfurt a. M. 2009

Pottorff, D. D., Phelps-Zientarski, D., Skovera, M. E.: »Gender Perceptions of Elementary and Middle School Students About Literacy at School and Home«, in: *Journal of Research and Development in Education*, 29 (4), 1996, S. 203–211

Potts, M. K., Burnam, M. A., Wells, K. B.: »Gender Differences in Depression Detection: A Comparison of Clinician Diagnosis and Standardized Assessment«, in: *Psychological Assessment*, 3 (4), 1991, S. 609–615

Pruett, K. D.: »The Nurturing Male: A Longitudinal Study of Primary Nurturing Fathers«, in: S. H. Cath, A. Gurwitt, L. Gunsberg (Hrsg.), *Fathers and Their Families*, Hillsdale 1989, S. 389–405

Public Health Service: »Death Rates by Age, Race, and Sex, United States, 1900–1953: Suicide«, *Vital Statistics Special Reports*, 43 (30), 1956

Ravitch, D.: »The War on Boys«, in: *Men's Health*, 110, Oktober 1994

Resnick, M. D. et al.: »Protecting Adolescents from Harm«, in: *JAMA* 278, Nr. 10, 10. September 1997, S. 823–32

Rideout, V., Roberts, D. F., Foehr, U. G.: »Generation M: Media in the Lives of 8–18 Year-Olds«, Henry J. Kaiser Family Foundation, März 2005, S. 4–19

Rohde, P., Seeley, J. R., Mace, D. E.: »Correlates of Suicide Behavior in a Juvenile Detention Population«, in: *Suicide and Life-Threatening Behavior*, 27 (2), 1997, S. 164–175

Roy, K., Dyson, O. L., Jackson, J.-N.: »Intergenerational Support and Reciprocity Between Low-Income African American Fathers and Their Aging Mothers«, In: W. E. Johnson (Hrsg.): *Social Work with African American Males*, New York 2010

Sanders, C. E., Field, T. M., Diego, M., Kaplan, M.: »The Relationship of Internet Use to Depression and Social Isolation Among Adolescents«, in: *Adolescence*, 35 (138), 2000, S. 238–242

Sax, L.: *Why Gender Matters*, New York 2005

»When It Comes to Delinquency, Boys Are Exposed to More Risk, Less Protection.«, in: *Science Daily* vom 12. Juni 2007

Segell, M.: »The Pater Principle«, in: *Esquire*, März 1995, S. 121–127

Sells, C. W., Blum, R. W.: »Morbidity and Mortality among U.S. Adolescents: An Overview of Data and Trends«, in: *American Journal of Public Health*, 86 (4), 1996, S. 513–519

Siegal, M.: »Are Sons and Daughters Treated More Differently by Fathers than by Mothers?«, in: *Developmental Review*, 7, 1987, S. 183–209

Siegel, D. J., Hartzell, M.: *Parenting from the Inside Out: How a Deeper Understanding Can Help You Raise Children Who Thrive*, New York 2003

Sinha, J. W., Cnaan, R. A., Gelles, R. W.: »Adolescent Risk Behaviors and Religion: Findings from a National Study«, in: *Journal of Adolescence*, 30 (2), April 2007, S. 231–249

Slater, M. D., Henry, K. L., Swaim, R. C., Cardador, J. M.: »Vulnerable Teens, Vulnerable Times: How Sensation Seeking, Alienation, and Victimization Moderate the Violent Media Content-Aggressiveness Relation«, in: *Communication Research*, 31 (6), Dezember 2004, S. 642–668

Smalley Gary, Trent John: *Bitte segne mich! Auf der Suche nach dem verlorenen Segen*, Frankenberg 2002

Smith, C., Lundquist, M.: *Soul Searching: The Religious and Spiritual Lives of American Teenagers,* New York 2009

Spokes, E.: »The Blessings of Boys«, in: *Baltimore Jewish Times*, 8. Mai 2009, S. 17–19

Stolberg, S. G.: »Researchers Find a Link between Behavioral Problems and Time in Child Care«, in: *New York Times* vom 19. April 2001, A22

Tronick, E., Cohn, J.: »Infant-Mother Face-to-Face Interaction: Age and Gender Differences in Coordination and the Occurrence of Miscoordination«, in: *Child Development*, 60, 1989, S. 85–92

Tsai, T. und Scommegna, P.: »U.S. Has World's Highest Incarceration Rate«, Population Reference Bureau 2012, https://scorecard.prb.org/us-incarceration/

Tyson, P.: »A Developmental Line of Gender Identity, Gender Role, and Choice of Love Object«, in: *Journal of American Psychoanalytic Association*, 30, 1982, S. 61–86

Umfrage zum Thema: »Children's Time Spent with Family«, in: *USA Today* (1997)

U.S. Department of Justice: *Males and Firearms Violence* 1997

U.S. Department of Justice: *Victim Characteristics* 1997

Villani, S.: »Impact of Media on Children and Adolescents: A 10-Year Review of the Research«, in: *Journal of the American Academy of Child and Adolescent Psychiatry*, 40 (4), April 2001, S. 392–401

Wang, W., Parker, K. und Taylor, P.: »Breadwinner Moms: Mothers Are the Sole or Primary Provider in Four-in-Ten Households with Children; Public Conflicted about the Growing Trend«, Pew Research: Social & Demographic Trends 2013, http://www.pewsocialtrends.org/2013/05/29/breadwinner-moms/

Weinberg, M. K.: »Boys and Girls: Sex Differences in Emotional Expressivity and Self-Regulation During Infancy«, in: L. J. Bridges (Hrsg.): »Early Emotional Self-Regulation: New Approaches to Understanding Developmental Change and Individual Differences«, Symposium am International Conference on Infant Studies, Miami 1992

Weinfield, N., Ogawa, J. und Sroufe, L. A.: »Early Attachment as a Pathway to Adolescent Peer Competence«, in: *Journal of Research on Adolescence*, 7, 1997, S. 241–265

Werner, N. E., Crick, N. R.: »Maladaptive Peer Relationships and the Development of Relational and Physical Aggression During Middle Childhood«, in: *Social Development*, 13 (4), 2004, S. 495–514

Wolak, J., Mitchell, K. J., Finkelhor, D.: »Escaping or Connecting? Characteristics of Youth Who Form Close Online Relationships«, in: *Journal of Adolescence*, 26, 2003, S. 105–119

Zachary, G. P.: »Male Order: Boys Used to Be Boys, but Do Some Now See Boyhood as a Malady?«, in: *Wall Street Journal* vom 2. Mai 1997, A1

Zaslow, M. J.: »Sex Differences in Children's Response to Parental Divorce: I. Research Methodology and Postdivorce Family Forms«, in: *American Journal of Orthopsychiatry*, 58 (3), Juli 1988, S. 355–378

Register